高等职业教育系列教材
道路桥梁工程技术专业系列教材

公路工程施工监理

主　编　徐猛勇
副主编　欧阳忠　杨素娟
参　编　许红叶　李卫锋　贾春燕　张红宇
主　审　王小召

机 械 工 业 出 版 社

本书依据现行最新规范标准和规程，采用科学的编排体系，结合公路工程施工特点和公路工程监理实践编写而成。主要内容包括公路工程施工监理概论、公路工程施工进度监理、公路工程施工质量监理、公路工程施工费用监理、公路工程施工安全监理、公路工程施工环境保护监理、公路工程施工合同监理、公路工程施工信息监理、公路工程施工组织协调。

本书既可作为高职院校道桥专业的教材，也可作为交通土建类相关专业及公路工程施工监理人员的参考用书。

图书在版编目（CIP）数据

公路工程施工监理/徐猛勇主编．—北京：机械工业出版社，2013.1（2024.8 重印）
高等职业教育系列教材．道路桥梁工程技术专业系列教材
ISBN 978-7-111-40483-5

Ⅰ.①公…　Ⅱ.①徐…　Ⅲ.①道路施工-施工监理-高等职业教育-教材　Ⅳ.①U415.1

中国版本图书馆 CIP 数据核字（2013）第 009095 号

机械工业出版社（北京市百万庄大街 22 号　邮政编码 100037）
策划编辑：李　坤　责任编辑：李　坤
版式设计：霍永明　责任校对：张晓蓉
封面设计：张　静　责任印制：邓　博
北京盛通数码印刷有限公司印刷
2024 年 8 月第 1 版·第 8 次印刷
184mm×260mm·20 印张·493 千字
标准书号：ISBN 978-7-111-40483-5
定价：49.00 元

电话服务　　网络服务
客服电话：010-88361066　机　工　官　网：www.cmpbook.com
010-88379833　机　工　官　博：weibo.com/cmp1952
010-68326294　金　　书　　网：www.golden-book.com
封底无防伪标均为盗版　机工教育服务网：www.cmpedu.com

出版说明

近年来，随着国家经济建设的迅速发展，道路桥梁的发展规模不断扩大，建设速度不断加快，对道桥专业具备高等职业技能的人才需求也随之不断加大。为了贯彻落实《国务院关于大力推进职业教育改革与发展的决定》的精神，我们通过深入调查，组织了全国二十余所高职高专院校的一批优秀教师，编写出版了本套教材。

本套教材编写中注重培养学生的实践能力，基础理论贯彻“实用为主、必需和够用为度”的原则，基本知识采用广而不深、点到为止的编写方法，基本技能贯穿教学的始终。在教材的编写中，力求文字叙述简明扼要、通俗易懂。本套教材结合了专业建设、课程建设和教学改革成果，在广泛的调查和研讨的基础上进行规划和编写，在编写中紧密结合职业要求，力争能满足高职高专教学需要并推动高职高专道桥类专业的教材建设。

本系列教材共十六本，包括《基础工程》、《桥涵工程施工技术》、《道路CAD》、《道路工程材料》、《道路工程测量》、《工程力学》、《路基路面工程》、《桥梁工程》、《土质学与土力学》、《公路工程造价》、《公路工程施工监理》、《道路工程制图》、《道路工程制图习题集》、《公路勘测设计》、《结构设计原理》、《公路工程检测技术》。

本系列教材适合高职高专院校、成人高校及二级职业技术院校、继续教育学院和民办高校的道桥类专业使用，也可作为相关从业人员的培训教材。

机械工业出版社

前言

推行公路工程监理制度是我国公路基本建设管理体制改革的一项重要内容，是提高投资效益和施工管理水平的有效措施。随着国家高速公路的迅速发展，对公路工程监理技术人员的需求不断增加，培养一定数量的合格的公路工程监理人员已迫在眉睫。工程施工阶段监理的主要任务是，监理工程师必须从组织、技术、合同和经济的角度抓好“五控、两管、一协调”工作，即质量控制、安全控制、环境保护控制、费用控制、进度控制、合同管理、信息管理和组织协调。

根据行业、企业发展需要和完成职业岗位实际工作任务所需要的知识、能力、素质要求，为培养公路建设生产第一线需要的下得去、留得住、用得上，实践能力强，具有良好职业道德的高技能应用型人才，我们通过调研，编写了《公路工程施工监理》一书。本书结合公路工程的特点，系统全面地介绍了公路工程监理的基本原理、基本方法和基本内容，提供了大量案例，有利于学生的感性认识。力求理论联系实际，注重实践能力的培养，突出针对性和实用性。编写时引用了最新法律法规和示范文本。

本书由湖南水利水电职业技术学院徐猛勇担任主编，湖南城建职业技术学院欧阳忠、湖南高速铁路职业技术学院杨素娟担任副主编。其中湖南水利水电职业技术学院徐猛勇编写单元二、单元九，湖南城建职业技术学院欧阳忠编写单元一、单元三，湖南高速铁路职业技术学院杨素娟编写单元四，湖南高速铁路职业技术学院许红叶编写单元五，南京交通职业技术学院李卫锋编写单元六，黄河水利职业技术学院贾春燕编写单元七，许昌职业技术学院张红宇编写单元八。全书由徐猛勇进行统稿并校订，河南城建学院王小召主审。

本书在编写过程中引用了大量的规范、专业文献和资料，在此对有关作者深表感谢，并对所有支持和帮助本书编写的人员表示感谢。

限于编者水平，书中难免存在不足之处，希望广大读者批评指正。

编　者

目　　录

单元一 公路工程施工监理概论

任务要求

1. 熟悉我国推行公路工程施工监理制度的必要性。

2. 掌握工程监理的相关学科及其研究的领域、对象和任务，描述工程监理与相关学科的关系。

3. 分析监理工程师应具有的知识结构。

4. 明确工程施工监理的目的。

5. 明确与工程监理有关的行为主体，分析和描述行为主体的相互关系。

6. 分析公路工程施工监理质量保证体系的三个环节，描述三个环节的职能。

7. 明确公路工程施工监理的依据、任务和原则。

8. 掌握公路工程施工监理阶段的划分，描述公路工程各监理阶段的工作内容和任务。

9. 明确公路工程施工监理机构的设置条件与要求，合理选择监理单位。

案例引入

某路桥公司承包了一座公路桥梁的建设项目，业主与某监理单位签订了施工监理委托合同。施工单位进场后进行施工准备工作，开工前向监理单位提交了该工程的施工组织设计和桩基础施工方案。监理工程师审核后，分析了该桥桩基础施工方案可能出现的问题及其后果，并提出了修改意见和建议，以书面形式回复施工单位并上报业主。施工单位认为监理单位所提出的意见和建议合理，同意修改原施工方案，并提交了新的施工方案。同时，施工单位申请开工。你认为监理单位按监理程序应如何处理？开工后，监理工程师发现施工单位并未按新的施工方案组织施工，且现场组织不力。为此，监理工程师应如何处理？施工单位仍坚持原施工方案进行施工，且施工质量明显不符合规范要求，现场出现不安全现象。此时，监理工程师应如何行使权力处理此问题？

1.1 我国推行公路工程施工监理制度的必要性

20世纪80年代以来，随着我国改革开放和社会主义市场经济的不断发展，为适应按照国际惯例组织工程建设的需要，我国工程建设管理体制进行了重大改革，以项目法人责任制、工程招标制、项目合同管理制为代表的公路工程管理制度建立，并在建设中实施。这项制度的建立和实施，对全面管理工程建设活动，控制工程施工质量、施工工期和工程建设投资，提高管理水平和投资效益，发挥了重要的作用。

公路工程施工监理是以《公路工程国内招标文件范本》的合同条款为基础，形成建设单位、施工单位、监理单位三方之间相互制约，且以监理单位为核心的管理新模式。该模式使建设参与各方的责、权、利更趋合理和明确，突破了传统的由建设单位自编、自导、自演的管理方式，有利于减少建设单位与施工单位之间的争端和纠纷，提高管理水平，促进建设活动顺利进行。

从新中国成立到1978年十一届三中全会近30年时间里，我国主要实行的经济体制是高度集中的计划经济体制。这种计划经济体制存在着严重缺陷。随着生产力的发展，计划经济体制的缺陷越来越清楚地显露出来，并严重地阻碍了社会生产力的发展。因此，经济体制的改革势在必行。

十一届三中全会以后，我国实施了改革开放的政策，确定建立和完善社会主义市场经济体制，计划经济体制将被社会主义市场经济新体制所代替。

近年来，国家把交通、能源、通信建设作为重点建设的项目，采取了多种政策促进公路事业的发展。公路建设资金由单一的国家投资向多元化融资方向发展，采取多方集资、利用贷款等措施来扩大财源。在利用世界银行贷款后，我国就必须采用国际通行的监理工程师制度。这种制度与多年来我国实行的施工单位内部质量管理制度完全不是一个概念，且施工单位内部质量管理制度也不适应国际金融组织对公路工程建设的资金管理的需要，因此必须要按国际惯例来进行有效的管理。

随着我国在建设行业中积极推行工程监理制度，公路工程监理工作取得了很大成绩。近20年来，利用国际组织和国内机构贷款修建的一些公路工程都实行了监理制度，如我国最早修建的京津塘高速公路工程就采用了监理制度；其后在利用外资修建的大中型公路工程大桥中，工程监理制度得到广泛实施。实施监理制度的工程一般都取得了降低造价、控制投资、加快工程进度等效果。

工程监理制度的实施不仅有利于满足国际金融组织、外商投资工程必须实行工程监理的贷款条件，有利于吸引外资，而且还减少了国外贷款和中外合资工程中外国监理人员的数量。工程监理制度是对工程管理职能分工的一种调整，赋予它必要的协调与约束机制，不但不增加管理人员，相反可减少管理人员编制，避免许多繁杂的问题。

综上所述，实行工程监理制度，是深化公路工程建设领域改革的需要，是坚持对外开放、加强国际交流与合作、发展我国对外承包工程和劳务合作的需要。

1.2 工程监理的相关学科

工程监理是一项全新的工作，具有一个标准化、规范化的模式，虽在国际上广为使用，但在我国却刚刚起步。结合我国国情，我们应该从西方发达国家的工程监理制度中学习借鉴些什么？首先是学习西方发达国家先进的管理理论，其次是学习借鉴他们先进的组织管理方法。就工程施工监理来说，与其相关的理论学科，主要是组织论和工程监理学。

1.2.1 组织论

组织论是研究一个系统的组织结构和工作流程结构的学科理论，通过对系统组织和工作流程组织的研究达到目的。

系统是指由相互作用、相互依赖的若干组成部分结合而成的具有特定功能并处于一定环境之中的有机集合体，如可把学校看成一个系统，把企业看成一个系统，把项目看成一个系统。若把项目看成一个系统，那么，研究这个系统就是研究项目的组织结构。

系统组织包括：①组织结构模式，主要反映的是一套命令系统、指挥系统；②一个系统里的任务分工，主要反映的是工程项目的目标控制的分工落实情况；③管理职能分工，在项目实施过程中，对其提出问题、规划、决策、执行、检查5个职能的分工。

工作流程组织是指工作顺序的组织，先做什么，后做什么。包括物质流程组织和信息流程组织。其中，物质流程是指工程项目施工的施工工序、生产的工艺流程等；信息流程则是指监理工作中产生的大量信息的传递方式，如费用控制流程、进度控制流程等。

根据组织学的原理和我国的实际情况，现场监理机构一般按工程招标合同段设置基层监理单位，可视工程情况分别设置一级、二级或三级机构。一级监理机构设置总监理办公室（总监办）；二级监理机构设置总监办和驻地监理办公室（驻地办）；三级驻地监理机构是当地工程项目为两个或两个以上独立工程项目或跨省区项目时，在总监办与驻地办中间设立的项目监理部。

1.2.2 工程监理学

工程监理学是研究工程建设在实施阶段组织与管理规律的科学，是一门工程技术科学和管理科学相交叉的学科。现将其研究的领域、对象、任务和特点分别叙述如下：

1）工程监理学主要研究项目实施阶段管理的思想、组织、方法和手段。

2）工程监理学研究的对象是项目总目标（质量、安全、环保、费用、时间）的控制。

3）工程监理学研究的任务是协调建设、设计、施工等单位的相互关系和内部关系，即对建设、设计、施工等单位采取相应措施，控制投资、进度、质量、安全、环保、合同和信息管理，以使项目总目标最优地实现。

4）工程监理学研究应正确贯彻执行国家相关法律、法规，确保工程建设的法制化要求。

以上简要介绍了与工程项目实施监理服务有关的两门主要学科。而与工程项目决策咨询服务有关的学科，则是投资学和经济技术学等，限于篇幅，不再叙述。

1.3 监理工程师应具有的知识结构

监理机构中具有交通运输部核准的公路工程监理工程师或专业监理工程师资格的人员统称为监理工程师。

首先，监理工程师应是高智力人才，必须具有成熟而全面的专业技术知识和丰富的实际工作经验，能够发现和解决工程设计、施工单位不易发现和解决的复杂的技术问题；其次，监理工程师必须懂得与工程建设有关的国家的法规和相应的制度，必须具有丰富的工程建设管理知识和管理经验，具有一定的行政管理知识和行政管理经验；再次，监理工程师必须懂得经济管理知识，必须通晓工程建设招标投标业务，具备工程建设合同管理的知识和经验；此外，监理工程师作为建设单位和施工单位双方之间纠纷的调解人，要公正、公平地处理问题，在必要时还须出庭作证，因此他必须懂得法律知识，且必须具备独立的第三方的品格。

综上所述，监理工程师应具备如下知识结构：

（1）法律法规　要了解与工程建设密切相关的各种法律和法规，如经济合同法，仲裁法，公路法，工程建设监理规定，有关的合同条款、范本等。

（2）工程技术　要具备本专业扎实的理论知识和丰富的工程实践经验，且应熟悉并全面掌握相关的工程技术知识及技术规程、规范等。

（3）工程管理　要懂一些项目管理学的知识，掌握现代化管理的方法和手段，如网络计划技术，费用、进度、质量的控制方法，以及计算机辅助管理技术等。

（4）工程经济　主要指技术经济分析知识。应掌握可行性研究的方法，能进行技术方案的经济比较，以及概、预算的编制与审核等。

1.4　工程施工监理的概念与目的

1.4.1　工程施工监理的相关概念

监理是监理人员依据监理合同对工程质量、安全、环保、费用、进度实施的监督和管理活动。具体地讲，是监理机构在工程施工中受建设单位的委托，并在建设单位的授权下，依据国家法律、法规、行业规范、施工合同监理服务协议，运用合同协议中的规定、方法和手段，对工程施工的施工单位在施工准备阶段、施工阶段、缺陷责任期阶段及其成品、半成品进行监督检查和评价，使其行为和结果符合合同约定，保证工程合同顺利实施，使工程建设费用管理、进度计划、质量目标和安全生产目标得以实现的管理活动。

监理单位是指具有法人资格并取得交通主管部门颁发的公路工程施工监理资质证书的企业。它是依法成立的、独立的、智力密集型的、从事工程监理业务的经济实体，与建设单位签订监理合同，并受其委托承担工程建设的监理业务。

合同文件（或称合同）指合同协议书、投标函及其附录、中标通知书、通用合同条款、专用合同条款、技术标准和要求、图样、已标价工程量清单，以及其他合同文件。监理服务合同是由建设单位与监理单位签署的、明确工程实施中各方责、权、利的协议。

缺陷责任期是自监理工程师签发工程交工证书到监理工程师签发工程缺陷责任终止证书的时间。工程缺陷责任终止证书是工程缺陷责任期满，经施工单位维护的工程完全满足合同的有关规定，监理工程师签发的解除施工单位工程缺陷责任的证明；工程交工证书指工程全部完成，根据施工单位申请，监理工程师按照合同有关规定对工程进行验收后签发的证明。

1.4.2　工程施工监理的目的

施工监理的目的是加强公路工程质量管理，控制工期、工程费用、安全生产和环境保护，提高投资效益及工程管理水平，使施工管理工作法制化、标准化、规范化、程序化。

1.5　工程施工监理的相关单位及相互关系

1.5.1　施工监理的相关单位

建设单位（又称业主）：建设单位是指执行建设项目投资计划的单位，或是被指定的负责管理该建设项目的代表机构，以及取得该当事人（单位）资格的合法继承人（单位）。

施工单位（又称承包人、承包单位或承包商）：施工单位是指和建设单位签订承建合同或材料、设备制造与供应合同的当事人（单位），以及取得该当事人（单位）资格的合法继承人（单位）。

监理单位（又称监理机构、监理工程师）：监理单位是指依法注册、独立从事工程监理业务，受建设单位委托或指定，与其签订监理服务协议，执行施工监理业务的单位及其驻地代表。

1.5.2 施工监理与相关单位的关系

建设单位和监理单位是委托与被委托关系。监理工程师依据监理合同和监理服务协议规定，独立承担现场施工监督和管理工作。建设单位授予监理工程师履行监理合同和监理服务协议中规定的职权并支持其工作，监理工程师在监理合同和监理服务协议规定的职权范围内尽其职责，正确执行合同，坚持公平、公正，既维持建设单位合法利益，也不损害施工单位的正当利益。

监理单位和施工单位是监理与被监理关系，此关系体现在建设单位与施工单位签订的施工合同中。在工程实施过程中，施工单位应按施工合同规定接受监理工程师的监督和管理，执行监理工程师的指令。监理工程师根据施工合同正确、公正地开展监理工作，不与施工单位有经济联系。施工单位对不公正的监理行为有权向建设单位及有关部门申诉。

1.6 公路工程施工监理体制与质量保证体系

1.6.1 公路工程施工监理体制

我国工程施工监理体制主要是由“一个制度”、“三个层次”和“多种方式”构成的。

“一个制度”是工程监理制度，它是国家行业主管部门建立和推行监理工作的目标和组织管理体系。

“三个层次”是指政府建设监理（也称政府监理或政府监督）、社会建设监理和企业自检。三个层次是相辅相成的，构成监理工作完整的执行主体。施工企业必须对工程质量最终负责，自检结果是社会监理测试的前提。政府监理是指政府职能机构对监理市场、工程建设过程及参建的建设单位、施工单位、设计单位等进行宏观的监督管理，其主要内容是监督建设行为的合法性、程序性和科学性，确保宏观控制项目建设必须符合国家的利益。社会监理是指社会监理单位受建设单位的委托或授权，对工程项目进行具体过程的监督、管理。以监理工程师为主体构成的专业化监理单位，是从微观上通过现代化的科学管理技术、丰富的经验来保证合同目标的实现。

“多种方式”是指监理工作形式上的划分。从委托性质上分，一种是委托监理，即由建设单位委托专业化的社会监理单位承担。这种委托早期主要是建设单位直接委托，目前主要是通过招标投标方式选定后再委托，委托时双方签订委托合同，这种社会化监理模式，具有独立性、公正性、权威性。另一种是自行监理，即由建设单位组建符合国家规定资质的相对独立的监理机构承担监理任务。

1.6.2 质量保证体系

《公路工程施工监理规范》（JTG G10—2006）明确规定：凡列入基本建设计划的公路项目，都应实行“政府监督、社会监理、企业自检”的质量保证体系。施工监理即属于社会监理，是质量保证体系的重要环节。因此，根据我国的国情，参照国际惯例，构建了我国公路工程建设的三级质量保证体系。

1. 政府监督

改革开放以来，工程建设活动发生了一系列重大的变化。发生这些变化的原因是原有的高度集中的计划经济体制下的工程建设管理模式越来越不适应社会主义市场经济发展的要求，而且工程建设中存在着工程质量严重下降，施工企业自评、自检水分很大等诸多问题。因此，迫切需要建立和健全新的管理体制，特别是工程质量方面，在完善企业内部质量检查体系的同时，要建立严格的外部政府监督体系。政府监督是公路工程质量保证体系中的极其重要的质量监督环节之一，是政府部门强化对工程质量管理的具体体现。

政府监督是指作为国家机器的政府部门实施对工程质量的管理，是政府社会职能的具体体现和要求。政府监督具有以下特点：

（1）强制性　政府的管理行为象征着国家机器的运转，国家机构的管理职能是通过授权于法来实现的。因此政府实施的管理监督行为，对于被管理、被监督者来说，只能是强制性的、必须接受的。

（2）执法性　政府监督主要依据国家法律、法规、方针、政策和国家及交通运输部颁发的技术规范、标准进行，并严格遵照规定的监督程序行使监督、检查、许可、纠正、强制执行等权力。监督人员每一个具体的监督行为都有充分的依据，带有明显的执法性，显著区别于通常的行政领导和行政指挥等一般性的行政管理行为。

（3）全面性　政府监督是针对整个工程建设活动的，就管理空间来说，覆盖了社会；就一个工程项目的建设过程来说，则贯穿于工程建设的全过程。但在我国，工程建设的决策咨询、施工监理等不同阶段的监督管理则是由我国不同的政府职能部门分别负责、共同完成的。

（4）宏观性　政府监督侧重于宏观的社会效益，主要保证工程建设行为的规范性，维护社会公众的利益和工程建设各参与者的合法权益。对一项具体的工程建设来说，政府监督不同于后述的监理工程师的直接的、连续的、不间断的监理。

政府监督的强制性、全面性、宏观性的特点，决定政府监督既要遵照规定的管理程序，在工程建设项目实施的全过程中行使监督、检查、许可、纠正和强制执行等权力，又要侧重于对项目的阶段性、控制性的监督管理（不同于社会监理单位实施的直接的、连续的监理）。

2. 社会监理

社会监理是具有法人资格的社会监理单位对工程实施的监理。这是随着我国经济体制改革的深化，在引进国外建设资金的过程中，逐步认识并结合我国国情而实施的工程建设管理的新体制和新模式。建设单位委托或指定监理工程师（单位）全面监督、管理工程的实施，对工程质量、工程进度、工程费用全面监理。根据交通运输部的规定，公路工程的监理目前主要是施工阶段的监理，因而也称为“施工监理”。

施工是工程建设过程中极其重要的一个阶段，它不仅要将经过周密考虑的可行性研究和设计的工程付诸实现（也就是说，不仅要把图上的东西变为实际的工程结构），同时还可能要根据施工过程中所遇到的实际社会、自然条件对工程设计作必要的修改。公路工程一般施工周期较长，受外部社会环境和自然环境的影响较大。需综合平衡、相互协调的问题较多，因此，公路工程的施工难度都较大。同时，公路建设需花费大量的费用，一旦出现工期延误情况，不仅会给工程参与各方带来不利影响，也会严重影响到公路工程建设的经济效益和社会效益。施工中出现的质量问题有的难以补救，有的甚至无法补救，给工程留下隐患，因此，施工监理的重要性是不言而喻的。

公路工程施工监理，是公路建设管理体制改革的重要内容，是强化质量管理、控制工程造价、提高投资效益及施工管理水平的有效方法。实践证明，一项工程实行了全委托监理，不但能减少不合理的额外支出，保证工程质量和工期，还能避免了过多的合同纠纷，并能确保国家建设计划和工程合同的顺利实施，对业主和承包人双方均有利。

社会监理具有以下的特点：

（1）服务性　监理单位是智力密集型的组织，本身不是建设产品的直接生产者和经营者，为建设单位提供的是智力服务。监理工程师通过对工程施工进行组织、协调、监督和控制，保证工程施工合同的顺利实施，实现建设单位的建设意图。监理工程师在合同的实施过程中，有权监督建设单位和承建单位必须维护国家利益和公众利益。监理单位的劳动与相应的报酬是技术服务性质的，它和施工企业不同，它不承包工程，不参与工程承包的盈利分配，而是根据付出技术服务劳动量的大小取得相应的监理报酬。

（2）公正性和独立性　公正性和独立性是监理单位顺利实施监理职能的重要条件。监理单位在工程监理中必须具备组织各方协作配合及调节各方利益的职能，因此要求监理单位必须保持公正。而公正需以独立性为前提，因此监理单位首先必须保持自己的独立性。

监理单位在业务关系和经济关系上必须独立，不得同参与工程建设的各方发生利益关系。我国工程监理有关规定指出，监理单位的“各级监理负责人和监理工程师不得是施工、设备制造和材料供应单位的合伙经营者，或与这些单位发生经营性隶属关系，不得承包施工和建材销售业务，不得在政府机关或施工、设备制造和材料供应单位任职”。这样规定就是为了避免监理单位与其他单位之间存在利益牵制，从而保持监理单位的公正性和独立性。

监理单位与建设单位的关系是平等的合同关系，监理单位可以不承担合同以外建设单位随时指定的任务。如果实际工作中出现这种需要，双方必须通过协商，并以合同形式对增加的工作加以确定。监理委托合同一经确定，建设单位就不得干涉监理工程师的正常工作。

在实施监理的过程中，监理单位是处于工程承包合同签约双方，即建设单位和施工单位之外的独立一方，依法行使监理委托合同所确认的职权，承担相应的法律责任。监理单位不能作为建设单位的代表行使职权，否则它在法律上就变成了从属于建设单位的一方，失去了自身的独立地位，从而也就失去了调解建设单位和工程承包单位利益纠纷的合法资格。当然，监理单位也不得是施工单位的合作者，否则也会丧失自己的独立地位。

（3）科学性　监理单位要能发现与解决工程建设中所存在的技术和管理方面的问题，能够提供高水平的专业服务，所以必须具有科学性。这是监理单位区别于其他一般服务性组织的重要特征，也是其赖以生存的重要条件。监理人员的高素质是监理单位科学性的前提条件。监理工程师都必须具有相当的学历，并有长期从事工程建设工作的丰富的实践经验，精通技术与管理，通晓经济与法律，否则，监理单位将不能正常开展业务，监理单位也是没有生命力的。

3. 企业自检

常说“产品的质量是生产出来的，而不是检验出来的”。事后检验只能在一定程度上控制不合格的工程交付使用，但已无法挽回在工程建设中费用的浪费、工期的延误和出现质量事故带来的损失，有时还会给工程留下隐患、带来难以预料的严重后果。施工企业作为公路工程产品的直接生产者，和政府监督机构、监理工程师（单位）不同，它要依照与建设单位签订的合同完成工程建设，同时达到费用、进度和质量要求。因此，应该说施工企业在公路工程质量保证体系中占有特别重要的地位。

为了按照合同的约定实现工程的三大目标，施工企业必须保证生产的公路工程产品达到标准，对产品实施自检是必不可少的质量保证环节，因此，施工企业应当尽早地建立周密的自检系统，这个工作包括以下几项内容：

（1）配备人员 施工企业应该根据工程规模的大小和工程结构的特点，配备相应的、称职的自检人员，施工的每一道工序都由施工企业的自检人员按照监理工程师规定的程序提供自检报告和试验报表。

（2）配备试验设备 施工企业应配备与工程规模和结构特点相适应的试验设备，试验设备的类型、规格应符合合同文件中有关试验标准的规定，并应对一些关键性设备进行核定，如核子密度仪、压力机等。还应对某些试验设备的数量进行核实，分析其是否能满足合同文件所要求的试验项目，以及在施工高峰期试验设备能否满足工程检验的需要。

（3）采用标准的、规范化的工作方法，建立和健全标准的、规范化的工作制度 施工企业质检时，应根据国家和交通运输部颁布的有关标准制定有关的工作制度，明确采用的工作方法和手段。交通行业标准《公路工程质量检验评定标准》（JTG F80—2004）《公路工程施工监理规范》（JTG G10—2006）及《公路水运工程试验检测人员资质管理暂行办法》《公路工程建设试验检测工作管理办法》等，应作为施工企业自检的依据。

施工企业的自检系统与施工企业的整体管理水平是有密切关系的，应该在施工企业中实施全面质量管理。

1.7 工程施工监理原则、依据及任务

1.7.1 工程施工监理原则

建设工程监理受建设单位委托和授权，监理单位的目标任务、内容取决于建设单位的要求，不论是工程项目的规划决策阶段还是设计阶段、施工阶段的监督管理，都应遵循以下基本原则：

1）建设工程监理单位应按照公正、独立、自主的原则，开展监理活动，维护建设单位与被监理单位的合法权益，维护社会公众利益和国家利益。

2）建设工程监理单位应当根据权责一致的原则，开展监理业务活动，在建设工程监理合同和其他建设工程合同中应当体现出这一原则，监理单位与项目监理组织之间应当体现这

一原则，在项目监理组织内部也应当体现这一原则。

3）建设工程监理单位在履行监理合同过程中应当遵循总监理工程师负责制原则，总监理工程师在工程项目监理中应当成为监理责任主体、监理权力主体和利益主体。

4）建设工程监理单位在工程项目监理中应当坚持“严格监理、竭诚服务”的原则。一方面，严格按照有关法律、法规、规范、标准实施监理，严格根据国家批准的工程建设文件进行监理，严格按照监理合同和其他建设工程合同开展监理；另一方面，要运用合理的技能，谨慎而努力地工作，为建设单位提供满意的服务。同时应当与被监理单位密切配合，友好合作，共同携手实现工程项目总目标。

5）建设工程监理单位在实施监理的过程中应坚持综合效益的原则。监理人员在项目监理过程中不应损害国家、社会的整体利益而谋求建设单位的经济利益。监理人员要严格遵守国家的有关法律、法规，既要对建设单位负责，更要对国家和社会负责。只有在符合宏观经济、社会效益、环境效益的条件下，建设单位投资项目的微观经济效益才能得以实现。

1.7.2 工程施工监理依据

1）国家和有关主管部门制定的法律、法规、标准、规范、规程及有关技术规定。

2）政府主管部门批准的工程项目建设文件及设计文件。

3）建设工程监理合同及其他建设工程合同。

另外，在监理过程中，建设单位下达的工程变更文件，设计单位对设计问题的正式答复，建设单位、承包单位和监理单位联合签署的工地例会纪要、监理工作联系单，均可作为监理工作的依据。

1.7.3 工程施工监理任务

工程施工阶段监理的主要任务是监理工程师必须从组织、技术、合同和经济的角度抓好“五控、两管、一协调”的工作，即质量控制、安全控制、环境保护控制、费用控制、进度控制、合同管理、信息管理和组织协调。根据监理工作职责，认真履行施工合同规定的具体要求，充分运用建设单位授权，采取符合施工合同规定的组织、技术和经济措施，对工程质量、安全、环保、费用和进度实行全面监理，严格进行合同管理和高效的信息管理，合理地实现工程建设的质量、安全、环保、费用和进度五大预期目标。

（1）质量监理　质量是工程建设的关键，影响工程质量的因素很多，监理工程师应按照合同规定和要求对影响工程质量的各个因素从原材料、施工工艺等方面进行全过程检查、监督和管理，任一环节疏忽大意，都会给公路工程的质量带来影响。因此，监理工程师必须对整个工程实行全过程监理，以确保施工单位提交的工程符合合同、技术规范、使用要求和验收标准的规定。

（2）安全监理　监理工程师应审批施工方提交的安全生产保证体系，并要求其有效、可行、可靠，以达到安全生产的目标。

（3）环境保护监理　监理工程师应审查施工组织设计中是否按设计文件和环境影响评价报告的有关要求制定施工环境保护措施，以满足公路施工环境保护的要求。

（4）费用监理　监理工程师还应在工程质量、工期符合合同要求的基础上，对工程费用进行监理。工程费用包括合同文件中工程量清单内所列的，以及因工程变更、施工单位的索赔或建设单位未履行义务所涉及的一切费用，监理工程师应尽可能减少工程量清单中所列费用以外的附加支出，使工程总费用控制在预定额度之内。

（5）进度监理　一个工程项目在合同文件内规定具体的施工工期，施工单位根据实际情况制订出切实可行的工程进度计划，提交监理工程师进行审批。监理工程师根据施工合同规定的工期对施工单位施工中的组织、资源投入、施工方案、工期安排进行监督与管理，采取具体措施努力减小计划进度和实际进度的差距，协调整条路线的平衡进度和保证在合同期限内全面完成并交付工程。

（6）合同管理　监理工程师应依照合同约定，对执行施工合同过程中发生的包括工程分包、工程变更、工程延期、费用索赔、争端和仲裁、工程保险、违约和转让等有关合同的问题进行检查和处理。

（7）信息管理　它是指在工程施工过程中，对反映工程施工质量、进度、费用、安全生产和实施状况，以及参与者之间关系信息的收集、整理、分析和使用。信息管理是监理工程师正确处理问题的依据，是监理工作成果的体现和工程档案的重要组成部分。

（8）组织协调　监理单位是独立于建设单位和施工单位的第三方，在工程施工过程中处于实施监督和管理的地位，协调建设单位和施工单位以及工程建设其他有关各方的关系，使工程得以顺利进行。

1.8　工程施工监理阶段的划分

工程监理是施工全过程的监理，它贯穿于整个合同执行过程的始终。根据施工的过程，可将公路施工监理阶段划分为施工准备、施工、交工验收与缺陷责任期三个阶段。

监理合同签订之日至合同工程开工令确定的开工之日为施工准备阶段；合同工程开工之日至合同工程交工验收申请受理之日为施工阶段；合同工程交工验收申请受理之日至缺陷责任终止证书签发之日为交工验收与缺陷责任期阶段。

公路机电工程监理应增加试运行期阶段。

由于每个阶段有不同的特点，所以监理的内容和重点也不尽相同。

1.8.1　施工准备阶段监理

监理单位在与建设单位签订监理服务合同之后，即进行施工准备阶段监理。施工准备阶段监理的主要内容是进一步熟悉和研究合同文件（包括监理合同，以及施工单位与建设单位签订的合同协议书、招标投标文件），审批实施性施工组织设计，复核施工图，参加施工招标和放样定线，督促施工单位提交施工组织设计，准备第一次工地会议，准备发布开工通知等。

1）发布开工令。监理工程师应根据施工合同具体规定的日期和施工单位开工准备情况，在确认开工准备工作达到规定要求后，根据施工方的申请报告向施工单位发出开工令并报建设单位备案。如无特殊原因，开工令发出的日期不应提前或推后。为此，监理工程师要注意督促施工方做好开工的准备工作并确保准备工作达到规定的要求。

2）召开第一次工地会议。第一次工地会议应由监理工程师主持，建设单位、施工单位的授权代表必须出席会议，各方将在工程项目中担任主要职务的部门（项目）负责人和指定分包单位代表也应参加会议。会议的内容主要是介绍人员和机构组织，介绍施工进度计划，施工单位陈述施工准备，建设单位说明开工条件，明确施工监理例行程序等。

3）审批施工单位的实施性施工组织设计。如发现问题，应要求施工方进行修改、调整和补充，直到达到监理工程师的要求为止，并在合同规定或满足施工需要的合理时间内审查完毕。在执行过程中应经常检查计划的执行情况。

4）审批施工单位的质量保证体系、进度计划及安全生产保障措施。监理工程师应按合同规定，要求施工单位建立一套完整的以自检为主的质量保证组织体系，并检查其各级自检人员是否符合在投标书中的承诺，是否具有相应的施工经验、专业技术职称，是否熟悉规范和图样，同时要检查进度计划的科学性、合理性、可行性和可靠性，检查安全生产保证体系和安全生产技术设计的科学性、可操作性、有效性和可靠性。

5）检验施工单位的进场材料是否符合规定要求。在材料或商品构件订货之前，应要求施工单位提供生产厂家的产品合格证书及试验报告。必要时监理人员还应对生产厂家生产设备、工艺及产品的合格率进行现场了解，或由施工单位提供样品进行试验，以决定同意采购与否。材料或商品构件运入现场后，应按规定的频率进行抽样试验，不合格的材料或商品构件不准用于工程，并由施工单位运至场外。

6）审批施工单位的标准试验。标准试验是对各项工程的内在品质进行施工前的数据采集，包括标准击实试验、集料的级配试验、混合料的配合比试验、结构的强度试验等，它是控制和指导施工的科学依据。审查所使用的试验仪器设备、试验标准方法、试验成果是否符合要求。

7）检查施工单位的保险及担保是否办理妥当，审批并支付动员预付款。

8）审查施工单位的施工机械设备。审查其是否符合在投标书中的承诺，监理工程师应按其批准的施工单位工程进度计划，分期审查施工单位在实施施工时所使用的施工机械设备是否符合合同文件中的规定。

9）验收施工单位的施工定线。监理工程师应在合同规定的时间内，或在施工单位的施工定线进行之前的合同时间内，向施工单位书面提供原始基准点、基准线、基准高程的方位和数据，并对施工单位的施工定线进行检查验收。

10）验收施工单位测定的地面线。监理工程师应要求施工单位对全部工程或开工段落的原始地面线进行实际测定，并对测定工作进行检查验收，以作为路基横断面施工和土石方工程计量的依据。

11）审批施工单位提交的施工图。在各项工程开工前合同规定的时间内，监理工程师应对施工单位依据合同规定完成的各种施工图进行审批。

12）检查施工单位占用的工程场地。在合同规定的开工令发出之前及各项工程开工前合适的时间内，监理工程师应督促建设单位将全部工程或施工段落的工程场地移交给施工单位使用。

13）检查其他与保证按期开工有关的施工准备工作。

14）检查试验路段的实施计划、实施及成果，并进行检评。

对上述各项内容，如果没有达到有关规定的要求，则通知施工单位进行补充和修正，直到符合合同要求或使监理工程师满意为止，否则不允许进入正式施工阶段。

1.8.2 施工阶段监理

施工阶段是工程实施的阶段。施工单位按规范规定的施工方法和监理工程师批准的施工组织设计中的施工方案及进度计划等进行工程施工，以达到设计文件的要求。在这一阶段中，监理工程师应加强对各工序的控制，确保各工序质量符合要求，具体有以下几项：

1）对进入现场的材料、设备、构件、配件、混合料要进行检验，不符合规定要求的要拒收。已经进入现场的应通知施工方进行处理，如退出现场。

2）对构件、设备，以及重要材料的生产、制造和装配场所要实行监督。

3）抓好工序控制，本道工序验收合格后才能进行下一道工序的施工。

4）落实合同要求的试验，并对实际工程的重要部位和薄弱环节安排增加试验。

5）按照制定的巡视工地次数和周期，对重要部位或操作实行旁站监督。

6）审批设计变更和图样修改。

7）开好经理工地会议，组织质量专题会议，形成现场质量管理的制度。

8）监理工程师在必要时下达停工令，以处理工程质量事故。

9）审批分包合同和分包工程内容。

10）抓紧隐蔽工程的检验，未经监理人员检查或同意，不得将隐蔽工程覆盖。

11）监理工程师认为必要时，可以要求施工单位撤换工作不力的人员。

12）严格进行中间交工验收。

1.8.3 交工验收与缺陷责任期阶段监理

一项工程完工后，首先需进行交工验收，验收合格后才能投入使用。但施工单位仍需在合同规定的期限内继续完成交工验收时未完工的项目，或修补在使用条件下因施工质量问题而出现的任何缺陷，监理工程师应继续检查该部分的工程质量。这个规定期限即为质量缺陷责任期，一般合同规定为一年，起算日期必须以签发的交工验收日期为准；而对有一个以上交工日期的工程，缺陷责任期应分别计算。在缺陷责任期内监理工程师的工作内容主要包括：

1）按合同要求进行竣工工程的检查和验收。对工程交接时存在的缺陷及签发交工证书之后发生的工程缺陷情况进行记录，并指示施工单位进行修复。

2）审阅施工单位关于未完成工作的计划和保证。审批和检查施工单位未完工程计划的实施，并视工程具体情况，建议施工单位对未完工程的计划进行调整。

3）确定缺陷责任和修复费用。监理工程师首先应对工程缺陷发生的原因和责任者进行调查。对非施工单位原因造成的工程缺陷，监理工程师应核实情况并审核施工单位提出的方案及费用报告，对修复工作作出费用的估价，安排施工单位修复时应向建设单位签发追加费用的证明。

4）监督工程项目的试运行，及时解决质量问题。监督施工单位完成未完工程和缺陷修补，直至签发缺陷责任证书。

5）督促施工单位按合同规定完成竣工资料和图样，并审核竣工资料和竣工图。

对照上述监理工作内容，监理工程师应配备缺陷责任期的监理工作人员，包括现场巡视和旁站、试验检测、合同事宜、资料整理等方面人员。

1.9 工程监理单位

1.9.1 公路工程监理单位

1. 公路工程监理单位定义

公路工程监理单位，一般是指持有工商行政管理部门核发的营业执照，具有法人资格，并取得交通主管部门核发的监理资质等级证书，从事公路工程监理工作的监理公司、监理事务所等，也包括具有法人资格的单位下设的专门从事公路工程监理的二级机构。这里所说的“二级机构”是指企业法人中专门从事公路工程监理工作的内设机构，例如设计单位、咨询单位中的“监理部”等。

公路工程监理单位是公路建设市场的三大主体之一。在十几年的实践中，已显现出其优越性，随着公路工程监理事业的发展，它将发挥出越来越大的作用。一个发育完善的市场，不仅要有具备法人资格的交易双方，而且也需要具备法人资格、能够协调交易双方、为交易双方提供交易服务的第三方。公路建设项目的实施就是一种买卖双方的交易，它不可能在瞬间或短时间内完成，往往需要经历较长的时间，一般可长达几年。交易持续时间越长，买卖双方产生矛盾的几率就越高，需要协调的问题就越多。另外，公路建设活动的专业技术性较强，没有较高的专业技术水平，就很难圆满完成交易活动。随着社会主义市场经济的不断完善和发展，交易的范围越来越大，交易活动的科学性越来越强，交易活动的技巧越来越高。在公路建设市场，公路工程监理单位就是为交易活动提供服务的中间代表。在我国，尽管市场经济还远没有达到完善和成熟的阶段，公路工程监理制度也才推行不久，但是监理单位在公路建设市场中发挥的作用已初步得到了社会的认可，并逐渐成为工程建设组织体系的一个重要部分。在各工程建设活动中已形成了业主、承包人和监理工程师三足鼎立的基本格局，三者缺一不可。

2. 成立监理单位的条件

1）有固定的办公场所。

2）有一定数量的专门从事监理工作的工程经济、技术人员，而且专业基本配套，并有相关高级专业技术职称人员。

3）有一定数额的注册资金。

4）拟定有监理单位的章程。

5）有主管单位的，要有主管单位同意设立监理单位的批准文件。

6）拟从事监理工作的人员中，必须要有一定数量的人已取得交通主管部门颁发的“监理工程师资格证书”，同时有一定数量的人已取得了公路工程监理培训结业合格证书。

3. 筹备设立公路工程监理单位应准备的材料

1）筹备设立监理单位的申请报告。

2）设立监理单位的可行性研究报告。

3）有主管单位时，主管单位同意设立监理单位的批准文件。

4）拟订的监理单位组织机构方案和主要负责人的人选名单。

5）监理单位章程（草案）。

6）已有的、拟从事监理工作的人员一览表及有关证件。

7）已有的、拟用于监理工作的设施一览表。

8）开户银行出具的资信证明。

9）公路工程监理行政主管部门对其资质审查后，出具的批准申请的书面意见，包括核准的业务范围。

10）办公场所所有权或使用权的房产证明。

4. 设立监理单位的申报、审批程序

设立公路工程监理的申报、审批程序，一般分为三步：一是按照申报的要求，准备好各种材料，向公路工程监理行政主管部门申报设立；二是公路工程监理行政主管部门审查其资质条件；三是资质审查合格者到工商行政主管机关申报登记注册，领取营业执照。监理单位营业执照的签发日期为监理单位的成立日期。

公路工程监理行政主管部门对申报设立监理单位的资质审查，主要是看它是否具备开展监理业务的能力；同时，要审查它是否具备法人资格。在达到上述两项条件的基础上，核定它开展公路工程监理业务活动的经营范围，并提出资质审查合格的书面材料。没有公路工程监理行政主管部门签署的资质审查合格的书面意见，监理单位不得到工商行政管理部门申请登记注册，工商行政管理部门不得受理没有公路工程监理行政主管部门签署资质审查合格书面材料的监理单位的登记注册申请。

工商行政主管部门对申请注册监理单位的审查，主要是按企业法人应具有的条件进行审理，一经审查合格，给予登记注册，并填发营业执照。登记注册是对法人成立的确认，没有获准登记注册的，不得以申请登记注册的法人名称进行经营活动。

5. 中外合营（合作或合资）监理单位的设立

（1）应报送有关行政主管部门审查的材料

1）比照国内监理单位设立申请申报的10项材料。

2）中外合营（合作或合资）单位间的合同。

3）外方所属国有关当局颁发的营业执照及其他有关的批准文件。

4）外方近三年的资产负债表、专业人员和技术装备情况。

5）承担监理业务的资历及其业绩。

（2）申报、审批程序

1）中方单位首先向其上级主管部门提出书面申请。

2）上级主管部门批准后，连同外方的所有材料一起报送交通行政主管部门，接受资质审查。

3）持审查部门批准的书面意见及有关材料，到有关审批机构申请设立中外合营（合作或合资）监理单位。

4）持设立中外合营（合作或合资）监理单位批准书及有关材料，到单位所在地工商行政管理部门申请登记注册。

5）持资质审查批准书、设立批准书、营业执照等材料，到原资质审批部门申请办理监理许可手续。

1.9.2 社会监理单位的选择

1. 选择一个合适的社会监理单位

社会监理单位对项目建设有着举足轻重的作用，因此，要慎重行事，一般应考虑下列因素：

1）选择取得监理资质证书的具有法人资格的监理公司或兼营监理业务的设计、科研所。

2）监理单位人员的素质较高。

3）有良好的工程业务经验与监理业务方面的技能，能提供良好的服务。

4）监理单位应具有较高的工程管理水平。

5）有良好的信誉及较好的监理业绩。

6）合理的监理费用。

2. 国外的一般选择方法

（1）选择性方法　联合国工业发展组织（简称 UNIDO）出版的《发展中国家和咨询人员》一书介绍了以下做法：

1）由业主指派代表根据工程项目情况，以及对有关监理咨询公司的调查、了解情况，初选有可能胜任此项监理工作的 3～10 个公司。

2）业主代表分别与初选名单上的各公司进行洽谈，共同讨论服务要求、工作范围、拟委托的权限、要求达到的目标、开展工作的手段，并在洽谈过程中了解监理公司的资质、专业技能、经验、要求费用、业绩和其他事项。

3）业主代表在会见各公司，了解其基本情况的基础上，将这些公司排出先后顺序。

4）按排队顺序与各家公司洽谈费用和委托合同。若与第一家公司达不成协议，再继续与第二家洽谈，以此类推。

（2）竞争性的招标办法

1）广泛了解咨询监理公司的名单、资质、人员情况、业绩、信誉等。

2）进行公开招标，或邀请部分监理公司投标。

3）详细评阅各监理公司提供的投标文件，研究其派出的人员、组织机构，完成任务的控制措施、提供服务情况，要求业主提供的设施、监理费用等内容，通过评标进行选择。

（3）业主直接委托　业主在对咨询监理公司比较熟悉的情况下，可以经业主和监理公司协商，直接委托。

（4）业主可根据需要委托　业主可委托一个监理单位承担工程建设项目全部或部分阶段的监理工作，也可以委托几个监理单位分别承担不同阶段的监理工作。

1.10 公路工程施工监理组织与职权

1.10.1 监理的组织机构概述

1. 监理的组织机构

监理组织机构应根据工程项目组成、工程规模、难易程度、合同工期、施工合同段的划分及现场条件等来设置，在设置监理机构时，还应贯穿提高效率、明确分工、责任到人、相互协作、分级监督的基本原则。从我国公路工程项目的实际出发，根据不同情况设置现场机构，现场监理机构一般分为一级、二级、三级监理机构。

《公路工程施工监理规范》（JTG G10—2006）对监理机构的设置有以下要求：

1）高速和一级公路可设置二级监理机构，即总监理工程师办公室（简称总监办）和驻地监理工程师办公室（简称驻地办）。开工里程在20km以下的，宜设置一级监理机构，即总监办。

2）二级和二级以下公路及养护工程可根据工程规模、难易程度、合同工期安排、现场条件等因素设置一级或二级监理机构。

3）公路机电工程可设置一级监理机构。

2. 监理的组织模式

1）直线式监理组织。

2）职能式监理组织。

3）直线—职能式监理组织。

4）矩阵式监理组织。

1.10.2 监理组织的职责

《公路工程施工监理规范》（JTG G10—2006）规定：当采用二级监理机构和监理总承包时，应由中标的监理单位划分各级监理机构及监理人员的职责和权限；当对监理机构分别招标时，应由建设单位划分确定监理机构各自的职责和权限。

1. 总监办的职责

1）主持编制监理计划。

2）主持召开监理交底会、第一次工地会议。

3）按合同要求建立中心试验室。

4）审批施工组织设计及总体进度计划、重要工程材料及配合比。

5）签发支付证书、合同工程开工令、单位或合同工程的暂停令和复工令。

6）审核变更单价和总额，以及延期和费用索赔。

7）协助建设单位审查交工验收申请，评定工程质量。

8）组织编写监理月报，编制监理竣工文件，编写监理工作报告。

2. 驻地办的职责

1）主持编制监理细则。

2）主持召开工地会议。

3）按合同要求建立驻地试验室。

4）审批一般工程原材料和混合料配合比、施工单位的机械设备、施工方案。

5）审批施工单位测量基准点的复测、原地面线测量及施工放线成果。

6）审批分项工程开工申请，签发分项和分部工程暂停令和复工令。

7）日常巡视、旁站、抽检，并作记录。

8）核算工程量清单，负责对已完工程进行计量。

9）组织分项、分部工程中间验收和质量评定，签发中间交工证书。

10）审批月进度计划，编写合同段监理工作报告。

1.10.3 监理人员的职责

监理工程师和监理机构中的相关专业技术人员统称为监理人员。监理人员是工程监理的主体，岗位不同，其知识结构要求亦不相同，配备的人员应满足工程监理的需要。按照《公路工程施工监理规范》（JTG G10—2006）的规定，监理机构中监理人员的数量和结构，应根据监理内容、工程规模、合同工期、工程条件和施工阶段等因素，按保证对工程实施有效监理的原则确定。监理机构设置的岗位分为总监理工程师、驻地监理工程师、监理工程师（包括专业监理工程师，测量、试验、计量、环保、安全监理工程师等）、监理员（主要指现场旁站人员）和行政文秘人员。各个岗位上的监理人员必须在总监工程师的统一领导下开展工作，既分工负责，又相互配合。

1. 总监理工程师的职责

1）全面负责和领导所在项目的监理工作。

2）负责向公司提出总监代表、驻地监理组织人员的任免建议，确定各监理机构的人员编制。

3）行使对整个监理工作的最终认证与否决权。

4）审批施工单位的重要报告，签发各种指令、证书和文件。

5）审批监理代表处、驻地监理组的重要报告和文件。

6）主持重大质量事故的调查和处理。

7）负责各种监理规章制度的制定、修改、补充和解释。

8）副总监理工程师按总监理工程师授权的职责范围，协助总监理工程师工作，总监理工程师不在时代行总监理工程师职责。

2. 驻地监理工程师的职责

1）驻地监理工程师对总监代表负责，全面负责和领导本合同段的监理工作。

2）对合同中出现的问题和异议提出解释和修正意见并报总监代表处。

3）审查施工单位的施工组织、施工方案和施工工艺，提出审查意见报总监代表批准。

4）核实施工单位主要管理人员和技术人员组成，核实并随时监督施工单位以上人员及劳动力进场和在场情况。

5）核实施工单位施工机械，并随时监督承包商机械进场情况和完好率。

6）核实施工单位开工准备，审批施工单位施工图，签批分项工程开工申请报告。

7）签发中间交工证书，核实并签认中间计量证书，提出付款证书。

8）尽可能地防止索赔，对发生的索赔、工期延误、争端等问题及时作出反应，同时上报总监代表处，并收集和提供所有相关资料，提出处理意见。

9）对所有工程变更及时呈报总监代表处，提供所需资料，提出处理建议。

10）监督施工单位的施工管理和施工安全，控制和评价工程质量和工程进度，及时向总监理代表处汇报有关情况。

11）审查施工单位材料来源和进场材料性能。

12）初审施工单位的工程分包，并提出审查意见。

13）对工程质量事故及时作出反应，并协助总监代表妥善处理。

14）下令使用计日工，同时上报总监代表处备案（事先经总监代表处同意）。

15）执行总监代表处的一切业务指示。

3. 监理员的职责

（1）一级监理机构　其在驻地监理工程师的领导下：

1）负责所辖合同段各分项工程的现场监理工作。

2）熟悉合同条款、规范及设计文件，在施工过程中对进度、质量进行全面控制，对施工中出现的问题，要按规范要求提出处理意见。

3）填写监理日志和监理日报并负责制订施工过程中的监理细则。

4）审查施工单位的施工计划，以及施工组织、施工方案，提出审查意见供驻地监理工程师审批时参考，并对计划的执行情况进行检查和监督。

5）对施工单位提供的测量资料、设计图及工程位置进行审查，检查施工单位的测量成果，以及绘制的施工和竣工图等。

6）负责审查施工单位的检验申请单，对施工单位施工的工程进行检验，对施工单位施工中出现的问题应建议驻地工程师签发工作指令或监理通知单。

7）审查施工单位提出的各项资料，安排制定控制施工质量及施工进度的各种图表，管理好施工监理原始记录、技术档案。

8）现场核实工程数量，做好合同计量支付工作，审查施工单位的支付月报，审查计日工的数量，经驻地工程师审查后上报。

9）对施工中发生的工程问题，以及涉及合同索赔、延期等问题，应及时提出处理意见供驻地监理工程师处理参考，并上报总监代表处。

10）对本工程重点部位和重点路段要制订详细的施工技术方案、技术措施和质量保证措施。

11）办理驻地工程师交办的其他工作。

（2）二级监理机构　其在驻地监理工程师的领导下：

1）协助驻地监理工程师工作。

2）负责对现场施工全过程及各工序施工质量的旁站监督。

3）检查并记录承包商的工序施工质量。

1.10.4　监理人员配备

1. 监理人员配备的依据和原则

公路工程施工监理项目的人员配备主要根据监理内容、工程规模的大小、合同工期、工程条件和施工条件等因素，并参照《公路工程施工监理规范》（JTG G10—2006）和《公路工程施工监理办法》中有关指导性规定进行合理的配置，监理人员数量可按各阶段特点进行调整，详细安排应在施工监理服务合同中写明。监理人员的配备还以照顾各个主要工作面、各种专业技术人员和人员年龄结构适中、能够实施有效监控为原则。既要有基础理论知识扎实、技术水平高、有丰富的施工经验、具有设计和试验知识的高级监理人员，也要有相当数量的具有一定专业技术水平、施工和监理经验，善于进行监督管理的中级人员，还要有能在关键工序进行全过程旁站监理的现场监理人员及辅助管理人员，构成一个专业配套合理、精明能干的监理组织，以保证能高效完成监理任务。

2. 监理人员资质

《公路工程施工监理规范》（JTG G10—2006）编制说明中指出：为了规范公路监理市场和保证监理质量的需要，不是从事公路专业的，没有公路专业经验的，不得从事公路施工监理，且要求：

1）总监理工程师、驻地监理工程师，一般应具有高级工程师等相应的高级技术职称，并必须取得交通运输部颁发的监理工程师证。

2）监理工程师应具有工程师等中级技术职称，并应取得交通运输部颁发的公路工程监理工程师或专业监理工程师证；专业监理工程师涉及路基、路面、桥梁、隧道、交通工程、机电、试验、测量及合同管理等方面的专业。

3）测量、试验及现场旁站等监理员应具有初级技术职称，或经过专业技术培训并考试合格。

3. 监理人员组合

监理人员的组合应合理。总监理工程师及其办公室各专业部门负责人和驻地监理工程师等各类高级监理人员，一般应占监理总人数的 10% ~15%；各类专业监理工程师等中级专业监理人员（专业监理工程师），应占监理总人数的 50% ~55%；各类专业工程师助理及辅助人员等初级监理人员（监理员），一般应占监理总人数的 20% ~25%；行政事务人员一般应控制在监理总人数的 10% 以内。

4. 监理人员数量

监理人员的数量可由建设单位及监理单位依据公路工程施工相关规范和《公路工程施工监理办法》中的指导性规定确定，并应明确写入施工监理服务合同中。

监理人员的数量要满足工程项目进行质量、安全、环保、费用、进度监理和合同管理的需要，一般应按每年计划完成的投资额并结合工程的技术等级、工程种类、复杂程度、设计深度、通行条件、当地气候、工地地形、施工工期和施工方法等实际因素，综合进行测算确定。

《公路工程施工监理规范》（JTG G10—2006）明确规定：

1）高速公路、一级公路工程每年每 1 千万元建安费宜配备交通运输部核准资格的监理工程师 0.2 名；独立大桥、特长隧道工程每年每 1 千万元建安费宜配备交通运输部核准资格的监理工程师 0.3 名。根据工程特点和实际需要，上述配置可在 0.8 ~1.2 的系数范围内调整。

2）高速公路机电工程，每 50km 每系统宜配备交通运输部核准资格的监理工程师 0.8 名，根据工程情况，如系统复杂或隧道机电工程内容较多，可适当增加。

3）上述配置如遇重大工程变更等情况，人员配备应根据需要进行调整，并就工程内容的变化、人员的调整事宜签订补充合同。

4）总监办应配备 1 名总监理工程师和若干名专业监理工程师。总监理工程师应具有相应专业的高级技术职称、五年以上的现场工程监理经历、担任过两项以上同类工程的驻地或总监职务。

5）驻地办应根据工程复杂程度配备 1 ~2 名驻地监理工程师和若干名专业监理工程师。驻地监理工程师应具有相应专业的中级或高级技术职称、同类工程三年以上监理经历。

1.10.5 监理设施

针对投资大、监理工作繁重的公路工程项目，为确保质量控制的检验测试及各项管理工作的顺利进行，必须在监理单位所承担的工程项目工地，配备足够数量和相应质量水平的监理设施。监理设施包括：办公设施及用品，生活设施及用品，试验设施，测量和气象仪器，交通设施及通信设施等。

本章小结

推行公路工程施工监理，是公路建设管理体制改革的重要内容，是强化质量管理、控制造价、提高投资效益及施工管理水平的有效方法。监理的目的是，调整工程项目实施过程中建设参与各方的关系和利益，维持工程项目的动态平衡，保证项目按合同、规范要求顺利实施。本章从公路工程施工监理的概念和目的出发，阐述了我国推行公路工程施工监理制度的必要性；针对工程监理的特点，介绍了公路工程监理的相关学科及其研究的领域、对象、任务和特点，并分析了工程监理与相关学科的关系；根据监理工程师的职业素质要求，分析了监理工程师应具有的知识结构。

复习思考题

1. 新中国成立以来，我国基本建设领域有哪些经验教训？
2. 简述工程监理在世界和我国的发展情况。
3. 什么是公路工程监理？我国目前为什么要推行公路工程监理制度？
4. 什么是工程监理学？
5. 工程监理的相关学科有哪些？各学科的研究领域和研究对象分别是什么？
6. 监理工程师应具备什么样的知识结构？

单元二　公路工程施工进度监理

任务要求

1. 掌握工程进度监理的作用，识别监理工程师的任务、职责与权限。
2. 能编制工程进度计划。
3. 掌握工程进度计划的审批内容、步骤和程序。
4. 能进行进度计划实施过程中的检查、监测和调整。
5. 识别工程进度图，了解施工进度分析和评价的意义，并描述其方法。

案例引入

某公路工程，主干道长1700m，支路长200m，招标合同工期为180个日历天。开工后由于外界的干扰，支路施工不顺利。监理工程师建议业主要求施工单位，在合同要求的框架内，调整原进度计划，只安排主干道的进度计划，支路不列入计划。施工单位调整了进度计划，报监理工程师审查后送业主确认。确认后作为监理工程师进行进度控制的依据。监理工程师这样做的目的在于避免由于第三方的干扰造成工期责任不清，使建设工程的进度失去控制。

类似这样的问题，必须在质量和进度问题尚未出现就应该发现，并在影响到工程质量和进度前就采取相应措施，否则当进度问题表现出来时，工期的延误问题已成为一个无法回避的事实，谁都可以找出一些理由来回避工期责任，这时的进度计划就失去了作用。这是监理工程师协助业主进行项目管理、进度控制的一个部分。监理工程师行使监督权，并不介入施工单位的进度控制管理，使施工单位无法回避进度工期责任，认真履约，真正起到控制进度的作用。

以上的例子说明，建设工程的进度计划就和作战计划一样。计划只是策划和准备，一旦开战，就必须根据战场瞬息万变的形势调整部署，否则战场就要失去控制。

2.1　进度监理及施工组织概述

为了加强公路工程基本建设项目管理，合理控制工程质量、工期和费用，提高投资效益与工程管理水平，必须进行工程承包合同条件下的项目建设监理，即实施质量、工期、费用三大目标的控制。工程进度是工程承包合同规定工期中施工活动的时间安排，因此进度监理是履行工程承包合同的重要内容，工程进度涉及业主和承包人的重大利益，是合同能否顺利执行的关键。为此，在工程进度监理中，一定要把计划进度与实际进度之间的差距作为进度控制的关键环节；除满足工期要求外，还应满足合同规定的工程质量及费用要求，从而达到高效、经济的工程施工的目的。

2.1.1 进度监理的作用、任务和目标

1. 进度监理的作用

实施公路工程项目的施工活动，是根据工程承包合同所规定的工期要求来安排的，且整个施工过程中，必须在限定的工期内，按照技术规范、图样等有关要求完成。因此，在公路工程施工过程中，工程进度监理不仅仅是对时间计划进行管理和控制，同时还需要考虑劳动力、材料和机械设备等所需要的资源能否最有效、合理、经济地配置与使用，使工程在预定的工期内完成，并争取早日使工程投入使用，从而获得最佳投资效益。可见，对工程项目的施工进度进行监理是十分必要的。它的作用主要表现在：

1）合理控制工期、质量和费用，使项目管理实现综合优化。

2）通过审查施工进度计划及控制实际进度与计划进度的差异，从而完善施工进度计划管理。

3）除充分考虑时间控制问题外，同时还考虑劳动力、材料、施工机具设备等所必需的施工资源问题，使其最有效、合理、经济地配置与利用。

4）通过计划、组织、协调、检查与调整等手段，调动施工活动中的一切积极因素，努力实现施工过程中各个阶段的进度目标，以确保工程施工全过程的总工期目标的实现。

2. 进度监理的任务

监理工程师在工程进度监理方面的主要任务是：要求承包人在工程开工前或施工中根据招标合同文件和施工进展实况，编制出清楚、明了、真实、可靠，能表达施工中全部活动及其相关联系，反映施工组织及施工方法，符合实际且便于管理的施工组织计划；审批承包人编制的施工组织计划；督促承包人执行已审批的施工组织计划，并在执行过程中通过计划进度与实际进度的比较，定期地、经常地检查和调整进度计划；协调业主与承包人，承包人与分包人，承包人与材料设备供货、交通、通信、电力供应、消防治安、地方政府、当地群众等各方面、各部门之间的关系，使方方面面不致产生矛盾，以便工程施工能按预期进度进行，保证总工期目标的实现。

3. 进度监理的目标

施工过程中进度监理一般包括三个阶段，即编审计划、实施计划、调整计划阶段。各个阶段进度控制的目标分别为计划工期、检查偏差、调整内容。

（1）编审施工进度计划阶段　进度控制的目标是确定一个合理的计划工期。在承包人编制及监理工程师审批施工进度计划时，计划工期应依据以下资料确定：

1）本工程项目的工程承包合同中有关工期的规定，是确定计划工期的基本依据；合同规定的工程开工、竣工日期，必须通过进度计划落到实处。

2）材料和设备的供应计划如果已经编制，那么施工进度计划必须与其相协调。

3）已建成的同类工程或相似项目的实际工程进度情况，是编制本项目施工进度计划的重要参考资料。

4）投标书中确定的项目施工方案及工程进度计划。

5）承包人的施工人员技术素质及机具设备能力。

6）施工现场的特殊环境及气候条件等。

具体制订施工进度计划时，应根据上述资料编制，对其进行优化后方可予以实施。

(2) 实施施工进度计划阶段　在实施施工进度计划的过程中，进度控制的目标是实际进度按计划进度执行，直到工程项目按计划工期完成。但工程实际中，计划的不变是相对的，实际进度的改变是绝对的。因为在拟订施工进度计划时，不可能把施工中所有可能出现的情况都考虑进去，而且施工过程中由于自然条件等因素的影响，打破原有施工进度计划是司空见惯的事情，尤其是公路工程项目施工在露天进行，受气候影响较大。因此，公路工程施工过程中，进度计划不可能完全按照原计划执行，其实际进度与计划进度经常出现差距。监理工程师在实施进度监理时，就是控制实际值与计划值的偏差，以便作出合理的施工进度计划调整。

(3) 调整施工进度计划阶段　在施工进度计划开始实施以后，监理工程师必须经常评估和监督进度计划的实际执行情况；如果出现工期延误及实际进度的其他变化，则应将执行中的进度计划予以部分或全部的修改与调整，调整的工作内容及调整期限，应依据工程项目实际情况确定。调整进度计划的目的是使其符合变化了的实际情况，以保证施工进度计划的顺利实现。

2.1.2　进度监理的工作程序

在公路工程施工进度计划的实施过程中，监理工程师的工作程序如下：

1）施工进度计划的编制。督促和指导承包人按要求编写和提交公路工程施工进度计划，包括总体计划和阶段性计划。

2）施工进度计划的审批。按规定的审批步骤和审查内容进行各种施工进度计划的审批。

3）施工进度计划的执行检查。监理工程师对承包人施工进度计划的执行情况进行跟踪检查，并对工程的实际进度作出评价，确认计划进度与实际进度是否相符。

4）施工进度计划的调整。当工程施工的实际进度滞后时，可根据具体情况对原定进度计划作合理调整。

以上施工进度计划监理的工作程序是从开始到结束循环进行的过程。

2.1.3　公路工程施工组织

公路工程的施工组织需在研究的基础上，从保证完成计划目标、保证工程质量、节约设备费用、降低劳务成本等多方面进行比较，拟定最适用、最经济的施工方案和施工方法。公路工程施工方案及方法则可通过施工组织设计来反映。

1. 施工组织设计的内容

施工组织设计的内容应满足招标文件合同条款、技术规范、计划工期的要求，并作为对投标文件进行详细评审的重要依据。在合同中，施工组织设计即工程施工进度计划，通常应包含如下内容：施工方案和施工方法；分项工程施工进度计划（可用规定的横道图、斜道图、网络图等表示）；与施工进度计划相适应的工、料、机配备数量及进场计划；与施工进度计划相适应的用款计划；施工总体布置图及当地材料供应点；冬期和雨期施工计划和措施；项目现场施工组织机构图；土方工程调配图；临时工程及临时设施的（初步）设计图；质量、安全、环保措施和方法；其他。

2. 施工组织的基本原则

影响施工过程组织的因素很多，如施工性质、施工类型、机械设备条件、施工规模大小、自然条件等，因而施工过程组织变化因素多，困难较大。尽管如此，还是应当尽力合理组织施工过程，施工组织的原则归纳如下：

（1）连续性原则　施工过程的连续性是指施工过程各阶段、各工序的进行，在时间上是紧密衔接的，不会发生各种不合理的中断。保持和提高施工过程的连续性，具有很大的经济意义，它可以缩短建设周期，节约流动资金，避免不必要的等待和窝工，从而提高劳动生产率。

（2）协调性原则　施工过程的协调性是指施工各阶段、各工序之间在施工能力上要保持一定的比例关系。各施工环节的劳动力、生产效率、设备数量等都必须相互协调，不发生脱节和比例失调的现象。协调的施工组织，可以充分地利用整个施工过程中的人力和设备，避免在各施工阶段和工序之间出现停顿和等待，所以可以缩短施工周期。

（3）均衡性原则　施工过程的均衡性是指施工中的各个环节都按照施工计划的要求，在一定的时间内完成相等或相等递增的工作量，使各工段的负荷保持相对稳定，不发生时松时紧、前松后紧等现象。均衡施工能充分利用机械设备和工时，避免由于突击赶工所造成的损失，因而有利于保证施工质量和劳动力、机械设备的调配。

（4）经济性原则　施工过程的经济性是指施工过程组织除应满足技术要求外，还必须讲求经济效益，要用尽可能小的劳动消耗取得尽可能大的施工生产效果。施工组织的目的是尽可能降低工程造价，而又不影响工程的进度和质量，所以连续性、协调性和均衡性这三项原则要以是否经济可靠作为衡量的标准。

3. 施工组织的研究对象及任务

公路工程施工组织的研究对象是工程施工过程中的时间问题，即施工进度计划编制；空间问题，即组织管理机构及场地布置；资源问题，即劳动力、材料、机具设备等的供应；经济问题，即工程造价、成本控制及资金利用等。

公路工程施工组织的基本任务是密切结合我国现行经济政策，充分考虑公路工程施工特点，运用科学的方法和手段组织施工，合理地安排施工过程中劳动力、材料、机具设备、资金、进度和工期等要素，以提高承包人的经济效益为中心，确保施工工期短、占用资金少、生产效率高、工程质量好，保证按合同工期完成项目施工工作，实现有计划、有组织、有秩序地进行项目施工管理，达到项目施工的整体效益最佳。

4. 施工组织的基本方法

公路工程施工过程中的组织方法很多，其基本方法可归纳为顺序作业法、平行作业法和流水作业法三种。

（1）顺序作业法　顺序作业就是按固定的程序组织施工。有客观要求的工艺流程和施工顺序必须按先后次序进行顺序作业。

（2）平行作业法　当有若干个工程项目，或者将工程项目划分为几个施工段或几个作业点时，建立若干个施工班组，分别同时按工艺顺序施工，这种施工组织方法称为平行作业法。

（3）流水作业法　当有若干个工程项目或将工程项目划分为几个施工段时，再将它们按不同的工作内容划分为若干道工序或施工过程，依据工序或施工过程建立专业班组，由各专业班组依照施工顺序完成各个施工段上的施工过程，即相同的工序顺序进行，不同的工序平行进行，这种施工组织方法称为流水作业法。

在施工过程中，顺序作业法、平行作业法、流水作业法可以单独运用，也可以根据具体条件，将三种作业方法综合运用，从而形成平行顺序作业法、平行流水作业法，以及立体交叉平行作业法等施工组织法。

公路工程施工中，主要的施工组织方法是流水作业法。

5. 施工组织的原理

（1）流水作业参数的确定与计算　流水作业参数有空间参数、工艺参数和时间参数，以此表达空间和时间展开的情况。

1）空间参数的确定。空间参数有施工段和工作面两种。施工段的划分，一种是自然形成的，如几座桥、几个构件等；另一种是人为划分的，如路面工程分为若干施工段。施工段的数目划分过多会引起资源集中，数目划分过少会拖延工期。一般要求施工段数目大于或等于工序数（或专业队数），以利于同一时间能进入工作面流水作业。

工作面的大小要求紧前工序结束后能为紧后工序提供工作面，且应满足施工技术规范和安全操作规程的要求。

2）工艺参数的确定。工艺参数包括工序数（n）和流水能力（v）。工序数的划分应与工程项目及施工组织分工相适应，对简单的施工过程工序可划分得少些，对技术复杂的施工过程工序可划分得多些。工序划分应使各道工序的持续时间相差不致太大，以利专业队的合理分工。

单位时间完成的工程数量称为流水能力。流水能力等于专业队的工人数或机械台数与产量定额的乘积。

3）时间参数的计算。时间参数分为流水节拍（t）和流水步距（k）。流水节拍是指某道工序在施工段上完成工序操作的持续时间。流水步距是指相邻专业队相继投入同一施工段开始操作的时间间隔。

4）流水步距的计算。流水步距是指相邻专业队相继投入同一施工段开始操作的时间间隔。为了保证专业队连续施工，必须保持相邻两工序施工时间最大的搭接，据此确定出最小的流水步距，其计算方法可按“累计数列错位相减取大差法”进行。具体计算步骤为：首先将相邻两道工序的流水节拍分别累计，得到两个数列；然后将后一工序的累计数列向后错一位与前一工序累计数列对齐相减，得到第三个数列；最后从第三个数列中取最大的正值，即为流水步距。流水步距的个数为（$n-1$）。

（2）流水作业分类及工期计算　流水作业按其参数的特性可分为有节拍流水作业和无节拍流水作业两大类。前者指相同的工序在各个施工段的流水节拍相等，但是不同工序的流水节拍相互之间不完全相等；后者不仅不同工序的流水节拍不完全相等，而且相同工序的流水节拍也不完全相等。

2.1.4　工期、质量、费用三者的关系

工期是由工程项目从开工到竣工的一系列施工活动所需的持续时间之和构成的；工程质量是施工过程中生产出来的产品结果；工程费用是施工过程中所产生的消耗。所以，工程项目施工过程中，工期、质量、费用三者既相互联系又相互制约，三者关系曲线如图 2-1 所

示。

由图 2-1 知，工程进度的加快与减慢对工程质量及费用都产生直接影响。设 T_A 为正常工期，其质量 Q_A 也正常，此时费用 C_A 最低；当放慢施工进度，即 $T > T_A$ 时，质量上升，但费用也随之上升；当加快施工进度，即 $T < T_A$ 时，质量下降，而费用仍然增加。因此，工程进度监理不仅仅是单纯的进度计划管理和时间控制，而且还要同时考虑工程质量的好坏及工程费用的高低。

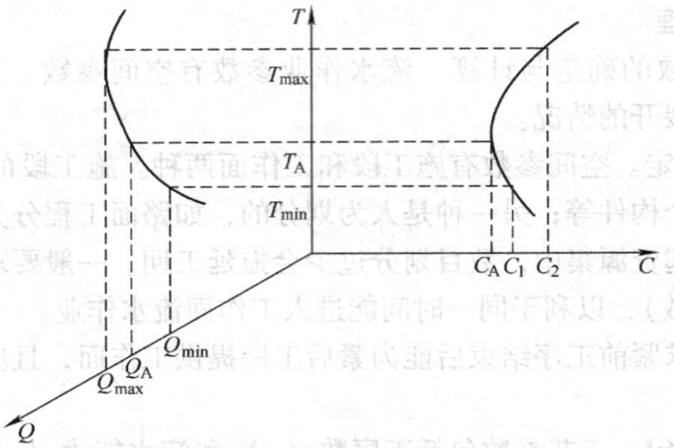

图 2-1　工期、质量、费用三者关系

2.2　进度监理的基本方法

监理工程师对工程项目施工进度进行监理时，常采用单项工程进度控制法、工程管理曲线监控法、网络技术控制法及进度表控制法等。以上几种方法均采用图（横道图、斜道图、进度曲线图及网络计划图）表（工程统计报表等）来显示承包人的实际施工进度，并直观反映工程实际进度与计划进度之间的差距。使监理工程师能据此确定承包人的实际进度是否影响到整个工程的竣工日期，从而要求承包人采取相应措施确保工期。

2.2.1　横道图法

1. 横道图

横道图又称为甘特图（Gantt chart），它是美国工程师亨利·甘特在第一次世界大战期间创造的一种生产进度表达方法。横道图是以时间为横坐标，以各分项工程或施工工序为纵坐标，按照一定的先后施工顺序和工艺流程，用带时间比例的水平横道线表示对应项目或工序持续时间的施工进度计划图。

2. 横道图的常用格式

横道图一般由两大部分组成。

1）左面部分为主要表格，其内容应包括编号、工程名称（施工工序）、施工方法、工程量或工作量的单位及数量等。

2）右面部分为指示图表，它是由左面的数据经计算得到的。在指示图表中用水平横道线条形象地表示出分项工程或施工工序的施工进度，其线条长度代表施工持续时间长短，线条的位置表示施工过程，线条上方的数字表示该项目所需的劳动力数量，有时也可采用不同线条符号表示施工作业班组或施工段。如图 2-2 所示。

编号	工程名称	施工方法	工程量		20××年（月份）										起止时间	
			单位	数量	1	2	3	4	5	6	7	8	9	10	开工	结束
1	临时通信线路	人工为主	km	80	6										1月初	7月底
2	沥青混凝土基地	人工安装	处	1	35										1月上旬	5月上旬
3	清除路基	机械	m^3	700 000			4								3月初	7月底
4	路用房屋	人工	m^2	1 300	60				40						1月初	6月底
5	大桥	半机械化	座	1						94					5月中旬	9月中旬
6	中桥	半机械化	座	5				53			38				3月15	8月底
7	集中性土方	机械	m^3	430 000						20					4月上旬	9月底
8	小型构造物	半机械化	座	23					30						5月初	8月底
9	沿线土方	机械为主	m^3	89 000					36						5月初	10月底
10	基层	半机械化	m^2	560 000						48					5月上旬	10月上旬
11	面层	半机械化	m^2	560 000						18					5月上旬	10月上旬
12	整修工程	人工为主	km	80						10					5月上旬	10月上旬

图 2-2　施工进度横道图

由图 2-2 可知，横道图可以方便地表达出施工计划的总工期和各分项工程或施工工序的持续时间；每项工作何时开始、何时完成一目了然；便于计算完成施工计划所需要的劳动力、材料、机械设备及资金等各种资源用量。但是分项工程或施工工序的逻辑关系不明确，施工期限与地点关系无法表达，无法确定施工计划的潜力。

3. 横道图的特点

横道图编制施工进度计划的优点为：简单、形象、明了、直观、易懂，且便于检查和计算资源用量。它的不足表现为：①不容易看出工作之间的相互依赖、相互制约的关系，仅反映工作之间的前后衔接关系；②无法反映工作的机动使用时间，反映不出关键工作及哪些工作决定总工期；③不能实现定量分析，因而无法采用计算机计算；④计划执行过程中实施计划偏离原计划时，只能进行局部简单的调整；⑤无法进行施工组织及施工技术方案的比较与优化。因此，横道图只适宜编制集中性工程进度计划、材料供应计划或者简单的工程进度计划。

横道图作为一种施工进度监理的工具，它不仅可用于编制施工进度计划，而且还可用于工程进度实施中的监控。在进度计划实施中，在计划进度横道线下方标出各分项工程或施工工序的实际进度。根据实际进度与计划进度的比较，可对进度计划进行必要的修改与调整。

2.2.2　进度曲线法

1. S 曲线

S 曲线即工程进度曲线，又称为现金流动曲线，因其曲线形状大致呈 S 形故而得名。

S 曲线是针对横道图表示工程进度时，计划进度与实际进度的比较只能在各个分项工程或工作（序）之间进行，无法对整个工程进度情况进行全局性的管理这一不足而提出的。S

曲线是以工期为横轴，以累计完成的工程费用的百分比或累计完成的工程量的百分比为纵轴的图表化曲线，如图 2-3 所示。

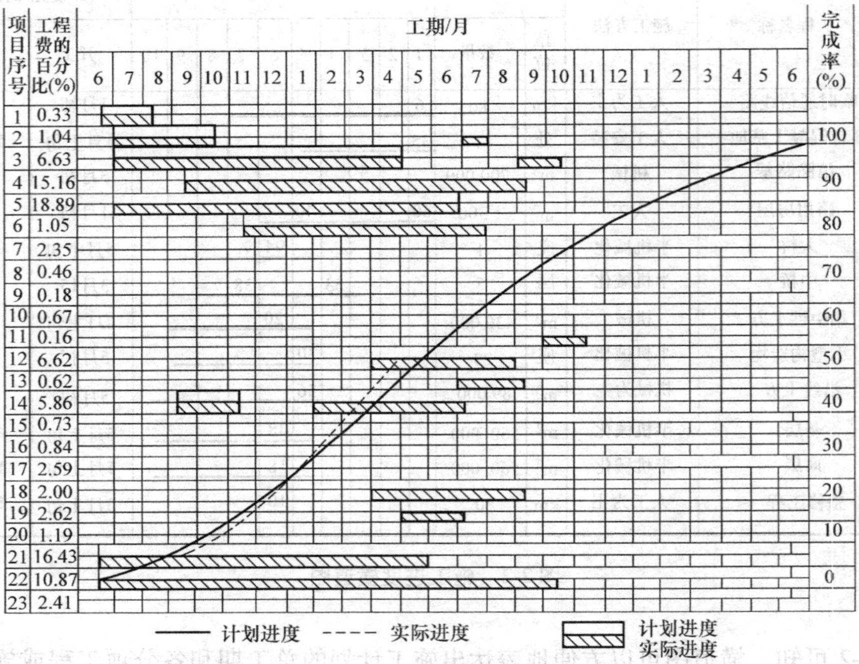

图 2-3　S 曲线

（1）S 曲线的形状特点　假设工程进度曲线用函数 $C = f(T)$ 表示，则 $V = \mathrm{d}C/\mathrm{d}T$ 表示工程在点 T 处的施工速度，也就是该点处曲线的切线方向（即曲线的斜率）。

如果工程项目施工中投入相同数量的劳动力和施工机械，每天保持完成相等的工作量，则工程按相同的施工速度进行，工程进度曲线就是一条直线。这种情况在项目实际施工中很少出现。

一般情况下，项目施工初期要进行临时工程建设或做各项施工准备工作，劳动力和施工机械的投入逐渐增多，每天完成的工作量也逐渐增加，所以施工速度逐渐加快，即工程进度曲线的斜率逐渐增大，此阶段的曲线呈凹形；在项目施工稳定期间，施工机械和劳动力投入最大且保持不变时，若不出现意外作业时间损失，且施工效率正常，则每天完成的工作量大致相等，这时施工速度近似为常数，工程进度曲线的斜率几乎不变，故该阶段的曲线接近为直线；项目施工后期，主体工程项目已完成，剩下修理加工及清理现场等收尾工作，劳动力和施工机械逐渐退场，每天完成的工作量逐步减少，此时施工速度也逐步减小，即工程进度曲线的斜率逐步减小，此阶段的曲线则为凸形。

（2）S 曲线在公路工程施工监理中的作用　由于 S 曲线是工程进度曲线，也是现金流动曲线，所以它在公路工程施工进度及费用监理中均可应用，其作用如下：

1）审批施工进度计划时，可用 S 曲线判断承包人编制的施工进度计划是否合理。合理的施工进度计划，其工程进度曲线的形状大致呈 S 形，劳动力、材料和施工机具设备供应及工程费用分配使用符合一般规律。反之，工程初期曲线不是凹形，或者施工稳定期间曲线完全不是直线，或者工程后期曲线不呈凸形等，均说明施工中资源调配违背了一般规律。遇上述任何一种不合理情况，都应要求承包人重新修订施工进度计划。

2）监控施工进度计划的实施，进度控制可方便地利用S曲线评价实际进度情况属于正常、提前或滞后。

如图2-4所示，当实际进度按计划进度正常施工时，其实际进度与计划进度曲线相吻合，此时说明实际进度正常。但在进度计划实施中，如果实际进度比计划进度提前，则实际进度曲线用虚线表示，应在S曲线上方，此时实际施工速度比计划施工速度快，照此施工下去，工期就会提前。监理工程师据此可作出两种决策：一是工程成本消耗较合理时，按实际进度施工不变，提前完成任务；二是工程成本消耗较高时，应适当放慢施工速度，使实际进度按计划进度进行，确保按工期完成任务。如果实施中实际进度比计划进度滞后，则表示实际进度的虚线在S曲线的下方。这时实际施工进度比计划施工进度慢，照此下去工期就会拖延。此时监理工程师的一般决策是：增加资源供应，加快施工速度，使实际进度赶上计划进度，保证计划工期的按时完成。

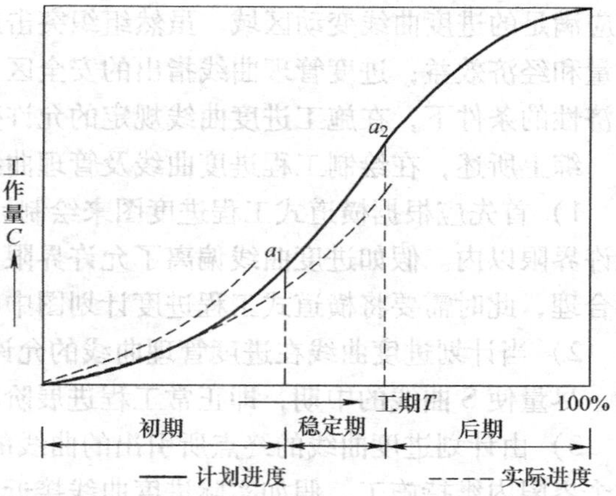

图2-4　工程进度比较曲线

3）S曲线可用作工程费用监理中工程计量和费用支付的依据。S曲线是工程进度与累计完成的工程量或工作量（工程费用）的百分比图表曲线，也是工程项目实施中进度与现金流动关系曲线。项目实施期间实际完成了多少工程量或工作量（工程费用），在实际进度曲线上一目了然，据此可方便地进行中期工程量的计量与支付。

2. 香蕉曲线

在项目施工进度计划实施过程中，实际工程进度曲线将因施工条件及管理条件而变化，所以实际进度曲线往往与计划进度曲线不一致。如果二者的偏差太大，将使工程陷入难以恢复的状态，因此应使实际进度始终处在一个安全的区域内，这样才能确保工程项目按时交工，为此用进度管理曲线规定这个安全区的范围。

进度管理曲线实际上是由两条S形曲线组合而成的。由于进度管理曲线形如香蕉，故而亦称“香蕉曲线”，如图2-5所示。

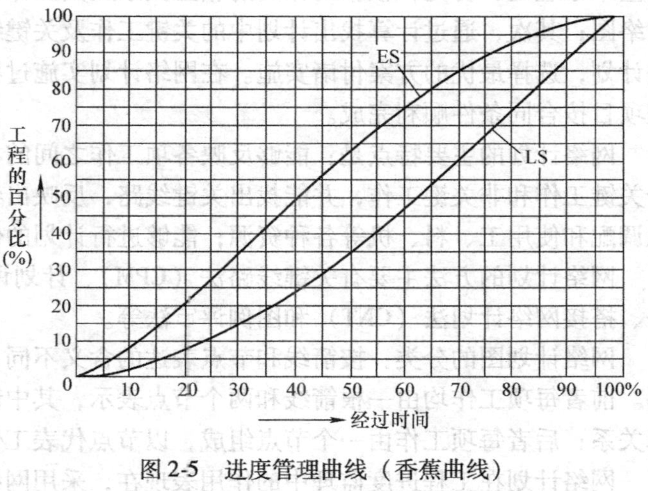

图2-5　进度管理曲线（香蕉曲线）

从图2-5中可以看出，进度管理曲线由两条具有同一开始时间和同一结束时间的曲线组成，其中一条是以各项工作均按最早开始时间安排进度所绘制的S形曲线，称为ES曲线；而另一条则是以各项工作均按最迟开始时间安排进度所绘制的S形曲线，称为LS曲线。很显然，上述两条曲线除开始和结束点重合外，某一时刻两条曲线对应完成的工作量是不同的，ES曲线上各点均落在LS曲线的上方。因此，进度管理曲线是工程进度曲线规定的允许界限线，它明确指出了施工进度允许偏差范围所应满足的进度曲线变动区域。虽然组织突击赶工也可以按期交工，但这样做将会影响工程质量和经济效益；进度管理曲线指出的安全区，不是组织突击赶工，而是在保证工程质量和经济性的条件下，在施工进度曲线规定的允许变动范围内。

综上所述，在绘制工程进度曲线及管理曲线时，应注意下列问题：

1）首先应根据横道式工程进度图来绘制计划进度曲线，此曲线应位于进度管理曲线的允许界限以内。假如进度曲线偏离了允许界限，则一般来说此工程项目的进度计划安排得不够合理，此时需要将横道式工程进度计划图中的主体工程左右移动进行调整。

2）当计划进度曲线在进度管理曲线的允许界限内时，合理地调整工程初期和后期的进度，尽量使S曲线的中期，即正常工程进展阶段，与允许界限的线段相吻合。

3）由计划进度曲线的终点所引出的曲线的切线，表示工程进度危险的下限，所以应在这个界限内维持施工。假如实际进度曲线接近界限时，则需要立即采取补救措施。

4）实际进度曲线超出香蕉曲线及其他管理曲线的下限时，表示工程拖延相当严重，此时不可避免地要进行突击赶工。因此，应研究突击赶工时控制投资和保证质量的措施。使用工程进度曲线和进度管理曲线，能够把工程进度的偏差控制在适当的范围之内，来进行计划和管理，可将它们作为判断工程全局进度情况的工具。但由于它们是建立在横道图的基础之上，因而仍不能弥补横道图所具有的缺点。

2.2.3 网络计划图法

网络计划技术是20世纪50年代国外陆续出现的一些计划管理的新方法。由于这些方法将计划的工作关系建立在网络模型上，把计划的编制、协调、优化和控制有机地结合起来，所以称为网络计划技术。

网络计划图以加注工作持续时间的箭线和节点组成的网状流程图来表示施工进度计划。其基本原理是：首先，根据工作间的相互关系及其工作先后顺序绘制工程项目施工进度计划网络图；其次，通过计算找出计划中的关键工作及关键线路；最后，通过不断调整、改善网络计划，选择最优的方案付诸实施。在网络计划实施过程中进行有效的监督与控制，确保工程项目按合同条件顺利完成。

网络计划的主要特点是：能够反映各项工作之间的相互制约、相互依赖的关系；可以区分关键工作和非关键工作，并能找出关键线路，反映出各项工作的机动时间，因而可以更好地调配和使用工、料、机等各种资源；能够进行计划的优选比较，从而选择最佳方案。

网络计划的方法主要有关键线路法（CPM）、计划评审法（PERT）、流水作业网络计划法、搭接网络计划法（CNT）和图例评审法等。

网络计划图的分类：按箭线和节点表达的含义不同，可分为双代号网络图和单代号网络图。前者每项工作均由一根箭线和两个节点表示，其中箭线代表工作，节点表示工作间的逻辑关系；后者每项工作由一个节点组成，以节点代表工作，箭线表示工作间的逻辑关系。

网络计划在工程进度监理中的作用表现在，采用网络计划方法可加强工程项目的施工管理，使其取得又好又快的效果。它在工程进度监理中可给监理工程师提供下列可靠信息：①合理赶工及其工期与成本的关系信息；②各项工作有无机动时间及机动时间极限数据信息；③劳动力、材料、施工机具设备等资源利用信息；④工作的提前或拖延对总工期的影响等信息。

1. 双代号网络计划图的基本知识和绘制方法

（1）双代号网络计划图的构成　双代号网络计划是目前公路工程施工进度计划中应用较为普遍的一种网络计划方法。图2-6所示的双代号网络计划由箭线、节点和流三个要素组成。

箭线“→”表示具体的内容。

节点“○”表示相互间的关系。

流表示定量的参数。

1）箭线。箭线表示一项工作，可以是一道工序，也可以是分项和分部工程、构造物、单位工程等。凡占时间的施工过程都应按一项工作看待，如混凝土构件的自然养护、预应力混凝土的张拉等过程；在无时标网络图中，箭线的形状、长短和粗细与工作持续时间无关，但为了网络图整齐醒目，箭线应用水平直线或折线绘制；箭线方向表示工作进行方向，箭尾表示工作开始，箭头代表工作结束，箭线表示工作的具体内容；连续施工时代表工作的箭线连续画出，就某工作而言，紧靠其前面的工作称为紧前工作，紧靠其后面的工作称为紧后工作，该项工作叫本工作；在双代号网络图中，除有表示具体工作内容的实线箭线外，还有代表虚工作的虚箭线。虚工作是虚拟的，没有工作名称，不占时间，不消耗资源。虚工作的主要作用是解决工作间的逻辑连接关系。

2）节点。节点表示工作与工作之间的衔接关系，在双代号网络计划图中，节点仅表示从结束到开始的一种衔接关系，即节点前的所有工作全部结束后，节点后的工作才能开始。节点具有瞬时性，即规定节点不占用时间，也不消耗资源。网络图中第一个节点称为起始节点，它意味着工程任务开始；最后一个节点称为终节点，它意味着该项工程任务完成；其他节点都叫中间节点。

3）流。流表示着定量的参数，即表示着完成各项工作所需要的资源，包括每项具体工作所需要的时间、费用和材料设备等。

在双代号网络计划图中，每一项工作都是用一条箭线和两个点来表示的；节点可以是圆圈，也可以是其他形式，在其中填入代号，如i、j等；而工作名称和完成工作所需要的资源标注在箭线旁。图2-6就表示一项工作，可称为“工作（i、j）”或“工作A”，由采用两个不定数字来代表一项工作，因此被称为双代号网络计划。

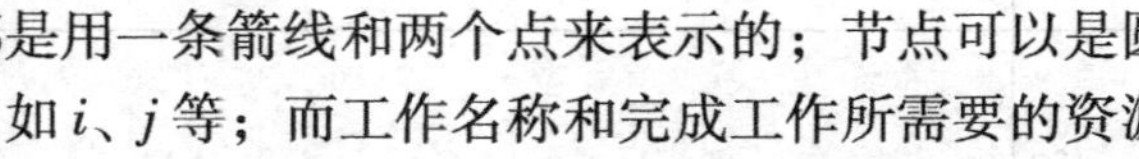

图2-6　工作的表示方法

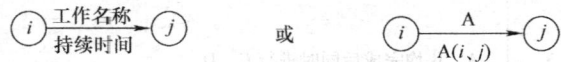

在一般网络计划图中，箭线的长短曲直与工作占用的时间长短、资源多少均无关系。就某一具体工作而言，紧靠其前面的工作称为紧前工作，紧靠其后面的工作称为紧后工作，与之平行的工作称为平行工作，该工作本身则可称为本工作，如图2-7所示。对一个节点来讲，可能有许多箭线同时进入该节点，这些箭线就称为内向箭线，而该节点则可称为汇集节点；同样也可能有许多箭线由同一节点出发，这些箭线就称为分枝节点，如图2-8所示。

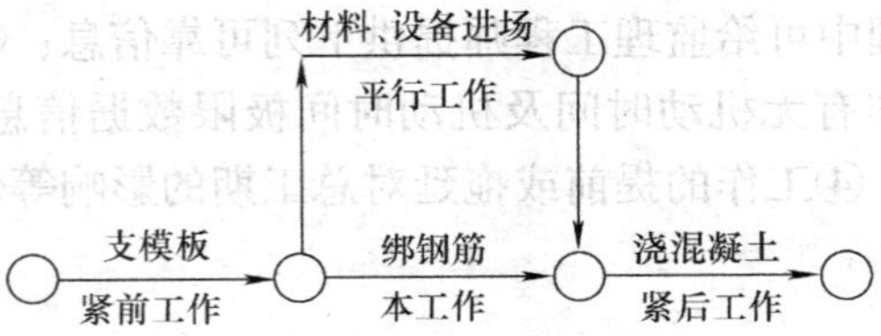

图 2-7　工作之间的关系（形式Ⅰ）

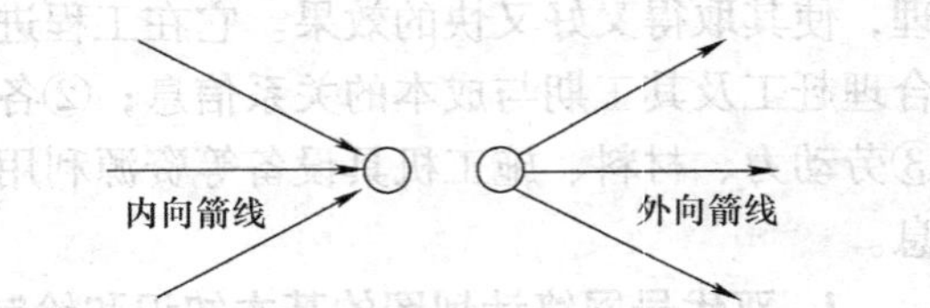

图 2-8　工作之间的关系（形式Ⅱ）

网络图中第一个节点叫起始节点，它意味着一项工程或任务的开始，最后一个节点叫终点节点，它意味着一项工程或任务的完成，网络计划图中的其他节点称为中间节点。

（2）工作关系的表示方法　工作关系是指工作进行时客观上存在的一种先后顺序关系，在表示工程施工进度计划的网络图中，根据施工组织和工艺流程的要求，应正确反映各项工作之间的相互依赖和相互制约的关系。各项工作之间的关系表示得是否正确，是网络计划图能否反映工程项目实际情况的关键，如果工作关系表示错了，网络计划图中各种时间参数的计算就会发生错误，关键线路和工程的总工期也将会发生错误。

要画出一个正确反映工作关系的网络计划图，首先就要搞清楚各项工作之间的关系，工作之间基本的逻辑关系有四种：

1）本工作必须在哪些工作之前进行？

2）本工作必须在哪些工作之后进行？

3）本工作可以与哪些工作平行进行？

4）本工作的进行与哪些工作无关？

在网络计划图中，各工作之间的关系是变化多端的，表 2-1 所列的是网络计划图中常见的一些工作关系的表示方法。

表 2-1　常见工作关系的表示方法

序号	工序之间的逻辑关系	网络图中的表示方法
1	A 完成后进行 B、C	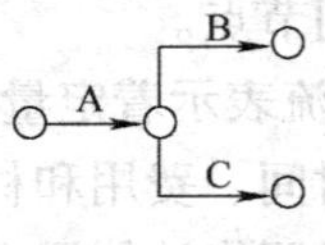
2	A、B 均完成后进行 C	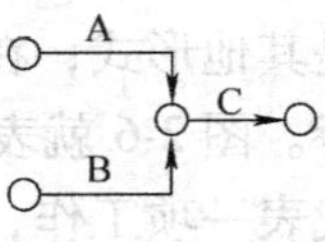
3	A、B 均完成后同时进行 C、D	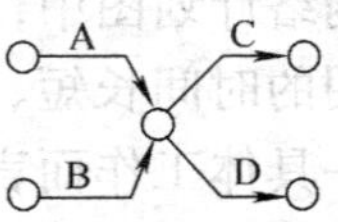
4	A 完成后进行 C，A、B 均完成后进行 D	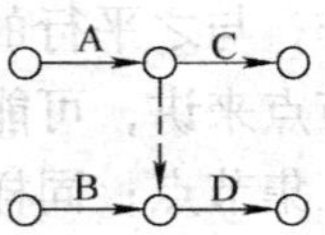

（续）

序号	工序之间的逻辑关系	网络图中的表示方法
5	A、B均完成后进行D，A、B、C均完成后进行E，D、E均完成后进行F	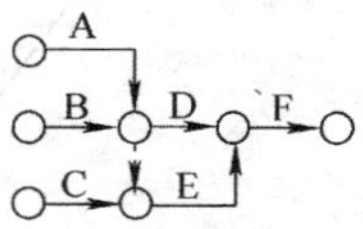
6	A、B均完成后进行C，B、D均完成后进行E	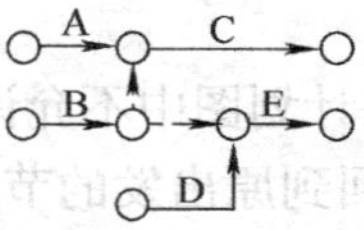
7	A、B、C均完成后进行D，B、C均完成后进行E	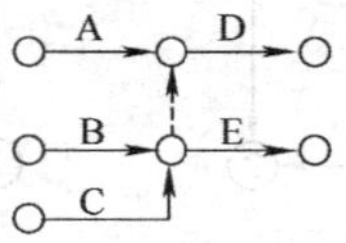
8	A完成后进行C，A、B均完成后进行D，B完成后进行E	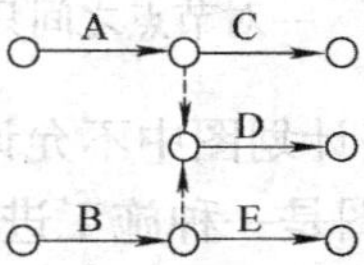
9	A、B两道工序分成三个施工段，分段流水施工：A_1完成后进行A_2、B_1，A_2完成后进行A_3，A_2、B_1完成后进行B_2，A_3、B_2完成后进行B_3	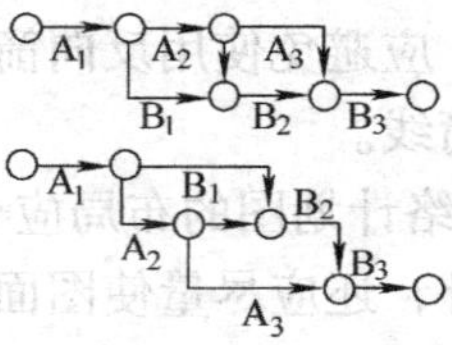

（3）绘制双代号网络图的基本原则　绘制双代号网络图时，应正确地表达工作间的逻辑关系和引用虚箭线并遵循有关绘图的基本原则，否则，绘制的网络图就不能正确地反映工程项目的施工流程和用于进行时间参数的计算。绘制双代号网络必须遵循以下基本原则：

1）一张网络图只允许一个起始节点和一个终止节点，如图2-9、图2-10所示。

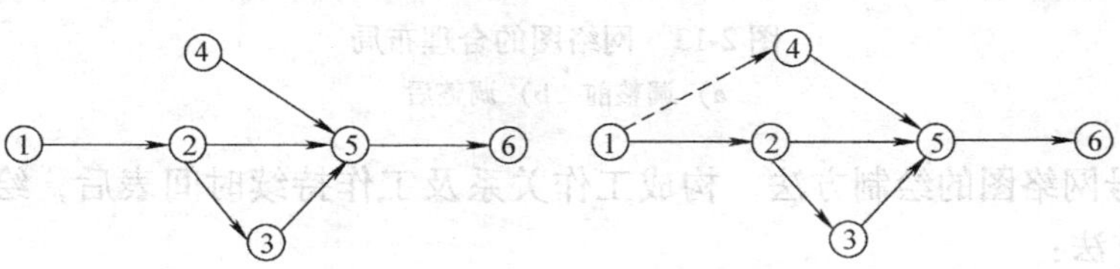

图2-9　只允许有一个始节点

2）一对节点之间只允许一条箭线。在双代号网络图中，两个代号表示一项唯一的工作，如果一对节点之间有两条甚至更多条箭线同时存在，则无法分清这两个代号究竟代表哪一项工作。这种情况下正确的表达方法是引入虚箭线，如图2-11所示。

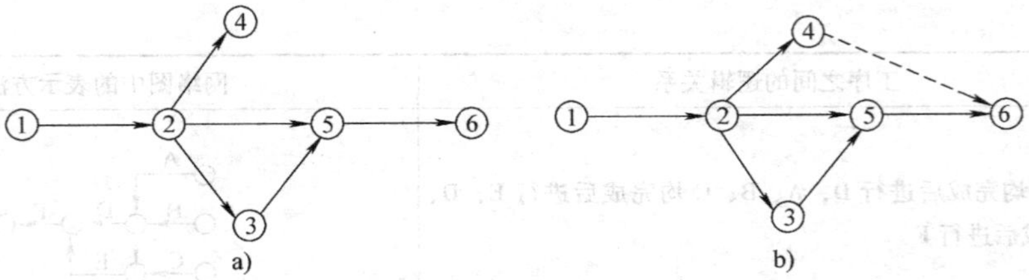

图 2-10　只允许有一个终节点

3）网络计划图中不允许出现闭合回路。在网络计划图中，如果从一个节点出发沿某一条线路又能回到原出发的节点，称此线路为闭合回路，如图 2-12 所示。

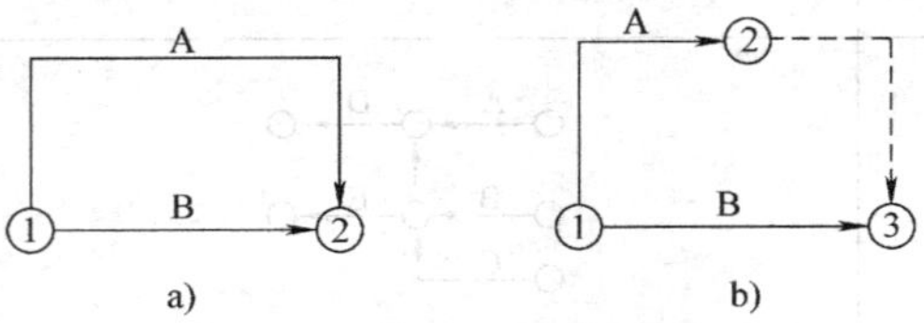

图 2-11　一对节点之间只有一条箭线

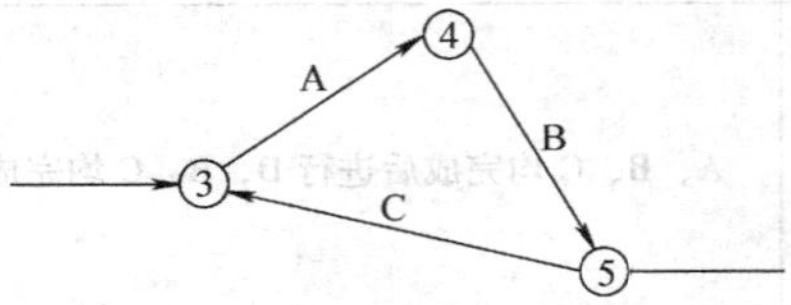

图 2-12　闭合回路

4）网络计划图中不允许出现线段、双向箭头，并应避免使用反向箭线。表示工程进度计划的网络图是一种施工进程方向的网状流程图，有向线段中箭头方向为施工前进方向，所以不允许出现无箭头的线段和双向箭头的箭线。箭线所表达的工作需要占用时间，而时间是不可逆的，应避免使用反向箭线，否则容易引起闭合回路；在时标网络计划图中，更不允许出现反向箭线。

5）网络计划图的布局应合理，尽量避免箭线交叉。网络图的布局调整的目的，除避免箭线交叉外，还应尽量使图面整齐美观，如图 2-13 所示。

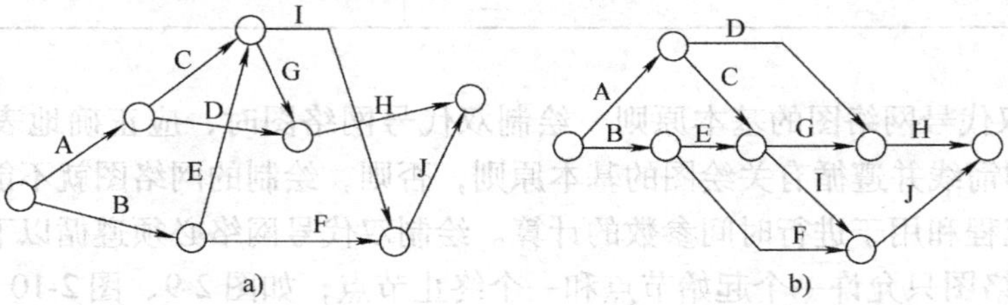

图 2-13　网络图的合理布局

a）调整前　b）调整后

（4）双代号网络图的绘制方法　构成工作关系及工作持续时间表后，绘制网络计划图通常采用以下方法：

1）前进法。前进法是从网络图起点开始顺箭线方向用逐节伸长法绘图，直到各条线路均达到网络图的终点为止。一般当工作关系表中列出本工作与紧后工作的关系时，可方便地采用前进法绘网络图。前进法绘图的关键是第一步，要正确、清楚地确定出哪些工作为开始工作。

2）后退法。后退法是从网络图终点节点开始逆箭线方向逐节后退，直到各条线路均退回到网络图的起点为止。一般当工作关系表中列出本工作与紧前工作关系时，使用后退法较为方便。后退法绘网络图的关键是后退的第一步，也应正确、清楚地确定出哪些工作为结束工作。

3）先粗后细法。在工程进度计划网络图绘制中，可先粗略划分工程项目，然后逐步细分，先绘制分项或分部工程的子网络图，再拼成单位工程或单项工程总网络图。因此，工程实际中绘制网络计划图时广泛采用先粗后细法。

绘制网络计划图的关键是正确、清楚地显示计划的内容及各项工作间的相互关系。这就要将计划的工程任务分解成若干单项的工作，工作项目确定之后，紧接着就是确定这些工作的相互关系，即确定各工作在开始之前应完成哪些紧前工作，或工作结束之后有哪些紧后工作，以及各工作所具有的平行工作。对一个熟悉工程任务和本单位物质技术条件的计划人员来说，找出工作之间的相互关系并不困难。

当各项工作之间的相互关系确定之后，还应估计各项工作所需要的持续时间（当考虑资源和费用问题时，还应给出相应的数据）。确定工作持续时间是至关重要的，工作持续时间的可靠性如何，直接影响计划的质量。若时间定得太短，则会造成人为的紧张局面，甚至会使工作无法完成；若时间定得太长，又会造成时间上的浪费。在确定工作的持续时间时，应不受工作重要性、指令工期等条件的约束，也就是应按正常情况下所需要的时间而定。

工作项目及其之间的关系、持续时间等确定之后，应将这些资料填写到工作关系表中。通常的工作关系表的基本内容包括：①工作代号；②工作名称；③紧前工作（或紧后工作）；④持续时间等。表 2-2 为一段城市道路更新工程的工作关系表，根据工作关系表就可以绘制网络计划图。

表 2-2　工作项目划分明细表

工作代号	A	B	C	D	E	F	G	H
工作名称	测量	土方工程	路基施工	安装排水设施	清理杂物	路面施工	路肩施工	清理场地
紧前工作	—	A	B	B	B	C、D	C、E	F、G
持续时间/d	1	10	2	5	1	3	2	1

【案例 2-1】 某段城市道路更新工程，工作项目划分与工作相互关系，以及工作持续时间见表 2-2，试绘制其施工进度双代号网络计划图。

根据表 2-2 所列工作关系，如果采用前进法绘制网络图，关键是确定 A 为开始工作，然后从最初节点开始到最终节点结束逐节绘网络图；如果采用后退法绘制网络图，关键是确定 H 为结束工作，再从表 2-2 中寻找本工作与紧前工作的前后关系，逐节后退绘图，直到网络图的起点。绘制的双代号网络计划图，如图 2-14 所示。

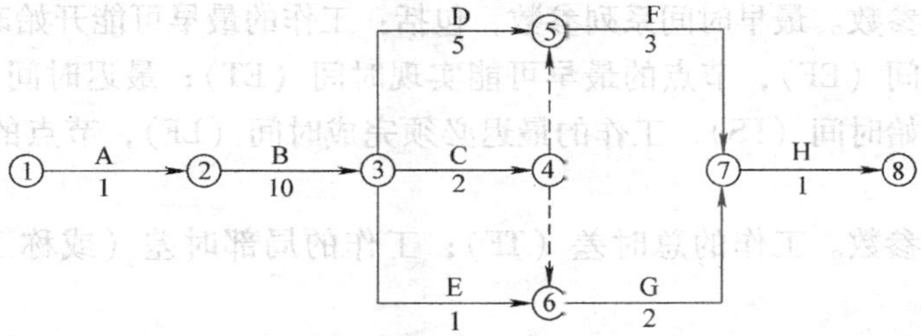

图 2-14　道路更新工程施工进度双代号网络计划图

【案例 2-2】 某合同段立交桥工程施工工期直接影响主线路基和 4 条匝道路基填筑，据此确定工程项目的工作组成和工作间的逻辑关系，以及工作持续时间，见表 2-3。绘制其施工进度双代号网络图。

表 2-3 工作关系

工作代号	工作内容	紧前工作	持续时间/周	工作代号	工作内容	紧前工作	持续时间/周
A	临建工程	—	5	I	修筑预制场	E	1
B	施工组织设计	A	3	J	主梁预制	I	6
C	平整场地	A	1	K	施工盖梁	H	4
D	材料进场	B	3	L	预制场吊装设备安装	F	1
E	主桥施工放样	B	1	M	吊装准备工作	L	1
F	材质及配合比试验	C	1	N	主梁安装	J、K、M	3
G	基础工程施工	D	4	P	桥面系统施工	N	2
H	桥墩施工	G	3				

根据表 2-3 所示的工作逻辑关系，利用后退法或前进法绘某立交桥施工进度的双代号网络图，如图 2-15 所示。

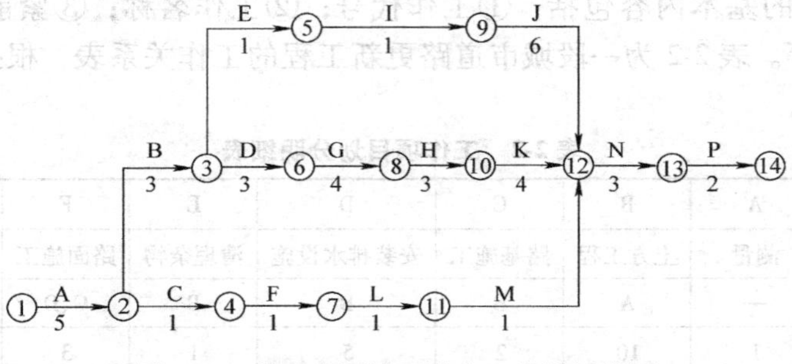

图 2-15 某立交桥施工进度双代号网络图

（5）时间参数的计算和关键线路的确定 正确地绘制代表工程项目进度计划的双代号网络图，只是把工程项目工作之间的逻辑关系用网络计划的形式表达出来了。网络计划技术是一种定量分析方法，它可以为工程计划管理提供一系列重要的定量信息，而这些定量信息是通过网络计划图时间参数计算以后获得的。

1）时间参数的分类。网络计划的时间参数按其特性可分为两类。

①控制性时间参数。最早时间系列参数，包括：工作的最早可能开始时间（ES），工作的最早可能完成时间（EF），节点的最早可能实现时间（ET）；最迟时间系列参数，包括：工作的最迟必须开始时间（LS），工作的最迟必须完成时间（LF），节点的最迟必须实现时间（LT）。

②协调性时间参数。工作的总时差（TF）；工作的局部时差（或称工作的自由时差）（FF）。

这里所说的时差，即为工作的机动时间，它意味着一些工作适当地推迟开始或者推迟完成，并不影响整个计划的完成时间。

2）时间参数的计算。网络计划图时间参数的计算见表2-4。

表2-4　网络计划时间参数的计算

项目		关键节点	关键工作	关键线路
双代号	按工作计算法		1. 总时差最小的工作为关键工作 2. 计划工期等于计算工期时，总时差为零的工作就是关键工作	1. 关键工作首尾相连，便构成从起点节点到终点节点的通路，位于该通路上各项工作的持续时间总和最大，这条通路就是关键线路。在关键线路上可能有虚工作存在 2. 关键线路上各项工作的持续时间总和应等于网络计划的计算工期
双代号	按节点计算法	关键线路上的节点称为关键节点。关键工作两端的节点必为关键节点，但两端为关键节点的工作不一定是关键工作。关键节点的最迟时间与最早时间的差值最小。特别地，当网络计划的计划工期等于计算工期时，关键节点的最早时间与最迟时间必然相等。关键节点必然处在关键线路上，但由关键节点组成的线路不一定是关键线路	1. 当计划工期等于计算工期时，总时差为零的工作为关键工作 2. 开始节点和完成节点均为关键节点的工作，不一定是关键工作	当利用关键节点判别关键线路和关键工作时，还要满足下列判别式：$ET_i + D_{i-j} = ET_j$ 或 $LT_i + D_{i-j} = LT_j$，如果两个关键节点之间的工作符合上述判别式，则该工作必然为关键工作，它应该在关键线路上
时标网络计划				从终点节点开始，逆箭线方向，凡自始至终不出现波形线的线路即为关键线路
单代号			总时差最小的工作为关键工作	1. 将这些关键工作相连，并保证相邻两项关键工作之间的时间间隔为零而构成的线路就是关键线路 2. 从终点节点开始，逆箭线方向依次找出相邻两项工作之间时间间隔为零的线路就是关键线路
单代号搭接计划			关键线路上的工作为关键工作，关键工作的总时差最小	从搭接网络计划的终点节点开始，逆着箭线方向依次找出相邻两项工作之间时间间隔为零的线路就是关键线路

3）关键线路的确定。找出网络计划的关键线路是网络图时间参数计算的目的之一。关键线路是工程进度网络计划中的主要矛盾，抓住了这个主要矛盾，可使工程管理人员在施工组织和管理工作中做到心中有数。

关键线路有以下主要特性：

①关键线路上各工作的总时差均为零；

②关键线路是从网络计划起点到终点之间持续时间最长的线路；

③关键线路在网络计划中不一定只有一条，有时存在多条；

④非关键工作如果使用了总时差，就会转化为关键工作；

⑤当关键线路延长的时间超过它的总时差，就转变成为非关键线路。

确定关键线路的主要方法有关键工作法及关键节点法等。

2. 时标网络计划图的基本知识和绘制方法

前面介绍的一般双代号网络计划，当各项工作的作业持续时间均与箭线长度无关。这种网络计划的好处是修改方便，当工作顺序、相互关系及持续时间变动时，虽然改动原计划很方便，但不能直接从网络图上看出工作的最早可能开始时间和最早可能完成时间，以及工作的最迟必须开始时间和最迟必须完成时间。为了克服以上不足，产生了双代号时间坐标网络计划，简称为时间坐标网络计划或时标网络计划。由箭线长度对应工作持续时间长短绘制的双代号网络图，称为时间坐标网络图，常简称为时标网络图或时标图。

（1）时标网络图及其特点　时标网络图是以时间为横坐标，绘制各项工作的箭线，使箭线的长度直接反映相应工作持续时间的长短，且在图上直接显示出各项工作的开始时间和完成时间及工作的机动时间、关键线路等。

时标网络图更能表达进度计划中各项工作之间恰当的时间关系，使网络计划易于理解，方便应用。箭线的长短和所在的位置表示工作的时间进程，有利于计划管理人员分析网络计划，并对其进行合理的优化。因此，时标网络图具有以下特点：

1）时标网络图比较接近通常使用的横道图，能直观地反映出整个网络计划的时间进程。

2）时标网络图能直接反映出各项工作的开始时间和完成时间，机动时间及网络计划中的关键线路；在执行计划过程中，可以随时检查出哪些工作已经完成，哪些工作正在进行及哪些工作将要开始。

3）因时标网络图能清楚地反映出哪些工作同时进行，所以可方便地确定在同一时间内劳动力、材料，机具设备等资源的需要量，并进行资源用量调配图的绘制。

4）调整优化后的时间坐标网络计划，可下达施工任务书，作为进度计划下达给承包人直接使用。

5）时标网络计划的调整比较繁琐，当情况发生变化，如资源的变动或工期的拖延等需对时标网络计划进行修改时，为了改变工作持续时间，就得改变箭线的长度和节点的位置，由此因移动局部几项工作而需要牵动整个网络计划的改变。

（2）时标网络图的应用范围

1）一般时标网络图适用于编制工程项目中工作数目较少、工艺过程较简单的施工进度计划。

2）对于大型复杂的工程项目，应先利用时标网络计划的形式绘制各分部工程的时标网络图，然后再综合起来绘制出比较简明的总时标网络图；也可先编制一个总网络计划，每隔一段时间，再对下一阶段要开始的分部工程绘制出详细的子时标网络图。实施中如果时间改变，则不需要变动总时标网络图，只对此阶段的分部工程子时标网络图进行修改即可。

3）由于时标网络图接近横道图，且便于对资源需要量进行调配，并进行必要的调整与优化，所以时标网络图是进度计划下达执行的一种常用方法。

（3）时标网络图的绘制方法　时标网络图的绘制方法有3种，即按节点最早可能实现时间（节点最早时间）、节点最迟必须实现时间（节点最迟时间）、优化时间直接绘制。前两种方法主要用于网络计划分析和资源优化，所以应用较广；后一种方法只适用于工程项目中工作数目较少、工艺过程较简单的进度网络计划，因此实际应用较少。下面主要介绍按节点最早时间和节点最迟时间绘制时标网络图的具体方法与步骤。

1）计算一般双代号网络图的节点时间参数并确定关键线路，作为绘制时标网络图的依据。

2）以计算出的计划工期为横轴，作出时间坐标，并把网络图中的关键线路放在时标网络图中的适当位置。

3）按节点最早时间绘制非关键线路。

4）按节点最迟时间绘制时标网络图。

3. 单代号网络图的基本知识和绘制方法

单代号网络计划图也是由许多节点和箭线组成的，但是构成单代号网络计划图的基本符号含义与双代号网络计划图完全不同。在双代号网络计划图中，箭线表示具体的工作，节点表示工作之间的相互关系，为了正确表达双代号网络图各项工作之间的逻辑关系，需要引入虚工作。在单代号网络计划图中，节点表示具体的工作，而箭线表示工作之间的相互关系。因此，双代号网络计划也被称为“工作型网络计划”，每项工作由箭尾和箭头的两个节点代号表示；单代号网络计划又被称为“节点型网络计划”，每项工作用一个节点代号表示，所以称为单代号网络计划。

（1）单代号网络图绘制的基本原则　由于单代号网络图与双代号网络图的区别仅在于图形表达符号不同，而表达进度计划的内容是相同的，所以绘制双代号网络图的基本规则，在单代号网络图绘制中也应遵守。即一张单代号网络图也只能允许有一个起点和一个终点，且除网络图始节点和终节点外，其他中间节点，其前面至少必须有一个紧前工作节点，其后面至少必须有一个紧后工作节点，并以箭线相连接。

此外，单代号网络计划图中，一个代号只能代表唯一的某项工作，不允许出现闭合回路和双向箭线或线段，避免使用反向箭线，网络图布局应合理。这与双代号网络图绘制规则完全相同。

（2）单代号网络图的绘图方法　绘制单代号网络计划图的方法，也可采用前进法、后退法和先粗后细法。项目工程进度计划实际应用中，主要采用先粗后细法绘制单代号网络图；确定工作之间的相互关系后，多数采用前进法或后退法绘制单代号网络图。

（3）单代号网络图时间参数的计算　由于单代号网络计划图中用节点表示工作，所以它只有工作时间参数的计算，而不存在节点时间参数的计算。单代号网络图的工作时间参数计算内容计算目的和时间参数的含义都与双代号网络图相同，即计算工作的最早时间（ES与EF）、工作的最迟时间（LF和LS）、工作的机动时间（TF与FF）等。单代号网络图工作时间参数的计算步骤和方法，以及计算公式与双代号网络图的基本相同。

4. 网络计划的优化

所谓网络计划的优化，就是在满足既定的约束条件下，按某一特定目标，通过不断改进网络计划以寻求满意答案，从而编制出可供实施的网络计划的过程。网络计划的优化目标，包括工期、费用和资源。

（1）时间—工期优化　时间是一种特殊的资源，当网络计划的计算工期大于要求工期时，应通过压缩关键工作的时间以满足工期要求。为了压缩关键工作的持续时间，一般可采取以下措施：增加资源数量，可将非关键工作的资源调到关键工作上，或从网络计划外部抽调资源；增加工作班次；改变施工方法；组织流水作业；采取技术措施和其他组织措施等。

倘若采用上述措施均不能奏效，则应对网络计划的原技术和组织方案等进行调整，或对要求的工期重新进行审定。

工期优化的具体步骤如下：首先，找出网络计划中的关键线路，并求出作业时间；其次，按作业时间计算应缩短的时间；最后，按以下原则选择应优先缩短作业时间的关键工作：

1）缩短持续时间对质量和安全影响不大的工作。

2）缩短有充足备用资源的工作。

3）缩短持续时间所需增加的费用最少的工作。

4）缩短应优先压缩的关键工作的持续时间，其缩短时间应符合所在关键线路不变成非关键线路，及缩短后的持续时间不小于最短持续时间的要求，同时，还需考虑不超过按作业时间计算出的应缩短的时间。

5）若计算工期仍超过要求工期，则重复以上步骤，直到满足工期要求或工期不能再缩短为止。

（2）工期—成本优化　工期—成本优化就是根据最低成本的要求，寻求最佳工期。其基本方法是：不断从网络计划中关键线路上关键工作的持续时间和费用关系中，找出能使计划工期缩短而又能使直接费用增加额为最少的工作；同时，还应考虑间接费随工期缩短而减少的情况。当把不同工期的直接费和间接费分别加以叠加，即可求出工程成本最低时相应的最优工期或工期指定时相应的最低工程成本。

工期—成本优化可按下列步骤进行：①绘制正常时间下的网络计划；②求出网络计划中各项工作采用可行的方案后可加快的时间；③求出工作在正常时间和加快时间下的直接费和费用变化率；④按标准（是一项关键工作；是一项可以压缩的工作；其费用变化率在可压缩的关键工作中是最低的工作）寻求可以加快的工作；⑤确定本周期可以加快的时间和增加的费用；⑥按确定的加快时间，逐个加快所选的关键工作，每加快一次都要重新计算时间参数，用以确定下次加快的幅度；⑦求出优化后的总工期、总成本，绘制优化后的网络计划，并付诸实施。

（3）时间—资源优化　资源是为完成任务所需的工、料、机和资金等的统称。完成一项工程任务所需的资源量基本上是不变的，不可能通过优化将其减少。资源优化是通过改变工作的开始时间，使资源按时间的分布符合优化目标。即“资源有限，工期最短”和“工期固定，资源均衡”两种优化情况。

“资源有限，工期最短”的优化过程就是调整计划安排，以满足资源限制条件，并使工期拖延最少的过程。其优化可按下述步骤进行：按工作最早开始时间绘制时标网络计划和资源需用量曲线；从开始日期起，逐日检查每日资源需用量是否超过资源限量，如所有时间内均满足资源限量要求，则可施行的优化方案即编制完成。否则，必须进行计划调整。对超过资源限量的时段，如该时段内有几项工作同时平行进行，则采取将一项工作安排在与之平行的另一项工作之后进行的方法，以减少该时段的资源需用量，即对在有资源冲突的时段中的工作量进行排序，选择其中最小的（即延长期最短的），将一项工作移到另一项工作之后进行；每调整一次，都要重新绘制时标网络图及资源需用量曲线，再逐日检查，如有资源冲突时再进行调整，如此循环，直至所有时间内均满足资源限量要求，得到可行方案为止。

“工期固定，资源均衡”的优化步骤如下：按工作最早开始时间绘制时标网络计划和资源需用量曲线；从网络计划的终点节点开始，按工作的结束节点编号值从大到小的顺序进行调整，当一个节点同时为几项工作的结束节点时，则应优先调整开始时间较晚的工作；将所有工作都按上述顺序自右向左进行一次或多次调整，直到所有工作都不能右移，获得最优方案为止。

2.3 施工进度计划的编制与审批

公路工程施工进度计划是对工程实施进度监理的前提，没有进度计划，也就谈不上对工程项目的进度监理。因此，在工程开始施工之前，承包人应向监理工程师提供一份科学、合理的工程施工进度计划。

2.3.1 进度计划的编制

工程项目进度计划是表示施工项目中各个单位工程或分项工程的施工顺序，开工、竣工时间以及相互衔接关系的计划，它是工程施工项目实施阶段进行进度控制的行为标准，也是监理工程师实施进度监理的基本条件。因此，监理工程师应要求承包人在编制施工进度计划时必须贯彻合同条款及技术规范；施工进度计划应真实、可靠并符合实际，清楚、明了，便于管理，能阐明施工中的全部活动及其相互关系，反映施工组织及施工方法，合理使用人力和设备资源，预测可能出现的施工障碍及变化。

进度计划的编制依据主要有：合同中规定的合同工期、开工日期及竣工日期；投标书中确认的工程进度计划及施工方案；主要材料和设备的采购合同和供应计划；工程现场的特殊环境及气候条件；施工人员的技术素质及设备能力；已建成的同类工程的实际进度及经济指标等。

根据工程项目实施的不同阶段，分别编制总体进度计划及阶段性进度计划（即年度、季度、月度和周进度计划）；对于某些起控制作用的关键工程项目（如桥梁、隧道、立体交叉等），还应单独编制工程进度计划。

1. 施工进度计划的形式与内容

（1）总体进度计划　工程项目的施工总体进度计划是用来指导工程全局的，它是工程从开工到竣工的各个主要环节的总的进度安排，起着控制构成工程总体的各个单位工程或各个施工阶段工期的作用。因此，工程的总体进度计划可供监理工程师作为控制和协调工程总体进度之用。根据 FIDIC 合同条件第 14 条规定，承包人在接到中标通知书之日起，应在合同条件第二部分规定的时间内，向监理工程师提交一份格式和细节都符合监理工程师规定的工程总体进度计划，以取得监理工程师的同意。

在承包人提交的工程总体进度计划中，应当反映出以下主要内容：①工程项目的合同工期；②完成各单位工程及各施工阶段所需要的持续时间、最早开始和最迟结束的时间；③各单位工程及各施工阶段需要完成的工程量及现金流动估算；④各单位工程及各施工阶段所需配备的人力和机械数量；⑤各单位工程或分部工程的施工方案和施工方法等。

（2）阶段性进度计划　对于一个公路工程项目来说，仅有工程项目的总体进度计划对于工程的进度监理是不够的，尤其当工程项目比较大时，还需要编制阶段性进度计划，即年度和月（季）度进度计划。年度进度计划要受工程总体进度计划的控制，而月（季）度进度计划又受年度进度计划的控制。月（季）度进度计划是年度进度计划实现的保证，而年度进度计划的实现，又保证了总体进度计划的实现。

1）年度进度计划。年度进度计划的主要作用是：①统一安排今年内各正在施工或将要开工工程的施工，确定年度施工任务；②确定各项年度生产指标，即在年度内要完成哪些单位工程、分部分项工程或部分完成哪些工程项目；③根据年度季节和气候的不同，合理安排施工进度。

因此，年度进度计划的主要内容包括：①本年度计划完成的单位工程及施工阶段的工程项目内容、工程数量及投资指标；②施工队伍和主要施工设备的数量及调配顺序；③不同季节及气温条件下各项工程的时间安排；④在总体进度计划下对各分项工程进行局部调整或修改的详细说明等。

在年度计划的安排过程中，应重点突出组织顺序上的联系，如大型机械的转移顺序、主要施工队伍的转移顺序等。首先安排重点、大型、复杂、周期长、占劳动力和施工机械多的工程，优先安排主要工种或经常处于短线状态的工种的施工任务，并使其连续作业。

安排年度进度计划时，应注意处理好下列关系：一般工程受重点工程的制约；配套项目受主体项目的制约；下级计划受上级计划的制约；计划内短期安排受整个计划工期的制约。同时，在调整计划时尽量不改变年度计划的指标，以便于考核计划的执行情况。

2）月（季）度进度计划。月（季）度进度计划的主要作用是：①确定月（季）度施工任务，例如，本月（季）度施工的工程项目，每项工程包括哪些内容，预计要完成到什么部位，工作量和工程量是多少，由谁来完成，相互间如何配合等；②指导施工作业，即施工顺序如何，相关的施工专业队伍如何实现流水作业等；③进行月（季）度施工各项指标的平衡、汇总，以便综合衡量完成的工程数量和工程投资，作为考核月（季）度施工进度情况的依据。

因此，月（季）度工程进度计划的主要内容包括：①本月（季）度计划完成的分项工程内容及顺序安排；②完成本月（季）度及各分项工程的工程数量、投资额；③完成各分项工程的施工队伍及人力和主要设备的配额；④在年度计划下对各单位工程或分项工程进行局部调整或修改的详细说明等。

（3）关键工程进度计划　关键工程进度计划，是指一个公路工程项目中起控制作用的关键工程，如某一桥梁工程、隧道工程或立体交叉工程的进度计划。

关键工程进度计划中的主要内容有：①工程概况（名称、位置、结构、施工要求等）；②施工准备及竣工清场的时间安排；③具体施工方案和施工方法；④总体进度计划及各道工序的控制日期；⑤各施工阶段的人力和设备的配额及运转安排，现金流动估算；⑥对总体进度计划及其他相关工程的控制、依赖关系和说明；⑦施工现场平面布置图设计；⑧质量控制及安全措施等。

2. 施工进度计划的表示方式

总体进度计划的编制可以采用横道图、斜道图或进度曲线等方式表示；对于大型工程应用网络计划图表示；现金流动估算表即与总体进度计划相应的进度曲线，通过现金流动估算表可以得到每月完成的工程费用额及已完成工程费用的累计。年度、月（季）度工程进度计划可采用横道图、进度曲线及有关进度图表示。但无论采用什么方法，都应反映出相应内容。

3. 施工进度计划的编制

根据 FIDIC 通用条件第 14 条规定，承包人在收到中标通知书后，应在合同专用条件规定的时间内，向监理工程师提交一份格式和细节都符合要求的工程总体进度计划、阶段性进度计划及必要的关键工程进度计划等，以取得监理工程师的批准。

（1）总体进度计划的编制　承包人编制的施工阶段的总体进度计划，其内容与施工组织计划的内容相似。它按施工组织设计的要求编制，即在投标文件施工组织设计的基础上，根据评标和合同谈判期间提出的一些问题而增列的合同补充条款、施工现场更为精确的基础资料和承包人能进场的主要施工机械设备，再按需增编材料供应图，运输组织计划图，附属企业或自办料场施工组织设计图表，供水、供电计划图表，重点项目的技术组织措施或工艺设计，网络设计图，各种管理制度等。

监理工程师在审查承包人编制的实施性施工组织设计时，还应注意以下问题：

1）施工条件，包括工程条件和自然条件，虽在工程的合同文件及业主提供的参考资料中已有叙述，但在施工组织设计的第一章中还应再摘抄一下，使文件前后呼应，给阅读者提供方便，不需要临时去查找这些资料。

2）施工方法是施工总进度表编制的基础，也是施工总体布置及投资单价分析的主要依据，它是在料场、施工设备及施工工期一定的前提下决定的。由于招标文件中已明确了料场的地点、分布范围、储量和质量等，所以，只应阐述料场的施工布置、开采工艺、质量控制、施工设备及开采进度计划等。

3）招标文件中的平面总体施工布置图仅标明可供承包人使用的施工用地，而承包人提交的施工总布置图中须标明临时工程设施和生活设施的位置、面积、规模和临时施工道路等。

4）编制施工总进度表时，必须满足合同文件中已规定的工程进度控制时间，并应注意协调好年度进度计划及各单项合同之间的衔接关系。

（2）年度进度计划的编制　年度进度计划可按路基、路面、基础、墩（台）和桥面等分项工程划分工程项目，并根据年度季节、气候的不同，确定各项年度生产指标，合理安排施工进度，编制出能反映本年度施工的各单项工程形象进度控制指标的切实可行的年度施工进度计划。

在安排年度进度计划时，应首先安排重点、大型、复杂、周期长、占劳动力多和施工机械设备多的工程，优先安排主要工种或经常处于短线状态的工种的施工任务，使其连续作业。同时，还应重点突出组织顺序上的联系，如大型机械的转移顺序及主要施工队伍的转移顺序等，以达到减少人工、机械设备的窝工费，节省工程费用的目的。

（3）月（季）度进度计划的编制　月（季）度工程进度计划的编制，除根据年度进度计划要求外，还应按监理工程师的要求，确定月（季）度施工任务，指导施工作业；进行月（季）度施工各项指标的平衡、汇总，以便综合衡量完成的工程数量和工程投资，作为月（季）度工程施工进度情况考核的依据。因此，在月（季）度工程进度计划中应对本月（季）度计划施工的分项工程的工程数量及工程投资额等加以反映。

应注意，在安排年度及月（季）度进度计划时，要理顺下列关系：一般工程受重点工程的制约；配套项目受主体项目的制约；下级计划受上级计划的制约；计划内短期安排受总工期计划安排的制约。在调整计划时，应尽量不改变年度计划的指标，以便于考核计划的执行情况。

（4）关键工程进度计划的编制　关键工程的施工工期常关系到整个工程项目施工总工期的长短，因此该施工进度计划应单独编制并服从于工程总体进度计划的重点单项工程进度计划，且以满足指导施工作业为准。

2.3.2　进度计划的审批

根据 FIDIC 合同条件第 14 条规定，承包人在接到中标通知书之日后，在合同要求的时间内应向监理工程师提交一份格式和细节符合合同要求的工程总进度计划，以取得监理工程师的批准；如果监理工程师提出要求，承包人还应以书面形式提交一份有关承包人为完成工程而建议采用的施工方案和施工方法的总说明，供监理工程师查阅。下面介绍承包人提交的进度计划所包含的内容，以及监理工程师接到承包人提交的进度计划之后应当做些什么工作。

1. 提交进度计划

在中标通知书发出后合同规定的时间内，监理工程师应要求承包人书面提交以下文件（即总体进度计划文件）：

1）一份详细的格式符合要求的工程总体进度计划及必要的各项关键工程的进度计划。

2）一份有关全部支付的现金流动估算。

3）一份有关施工方案和施工方法的总说明（即通过施工组织设计提出）。

在开工以前或在开工以后合理的时间内，监理工程师应要求承包人提交以下文件（即阶段性进度计划文件）：①年度进度计划及现金流动估算；②月（季）度进度计划及现金流动估算；③分项（或分部）工程的进度计划。

2. 审批进度计划

监理程师在接到承包人提交的工程进度计划之后，应对进度计划进行认真的审核，其目的是为了检查承包人所制订的工程进度计划是否合理，有无可能实现，是否适合工程的实际条件和现场情况，避免使用以空洞的、不切实际的工程进度计划来指导施工。

（1）进度计划审批的步骤　监理工程师应组织有关人员对承包人提交的各项进度计划进行审查，并在合同规定或满足施工需要的合理时间内审查完毕。审查工作应按以下程序进行：

1）阅读文件，列出问题，进行调查了解。

2）提出问题，与承包人进行讨论或澄清。

3）对有问题的部分进行分析，向承包人提出修改意见。

4）审查、批准承包人修改后的进度计划。

（2）进度计划审查的内容　监理工程师在审批承包人的工程进度计划时应审查以下内容：

1）工期和施工时间安排的合理性。承包人提交的工程总进度计划的总工期必须符合工程项目的合同工期，即计划总工期应少于或等于合同工期；各施工阶段或单位工程（包括分部、分项工程）的施工顺序和时间安排与材料和设备的进场计划相协调；施工的开始时间和结束时间应合理，尽可能使施工对资源的要求趋于均衡；易受冰冻、低温、炎热、降雨等气候影响的工程应安排在适宜的时间，并应采取有效的预防和保护措施；对动员、清场、假日及天气影响的时间，应有充分的考虑并留有余地。

2）施工准备的可靠性。承包人的主要骨干人员及施工队伍的进场日期是否已经落实；施工测量、材料检查及标准试验的工作是否已经安排；驻地建设、进场道路及供电和供水等是否已经解决，或已有可靠的解决方案；所需主要材料和设备的运送日期是否已有保证。

3）计划目标与施工能力的适应性。审查承包人各阶段或单位工程计划完成的工程量及投资额是否与承包人的设备和人力实际状况相适应；各项施工方案和施工方法是否与承包人的施工经验和技术水平相适应；关键线路上的施工力量安排是否与非关键线路上的施工力量安排相适应。

根据 FIDIC 合同条件第 14 条规定，当监理工程师通过调查研究，落实了上述与工程进度计划有关的条件和因素并经过评价后，如确认承包人为完成工程而提供的工程进度计划是合理的，而且计划切实可行，则应在合理的时间内批准承包人编制的进度计划，并通知承包人可以按照计划安排施工。如果监理工程师经过充分的分析和调查了解，认为承包人所提交的工程进度计划与其实际的技术装备能力不相适应，尤其是计划中关键线路上的工作安排不合理时，则应要求承包人修订工程进度计划，并重新拟订一份工程进度计划，亦应报监理工程师，以取得监理工程师的批准。

监理工程师在批准了承包人所提交的工程进度计划之后，应在第一次工地会议上提供有关监督控制工程进度计划方面的一整套报表和有关规定。同时为了保证工程进度计划的正常进行，监理工程师应经常根据有关记录资料，分析工程进度方面存在的问题，随时掌握承包人的工程进展情况。

通常工程项目进度计划的审核工作由监理工程师负责进行，但对于较大且复杂工程，其进度计划审核工作的工作量将很大。一般的做法是监理工程师审核工程项目总进度计划；单项工程进度计划（或关键工程进度计划）的审核由单项工程驻地监理工程师进行，并对监理工程师负责。

2.3.3 进度计划编审案例

【案例 2-3】

1. 横道图进度计划的编制

（1）工程项目划分及工程数量计算

编制施工进度计划是工程进度监理的第一任务，其目的就是要确定一个能控制工期的计划值，作为工程进度监理的依据。一般来说，编制工程进度计划就是要决定什么时候做什么工作，或者什么时候做到什么程度。无论是工程施工本身的各分项工程或各道工序，还是与施工有关的其他工作，都应该纳入进度计划，或者说，都要对其进度作出计划安排。因此，编制工程进度计划时，首先要将所计划的工程项目分解成若干单项的工作。公路工程是由若干施工项目所组成的，如路基、路面、桥梁、隧道、沥青拌和场、构件预制场、附属工程等单位工程，根据进度计划的编制阶段不同，在编制单位工程施工计划时，还要将施工项目进一步细分，即划分为若干种工序。如路面工程可进一步分为底基层、基层、面层等分项工程，直到立模、扎钢筋、混凝土浇筑等具体的工序。在划分项目时应注意：

1）划分施工项目应与施工方法一致。为了使进度计划能完全符合施工实际进展情况，真正起到指导施工的作用，必须使所列项目与施工方法相一致。

2）划分施工项目的粗细程度一般要按施工定额的细目和子目来填列，这样既简明清晰，又便于查定额计算。

3）施工项目在进度计划表内填列时，应按工程的施工顺序排列（指横道图），而且应首先安排好主导工程。

4）施工项目的划分一定要结合工程结构特点仔细分析填列，切不可漏填，以免影响进度计划的准确性。

工程进度计划的项目列好后，即可根据施工图及有关工程量计算规则，按照施工顺序的排列，分别计算各个施工过程的工程量。工程量的计算单位应与相应定额的计量单位相一致。

（2）施工过程劳动量、生产周期、劳动力需要量及机械台班数量计算

所谓劳动量，就是施工过程的工程量与相应时间定额的乘积，或者是劳动力数量与生产周期的乘积、机械台数与生产周期的乘积，人工操作时叫劳动量，机械操作时叫作业量。

劳动量可按下式计算：

$$D = Q/C$$

或

$$D = QS$$

式中 D——劳动量，工日或台班；

Q——工程数量；

C——产量定额；

S——时间定额。

劳动量的计算单位，对于人工为工日，对于机械则为台班。计算劳动量时，应根据现行的相应定额（施工定额或预算定额）计算。

例如：某沥青混合料路面的细粒式沥青混合料铺筑工程，其工程量为5000m³。采用机械摊铺，沥青混合料拌和设备拌和能力为100t/h。试计算（施工图阶段）施工进度图中该项工程的劳动量。因属于施工图阶段，故应采用“公路工程预算定额”，其计算步骤如下：

1）查得其定额编号为（2-25-63）。

2）劳动量计算。由预算定额（2-25-63）的序号1查得人工时间定额为13.4工日/100m³，则劳动量为：$D_1 = 5000/100 \times 13.4 = 670$ 工日。

3）机械作业量计算。由上列定额表的序号3~9查得每100m³的机械时间定额为：6~8t光轮压路机1.10台班，12~15t光轮压路机0.83台班，6m以内沥青混合料摊铺机0.55台班，9~16t轮胎式压路机0.55台班。则机械作业量为：

6~8t光轮压路机作业量：$D_A = 5000/100 \times 1.10 = 55$ 台班。

12~15t光轮压路机作业量：$D_B = 5000/100 \times 0.83 = 41.5$ 台班。

6m以内沥青混合料摊铺机作业量：$D_C = 5000/100 \times 0.55 = 27.5$ 台班。

9~16t轮胎式压路机作业量：$D_C = 5000/100 \times 0.55 = 27.5$ 台班。

生产周期、劳动力数量和机械台数的计算，由于要求工期不同和施工条件的差异，其计算方法有以下两种：

1）以施工单位现有的人力、机械的实际生产能力和工作面大小，来确定完成该劳动量所需要的持续时间（周期），一般可按下式计算：

$$t = \frac{D}{RH}$$

式中　t——生产周期，持续天数（d）；

D——劳动量、工日或台班；

R——人数或机械台数；

H——生产工作班制数。

2）根据上级规定的工期来确定作业队（班组）人数或机械台数。在某些情况下，可以根据上级规定的或后续工序需要的工期，来计算在一班制、两班制或三班制条件下，完成劳动量所需作业队的人数或机械台数，一般可按下式计算：

$$R = \frac{D}{tH}$$

式中符号意义同前。

2. 网络图进度计划的编制

编制施工进度网络计划，有它自身的规律，其编制步骤一方面来自工程本身的客观要求，另一方面来自施工组织和管理过程的要求。按合理的步骤编制网络计划，就可以不走或少走弯路，能保证计划的质量。施工进度的网络计划可按下列步骤进行编制。

（1）调查研究

调查研究是编制网络计划的重要一步，目的是了解和分析工种结构特点及施工客观条件等，掌握编制网络计划的必要资料，并对计划执行中可能发生的问题作出合理的预测，保证计划在编制和执行中取得较好的技术经济效果。

凡编制和执行计划所涉及的情况和原始资料均在调查之列。对调查取得的资料应该进行综合分析，掌握其间的相互关系与联系，了解其发展的变化规律。因此，调查研究是一项比较复杂的工作，要求调查人员具有较丰富的施工经验，以及较高的技术和组织管理水平。

（2）确定施工方案

施工方案决定工程的施工顺序、施工方法、资源供应方式、主要指标的控制量等，又是编制网络计划的基础。编制网络计划既要符合施工工艺和技术上的要求，又要符合目前的施工技术和组织管理水平，以保证工程质量，有利于提高施工效率、缩短工期、降低成本。

（3）划分施工工序

施工工序是施工生产的基本组成单位，也是网络计划的基本单元。划分工序的多少和程度的粗细应根据计划的需要决定。在施工网络计划中，工序划分到分项工程或更具体一些，以满足施工的指导意义。划分工序时应按顺序列表编号，检查是否遗漏或者重复，以便分析工序的逻辑关系。

（4）确定工序的持续时间

工序持续时间是网络计划计算的基础。工序持续时间可按定额计算确定，也可按施工经验估计确定。

（5）编制网络计划初始方案

根据施工方案、划分的工序、工序之间的逻辑关系和工序持续时间，可编制网络计划的初始方案。其目的在于绘出一个可行网络图，供计算和调整使用，以便最终编制最优的网络计划。

（6）时间参数计算

计算初始网络图的各种时间参数、整个计划的总工期，寻找关键工序和关键线路，并考察初始网络计划是否满足要求，以便对计划进行调整。

（7）初始方案的调整与优化

首先分析初始方案的计划总工期是否超过规定的要求，如果超过，应调整关键工序的作业时间，使总工期符合要求；其次对资源需要量进行分析，检查各种资源供应是否满足计划的要求，如果不能满足要求，就应调整，使计划切实可行；最后对成本和资源进行优化，以便制订出最优的施工计划。

（8）绘制最优网络计划

网络计划调整与优化，即可得到一个令人满意的网络计划，并付诸实施。另外，还应编写简要的网络计划使用说明，并在施工现场执行网络计划中加强组织与管理工作，使它真正具有科学地组织施工和指导施工的意义。

3. 进度计划评审实例

监理工程师在接到承包人提交的工程进度计划之后，应按进度计划的审查步骤，对其计划内容逐项审批。审批过程中，监理工程师还应把握好审批计划的权限。以下给出几份施工计划的审查格式，以供参考。

关于××合同段施工计划的审查意见

审查日期：　　年　　月　　日

审查组成员：（略）

审查意见

1）审查时仅收到承包商总体进度计划图（进度计划横道图与进度S曲线图）和施工分项横道图。

2）进度计划是按延期两年编制的（原合同工期2004年12月竣工，现计划于2006年12月竣工），承包商解释计划延期是由于下列问题没有得到解决而造成的：

①农民供土（即供土质量与供土时间）无法控制。

②征地拆迁（受农民干扰及河道管理部门干涉）。

③资金周转困难。原因是：a. 变更设计未解决，致使工程得不到支付（如软土处理与涵洞）；b. 材料涨价。

④材料供应与铁路运输困难。

⑤设计图延误。

3）审查时未批准承包商以上计划。承包商同意重新提交新的进度计划，并说明以上问题在合同规定的承包商职责范围内无法解决。要求承包商提交详细报告，对影响进度的问题予以说明。

4）承包商需提交：①经过详细计算的人工、材料、机械设备详细计划安排；②关键线路网络图。

总结

1）承包商延期两年的进度计划未得到批准。

2）要求承包商在调整计划中补充人、料、机详细计划安排和其他辅助资料，以便审查。

承包商应结合以上意见，于　年　月　日前提交新的调整计划。

【案例2-4】

关于××段×合同施工进度计划的审批

审查日期：2005年5月26日

审查组成员：（略）

审查意见

1. 审查时承包人提交了如下文件：

——2005年和2006年计划完成工程数量和合同数量；

——2005年和2006年分项工程计划横道图；

——2005年和2006年施工计划S曲线图及月计划完成合同数量；

——2005年和2006年人工计划安排表；

——2005年和2006年材料供应计划表；

——2005年和2006年机械设备计划安排表。

2. 承包人需提交一份报告，对以下影响计划进度的几个因素予以说明，如：

——路改桥变更设计；

——全桥方案批准日期；

——征地拆迁及解决临时道路等问题；

——解决流动资金问题；

——变更令下达、变更图样提供日期（B_2桥）。

3. 承包人提交的总体进度计划图（计划横道图和施工进度S曲线图）应说明工程全部计划日期。

4. 全部工程进度计划图表必须经过承包人和监理工程师签认，同时注明计划的修正和批准日期。

5. 人工、机械设备的计划安排应建立在详细的计算基础之上。承包人应向驻地监理工程师提交详细计算书，作为批准工程进度计划的依据。

6. 承包人应补做一份关键线路网络图。

7. 承包人对计划与控制非常重视，已安排专人负责此项工作。

结论

1. 根据承包人去年工程进展情况，施工进度计划安排是切合实际的（去年未完成施工计划并非全是承包人的责任）。

2. 审查意见2中所提问题的解决与否是完成×合同计划的关键。

承包人应充分考虑以上意见，在2005年5月25日前提交新的调整计划。

2.4 施工进度计划的监理

2.4.1 概述

1. 进度监理的合同依据

《公路工程施工合同范本》规定，承包人应按专用合同条款约定的内容和期限，编制详细的施工进度计划和施工方案说明，报送监理人审批。监理人应在专用合同条款约定的期限内批复或提出修改意见，否则该进度计划视为已得到批准。经监理人批准的施工进度计划称合同进度计划，是控制合同工程进度的依据。承包人还应根据合同进度计划，编制更为详细的分阶段或分项进度计划，报监理人审批。

2. 进度监理的措施

（1）组织措施　监理单位本身应配置分管进度监理的人员。在项目施工监理机构中，应具体落实进度监理部门的人员，并安排监理任务和管理职能分工；确定进度协调工作制度，包括协调会议举行的时间，协调会议的参加人员等；对影响进度目标实现的组织干扰和风险因素等进行有依据的分析研究。

（2）技术措施　主要指进行技术革新、改进施工方法或施工手段等，以便加快进度。同时，监理工程师应根据工程实际情况，及时与设计单位联系，通过协商，优化或修改设计；定期组织设计单位向承包人进行技术交底；当因某种原因无法要求或来不及要求设计单位进行设计修改时，监理工程师亦可根据合同文件规定直接进行修改。

（3）合同措施　监理工程师可依据合同文件，对进度计划完成较好的承包人实行奖励；把某些具有控制进度的、关键的单项工程单独拿出来进行招标，以利加快进度；当承包人因自身原因无法完成某个项目施工时，可采取分包办法，让更具有实力的另一承包人参与施工；对各合同段的合同工期及进度计划进行协调等。

（4）经济措施　在整个进度监理工作中，监理工程师应注意和掌握业主和承包人的财务情况。对承包人，当其资金周转困难时应提供相应的预付款，或在关键时段，采取适当方式激励承包人，以促进工程进度；对业主，当其预算资金尚未到位或财务状况发生变化，或在关键时段未能激励承包人，均有可能导致工程进展速度改变，造成竣工延期，最终引起工程的投资剧增，监理工程师应协助业主避免产生这种尴尬情况。

（5）信息管理措施　监理工程师应经常到施工现场了解情况，不断收集、分析、汇总、掌握与进度有关的资料。通过经常性的计划进度与实际进度的动态比较，定期向承包人通报，向业主提供比较报告等。

2.4.2　工程进度控制

进度控制是指在既定的工期内，由承包人编制出合理的工程施工进度计划，报经监理工程师审批后，承包人按计划进行施工。在施工过程中，监理工程师经常检查施工实际进度情况，并将其与计划进度相比较。若出现偏差，应分析产生偏差的原因和对工程工期的影响程度，采取一定的措施或要求承包人加强进度管理、调整后续进度计划。如此不断地循环，直到工程竣工为止。

进度控制与质量和费用控制一样，是工程施工监理的重点之一。监理工程师在进行进度控制时，要明确进度计划的不变是相对的，而进度计划的变是绝对的；平衡是相对的，不平衡是绝对的，实际进度与计划进度完全一致几乎不可能。作为监理人员，在施工监理过程中应分清主次，即密切关注关键工作，避免造成工作盲目和被动；多观察，多记录，尽快发现影响进度的不利因素，及时采取措施和对策，或敦促承包人调整后续进度计划，使进度符合目标要求。

1. 施工进度控制阶段的划分及内容

施工阶段的进度控制内容包括事前、事中和事后进度控制的内容。

事前进度控制即工期预控，具体内容包括：编制施工阶段进度控制工作细则；编制或审核施工总进度计划及单位工程施工进度计划；审核承包人提交的施工方案及施工总平面布置图；提供施工用地与通道，完成拆迁；向承包人及时提供图样；及时向承包人支付预付款等。

事中进度控制的内容包括：建立现场办公室；及时检查和审核承包人提交的工程进度报告；加强旁站、巡视、抽检等监理手段；组织现场协调会；定期向总监、业主汇报工程进展情况，按期提交必要的进度报告等。

事后进度控制的主要内容是：及时组织验收；及时处理工程索赔；及时整理及归档工程进度资料；根据实际施工进度，及时修改和调整验收阶段进度计划及监理工作计划，以保证下一阶段工作的顺利开展。

2. 进度控制的系统原理

（1）施工进度计划系统　为了确保工程进度目标实现，承包人要编制一套围绕工程进度总目标的计划体系：总体进度计划，单项（位）工程进度计划，年度计划，季度、月度生产计划，以及与这些进度计划相适应的资源供应计划（或需求计划），资金需求计划；各项生产任务完成报告。监理工程师应做好这些计划的审批。

（2）施工进度计划的实施保证系统　施工进度计划的实施保证，从内容上可概括为组织保证、技术保证、合同保证、经济保证。从工程项目建设的参与方来分有承包人、监理和业主的保证；在施工监理过程中，对于监理工程师来说主要是要抓承包人和监理保证系统的落实。

1）落实承包人的进度计划实施保证系统。承包人的项目经理部是进度计划实施的重要保证，是保证系统的组织保证。从项目经理到项目经理部的各职能部门，为确保工程进度目标，要齐心协力，各尽其职，加强内部管理，尤其应注重人、机、料三大要素的优化配置与协调工作。项目经理应将整个工程逐项分解，由粗到细，最后形成月生产计划和周工作计划，下达或上报监理，以便实施和监督。对工程进度的控制，应派专人记录进度的实际情况，收集反映进度的数据，统计整理汇总实际进度的数据（开、完工时间，完成的工程数量等），形成实际进度报表，并将其与计划进度相比较和分析，以利于后续工程施工。进度控制做到分工协作，共同组成一个纵横连接的承包人进度控制保证系统。

2）落实监理单位的进度计划实施保证系统。监理单位应加强内部管理，提高人员的素质，以满足项目施工监理的要求。尤其在不良地区和不良气候条件下，监理人员应具有现场处理应急事件的能力，想承包人所想，急承包人所急，及时和果断处理好现场存在的问题，避免或减小对工程进度的影响。例如结构物的基础和下部结构等部位，这些部位如不及时处理，一旦下雨，直接影响工程进度。合同保证方面应加强对承包人分包工作的管理，分包工程与主包工程的衔接也直接影响工程进度。经济保证方面是及时验收计量和签认支付，资金是影响整个工程进度的最重要的因素之一，尤为重要。

2.4.3　影响进度的主要原因

影响公路工程施工进度的因素很多，按照 FIDIC 管理模式可分为承包人的原因、业主的原因、监理工程师的原因和特殊原因。

1. 承包人的原因

1）承包人在合同规定的时间内，未按时向监理工程师提交符合监理工程师要求的施工进度计划。

2）工程施工过程中，各种原因使得工程进度不符合工程施工进度计划时，承包人未按监理工程师的要求在规定时间内提交修订的工程施工进度计划，使后续工作无章可循。

3）承包人技术力量及其设备、材料的变化，对工程承包合同和施工工艺等不熟悉，造成承包人违约而引起的停工或缓慢施工，也是影响工程施工进度的原因之一。

4）承包人的质检系统不完善和质量意识不强，将对工程施工进度造成严重影响。

2. 业主的原因

在工程施工过程中，除承包人的原因外，业主未能按工程承包合同的规定履行义务，也将影响工程施工进度，甚至造成承包商终止合同。

1）监理工程师同意承包人提交的工程施工进度计划后，业主未能按施工进度计划随工程进展向承包人提供施工所需的现场和通道。承包人的施工进度计划难以实现，容易导致工程延期和索赔事件的发生。

2）由于业主的原因，监理工程师未能在合理的时间内向承包人提供图样和指令，给工程施工带来困难；或承包人已进入施工现场并开始施工，而设计发生变更，变更的设计图无法按时提交给承包人，这都将严重影响工程施工的进度。

3）工程施工过程中，业主未能按合同规定的期限支付承包人的款项，造成承包人暂停施工或缓慢施工，也是影响工程施工进度的一个主要因素。

3. 监理工程师的原因

在公路工程的施工过程中，由于监理工程师的失职、判断或指令错误，以及未按程序办事等原因，影响工程施工进度。

4. 其他特殊原因

工程进度计划的实施过程中，除承包人、业主和监理以外，还会存在影响进度的其他特殊原因。

1）额外或附加工程的工程量增加。如土石方数量增加，土石比例发生较大变化，涵洞改为桥梁等，均会影响工程施工的进度。

2）工程施工中，承包人碰到异常恶劣的气候条件。

3）人们无法预测和防范的任何自然力的作用，以及特殊风险的出现，如战争、地震和暴乱等。

2.4.4 施工进度计划的检查

承包人实施计划时必须对照原计划进行检查，驻地监理工程师对进度计划的实施予以合理地监控，尽量保证实际进度符合原计划安排。

进度计划的检查是其执行信息的主要来源，是施工进度调整和分析的依据，也是进度控制的关键步骤。进度计划检查的方法主要是对比法，即实际进度与计划进度进行对比，从而发现偏差，以便调整或修改计划。

进度偏差不外乎有三种可能：实际进度与计划进度相比为提前、按时（正常）或拖延

（延误）。在进度检查时所谈及的偏离往往是针对正在检查的内容（工作或分项工程）。因此还应分析这些偏差对工程项目或合同段工期的影响，即工程总体进度状况发展的趋势。

在整个施工进度监理过程中，专业监理工程师应做好以下工作：

1）在工程项目的施工中，专业监理工程师应要求承包人每日按单位工程、分项工程或工点对实际进度进行记录，并予以检查，以作为掌握工程进度和进行决策的依据。每日进度检查记录应包括以下基本内容：当日实际完成及累计完成的工程量；实际参加施工的人力、机械数量及生产效率；施工停滞的人力、机械数量及其原因；承包人的主管及技术人员到达现场的情况；当日发生的影响工程进度的特殊原因和时间；当日的天气情况等。

2）高级驻地监理工程师应要求承包人根据现场提供的每日施工进度记录，及时进行统计和标记，并通过分析和整理，每月向总监工程师及其他代表、业主提交一份每月工程进度报告。该报告应包括以下主要内容：工程进度概况或说明，应以记事方或对计划进度执行情况提出分析；编制出工程进度累计曲线和完成投资的进度累计曲线；显示关键线路（或主要工程项目）上一些施工活动及进展情况的工程图片；反映承包人的现金流动、工程变更、价格调整、索赔、工程支付及其他财务支出情况的财务状况；影响工程进度或造成延误的其他特殊事项、因素及解决措施等。

3）监理工程师应编制和建立各种用于记录、统计、反映实际工程进度与计划工程进度的差距的进度控制图及进度统计表，以便随时对工程进度进行分析和评价，并作为要求承包人加快工程进度、调整进度计划或采取其他合同措施的依据。

在工程实施过程中，如果实际进度（尤其是关键线路上的实际进度）与计划进度基本相符时，监理工程师不应干预承包人对进度计划的执行，但应及时掌握影响和妨碍工程进度的不利因素，督促工程按计划进行。

监理工程师在批准工程进度计划后，应立即着手制定有关进度控制整套报表记录和有关规定。为保证工程进度计划的正常实施，监理工程师应配备专门人员对承包人的工程进度进行监理，并要求所有监理人员随时收集和记录影响工程进度的有关资料和事项，随时掌握承包人工程施工过程中存在的问题，并及时向监理工程师汇报，以便及时协调和解决影响进度的各种矛盾和不利因素。

影响进度的主要因素：①实际到达现场的施工机械数量、型号和日期，并与计划相比是否一致；②承包人的专业人员和其他职员到达现场的情况；③当地劳务、材料问题是否已按时解决；④业主提供现场、通道的时间对工程施工有无影响；⑤各分项工程开工、完工时间，进展情况；⑥施工机械运转的实际效率如何，是否满足计划指标；⑦延误的情况和原因；⑧有关进度的口头或书面指令的情况；⑨与修订进度计划有直接关系的资料；⑩施工现场发生的与进度有关的其他事件。

2.4.5 工程进度评价

公路工程施工进度的评价方法是采用实际进度与计划进度的图形比较法。

1. 横道图比较法

横道图比较法是将项目实施过程中所观测到的实际进度，用横道线直接绘于原横道计划图中，并将二者进行直观比较。通过比较，使进度控制人员掌握进度现状，以便采取相应措施。

当工程项目的各项工作按匀速进展，即某项工作单位时间内完成的工作量相同，或工作量（工作量可以是实物工程量，也可以是工时消耗或费用支出）的百分比相同时，可采用图 2-16 所示的方法进行比较。

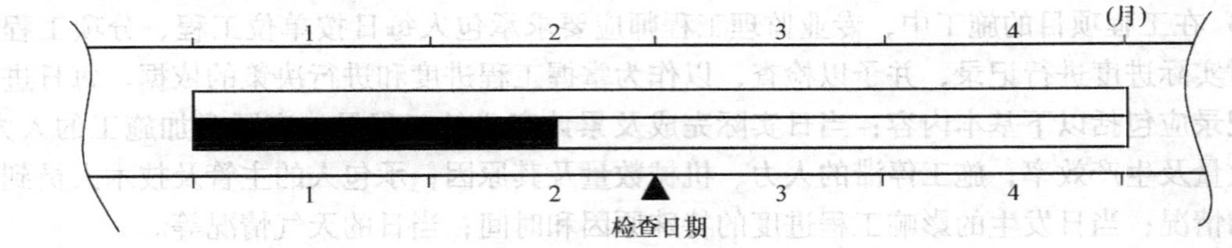

图 2-16　横道比较图（形式 Ⅰ）

该图的具体作法是：首先在横道计划上标出进度检查日期，然后在原计划横道线的下方作一条平行的横道线（涂黑部分），此横道线的长度应反映实际累计完成工作量的百分比，且应按比例作出。在实际工作中，这条横道线的右端点不一定正好与检查日期重合，若横道线右端点在检查日期左侧，则表示此刻的实际进度比计划进度拖后；反之，若横道线右端点落在检查日期右侧，则表示实际进度比计划进度超前。此外，根据横道线右端点与检查日期差距的大小，还可知进度超前或拖后的程度。例如，从图 2-16 中可知进度拖后 25%。

当工作按变速进展时，若再采用图 2-16 所示的形式 Ⅰ，则很难判明实际进度比计划进度究竟是超前还是落后，此时，应采用如图 2-17 所示的形式 Ⅱ 进行比较。

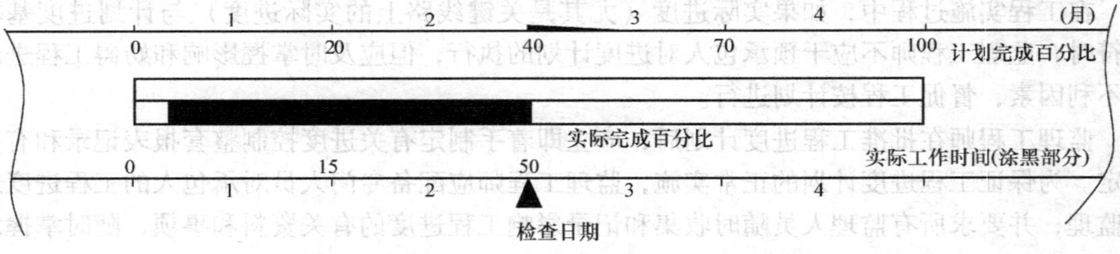

图 2-17　横道比较图（形式 Ⅱ）

形式 Ⅱ 的具体作图法是：首先在原计划横道线的上方标出不同时间按计划累计应完成的百分比，然后在项目施工过程中，定期检查实际的进度情况，并将其画在原计划横道线下方，即涂黑部分，此外，还需在实际横道线下方的检查日期处，标出实际累计完成的百分比。进度控制人员只需将横道线上方计划累计完成量与横道线下方同一位置处的实际累计完成量进行比较，便可知道项目施工进度的实际情况。例如，从图 2-17 中可知，在第 2 个月中，该工作的实际进度比计划进度超前 50% －40% ＝10%。

在形式 Ⅱ 中，因横道线的长度表示是实际投入该工作的时间，所以，形式 Ⅱ 不仅适用于变速进展的工作，而且还能从横道图中观察到已完成的工作在当时的实际进展情况。如图 2-17 所示，在第 1 个月中，该工作实际完成了 15%。

2. S 曲线比较法

S 曲线也可直观反映工程项目施工的实际进展情况。通常，在计划阶段要绘制计划的 S 曲线，在项目的实际进展过程中，每隔一定时间将实际进展情况的 S 曲线绘在计划的 S 曲线上，再进行比较，如图 2-18 所示。

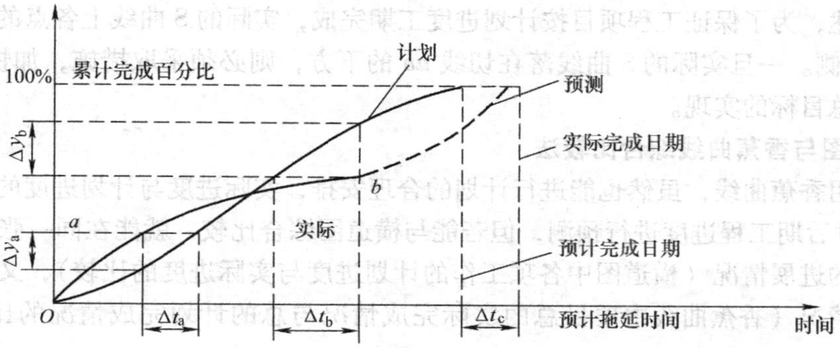

图 2-18　S 曲线比较图

从图 2-18 中可得如下信息：

1）工程实际进度。如按工程实际进度描出的点落在计划 S 曲线左侧，表示此刻实际进度比计划进度超前，如图中的点 a；反之，则表示实际进度拖后，如图中点 b。

2）进度超前或拖后的时间，图中 Δt_a 表示 t_a 时刻进度超前的时间；Δt_b 表示 t_b 时刻进度拖后时间。

3）工程量完成情况。图中 Δy_a 表示在 t_a 时刻超额完成的工程量；Δy_b 表示在 t_b 时刻拖欠的工程量。

4）后期工程进度预测。图中，虚线表示若后期工程按计划进度速度实施，则总工期拖延的预测值为 Δt_c。

工期拖期界线的分析可根据图 2-19 进行。图 2-19 反映 S 曲线与其切线的关系。工期拖期界线的分析，是通过作 S 曲线的切线进行的。在图中，由计划的 S 曲线（细实线）上的 a_1 引切线，与通过点 b 且平行于横轴的直线交于点 b_1，此时，因 b_1 位于点 b 的右侧，说明项目进度较慢，按点 a_1 处速度实施不能满足工期要求；若由点 b 向计划的 S 曲线引切线，点 a 为切点，说明项目的进度若按点 a 处的速度实施，则恰好能满足工期的要求；此外，点 a_2 为计划 S 曲线的反曲线，该处工程项目的进展速度最大，其切线与通过点 b 且平行于横轴的直线交于点 b_2，并位于点 b 的左侧，表明工程项目按此处的速度实施，可完全满足工期要求；但从实际的 S 曲线上点 a_3 引的切线，与通过点 b 且平行于横轴的直线交于点 b_3，因点 b_3 位于点 b 之右侧，说明若按点 a_3 处的速度施工，将不能满足工期要求。

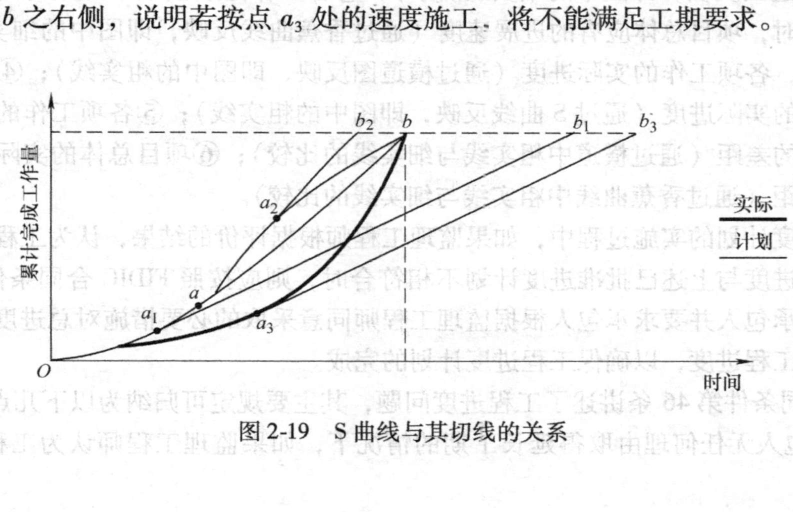

图 2-19　S 曲线与其切线的关系

综上所述，为了保证工程项目按计划进度工期完成，实际的S曲线上各点的切线应位于切线 *ab* 的左侧。一旦实际的S曲线落在切线 *ab* 的下方，则必须采取措施，加快施工进度，以保证工期总目标的实现。

3. 横道图与香蕉曲线综合比较法

单纯利用香蕉曲线，虽然也能进行计划的合理安排，实际进度与计划进度的比较，可像S曲线一样对后期工程进度进行预测，但若能与横道图综合比较，就能在同一张图上既能反映项目局部的进展情况（横道图中各项工作的计划进度与实际进度的比较），又能反映项目总体的进展情况（香蕉曲线中项目总的实际完成情况与总的计划完成情况的比较），如图2-20所示。

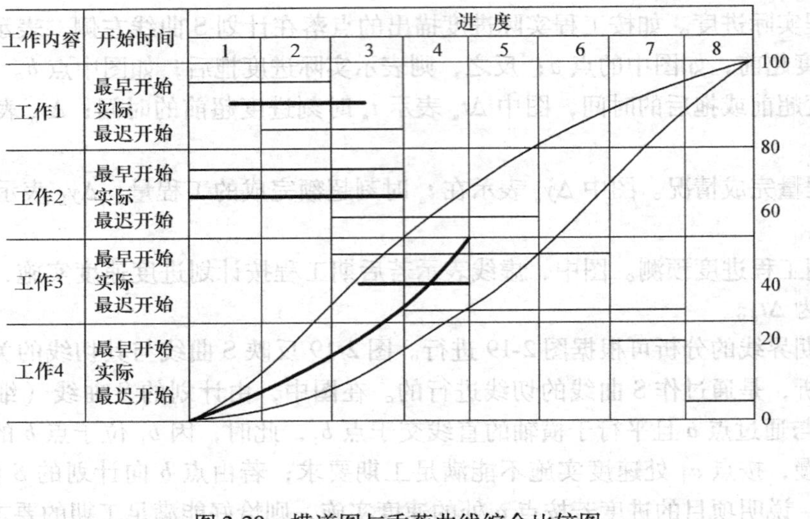

图 2-20　横道图与香蕉曲线综合比较图

从图2-20中可获得如下信息：①各项工作分别按最早开始时间和最迟开始时间安排的进度（通过横道图反映，即图中的细实线所示）；②各工作分别按最早开始时间和最迟开始时间安排进度时，项目总体应有的进展速度（通过香蕉曲线反映，即图中的细实线）；③项目实施过程中，各项工作的实际进度（通过横道图反映，即图中的粗实线）；④项目实施过程中，项目总的实际进度（通过S曲线反映，即图中的粗实线）；⑤各项工作的实际进度与计划进度之间的差距（通过横道中粗实线与细实线的比较）；⑥项目总体的实际进度与计划进度之间的差距（通过香蕉曲线中粗实线与细实线的比较）。

在工程进度计划的实施过程中，如果监理工程师根据评价的结果，认为工程或工程的任何部分的实际进度与上述已批准进度计划不相符合时，则应按照FIDIC合同条件第14条规定，立即通知承包人并要求承包人根据监理工程师同意采取的必要措施对总进度计划作必要的修改，加快工程进度，以确保工程进度计划的完成。

FIDIC合同条件第46条讲述了工程进度问题，其主要规定可归纳为以下几点：

1）在承包人无任何理由取得延长工期的情况下，如果监理工程师认为工程进度过慢，因而不能按照进度计划预定的竣工期限完工时，监理工程师应将此情况通知承包人，承包人应采取措施加快工程进度，使工程在预定工期内完成。

2）承包人采用的加快工程进度的措施，必须经监理工程师同意。

3）承包人采用一定措施加快工程进度时，无权要求支付任何附加费用。

4）如果承包人为了加快进度，认为有必要在夜间或当地公认的休息日施工，承包人必须取得监理工程师的准许。

5）承包人无论采用何种加快进度的措施，涉及业主的附加监督费用应由承包人负担。

当引起工程进度延误的原因来自几个方面时，监理工程师应定期召开工地碰头会议，召集各方面负责人进行协调，以便解决工程进度受阻的问题，避免工程进度延误。

2.4.6 进度延误处理

工程项目或合同段施工所需的时间称为工期。

延误是指工程施工中实际进度与计划进度相比存在的拖延或耽误，即进度偏差的不利一面。在工程施工过程中涉及延误时，往往是指某些正在施工的工作（或分项工程）的延误。所以在无限定时，延误一般是泛指工作拖延或耽误，也可以是局部某一分项、分部、单位工程的拖延，而不是指整个工程项目或合同段。

工期拖延即延误工期，是指工程项目所需的时间超过计划或合同规定的竣工时间，简称为误期。误期是业主、监理、承包人都不愿意发生的事件，进度控制的目标就是尽量避免误期的发生。因此误期这个词并不涉及造成误期的原因与责任，在FIDIC合同条件中既有承包人原因造成误期的处理条款，也有非承包人原因造成误期的处理条款。如果非要给“误期”一词加上是承包人原因造成的，就使我们表达问题很不方便。例如，在进度检查时，我们分析工期的影响常常提到“将延误工期”或“将造成工期拖延”。因此“工期拖延”或“延误工期”只是中性词，非加上责任将不利于词意表达。

1. 进度延误的处理

监理工程师在进度监理过程中，若发现有较大延误的事件，应认真处理好这些延误事件。处理延误事件，首先可采用本书第2.2节所论述的进度检查方法，判断其延误是否造成误期影响，工期将拖延多少。对于无误期影响的延误事件一般无需处理，但对延误较大虽然还未造成误期影响的这些准关键工作（即已接近关键工作的工作）更应关注。其次应通过现场记录和有关文件或资料，分析这些延误事件的原因或责任。

（1）承包人自身原因或责任的延误引起误期影响的处理

1）工期拖延影响不大的处理。承包人自身原因的延误引起工期拖延不大，没有超过一定百分比时，承包人一般可通过加强内部管理来自身消化。作为监理工程师应及时提醒或告诫承包人延误工期将受到的处罚，以提高承包人如期完成工程的自觉性，促使承包人自觉地加强内部管理、优化资源调配，在后续的施工中抢回失去的时间。

2）工期拖延影响较大的处理。进度计划的检查结果反映出承包人自身原因的延误所引起工期拖延的影响较大，达到或超过危险的百分比时，监理工程师可根据合同规定的程序和权力采用以下两种处理方法。

①加快工程进度调整进度计划。在承包人无权取得任何延期的情况下，监理工程师认为实际工程进度过于缓慢，将不能按照进度计划预定的竣工工期完成工程时，应指示或通知承

包人采取加快措施，以完成工程进度计划中的阶段目标和总体目标。承包人提出和采取的加快工程进度的措施必须经过监理工程师批准。监理工程师应从工地掌握第一手资料，以便对承包人提供的加快进度措施进行审批。批准时应注意以下事项：只要承包人提出的加快工程进度的措施符合施工程序并能确保工程质量，监理工程师应予以批准；因采取加快工程进度措施而增加的施工费用，应由承包人承担；因增加夜间施工或法定节假日施工而涉及业主的附加监督管理（包括监理）费用，应由承包人承担，费用数额及支付方式由业主、监理工程师和承包人协商确定。

②监理工程师控制进度对承包人可采取适当的制约手段

a. 误期赔偿费。误期赔偿费是合同竣工时间已到时承包人未能按时竣工而对其的处罚，按照 FIDIC 合同条件第 47 条规定：如果承包人未能按期竣工，则向业主支付标书附件中规定金额的误期赔偿费。目前大部分工程按每拖延工期一天赔偿合同总价的 0.05% 计，累计不超过合同总价的 10%。

b. 终止对承包人的雇用。为了保证合同工期，FIDIC 合同条件第 63 条规定：如果承包人严重违反合同，而不采取补救措施，经监理工程师证实后，业主有权终止对承包人的雇用。

（2）非承包人原因或责任的延误引起误期影响的延期处理　延期是指工程实施期间，监理工程师根据合同规定对工程期限的延长，即工程合同工期的顺延。它是业主给承包人时间的赔偿或补偿。

延期直接影响到业主投资效益的发挥，使业主多承担了投资所付出的利息，推迟了项目运行的资金回收。但是对于非承包人责任的延误所引起的工期拖延，即工程不能按原定工期完工的情况，合同规定在申请手续齐备并符合合同的条件下，由业主承担这部分损失，给予承包人竣工时间的顺延。延期是维护承包人正当的利益，监理工程师应该公正地处理工程延期。延期审批应遵循以下原则：

1）符合合同规定：①非承包人原因或责任；②符合合同规定的手续。

2）延误的事件应发生在关键线路上，即延误会造成延期。延误发生在关键线路上，则一定造成工期拖延。因此，延误必须在关键线路上是延期的重要条件。如果延误的事件是非关键工作，并且延误未超过其总时差，即使符合合同规定，也不需批准延期。

应当注意，关键线路是相对的，不是绝对的。工程项目或合同段工程的关键线路并非固定不变的，它随着工程的进展和情况的变化会变化或转移，原来的关键会变成不关键，原来的不关键会变成关键。因此，我们在关注关键线路的同时，还应该注意准关键线路上非关键工作的延误，这些延误事件容易转变成关键工作。所以监理人员应经常检查和跟踪进度情况，随时了解进度计划变化情况，为公正地处理延期提供依据。

3）符合实际情况。批准延期必须符合实际情况，为此，承包人应对可获延期事件发生后的各类有关细节进行详细的记载，并及时向监理工程师提交详情报告。与此同时，监理工程师也应对施工现场进行详细考察和分析，并作纪录，从而为合理确定延期天数提供可靠依据。

2. 延期审批程序

审批延期应遵循延期审批程序，包括受理延期的条件、受理延期的程序。

2.4.7 施工进度计划的调整

在工程项目的实施过程中，通过计划进度与实际进度的比较，当发现进度出现偏差时，应分析此偏差对后续工作及总工期的影响，并根据其影响程度的不同采取相应的进度调整措施，从而获得新的进度计划，以用于指导项目的实施，最终保证工期总目标的顺利实现。

进度计划的调整方法，根据调整的原因分为两种：一是延期后应根据合同工期调整计划；二是延误了工期却又无权获得延期，因此需要调整计划使后续计划的工作内容改变或缩短时间，以符合合同工期。前一种相当于以原来计划为参考，重新编制符合新合同工期的计划；后一种是在原计划的基础上压缩工期，使计划的计算工期符合合同工期。我们在此主要讨论后一种压缩工期的方法。压缩工期就是网络计划优化中的工期优化，就是压缩关键线路，所以调整计划就是调整关键线路。

进度计划的调整方式主要有以下两种：

（1）利用工作间的搭接关系　此方式是将关键线路上的工作组织成搭接作业，以此达到缩短工期的目的。不过，采用这种方式调整，不能违反工作间的工艺关系，各工作必须在工作面允许的情况下相互搭接作业。这种方式虽缩短了总工期，但由于各工作间的搭接作业，使进度控制工作显得更加重要，因而实施中必须做好协调工作。

（2）改变工作的持续时间　此方式主要是对各工作本身的持续时间的调整，而网络计划中的工作及其逻辑关系并不发生变化。因此，当实际进度出现偏差而采用这种方式进行调整时，可在原网络计划上直接进行调整而无需另外画网络图。

若工程进度比原计划的进度拖延时差较大并影响到合同工期的关键线路时，承包人必须及时对工程进度计划作整体修订与调整。

（1）关键线路的调整　当关键线路上某项工程的施工时间比计划增加，将意味着整个工期延长。在这种情况下，监理工程师应要求承包人先把注意力集中在非关键线路上，看非关键线路上的工程是否有机动时间，能否把非关键线路上的机械、人员调整到关键线路上的关键工序中去，以改变关键线路的时间；如果不能，为保证关键线路上的工程按计划完成，承包人则可能延长工作时间，或者重新增加新的机械和人员来完成计划的调整工作。

（2）非关键线路的调整　调整工程进度计划，主要是调整关键线路上的施工安排。对非关键线路，如果实际进度与计划进度的差距并不对关键线路上的实际进度造成不利影响，监理工程师可不必要求承包人对整个工程进度计划进行调整，只需对机动和富余时间予以局部调整安排。

（3）加快工程进度的措施　在承包人没有取得合理延期的情况下，监理工程师认为实际工程进度过慢，将不能按照工程进度计划预定的竣工时间完成工程时，应要求承包人采取加快措施，以赶上工程进度计划中的阶段目标或总体目标。承包人提出和采取的加快工程进度的措施必须经过监理工程师批准，承包人无权要求为采取这些措施支付任何附加费用。

公路工程施工进度监理程序，如图 2-21 所示。

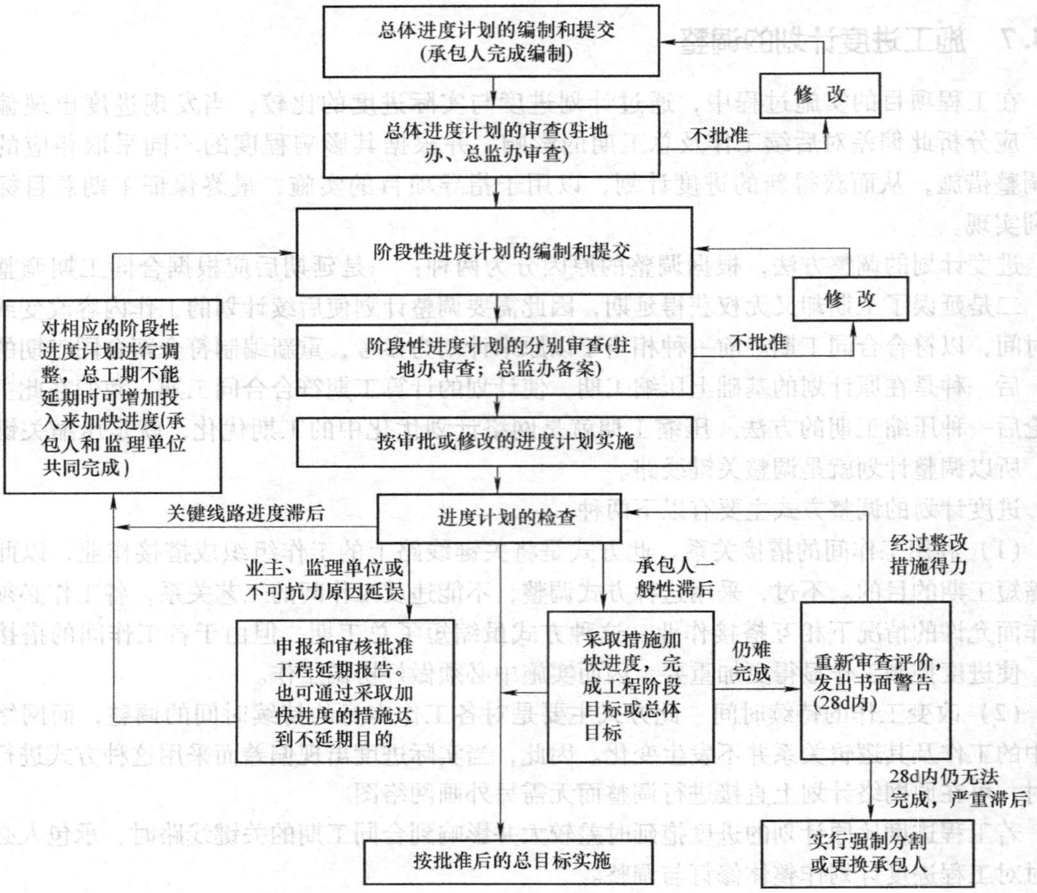

图 2-21 施工进度监理程序

本 章 小 结

本章主要从公路工程的施工组织和施工进度监理方面重点介绍了以下内容：

1. 网络计划优化的概念及时间、成本、资源等单项优化的条件；时间优化的措施与优化方法；工期与成本的关系及优化方法；资源优化的含义，按工期规定的资源均衡原则进行资源优化，以及按资源有限工期最短的原则进行有限资源的合理分配等。

2. 进度计划编制要求、原则，进度计划的阶段划分和主要内容，以及监理工程师在接到承包人提交的进度计划之后，审批计划的步骤和原则；通过实例分别说明了使用横道图、工程进度曲线、网络计划技术（关键线路法）编制进度计划的步骤；最后介绍了几个施工计划的编审案例。

3. 进度监理的基本概念和系统原理，并对进度监理的四大环节中的实施记录、检查与分析、采取措施三个环节作了较系统的论述；对进度检查的结果作出两种延误处理：一是要求承包人加快进度或调整计划；二是审批承包人的延期申请。

4. 强调进度计划调整的原因、方法和措施，以及如何防范延误的发生等。

复习思考题

1. 简述进度监理的概念。
2. 简述进度监理的作用。
3. 与进度有关的单位有哪些？影响进度的因素又有哪些？
4. 简述进度监理的主要任务。
5. 简述施工过程中各个阶段进度控制的目标。
6. 进度监理中监理工程师的主要职责有哪些？
7. 双代号网络计划图是由哪些要素组成的？各个要素的含义是什么？
8. 网络图的绘制方法有几种？
9. 双代号网络图应进行哪些时间参数计算？
10. 简述进度管理曲线的概念及其作用。
11. 简述香蕉曲线的编制方法及其特点。
12. 什么是网络计划技术？
13. 网络计划方法有哪些？
14. 网络计划有哪些特点？
15. 简述网络图的概念及类别。
16. 简述网络计划在工程进度监理中的作用。
17. 简述网络计划的优化概念及其衡量指标。
18. 网络计划的单项优化指标与优化条件是什么？
19. 简述用进度曲线法编制工程进度计划的步骤。
20. 某非关键工作由于延误过大造成了工程项目工期的拖延，那么，此时该工作是否为非关键工作？如果在进度检查时发现该工作的延误使（总）工期拖延30d，虽然该工作延误是非承包人的责任，由于该工作的总时差是60d，30d未超过60d，所以可不批准承包人的延期申请，这种说法正确吗？该工作的延误是多少天？

单元三　公路工程施工质量监理

任务要求

1. 掌握工程质量监理的任务、依据及特点，质量监理阶段的划分，分析各阶段的监理任务与要点。

2. 明确施工各阶段主体工程和附属工程的工程质量监理的程序和方法。

3. 掌握现场质量检测和旁站监理的任务、内容，能进行现场质量控制和检测。

4. 明确单项工程的实测项目、检验方法、质量标准，运用《公路工程质量检验评定标准》（JTG F80—2004）进行质量评定。

5. 能进行工程交工验收检查与检测。

案例引入

某路桥公司经投标于 2003 年 3 月获得了某道路新建项目。该项目全长 15km，路基宽 12m，路面宽 7m，属于平原三级公路。路面结构为 15cm 厚的石灰稳定土底基层，15cm 厚的石灰稳定碎石基层，0.5cm 厚的乳化沥青下封层，4cm 厚的细粒式沥青碎石。在施工过程中，该公司为赶工期，忽略了技术标准和施工方案。底基层施工中，在准备下承层时，个别地段曾出现松散材料和软弱地点，压实度均未达到设计要求；灰土层的设计标高部分不合格；备料阶段，石灰应做的试验没做，根据经验、感觉作业，并没拿试验数据说话；在整平碾压时土的含水量没加以控制，得不到最佳含水量，压实度没达到设计要求。在基层施工时，也是如此，诸多该做的试验忽略不做。乳化沥青下封层施工中，该公司对下承层并没有清扫干净，导致乳化沥青和下承层没有很好地结合，乳化沥青铺洒不到位，没完全洒在基层上。由于该公司的这些过失，导致该公路在使用不久即出现路基下沉、路面破坏、大面积网裂和龟裂现象，给群众的出行带来不便。

3.1　工程质量监理概述

3.1.1　工程质量与质量管理

在公路工程建设中，质量是工程建设的关键，任何一个工程环节、任何一个工程部位出现问题，都会给工程质量带来严重的后果，直接影响到公路的实际效益，甚至返工重建，造成巨大的经济损失。因此，工程质量是公路工程建设的生命，质量监理是施工监理的核心。监理工程师应按照合同文件的要求与规定，对整个工程实施全过程的质量控制，使工程各部分质量在保证安全生产和预定的施工期限内，以及在批准的投资条件下，达到合同规定的质量要求，保证工程安全、耐久和适用。

1. 工程质量与质量管理的概念

（1）工程质量的概念　工程质量包括建设工程实体和服务这两类特殊产品的质量。

工程质量是指建设工程产品适合于某种规定的用途，满足人们要求其所具备的质量特性的程度。

服务质量是指企业在销售前、销售时、销售后服务过程中满足用户要求的程度。其质量特性依服务业内不同行业而异，但一般均包括服务时间、服务能力和服务态度。

建设工程具有投资额大、生产周期长等特点，因而服务质量显得尤为重要。建设工程的服务质量既可以是定量的，也可以是定性的。

（2）质量管理的概念　所谓质量管理，广义上说，是为了生产出满足使用者要求的高质量产品所采用的各种方法体系。随着科学技术的发展和市场竞争的日益激烈，质量管理越来越为人们所重视，并逐渐发展成为一门新兴学科。

（3）质量管理的发展　质量管理作为企业管理的有机组成部分，它的发展也是随着企业管理的发展而发展的，其发展过程大体经历了质量检验、统计质量管理、全面质量管理、质量管理与质量保证标准形成四个阶段。

质量检验、统计质量管理和全面管理三个阶段的质量管理理论和实践的发展，促使世界各发达国家和企业纷纷制定出新的国家标准和企业标准，以适应全面管理的需要。这样的做法虽然促进了质量管理水平的提高，却出现了各种各样的标准。各国在质量管理术语概念、质量保证要求、管理方式等方面都存在很大差异。这种情况显然不利于竞技交往与深入合作。

近30年来，国际化的市场经济迅速发展，国际间商品和资本的流动空间增大，国际间的经济合作和竞争日益增强，有些产品已超越国界实现国际范围的社会化大生产。特别是不少国家把提高进口商品质量作为限入奖出的保护手段，利用商品的非价格因素竞争设置关贸壁垒。为了解决国际质量争端，消除和减少技术壁垒，有效地开展国际贸易，加强国际间技术合作，统一国际质量工作语言，制定共同遵守的国际规范，各国政府、企业和消费者都需要一套通用的、具有灵活性的国际质量保证体系。在总结发达国家质量管理经验的基础上，20世纪70年代末，国际标准化组织着手制定国际通用的质量管理和质量保证标准。1980年5月国际标准化组织的质量保证技术委员会在加拿大成立。它通过总结各国质量管理经验，于1987年3月制定和颁布了ISO 9000系列质量保证标准。此后又不断对它进行补充、完善。标准一经发布，相当多的国家和地区表示欢迎，等同或等效采用该标准，指导企业开展质量管理工作。

质量管理、质量保证的概念和理论是在质量管理发展的前三个阶段的基础上逐步形成的，是市场经济发展和社会化大生产的产物，是与现代生产规模、条件相适应的质量管理工作模式。因此ISO 9000系列标准的诞生，顺应了消费者的要求，为生产方提供了发展的途径，有利于各国家对企业的规范化管理，更有利于国际贸易和生产合作。

2. 工程质量管理的重要性

随着改革开放的不断深入，我国的建设工程质量和服务质量的总体水平不断提高。多年来，我国一直强调必须贯彻“百年大计，质量第一”的方针，这对建立和发展社会主义市场经济和扩大对外开放发挥了重大作用。质量管理工作已经越来越为人们所重视，企业领导清晰地认识到了高质量的产品和服务是市场竞争的有效手段，是争取用户、占领市场和发展企业的根本保证。有人比喻当今世界正在进行着“第三次世界大战”，这不是一场使用枪炮的流血战争，而是一场商业大战、贸易大战。这场战争中制胜的武器就是质量。谁赢得质量，谁就有了这场战争的主动权。因此，从战略发展的角度和高度来认识问题，质量已关系到国家的命运、民族的未来，质量管理水平已关系到行业的兴衰、企业的命运。

生产建设工程产品，投资和消耗的人工、材料、能源都相当大，投资者（建设单位）付出巨大投资，要求获得理想的、满足使用要求的产品，以期在额定时间内发挥作用，为社会经济建设和物质文化生活需要作出贡献。如果工程质量差，不但不能发挥应有的效用，而且还会因质量、安全等问题影响到国计民生和社会环境的安全。例如某公路，1998 年 5 月完成了沥青下面层施工后，在未加铺上面层也未经验收的情况下就开放了交通，通车 18d 后，局部路段路基边坡发生了大量塌方、滑坡，累计长度为 73.9km。

3.1.2 工程质量监理的依据、特点及其任务

为加强公路工程质量管理，控制工期和工程费用，进行安全生产，提高投资效益及工程管理水平，《公路工程施工监理规范》（JTG G10—2006）中明确指出：“凡列入基本建设计划的公路工程项目，都应实行政府监督、社会监理、企业自检的质量保证体系”。而在实行施工监理的过程中，监理单位应由建设单位通过招标、聘请、委托等方式确定。建设单位应在工程开工之前确定监理单位，签订服务合同。

1. 质量监理的依据

（1）合同条件　各项工程质量的保障、责任、费用支出等均应符合合同条件的规定。例如，建设单位与施工单位签订的“工程承包合同”、“补遗书”及“特殊合同条款”，监理单位与建设单位签订的“监理服务协议书”及“澄清书”。

（2）合同图样　全部工程应与合同图样相符，并符合监理工程师批准的变更与修改要求。例如，建设单位提供的各种设计图；建设单位和监理单位下达的各项通知与规定，相关的变更设计图及通知、指令等；与本工程设计有关的设计联系单；被批准分项工程的开工报告（含施工组织设计）。

（3）技术规范　所有用于工程的材料、设施、设备及施工工艺，应符合合同文件所列技术规范或监理工程师同意使用的其他技术规范及监理工程师批准的工程技术要求。例如，《公路路面基层施工技术规范》（JTJ 034—2000）、《公路工程施工监理规范》（JTG G10—2006）、《公路工程质量检验评定标准 第一册　土建工程》（JTG F80/1—2004）、《公路路基设计规范》（JTG D30—2004）、《公路沥青路面施工技术规范》（JTG F40—2004）、《公路水泥混凝土路面施工技术规范》（JTG F30—2003）、《公路钢筋混凝土及预应力混凝土桥涵设计规范》（JTG D62—2004）、《公路桥涵施工技术规范》（JTG/T F50—2011）、《公路工程集料试验规程》（JTG E42—2005）、《公路工程水泥及水泥混凝土试验规程》（JTG E30—2005）、《公路工程施工安全技术规程》（JTJ 076—1995）、《锚杆喷射混凝土支护技术规范》（GB 50086—2001）、《道路交通标志和标线》（GB 5768—2009）、《公路收费亭》（GB/T 24719—2009）、《公路收费非接触式 IC 卡收发卡机》（JT/T 603—2004）、《公路收费车道控制机》（GB/T 24968—2010）等。

（4）质量标准　所有工程质量均应符合合同文件中列明的质量标准和监理工程师同意使用的其他标准。

2. 质量监理的特点

实行公路工程施工监理是公路建设管理体制改革的重要内容，是强化质量管理、控制工程造价、提高投资效益及施工管理水平的有效方法。与以往的内部管理体制相比，实行质量监理有以下特点：

1）监理工程师对工程质量的监理受法律保护。这与过去的内部质量管理和行政监督是根本不同的。在施工单位和建设单位签订的承包合同中详细、明确地规定了监理工程师在质量控制中的作用，同时以合同形式赋予了监理工程师采取各种手段进行工程质量控制的权力，使质量管理变得有法可依，减少了过去内部管理中的推诿现象。

2）工程质量监理是监理工程师对一项工程实行全过程、全方位和全天候的质量管理。这与内部管理和质量监督部门的抽查是完全不同的。这样能使工程的各个部分的质量得到有效、全面的控制。

3）工程质量管理强调事先监理和主动监理。监理的重点放在施工前的准备阶段和施工阶段，即对原材料、施工机械和施工技术方案的检查和审查，以及施工过程中各环节的质量监理，以便及早发现问题、防患于未然。这与过去等工程结束后再进行检查验收的事后监督办法是完全不同的。

4）质量监理与工程支付挂钩，质量好坏直接关系到施工单位的经济效益。这是工程监理制度的最大特点。按合同条件规定，未经监理工程师签收的工程项目一律不支付费用。监理工程师有了这个权力，就能运用经济杠杆有效地保证工程质量。

综上所述，工程质量监理不是单一的技术管理，而是集技术、经济和法律为一体的一种综合性管理。

3. 质量监理的任务

监理单位承担监理任务，应根据工程规模、难易程度、合同工期、环境保护和现场条件等因素，建立现场监理机构。现场监理机构一般按工程招标合同段设置基层监理单位。

监理单位为确保合同规定的任务的完成，应建立完整的质量监理保障体系，以保证对所有的施工环节进行有效的控制。其体系中应根据工程规模的大小和复杂程度设置试验、材料、测量、计量及各工程项目的专项技术岗位，并应明确其名称和职责。

3.1.3 质量监理的程序和方法

1. 单位、分部和分项工程的划分

根据建设任务、施工管理和质量检验评定的需要，应在施工准备阶段按《公路工程质量检验评定标准》（JTG F80—2004）附录 A 将建设项目划分为单位工程、分部工程和分项工程。施工单位、工程监理单位和建设单位应按相同的工程项目划分原则进行工程质量的监控和管理。

（1）单位工程　在建设项目中，根据签订的合同，具有独立施工条件的工程。

（2）分部工程　在单位工程中，应按结构部位、路段长度及施工特点或施工任务划分为若干个分部工程。

（3）分项工程　在分项工程中，应按不同的施工方法、材料、工序及路段长度等划分为若干个分项工程。具体划分见表 3-1 和表 3-2。

表 3-1　分项工程具体划分

单位工程	分部工程	分项工程
路基工程（每10km 或每标段）	路基土石方工程*（1～3km 路段）	土方路基*，石方路基*，软土地基*，土工合成材料处治层*等
	排水工程（1～3km 路段）	管节预制，管道基础及管节安装*，检查（雨水）井砌筑*，土沟，浆砌排水沟*，盲沟，跌水，急流槽*，水簸箕，排水泵站等
	小桥及符合小桥标准的通道*，人行天桥，渡槽（每座）	基础及下部构造*，上部构造预制、安装或浇筑*，桥面*，栏杆，人行道等
	涵洞、通道（1～3km 路段）	基础及下部构造*，主要构件预制、安装或浇筑*，填土，总体等
	砌筑防护工程（1～3km 路段）	挡土墙*，墙背填土，抗滑桩*，锚喷防护*，锥、护坡，导流工程，石笼防护等
	大型挡土墙*，组合式挡土墙*（每处）	基础*，墙身*，墙背填土，构件预制*，构件安装*，筋带，锚杆、拉杆，总体*等
路面工程（每10km 或每标段）	路面工程（1～3km 路段）*	底基层，基层*，面层*，路缘石，人行道，路肩，路面边缘排水系统等
桥梁工程（特大、大、中桥）	基础及下部构造*（每桥或每墩、台）	扩大基础，桩基*，地下连续墙*，承台，沉井*，桩的制作*，钢筋加工及安装，墩台身（砌体）浇筑*，墩台身安装，墩台帽*，组合桥台*，台背填土，支座垫石和挡块等
	上部构造预制和安装*	主要构件预制*，其他构件预制，钢筋加工及安装，预应力筋的加工和张拉*，梁板安装，悬臂拼装，顶推施工梁*，拱圈节段预制，拱的安装，转体施工拱*，劲性骨架拱肋安装*，钢管拱肋制作*，钢管拱肋安装*，吊杆制作和安装*，钢梁制作*，钢梁安装，钢梁防护*等
	上部构造现场浇筑*	钢筋加工及安装，预应力筋的加工和张拉*，主要构件浇筑*，其他构件浇筑，悬臂浇筑*，劲性骨架混凝土拱*，钢管混凝土拱*等
	总体、桥面系和附属工程	桥梁总体*，钢筋加工及安装，桥面防水层施工，桥面铺装*，钢桥面铺装*，支座安装，搭板，伸缩缝安装，大型伸缩缝安装*，栏杆安装，混凝土护栏，人行道铺设，灯柱安装等
	防护工程	护坡，护岸*，导流工程*，石笼防护，砌石工程等
	引道工程	路基*，路面*，挡土墙*，小桥*，涵洞*，护栏等
互通立交工程	桥梁工程*（每座）	桥梁总体，基础及下部构造*，上部构造预制、安装或浇筑*，支座安装，支座垫石，桥面铺装*，护栏，人行道等
	主线路基路面工程*（1～3km 路段）	见路基、路面等分项工程
	隧道工程（每条）	路基*，路面*，通道*，护坡，挡土墙*，护栏等
隧道工程	总体	隧道总体等
	明洞	明洞浇筑，明洞防水层，明洞回填*等
	洞口工程	洞口开挖，洞口回填等

（续）

单位工程	分部工程	分项工程
隧道工程	洞身开挖*	洞身开挖*（分段）等
	洞身衬砌*	（钢纤维）喷射混凝土支护，锚杆支护，钢筋网支护，仰拱，混凝土衬砌*，钢支撑，衬砌钢筋等
	防排水	防水层，止水带，排水沟等
	隧道路面	基层*，面层*等
	装饰	装饰工程
	辅助施工措施	超前锚杆，超前钢管等
环保工程	声屏障（每处）	声屏障
	绿化工程（每10km或每处）	中央分隔带绿化，路侧绿化，互通立交绿化，服务区绿化，取弃土场绿化等
交通安全设施（每20km或每标段）	标志*（5～10km路段）	标志*
	标线、凸起路标（5～10km路段）	标线、凸起路标等
	护栏*、轮廓标（5～10km路段）	波形梁护栏*，缆索护栏*，混凝土护栏*，轮廓标等
	防眩设施（5～10km路段）	防眩板、网等
	隔离栅、防落网（5～10km路段）	隔离栅、防落网等
机电工程	监控设施	车辆检测器，气象检测器，闭路电视监视系统，可变标志，光、电缆线路，监控（分）中心设备安装及软件调测，大屏幕投影系统，地图板，计算机监控软件与网络等
	通信设施	通信管道与光、电缆线路，光纤数字传输系统，数字程控交换系统，紧急电话系统，无线移动通信系统，通信电源等
	收费设施	入口车道设备，出口车道设备，收费站设备及软件，收费中心设备及软件，IC卡及发卡编码系统，闭路电视监视系统，内部有线对讲及紧急报警系统，收费站内光、电缆及塑料管道，收费系统计算机网络等
	低压配电设施	中心（站）内低压配电设备，外场设备电力电缆线路等
	照明设施	照明设施
	隧道机电设施	车辆检测器，气象检测器，闭路电视监视系统，紧急电话系统，环境检测设备，报警与诱导设施，可变标志，通风设施，照明设施，消防设施，本地控制器，隧道监控中心计算机控制系统，隧道监控中心计算机网络，低压供配电等
房屋建筑工程	（按其专业工程质量检验评定标准评定）	

注：1. 表内标注＊号者为主要工程，评分时给以2的权值；不带＊号者为一般工程，权值为1。

2. 按路段长度划分的分部工程，高速公路、一级公路宜取低值，二级及二级以下公路可取高值。

3. 斜拉桥和悬索桥可参照表3-2进行划分。

4. 护岸参照挡土墙。

表 3-2　特大斜拉桥和悬索桥为主体建设项目的工程划分

单位工程	分部工程	分 项 工 程
塔及辅助、过渡墩（每座）	塔基础 *	钢筋加工及安装，扩大基础，桩基 *，地下连续墙 *，沉井 * 等
	塔承台 *	钢筋加工及安装，双壁钢围堰，封底，承台浇筑 * 等
	索塔 *	索塔 *
	辅助墩	钢筋加工，基础，墩台身浇（砌）筑，墩台身安装，墩台帽，盖梁等
	过渡墩	
锚碇	锚碇基础 *	钢筋加工及安装，扩大基础，桩基 *，地下连续墙 *，沉井 *，大体积混凝土构件 * 等
	锚体 *	锚固体系制作 *，锚固体系安装 *，锚碇块体，预应力锚索的张拉与压浆 * 等
上部构造浇筑与安装	斜拉索 *	斜拉索制作和防护 *
	主缆（索股）*	索股和锚头的制作与防护 *
	索鞍	主索鞍和散索鞍制作与防护 *
	索夹	索夹制作和防护
	吊索	吊索和锚头制作和防护 * 等
	加劲梁 *	加劲梁段制作，加劲梁防护 * 等
	悬浇 *	梁段浇筑 *
	安装 *	加劲梁安装 *，索鞍安装 *，主缆架设 *，索夹和吊索安装 * 等
	工地防护 *	工地防护 *
	桥面系及附属工程	桥面防水层的施工，桥面铺装，钢桥面板上防水粘结层的洒布，钢桥面板上沥青混凝土铺装 *，支座安装 *，抗风支座安装，伸缩缝安装，人行道铺设，栏杆安装，防撞护栏等
	桥梁总体 *	桥梁总体 *
引桥	（参见表 3-1“桥梁工程”）	
引道	（参见表 3-1“路基工程”和“路面工程”）	
互通立交工程	（参见表 3-1“互通立交工程”）	
交通安全设施	（参见表 3-1“交通安全设施”）	

注：表内标注 * 号者为主要工程，评分时给以 2 的权值；不带 * 号者为一般工程，权值为 1。

2. 工程质量的等级评定

（1）一般规定　工程质量检验评分以分项工程为单元，采用 100 分制进行。在分项工程评分的基础上，逐级计算各相应分部工程、单位工程、合同段和建设项目评分值。

工程质量评定等级分为合格与不合格，应按分项、分部、单位工程，合同段和建设项目逐级评定。

施工单位应对各分项工程按《公路工程质量检验评定标准　第一册　土建工程》（JTG F80/1—2004）所列基本要求、实测项目和外观鉴定进行自检，按《公路工程质量检验评定标准　第一册　土建工程》（JTG F80/1—2004）附录 J 中“分项工程质量检验评定表”及相关施工技术规范提交真实、完整的自检资料，对工程质量进行自我评定。

工程监理单位应按规定要求对工程质量进行独立抽检，对施工单位检评资料进行签认，对工程质量进行评定。

建设单位应根据对工程质量的检查结果及平时掌握的情况，对工程监理单位所作的工程质量评分等级进行审定。

质量监督部门、质量检测机构可依据《公路工程质量检验评定标准　第一册　土建工程》（JTG F80/1—2004）对公路工程质量进行检测、鉴定。

（2）工程质量评分

1）分项工程质量评分。分项工程质量检验内容包括基本要求、实测项目、外观鉴定和质量保证资料4个部分。只有当其使用的原材料、半成品、成品及施工工艺符合基本要求的规定，无严重外观缺陷，质量保证资料真实齐全时，才能对分项工程质量进行评定。

涉及结构安全和使用功能的重要实测项目为关键项目（在《公路工程质量检验评定标准　第一册　土建工程》（JTG F80/1—2004）文中以“△”标示），其合格率不得低于90%（属于工厂加工制造的桥梁金属构件不得低于95%，机电工程为100%），且检测值不得超过规定值，否则必须进行返工处理。

实测项目的规定值是指任意单一检测值都不能突破的极限值，不符合要求时该实测项目为不合格。

采用《公路工程质量检验评定标准　第一册　土建工程》（JTG F80/1—2004）附录B至附录I所列方法进行评定的关键项目，不符合要求时则该项目测评为不合格。

分项工程的评分值满分为100分，按实测项目采用加权平均法计算。存在外观缺陷或资料不全时，应予减分。

$$分项工程得分=\frac{\sum[检查项目得分\times权值]}{\sum检查项目权值}$$

$$分项工程评分值=分项工程得分-外观缺陷减分-资料不全减分$$

①基本要求检查。分项工程所列基本要求，对施工质量优劣具有关键作用，应按基本要求对工程进行认真检查。检查不符合基本要求规定时，不得进行工程质量的检验和评定。

②实测项目减分。对规定检测项目采用现场抽样方法，按照规定频率和下列计分方法对分项工程的施工质量直接进行检测评分。

检查项目除按数理统计方法评定的项目外，均应按单点测定值是否符合标准要求进行评定，并按合格率计分。

$$检查项目合格率=\frac{检查合格的点(组)数}{该检查项目的全部检查点(组)数}\times100\%$$

$$检查项目得分=检查项目合格率\times100$$

③外观缺陷减分。对工程外表状况应逐项进行全面检查，如发现外观缺陷，应减分。对于较严重的外观缺陷，施工单位必须采取措施进行整修处理。

④资料不全减分。分项工程的施工资料和图表残缺，缺乏最基本的数据，或有伪造涂改者，不予检查和评定。资料不全者应予以减分，减分幅度可按《公路工程质量检验评定标准　第一册　土建工程》（JTG F80/1—2004）第3.2.4条所列各款逐款检查，视资料不全情况，每款减1~3分。

2）分部工程和单位工程质量评分。《公路工程质量检验评定标准　第一册　土建工程》

JTG F80/1—2004）附录 A 所列分项工程和分部工程区分为一般工程和主要（主体）工程，分别给以 1 和 2 的权值。进行分部工程和单位工程质量评分时，采用加权平均值计算法确定相应的评分。

$$分部(单位)工程评分值=\frac{\sum[分项(分部)工程评分值\times相应权值]}{\sum分项(分部)工程权值}$$

3）合同段和建设项目工程质量评分。合同段和建设项目工程质量评分值按《公路工程竣（交）工验收办法》计算。

4）质量保证资料。施工单位应有完整的施工原始记录、试验数据、分项工程自查数据等质量保证资料，并进行整理分析，负责提交齐全、真实和系统的施工资料和图表。工程监理单位负责提交齐全、真实和系统的监理资料。质量保证资料应包括以下六个方面：所用原材料、半成品质量检验结果；材料配比、拌和加工控制检验和试验数据；地基处理、隐蔽工程施工记录和大桥、隧道施工监控资料；各项质量控制指标的试验记录和质量检验汇总图表；施工过程中遇到的非正常情况记录及其对工程质量影响的分析；施工过程中如发生质量事故，经处理补救后，达到设计要求的认可证明文件。

（3）工程质量等级评定

1）分项工程质量等级评定。分项工程评分值不小于 75 分者为合格，小于 75 分者为不合格；机电工程、属于工厂加工制造的桥梁金属构件不小于 90 分者为合格，小于 90 分者为不合格。

评定为不合格的分项工程，经加固、补强或返工、调测，满足设计要求后，可以重新评定其质量等级，但计算分部工程评分值时按其复评分值的 90% 计算。

2）分部工程质量等级评定。所属各分项工程全部合格，则该分部工程评为合格；所属任意分项工程不合格，则该分部工程评为不合格。

3）单位工程质量等级评定。所属各分部工程全部合格，则该单位工程评为合格；所属任意分部工程不合格，则该单位工程评为不合格。

4）合同段和建设项目质量等级评定。合同段和建设项目所含单位工程全部合格，其工程质量等级评为合格；所属任意单位工程不合格，则合同段和建设项目评为不合格。

各种工程质量等级评定用表见《公路工程质量检验评定标准　第一册　土建工程》（JTG F80/1—2004）附录 J。

3. 工程质量监理程序与方法

（1）公路工程施工质量监理的程序　在开工之前，监理工程师应向施工单位提出适用于对所有工程项目进行质量控制的程序及说明，以供所有监理人员、施工单位的自检人员和施工人员共同遵循，使质量控制工作程序化。质量控制一般按以下程序进行：

1）开工报告的审批。在各单位工程、分部工程或分项工程开工之前，驻地监理工程师应要求施工单位提交开工报告并审批。工程开工报告应提出工程施工计划和施工方案；依据技术规范列明本项目工程的质量控制指标及检验频率和方法；说明材料、设备、劳动力及现场管理等项的准备情况，提出放样测量、标准试验、施工图等必要的基础资料。监理工程师在确定施工单位开工报告真实可靠，相关规定的各项开工准备工作均达到要求后，方可签发批准开工报告，签发开工令。

2）工序自检报告的审校。施工单位的自检人员按照专业监理工程师批准的工艺流程和提出的工序检查程序，在每道工序完工后首先进行自检，自检合格后，申报专业监理工程师进行检查认可。

3）工序检查认可。专业监理工程师应紧接施工单位的自检，对每道工序完工后进行检查验收并签字，对不合格的工序应指示施工单位进行缺陷修复或返工。前道工序未经检查认可，后道工序不得进行。

4）中间交工报告。当工程的单位、分部或分项工程完工后，施工单位的自检人员应再进行一次系统的自检，汇总各道工序的检查记录，以及测量和抽样试验结果，提出交工报告。自检资料不全的交工报告，专业监理工程师应拒绝签收。

5）中间交工证书。专业监理工程师应对按工程量清单的分项完工的单项工程进行一次系统的检查验收，必要时应作测量或抽样试验。检查合格后，提请高级驻地监理工程师签发《中间交工证书》，未经中间交工验收或检验不合格的工程，不得进行下项工程项目的施工。

6）中间计量。对填发了《中间交工证书》的工程，方可进行计量并由高级驻地监理工程师签发《中间计量表》。若完工项目的竣工资料不全，可暂时不计量支付。

（2）公路工程施工工序检查程序　各专业（结构、路基、路面、隧道等项目）监理工程师应在组成工程的各个单位、分部或分项工程开工之前，提出工序检查程序说明，以供现场旁站监理人员、施工单位的自检人员及施工人员共同遵循。工序检查应按以下原则提出：

1）应与合同图样和工程量清单的分项所含内容相一致。

2）应与技术规范及监理工程师批准采用的施工方法和工艺流程相协调。

3）应与国家或合同规定的验收标准、检验频率和检验方法相配合。

4）供需检查程序宜采用框图的形式表示，比较直观，并应与相应的检查记录、报表、证书等相配合。

（3）公路工程施工监理方法　在公路工程施工的各阶段中，质量监理有其各自不同的特点，监理工程师应按照合同文件赋予的权力，进行可行有效的监理工作，采用测量、试验、检验、观察、巡视、旁站等方法，使质量监理工作能有条理、有效地开展。下面重点介绍监理工作中的巡视、旁站、抽查工作的内容。

1）巡视。监理人员应重点巡视：正在施工的分项、分部工程是否已批准开工；现场检测、安全管理人员是否按规定到岗；现场使用的原材料或混合料，外购产品，施工机械设备及采用的施工方法与工艺是否与批准的一致：质量、安全及环保措施是否实施到位；试验检测仪器、设备是否按规定进行了校准；是否按规定进行了施工自检和工序交接。

监理人员每道工序的巡视不少于1次，并按要求做好巡视记录。

2）旁站。监理人员应对试验工程、重要隐蔽工程和完工后无法检测其质量或返工会造成较大损失的工程进行旁站。旁站的监理人员应重点对旁站项目的工艺过程进行监督，并按规范规定的内容进行检查，对发现的问题应责令施工单位立即改正；当可能危及工程质量、安全和环境时，应予制止，并及时向驻地监理工程师或总监理工程师报告。

旁站监理人员应按相关规范附录格式如实、准确、详细地做好旁站记录。

旁站项目完工后，监理工程师应组织检查验收，验收合格的方可进行下道工序。

3）抽检。监理工程师应按规定重点对施工过程中使用的水泥、钢材、沥青、石灰、粉煤灰、砂砾和碎石等主要原材料及各种混合料进行拍检，抽检频率应不低于施工单位自检频率的20%，其余材料应不低于10%；对已完工程实体质量的抽检频率应不低于施工单位自检频率的20%。

监理工程师对材料或工程的质量有怀疑时，应进行进一步的判定。

3.2 路基工程施工质量监理

3.2.1 概述

路基是公路的主要组成部分。路基工程线长量大，投资多，影响因素复杂，其工程质量直接影响着路面工程和道路建成后的服务水平。尤其是高等级公路，由于技术标准高，受地形、地质、重要地物的限制，高填或深挖的路基、特殊地质的路基、路基中的桥涵和通道增多，更容易产生路基沉降变形、桥头跳车等质量隐患。为保证路基的质量与道路使用效果，在路基施工中，严格监督工程材料的采用、施工工艺的实施，确保路基几何要素、整体稳定性、路基强度和水温度稳定性等符合技术规范和设计要求，使工程按进度计划，优质、按期实现预定目标。

路基施工质量监理基本要求：

1）监理工作应严格按路基施工规定的程序进行。

2）对路基工程所需的各种材料及沿线土质进行规定指标的试验检查，要求符合规范的要求，保证合格材料用于路基工程的施工。

3）路基施工过程中或完成后的质量抽样检查符合路基设计和规范要求，对发现的质量缺陷应及时予以排除，在缺陷未排除前不准进行下一道工序的施工。

4）路基施工方案和施工工艺符合规范要求。

5）路基施工过程中的各种试验、检测方法和精度等均应符合规范、合同的要求。

3.2.2 路基施工准备阶段监理

在路基施工准备阶段（即施工单位进场至正式签发开工通知书之前），监理工程师的工作重点是，根据合同各条款对施工单位开工之前的准备工作进行检查和审核。其主要工作内容如下。

1. 校核测量控制点、抽查测量放样并检查施工现场

监理工程师在校核施工单位的测量控制点前，应首先检查施工单位使用的测量仪器是否按规定进行了校准，然后再检查施工恢复定线测量及施工放样，最后审查其提交的测量放线数据、图表及放线成果是否满足要求，并决定是否予以批复。

（1）施工恢复定线测量及施工放样的校核检查程序

1）在合同规定时间内，监理工程师向施工单位书面提供原始基准点、基准线和基准高程。

2）施工单位根据监理工程师提供的书面数据，计算、复核，并确定施工中需要的人数和中线点、高程、位置、尺寸等数据，数据应准确无误，然后报监理工程师审批。

3）施工单位根据监理工程师批准后的定线数据进行准确放样。

4）施工单位经过准确放样后，提供给监理工程师放样数据及图表，报监理工程师审批。

5）驻地监理工程师检查批准后，施工单位方可按批准的段落进行开挖，未经监理工程师批准，施工单位不得对原地面作任何改变。

（2）校核检验项目

1）固定桩是否齐全和满足施工控制要求。

2）抽查中线偏差是否满足合同规定的精度要求。

3）水准点和加密导线点的设置是否合理，增设的临时水准点和加密导线的精度是否符合要求。

监理工程师对从基准点引出的工程控制桩进行复测，对施工放线的重点桩位100%复测，其他桩位不低于30%抽测。

2. 验收和审批料场材料

监理工程师及其助手，在路基填筑、路基防护及支挡工程所需的土、水泥、砂石等材料未运入工地前，应详细了解施工单位的材料供应情况，避免不符合要求的材料进入施工现场，造成工程质量事故。材料进入工地之前，可按下列步骤进行监控：

1）要求施工单位提供当地的或外购材料产地及出厂合格证书，以备监理工程师审查。必要时可在施工初期派人对这些厂家的生产工艺、设备等进行调查了解。按相关规定可要求施工单位对材料进行取样试验。在报监理工程师审查时，还应要求施工单位提供该材料场的开采机械、加工设备、成品率等资料，以确定是否采用该材料场的材料。

2）对一些商品构件，如管道、混凝土构件等，应要求施工单位提供生产厂家的试验报告，以备监理工程师审批。

3）材料进场后应作进一步的抽样检查，不合格的材料不得用于工程施工。

4）对合同段内，准备用做填方材料的挖方段或借方土料场，应对土质的液（塑）限值、塑性指数、颗粒含量、天然含水量、标准干密度及最佳含水量等指标进行测试，监理工程师应监控试验全过程，并要求施工单位提供试验结果报告。建立工地试验室还应进行必要的独立平行试验。当测试指标不符合合同规定的技术标准时，则该土质材料在采取改性措施前不得用于路基填方施工，改性措施应报监理工程师批准。

3. 检查施工单位的人员到位情况

监理工程师应检查施工单位向现场派驻的为实施和完成合同工程及其缺陷的修复所需要的下述人员是否到位：

1）按投标书附表中所报名单检查各类技术人员、质量检查人员和管理人员。未经监理工程师的批准，这些人员不应无故不到位或被替换；若确实无法到位，和需要变换，需经监理工程师的批准，用具有同等资质的人员替换。

2）检查其他满足合同工程施工需要的，且为本行业中的技术熟练、经验丰富的各类专业技术人员、质检人员、管理人员和有能力进行施工管理、指导作业的工长。

3）检查适应本工程需要的各类数量的技工和普通工。尽管施工单位已按投标书的附表中所列的数量派遣了上述各类人员，但若监理工程师认为这些人员仍不足以适应现场的需要，且不能保证工程质量时，监理工程师有权要求施工单位继续增派或雇用这类人员，并书面抄送施工单位和报建设单位。施工单位在接到书面通知之后，应立即执行监理工程师的上述指示，不得无故拖延。

4）监理工程师有权要求施工单位撤换由其派遣或雇用的那些工作不能胜任，或玩忽职守、工作不负责的人员，上述撤换的人员未经监理工程师的同意不得重新回到合同规定的工作中。

4. 检查和审批施工机械设备

对施工单位运入施工现场的土方施工机械设备进行全面的监控，并应按下面要求进行系统的检查和记录。

1）认真检查和记录进场机械的数量、型号、规格、生产能力、完好率等。

2）检查施工单位按合同文件投标书附表所填的内容与进场施工机械是否一致，并按时到达现场，不得拖延、短缺或任意变更，否则应按相关的规定视为施工单位违约。

3）仔细分析施工机械的配套使用是否满足施工要求。

4）应特别细致地检验施工单位直接用于网络计划中关键线路的工程机械的生产能力、效率、性能及周转情况是否满足施工要求。

5）施工单位应详细填写施工机械进场检验单，报监理工程师审批。

5. 检查施工单位的自检系统

工程开工前，监理工程师应进一步审校施工单位的自检系统，要求施工的每一道工序按监理工程师规定的程序提供自检报告和试验报表。监理工程师要检查施工单位的自检系统，检查内容主要包括施工单位的自检人员、试验人员和试验设备等是否准备齐全并符合规定的要求，是否能满足施工要求。

6. 审批施工方案及主要施工工艺

施工单位在接到中标通知书之日起，在合同专用条件规定的时间内应向监理工程师提交一份格式和细节符合监理工程师意见的分项、分部工程的施工方案及主要工艺，对技术复杂或采用新技术、新工艺、新材料和新设备的工程，应根据试验结果进行审批。如果监理工程师提出要求，施工单位还应以书面形式提交一份有关施工单位为完成工程而建议采取的施工安排和施工方法总说明，供监理工程师查阅。

7. 铺筑试验路段

（1）铺筑试验路段的目的

1）通过试验路段的施工，主要检验施工单位提出的施工方案和方法的适用性，了解施工单位的施工机械的实效。

2）检验和确认路基施工中各道工序的质量控制指标、保证质量的有效措施及质量检验的试验方法。

3）通过试验路段施工获得相关保证质量的技术参数。

4）获得施工组织的经验。

最终，以此试验路段的施工为全线（本合同段）路基土方工程施工提供技术和组织的依据。

（2）试验路段方案　监理工程师应认真审批施工单位提交的试验路段的施工方案（或施工组织设计）。施工方案的检查主要包括以下内容：

1）填方材料检验。

2）原地面处理的检查。

3）确定铺筑层厚（虚铺或实铺）与压实工艺，以及压实机具等的合理性、有效性、可操作性和可靠性。

4）其他特殊工艺要求的试验，如清淤换填、砂桩、砂垫层和堆载预压等，以及有基底隔离层，顶、侧面隔离层等施工要求的实施过程的检查。

（3）试验路段工作程序

1）施工单位应在合同、规范或监理程序规定的期限内，向监理工程师递交试验路段开工申请报告，详列试验路段方案及准备工作情况，供监理工程师审批。

2）施工单位应按监理工程师批准的试验路段方案，在现场确定试验场地，使用批准的施工机械和试用材料进行试验。

3）试验过程中，要详细记录下各种试验参数，经过分析，不断修正。试验必须进行到符合合同规定为止，同时，也应达到监理工程师和施工单位双方取得一致意见为止。

4）试验路段通过交工验收后，施工单位应提交试验路段总结报告，监理工程师批准后，即以此报告推荐的施工工艺作为指导全线（合同路段）路基土方的基本技术依据。监理工程师可下发据此编制的《路基工程施工指导意见》。

8. 签认路基工程开工报告

当监理工程师对施工单位施工前的准备工作条件进行了认真校核检查，认为均满足合同规定的开工条件，监理工程师应及时签认《路基工程总体开工报告》及《路基工程分项开工报告》。施工单位在监理工程师签发开工通知单后，应立即进行路基施工，并按规定工期完成工程。

9. 明确监理程序

监理工程师在路基开工前对施工单位进行各项检查的同时，应向施工单位明确监理程序，下发《监理工作大纲》、《监理实施细则》、工程的单元划分、资料用表和上报程序、《路基施工指导意见》及监理廉政建设制度等一系列监理工作文件。

3.2.3 路基施工阶段监理

1. 施工工序质量控制的监理

路基工程的分项工程在每道工序完工后，施工单位的自检人员应按照专业监理工程师批准的工艺流程和提出的工序进行自检，自检合格后，填写《路基现场质量检验报告单》，报送专业监理工程师检查。

专业监理工程师应监督施工单位的自检，或在施工单位自检的同时对每道完工的工序进行检查、验收、签认，对不合格的工序应指令施工单位进行缺陷修补或返工。前道工序未经检查认可，后道工序不得开工。

工序质量检查验收程序如图 3-1 所示。

2. 表土清理与压实的施工监理

路基填方施工前，原地面表层清理与压实的施工流程及监理工作内容如图 3-2 所示。

监理工程师在监控中应注意以下要点：

1）在路基施工范围内，对树根或树根的表层必须挖除，挖除深度由监理工程师现场确定，并将挖出的不带树根的表土搬运到由施工单位提供且监理工程师同意的储料场。

2）对含有地表水、淤泥、杂草、垃圾、腐殖土等的地基，应进行排除清理；对软土地基，则要进行特殊处理。

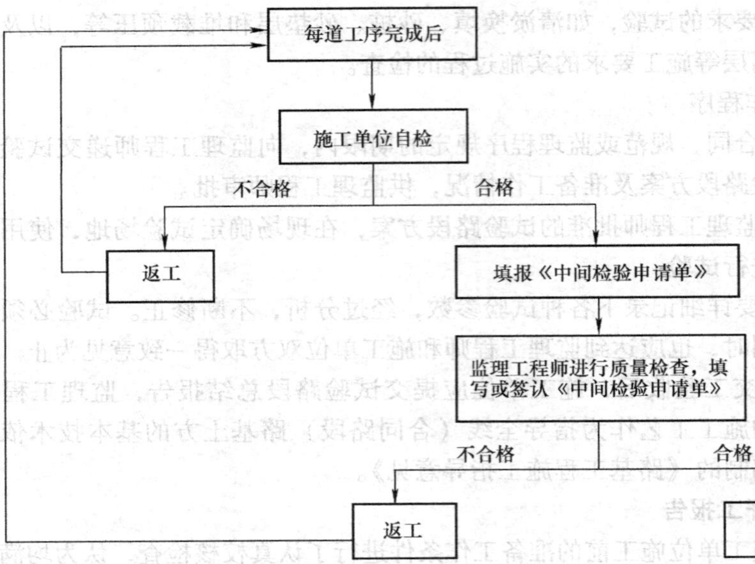

图 3-1　工序质量检查验收程序

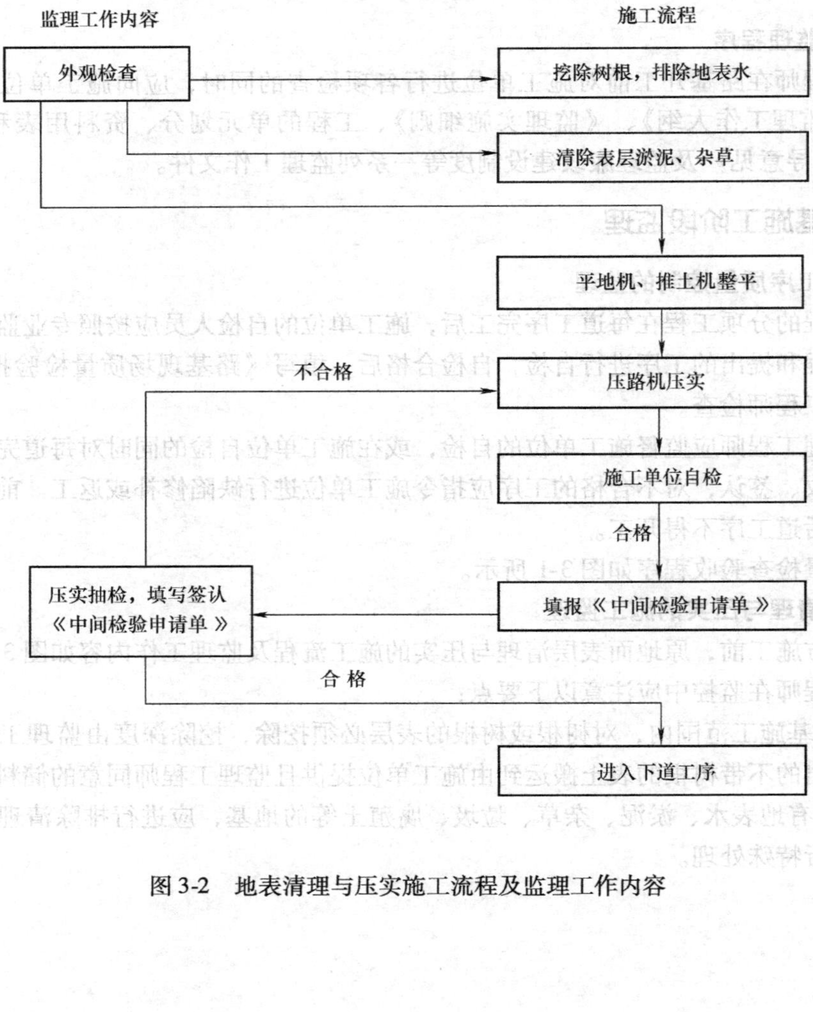

图 3-2　地表清理与压实施工流程及监理工作内容

3）为使路基土均匀压实，要求使用平地机或推土机将地面推平，平整度误差不超过5cm。旧路基平整或新铺地面，均要求进行碾压，并达到规定的压实度。

4）基底土密实，且地面横坡坡度不大于1∶5时，路堤可直接填筑在自然地面上；地面横坡坡度大于1∶5时，原地面应挖成台阶（台阶宽度不小于1m），并应使用小型夯实机夯实。

5）零填及挖方路基的压实，应符合表3-3的规定。对于土质较差的路段，换填超过30cm时，按90%的压实度标准执行。

表3-3　土质路堤压实度标准

填挖类型		路面底面计起的深度范围/cm	压实度（%）		
			高速、一级公路	二级公路	三、四级公路
路堤	上路床	0～30	≥96	≥95	≥94
	下路床	30～80	≥96	≥95	≥94
	上路堤	80～150	≥94	≥94	≥93
	下路堤	>150	≥92	≥92	≥90
零填及挖方路基		0～30	≥96	≥95	≥94
		30～80	≥96	≥95	—

3. 填方路堤的施工监理

（1）监理工作的基本规定与要求

1）土方路堤的填筑应选择合适的路基填筑材料，使用透水性不良的土填筑路堤时，应控制其含水量在最佳压实含水量±2%之内。

2）土方路堤必须根据设计断面，分层填筑、分层压实。采用机械压实时，分层的最大松铺厚度，应采用试验路段施工所得的技术参数，并符合规范要求。分层压实一般宜采用水平层填筑法施工。对原地面纵坡坡度大于12%的地段，可采用纵向分层法施工。地面横坡坡度较大时，原地面应挖成台阶（台阶宽度不小于1m），并用小型夯实机夯实。填筑应由最低一层台阶填起，并分层夯实，所有台阶填完之后，即可按一般填土进行施工。

3）路堤填土宽度每侧应大于填层设计宽度，压实宽度不得小于设计宽度，最后削坡。

4）若填方分几个作业阶段施工，两段不在同一时间填筑，则先填交界地段，并应按1∶1坡度分层留台阶。若两个地段同时填筑，则应分层相互交叠衔接，其搭接长度不得小于2m。

5）采用不同类型的土混合填筑路堤时，应注意以下几点：

①以透水性较小的土填筑路堤下层时，应做成坡度为4%的双向横坡，如用于填筑路堤上层时，除干旱地区外，不应覆盖在由透水性较好的土所填筑的路堤边坡上；

②不同性质的土应分别填筑，不得混填。每种填料层累计总厚度不宜小于0.5m；

③当现场挖坑的土不完全是合格的路基填料时，可掺加石灰或其他材料改良后再用做填料；

④土方路堤施工的质量标准，见表3-3。

6）桥涵及其他构造物处的填筑。

①回填土工作必须在隐蔽工程验收合格且桥涵圬工的强度满足规范要求后进行；

②选择透水性良好的土做填料。当采用透水性良好的土时，应该在土中增加外掺剂如石灰，水泥等；

③注意桥涵填土的范围满足规范要求，桥台背后填土宜与堆坡填土同时进行；

④回填土应分层填筑并严格控制含水量，注意分层松铺厚度和适当的压实方法满足规范要求。

7）填石路堤。

①填石路堤的基底处理同填土路堤。

②填石路堤的石料强度不应小于15MPa（用于护坡的不小于20MPa），填石路堤石料最大粒径不宜超过层厚的2/3，填石路堤的压实度检验应符合规范规定的要求。

③注意分层填筑，分层压实。分层松铺厚度应满足规范要求，人工铺填粒径25cm以上石料时应注意铺筑方法。

④当石块级配较差、粒径较大、填层较厚、石块间隙较大时，可于每层表面的空隙里扫入石渣、石屑、中粗砂，再以压力水将砂冲入下部，反复数次，使间隙填满。

⑤填石路堤的填料如其岩性相差较大，则应将不同岩性的填料分层或分段填筑。

⑥用强风化石料或软质岩石填筑路堤时，应按土质路堤施工规定先检验其CBR值（加州承载比）是否符合要求，CBR值不符合要求时不得使用，符合使用要求时应按土质筑堤的技术要求施工。

8）土石路堤。

①土石路堤的基底处理同填石路堤。

②天然土石混合材料中所含石料强度大于20MPa时，石块的最大粒径不得超过压实层层厚的2/3，超过的应清除。当所含石料为软质岩（强度小于15MPa）时，石料最大粒径不得超过压实层厚，超过应打碎。

③土石路堤不得采用倾填方法，均应分层填筑、分层压实。每层铺实厚度应根据压实机械类型和规格确定，不宜超过40cm。

④压实后渗水性差异较大的土石混合填料应分层或分段填筑，不宜纵向分幅填筑。

⑤当土石混合料来自不同路段，其岩性或土石混合比相差较大时，应分层或分段填筑。

⑥土石混合填料时，应根据石料含量确定铺筑顺序。

⑦高速公路及一级公路土石路堤的路床顶面以下30～50cm范围内应填筑符合路床要求的土并分层压实，填料最大粒径不大于10cm。其他公路填筑砂类土厚度应为30cm，最大粒径不大于15cm。

（2）路基压实质量监理　监理工程师对路基的压实质量控制要点：

1）路基压实标准。衡量路基压实的程度，常用压实度表示，即工地实际达到的干密度与室内标准击实试验所得的最大干密度的百分比。由于路基所受的荷载应力随深度迅速减少，因此，路基的压实度应严格执行表3-3的规定。

2）压实质量的控制与检查。为了控制好路基的压实质量，首先要充分考虑影响压实的各种因素，然后根据现场实际情况采取各种技术措施，充分发挥现场压实机械的工作效率，使所施工的路基达到压实标准的要求。在路基施工过程中进行压实质量监理时，应注意以下六点：

①对确定不同种类填土的最大干密度和最佳含水量的试验进行检校。在路基填筑施工之前，必须对主要取土场采取代表性土样，进行土工试验，用规定方法求得各个土场土样的最大干密度和最佳含水量，以便指导路基的压实工作。一般规定每一料源试验 1 次，施工中每 3000m^3 试验 2 次。另外，发现土质变化，随时试验。

②检查控制填土含水量。由于含水量是影响路基压实效果的主要因素，故须经常检测欲填入路基中土的含水量。当含水量接近最佳含水量时，填筑碾压的质量才有保证；填土含水量过大时，应将土推开晾晒至需要的含水量时再碾压。

③分层填筑、分层碾压情况检查。每层填土厚度大小也是影响压实效果的重要因素。填土层厚度大时，其深部不能获得要求的密实度。一般认为，对于细粒土，用 12～15t 振动压路机（包括激振力）碾压，压实厚度不超过 20cm；用 22～25t 振动压路机（包括激振力）碾压，压实厚度不超过 50cm。一般每层填土的厚度应依据试验路段的结果而定。

④全宽填筑、全宽碾压方法的检查。填筑路基时，应从基底开始在路基全宽范围内分层向上填土和碾压，尤其是路堤边坡部分，必须从下至上予以充分压实，碾压应采用“先轻后重，先边后中，先快后慢”的原则，且轮迹搭接的宽度应符合要求，确保压实均匀。

⑤加强压实度检查。填筑路基时，应分层碾压、分层检查压实度，并要求每一层压实度达到要求后方能允许填筑上一层填土。只有分层控制填土的压实度，才能保证全深度范围的路基压实质量。

⑥现场压实质量的评定。现场压实度检验，以一个工班完成的路段压实层为一个检验单元。《公路工程质量检验评定标准　第一册　土建工程》（JTG F80/1—2004）规定，路基压实度以每 200cm 每压实层检测 4 处（密度法）。

3）土方铺筑压实施工流程及监理工作内容如图 3-3 所示。

4. 挖方路堑的施工监理

（1）监理工作的基本规定和要求

1）挖方路基施工前应复查施工组织设计，核实（或编制）调整土方调运表，并检查施工现场是否按规范要求进行清理。

2）开挖前应对沿线土质进行土工检测试验。

3）检查路堑的排水设施。

①在路堑开挖前做好截水沟，并视土质情况做好防渗工作。土方施工期间应修建临时排水设施。

②临时排水设施应与永久性排水设施结合，流水不得排入农田、耕地，污染自然水源，也不得引起淤积和冲刷。

4）根据施工组织设计，检查各种必要的施工机械到位情况。

（2）土方开挖监理工作要点

1）土方开挖应遵照下列要求：

①已开挖的适用于种植草皮和其他用途的表土，应储存于指定地点。

②根据土工试验结果，对开挖的适用材料，应用于路基填筑，各类材料不应混杂。不适用的材料应按弃土的有关规定办理。

③土方开挖不论工程量和开挖深度大小，均应自上而下进行，不得乱挖超挖。严禁掏洞取土。在不影响边坡稳定的情况下采用爆破施工时，应经过设计审批。

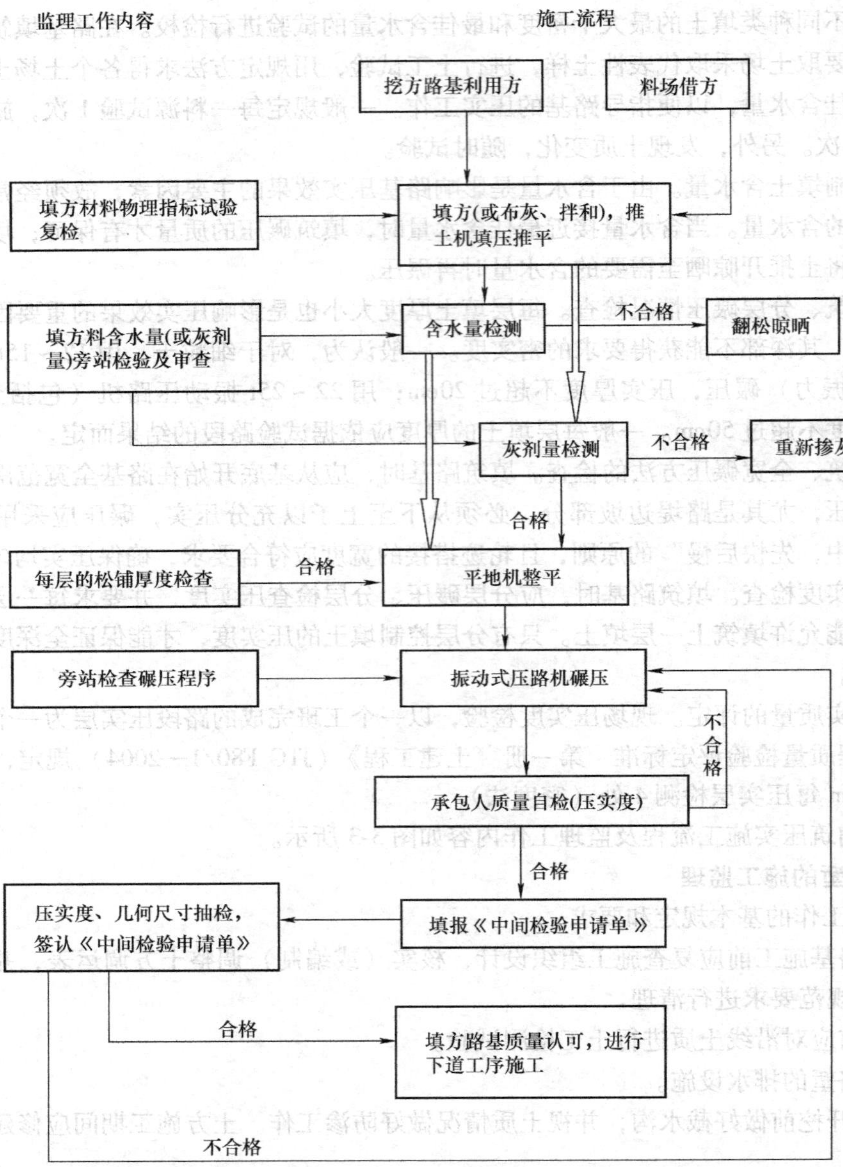

图 3-3　土方铺筑压实施工流程及监理工作内容

④路堑开挖中，当遇土质变化需修改施工方案，即改变边坡坡度时，应及时报批。

2）因受冬期或雨期影响，当挖出的土方不能及时用于填筑路堤时，应按季节性施工的有关规定办理。

3）若路堑路床的表层下为有机土、CBR 值小于规范规定的土或不宜做路床的土，均应清除换填符合要求的土。

4）路基开挖如遇特殊土质，应按特殊地区施工的有关规定办理。

5）挖方路基施工高程，应考虑压实后的下沉量，其值应由试验确定。

6）土方路堑开挖，根据路堑深度和纵向长度，可采用横挖法、纵挖法或混合式开挖法进行。

7）边沟或截水沟的开挖应符合位置、断面尺寸及有关要求，应严格按照设计图的规定施工。

8）路堑施工遇到地下水时，应及时做好排水工作。当路堑路床顶部以下位于含水量较多的土层时，应换填透水性良好的材料，换填深度应满足设计要求，并整平凹槽地底面，设置渗沟，将地下水引出路外，再分层回填压实。

9）及时按有关规定处理弃土，并满足规范和施工要求。

（3）石方开挖监理工作要点

1）开挖石方时，应根据岩石的类别、风化程度和节理发育程度等确定开挖方式。对于软石和强风化岩石，能用机械直接开挖的石方均应采用机械开挖。凡不能使用机械或人工直接开挖的石方，则应采用爆破法开挖。

2）石方需用爆破法开挖的路段，应预先调查空中缆线、地下管线和施工区边界处建筑物的情况。任何爆破方案的制订，必须确保空中缆线、地下管线和施工区边界处建筑物的安全。

3）石方爆破作业时，必须由经过专业培训并取得爆破证书的专业人员实施爆破。

4）根据确定的爆破方案，进行炮位、炮孔深度和用药量设计，其设计图和资料应报送有关部门审批。

5）根据设计的炮位和孔深打眼，当工程量小、工期允许时，可采用人工打眼；当工程量较大时，宜采用机械钻孔。钻孔机械可采用风钻或潜孔钻。

6）开挖石方应按爆破法程序进行。

7）公路石方开挖，应充分重视挖方边坡稳定，宜选用中小炮爆破；开挖风化较严重、节理发育或岩层产状对边坡稳定不利的石方，应用小型排炮微差爆破，小型排炮药室距设计边坡线的水平距离，不应小于炮孔间距的1/2。

8）当岩层走向与线路走向基本一致，倾角大于15°，且倾向公路或开挖边界线外有建筑物，实施爆破可能对建筑物地基造成影响时，应在开挖层边界，沿设计坡面打预裂孔，孔深同炮孔深度，孔内不装炸药和其他爆破料，孔的距离不宜大于炮孔纵向间距的1/2。

9）开挖层边坡的两列炮孔，特别是靠顺层边坡的一列炮孔，宜采用减弱松动爆破。

10）开挖边坡外有必须保证安全的重要建筑物，即使采用减弱松动爆破都无法保证建筑物安全时，可采用人工开凿、化学爆破或控制爆破。

11）在石方开挖区应注意施工排水，在纵向和横向形成坡面开挖面，其坡度应满足排水要求，以确保爆破出的石料不受积水浸泡。

12）根据具体情况选择合适的爆破方法，并做好充分的爆破前准备工作。

13）尤其应注意炮眼位置的选择和炮眼深度、间距及各种爆破法的用药量的计算。

14）重视安全措施。

（4）挖方路基施工质量监理程序　挖方路基施工应特别注意开挖方式和弃方处理。挖方路基施工流程及监理工作内容如图3-4所示。

5. 路基排水工程的施工监理

（1）监理工作的基本规定和要求

1）路基施工中应保证路基经常处于干燥、坚固和稳定状态。

2）监理进场后应校核全线排水系统的设计是否完备和妥善，必要时由施工单位申报设计变更，予以补充和修改，使全线的沟渠、管道、桥涵构成完整的排水体系。

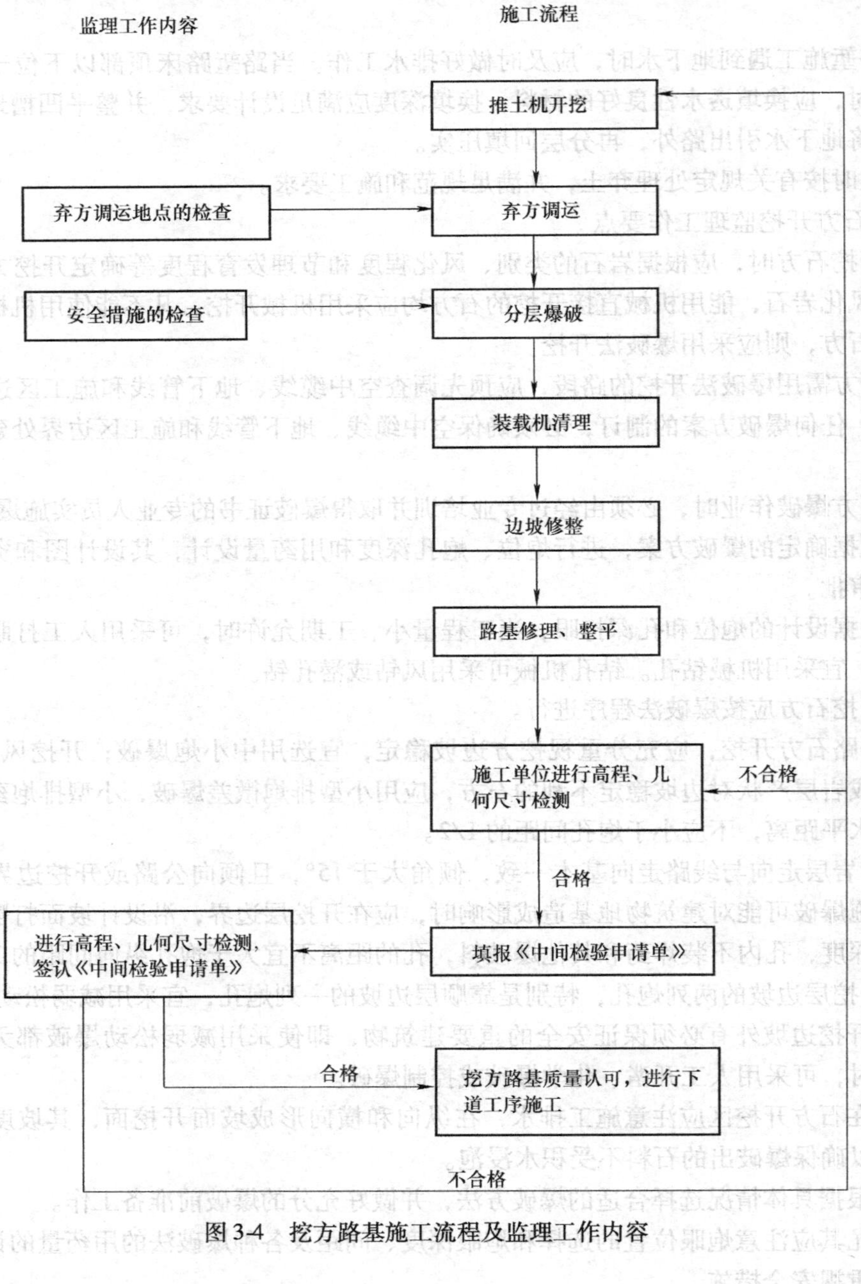

图3-4 挖方路基施工流程及监理工作内容

3）路基施工中，必须按设计要求，首先做好排水工程及施工场地附近的临时排水设施，然后再做主体工程。在无条件时，排水工程可与路基同步施工，并使其随施工进度逐步成型。临时性排水设施应尽量与永久性排水设施结合起来。

4）排水设施的进出水口，应视当地土质、水文、地形条件及筑路材料等情况，适当加固。

5）各类排水设施的位置，断面形状、尺寸，坡度，高程及使用材料应符合设计图的要求。

6）路基排水设施的施工质量应符合规范要求。施工时及时维修和清理各类排水设施，使其保持完好状态及水流畅通，不产生冲刷和淤塞。

（2）地面排水的监理要点

1）边沟施工应注意边沟的纵坡平顺，坡度不宜太大或太小，深度适当，另外根据施工现场情况对边沟进行加固。

2）截水沟的施工应注意截水沟的位置符合规范要求；截水沟的出水口必须与其他排水设施平顺衔接；为防止水流下渗和冲刷，截水沟应进行严密的防渗和加固。

3）排水沟应注意线形平顺，并尽可能采用直线形；转弯处曲线半径不宜小于10m；长度根据实际需要而定，通常不宜超过500m；排水沟离路基尽可能远一些，距路基坡脚不宜小于4m。

4）跌水与急流槽必须采用浆砌圬工结构施工；跌水的台阶高度可根据地形、地质等条件决定；急流槽的纵坡坡度不宜超过1:1.5，同时应与天然地面坡度相配合；当急流槽很长时，应分段砌筑，每段不宜超过10m，接头用防水材料填塞，确保密实无空隙。

（3）地下排水的监理要点

1）排水沟可兼排地表水；在寒冷地区不宜用于排出地下水。

2）排水沟和暗沟沟底应根据地下水水位的高低布置；排水沟或暗沟采用混凝土浇筑或用浆砌片石砌筑时，应设置渗水孔、伸缩缝或沉降缝，其施工应符合规范要求。

3）渗沟有填石渗沟、管式渗沟和洞式渗沟三种形式，三种渗沟均应设置排水层、反滤层和封闭层。

4）当路基附近的地面水和浅层地下水无法排出，影响路基稳定时，可设置渗井，使地面水或地下水经渗井通过不透水层的钻孔流入下层透水层排除。

5）渗池与暗管适用于一般寒冷地区和严寒地区，应埋设于当地冰冻线以下的土层中。

6）在承压地下水或地下水很多的地方修筑路基时可用土工织物在原地面与路基交界处设排水隔离层，也可以在路基内部设排水隔离层，把地下水引入边沟，把从路面渗透来的水隔离。注意土工织物的抗拉强度、厚度等符合规范要求。

7）特殊气候地区积水的排除应符合下列规定：

①埋深较浅的积水，可采用渗沟、排水渗井及砂桩等方法排除。深层积水如对路基造成危害，可采用深埋（深度大于60m）渗沟排除。

②砂桩由钻孔填砂而成，其直径一般为15~20cm，砂桩深度必须穿过不透水层，深达透水层，在寒冷地区砂桩底部应在冰冻线以下30cm。砂桩平面应按梅花形进行平面布置，其间距为0.5~2.0m。

（4）路基其他排水形式的监理要点

1）高速公路和一级公路路面汇水面积大，特别是在弯道段，降雨时中央分隔带附近积水较多，路基施工应严格按设计要求进行，认真做好这一部分临时或永久性的排水沟渠管线，确保水流迅速排出路基。

2）立交区和下穿通道是雨期容易积水成塘和冬期容易形成冰湖的两个区域，对路基的强度和稳定性影响较大，排除地面水和地下水的各种设施要严格按设计位置、高程和断面尺寸认真施工，同时应按设计规定设置集水井，在雨期宜采用集中抽水的措施。

3）高速公路和一级公路宜在紧贴路肩部分设立拦水缘石，在适当长度内设置簸箕配合急流槽将路表水排出路基。当边坡有加固设施，或者该地区年降雨量小且无暴雨径流产生时，在确保边坡稳定的情况下，也可以让路面水排出路基。

4）高速公路、一级公路的填方路基坡脚处，宜设置坡脚排水沟，排水沟距路基坡脚不宜小于2m。

3.3 路面工程施工质量监理

路面是用各种筑路材料铺筑在路基上供车辆行驶的层状构造物。路面不仅直接承受车辆荷载的作用，而且要经受自然因素（日光、温度、水等）和其他的人为因素的作用。路面由行车道、硬路肩、土路肩、路缘石及中央分隔带组成。路面结构自上而下可分为面层、基层、垫层，在面层下还设有连接层。根据路面的使用品质、材料组成类型，以及结构强度和稳定性的不同，可将路面分为高级、次高级、中级和低级四个等级。根据路面力学特征，一般把路面分为柔性路面与刚性路面两种类型。不论哪种层次、哪种等级的路面都要首先把好材料关并进行好试验段的施工。

（1）选用合适的路面材料

1）土。按土中单个颗粒的粒径大小和组成，可将土分为细粒土、中粒土和粗粒土三种。细粒土指的是最大粒径小于9.5mm，且中粒径小于2.36mm的颗粒的含量不小于90%（质量分数）的土。中粒土指的是最大粒径小于26.5mm，且中粒径小于19mm的颗粒的含量小于90%（质量分数）的土。粗粒土指的是最大粒径小于37.5mm，且其中粒径小于31.5mm的颗粒的含量不小于90%（质量分数）的土。

碎石由岩石或砾石压碎而成。路面中使用的碎石应洁净、干燥，并具有足够的强度和耐磨耗性；其颗粒形状应具有棱角（接近立方体），不得含有软质岩石和其他杂质。

路面工程中使用的砾石应坚硬、耐久，其有机质、黏土块和其他有害物质的含量应符合有关规范的规定。

路面工程使用的砂应该洁净、坚硬、干燥、无风化、无杂质，符合级配规定，其泥土物含量小于3%（质量分数）。

石屑系机械压碎而成。路面工程中使用的石屑应坚硬、坚硬、干燥、无风化、无杂质，并具有适当的级配。

2）水。路面施工中使用的水应洁净、不含有杂质；来自可疑水源的水应按照《公路工程水质分析操作规程》（JTJ 056—1984）的要求进行试验，未经监理工程师批准的水源不能使用。

3）水泥。水泥根据路用要求可采用道路硅酸盐水泥、普通硅酸盐水泥、矿渣硅酸盐R型水泥和普通水泥（但不得使用快硬性水泥、早强水泥，以及已经受潮变质的水泥），宜采用强度等级不低于23.5级的水泥。采用其他水泥应报监理工程师批准。

4）石灰。用于高速公路和一级公路的石灰，宜为磨细生石灰粉，其在应用于工程之前7d，应充分消解成能过10mm筛孔的粉状，并尽快使用。石灰的存放地点应设置能通风避雨的棚，并在用于工程之前按现行《公路工程无机结合料稳定材料试验规程》（JTG E51—

2009）进行试验，不符合上述要求时，监理工程师有权拒绝使用，所发生的费用，由承包商自负。

5）粉煤灰。路面工程中使用的粉煤灰中 SiO_2 和 Fe_2O_3 的总含量应大于70%（质量分数），粉煤灰的烧失量不应超过20%（质量分数），粉煤灰比面积宜大于2500cm^2/g（或90%（体积分数）能通过0.3mm筛孔，70%（体积分数）能通过0.075mm筛孔）。

在路面工程中，干粉煤灰和湿粉煤灰都能用。干粉煤灰如堆在工地上，应加水以防止飞扬造成污染。湿粉煤灰的含水量不宜超过35%（质量分数）。

使用时，应将凝固的粉煤灰块打碎过筛，同时清除有害杂质。

6）沥青。路面工程中使用的沥青材料包括道路石油沥青、液体石油沥青、乳化沥青和改性沥青等，沥青质量应符合《公路沥青路面施工技术规范》（JTG F40—2004）的要求。每一批沥青材料都应该有厂家技术标准、试验分析说明书，并提交监理工程师审核。

（2）认真做好路面试验段　承包商在各结构层施工前应铺筑长度为100～200m的试验路段（用滑模法摊铺水泥混凝土路面的试验路段，长度应不小于200m）。在试验路段开始铺筑至少14d之前，承包商应提出铺筑试验路段的施工方案并报送总监理工程师审核和驻地监理工程师审批。施工方案内容包括相关试验人员、机械设备、施工工序和施工工艺等详细说明。试验路面铺筑的目的是为了验证混合料的质量和稳定性，检验承包商提供的机械能否满足备料、运输、摊平、拌和压实的要求，检验其施工组织、施工工艺的合理性和适用性。试验路段铺筑确认的压实方法、压实机械类型、工序、压实系数、碾压遍数、压实厚度和最佳含水量等均作为后续施工现场质量控制的依据。此项试验应在监理工程师监督下进行，如果路段经监理工程师批准验收，可作为永久工程的一部分，按合同规定的项目计量支付。否则，应移出重做试验，费用由承包商自负。

3.3.1　基层（底基层）施工质量监理

1. 基层（底基层）施工前的注意事项

1）施工机械设备，主要指摊铺设备、压实机械及其他机械设备的数量、型号、生产能力等应满足施工要求。

2）混合料拌和场的位置、拌和设备，以及运输车辆应满足质量要求及连续施工的要求。

3）检查渣土、粗细集料、结合料等各种原料，要求其满足《公路路面基层施工技术规范》（JTJ 034—2000）的要求。

4）检查混合料配合比设计试验报告，检查原材料试验及混合料的击实、承载比和抗压强度试验的结果。

5）试验路段施工与总结报告。

6）签发《路面基层和底基层开工通知单》。

2. 石灰稳定土（粒料）和水泥稳定土（粒料）基层（底基层）施工

（1）材料的选择　石灰稳定土（粒料）、水泥稳定土（粒料）的材料除满足有关土、水、水泥、石灰、粉煤灰等材料的要求以外，还应满足如下要求：

1）石灰稳定土（粒料）。适宜用石灰稳定的土可以为细粒土、中粒土、粗粒土，以及级配碎石、未筛分碎石、砂砾、碎石土、砂砾土、煤矸石和各种粒状矿渣等集料，用于石灰稳定土时，颗粒的最大粒径不应大于37.5mm。

石灰稳定土是塑性指数为15～20的黏性土，以及含有一定数量黏性土的中粒土和粗粒土；不含黏性土或无塑性指数的级配砂砾、级配碎石和未筛分碎石，应掺加15%（体积分数）左右的黏性土（土粒的最大粒径应小于15mm）。

石灰稳定土（粒料）中碎石或砾石的压碎值对高速公路和一级路应不小于35%，对其他公路应不小于40%。

硫酸盐含量超过0.8%（质量分数）的土和有机质含量超过10%（质量分数）的土，不宜用做石灰稳定土。

2）水泥稳定土（粒料）。适宜用水泥稳定的土包括级配碎石、未筛分碎石、砾石、碎石土、砂砾土等。其中水泥稳定土用做基底层时，其最大粒径对高速公路和二级公路不应超过37.5mm，对其他公路不应超过35mm；用做基层时，其最大粒径对高速公路和一级公路不应超过31.5mm，对其他公路不应超过37.5mm。

水泥稳定土（粒料）中碎石或砾石的压碎值，对高速公路和一级公路的基层不应大于30%，对其他公路的基层不应大于35%；对底基层、高速公路和一级公路不应大于30%，其他公路不应大于40%。

有机质含量超过25%（质量分数）的土，不宜用做水泥稳定土（粒料）。

硫酸盐含量超过0.25%（质量分数）的土，不宜用做水泥稳定土（粒料）。

（2）石灰稳定土（粒料）、水泥稳定土（粒料）施工的一般要求

1）石灰稳定土（粒料）、水泥稳定土（粒料）的质量应符合《公路路面基层施工技术规范》（JTJ 034—2000）的有关规定。

2）水泥稳定土（粒料）、碎石稳定土（粒料）施工时的气温不低于5℃，并应在第一次重冰冻（3～5℃）到来之前一个月完成。降雨时不应进行石灰稳定土施工，一般情况下，使用这种材料的工程不宜安排在雨期施工。

3）水泥稳定土（粒料）、石灰稳定土（粒料）施工的压实厚度，每层不应小于100mm，也不应超过200mm，并采用先轻型后重型压路机碾压。

4）水泥稳定土（粒料）、石灰稳定土（粒料）施工时，应采用集中厂拌法拌制混合料，或采用专用的稳定土拌和机进行路拌法施工，用摊铺机进行摊铺。采用其他拌和方法应取得监理工程师的批准。

5）在铺筑上层前应将下层表面拉毛，并洒水湿润。

（3）现场拌和（路拌） 承包商可选择能满足现场拌和的施工设备，并使其始终处于良好的工作状态，经监理工程师同意，采用现场拌和法施工。现场拌和前应将下层表面杂物清除干净。对所有备土应将超尺寸颗粒筛除，经摊铺、洒水闷料后整平，用6～8t两轮压路机碾压1～2遍，使其表面平整。此后将石灰浆均匀地摊铺在整平的表面上，即可采用稳定土拌和机拌和。拌和过程中应及时检查含水量，使其等于或略大于最佳值，同时使其与石灰充拌和均匀，不得留有“素土”夹层。

（4）集中拌和（厂拌）

1）采用集中拌和（厂拌）方法可减少石灰（水泥）的损失和其对环境的污染，并能保证拌和质量。集中拌和的设备及设备位置应在拌和以前提交监理工程师并取得批准。

2）当进行拌和操作时，稳定料应充分拌和均匀，拌和设备应为抽取试样提供方便。

拌和时应根据原材料和混合料的含水量，及时调整加水量。拌和好的混合材料要尽快摊铺。

3）运输混合料的车应装载均匀，在已完成的铺筑层整个表面通过时，速度宜缓慢，以减少不均匀碾压或车辙的产生。当集中拌和地点离摊铺现场较远时，在运输中应对混合料进行覆盖以防水分蒸发。

4）必须采用监理工程师批准的机械进行摊铺，并使混合料按要求的松铺厚度，均匀地摊铺在要求的宽度上。摊铺时混合料的含水量（质量分数）以高于最佳含水量1%～2%（水泥石灰稳定土含水量宜高于最佳含水量0.5%～1%），以补偿摊铺及碾压过程中的水分损失。

5）施工中应尽量避免纵向接缝，如必须分两幅施工时，宜采用两台摊铺机前后相隔8～10m同步向前摊铺，一起进行碾压。纵向接缝必须平行于中线。

（5）压实

1）现场拌和（路拌）整形合格后，或摊铺机摊铺的混合料应立即按试验路段的施工工艺、压实速度和变速要求进行压实，并连续碾压以达到规定的压实度。

2）一个路段完成之后应按规定作密实度检查，如果未达到规定的要求，承包商应重新进行碾压直至合格。

3）现场拌和（路拌）时，两工作段的细接处应进行搭接拌和，前一段拌和后留5～8m，不进行碾压，后一段施工时将前一段未碾压部分一起再进行拌和，并与后一段一起进行碾压。

4）集中拌和（厂拌）法的工作接缝，应在碾压段末端压成斜坡，接缝时将此工作缝切成垂直于路面及路中心线的横向断面，再进行下一施工段的摊铺及碾压。

5）施工机械严禁在已压成的层上“调头”，如必须在其上进行时，应采取保护措施。

（6）养护

1）碾压完成后，必须立即进行保湿养护。养护时不应使稳定土表面干燥，也不应过分湿润或时干时湿。

2）养护期应不少于7d。养护可采用洒水、覆盖砂或低黏性土，或采用不透水薄膜和沥青膜覆盖等方法。

3）施工路段养护期内除洒水车外，不得通行其他车辆。路段不能封闭时，经监理工程师批准通行的车辆，应限制车速不得超过30km/h。

（7）取样和试验　施工现场应每天或每施工2000m^{2}取样一次，进行混合料的含水量、石灰含水量和无侧限抗压强度试验；在已完成的下承层必须进行压实度试验，每一作业段或不超过2000m^{2}应检查6次。在水泥稳定基层的龄期达7～10d时，应能取出完整的钻件，所有试验结果，均应报监理工程师审批；所发生的一切费用，由承包商自负。

（8）质量检验　石灰稳定土（粒料）、水泥稳定土（粒料）施工中集料应符合图样和规定要求；石灰或水泥用量应控制准确；混合料应拌和均匀，无粗细颗粒离析现象。同时应对其碾压，使其达到要求的压实度，养护符合规范要求。完工后其表面应平整密实、无坑凹，并且接茬也应平整。石灰稳定土（粒料）基层、底基层检查项目见表3-4；水泥稳定土（粒料）基层、底基层检查项目见表3-5。

表 3-4　石灰稳定土（粒料）基层、底基层检查项目

序号	检查项目		规定值或允许偏差				检查方法和频率
			基层		底基层		
			高速公路、一级公路	其他公路	高速公路、一级公路	其他公路	
1	压实度（%）	代表值	—	95(97)	95(96)	93(95)	每200m 每车道 2 处
		极值	—	91(93)	91(92)	89(91)	
2	平整度/mm		—	12	12	15	3m 直尺：每 200m 测 2 处×10 尺
3	纵断高程/mm		—	-15~5	-15~5	-20~5	水准仪：每 200mm 测 4 处
4	宽度/mm		符合设计要求		符合设计要求		尺量：每 200m 测 4 处
5	厚度/mm	代表值		10	10	12	按《公路工程质量检验评定标准 第一册　土建工程》（JTG F80/1—2004）附录 H 检查，每 200m 每车道 1 处
		极值	—	-20	-25	-30	
6	横坡坡度（%）		—	±0.5	±0.3	±0.5	水准仪：每 200m 测 4 个断面
7	强度/MP		符合图样要求		符合图样要求		按《公路工程质量检验评定标准 第一册　土建工程》（JTG F80/1—2004）附录 G 检查

注：表中括号外数字为石灰稳定土的规定值或允许偏差值，括号内为石灰稳定粒料的规定值或允许偏差，没有括号不得二者共用。

表 3-5　水泥稳定土（粒料）基层、底基层检查项目

序号	检查项目		规定值或允许偏差				检查方法和频率
			基层		底基层		
			高速公路、一级公路	其他公路	高速公路、一级公路	其他公路	
1	压实度（%）	代表值	(98)	59	95	93	每200m 每车道 2 处
		极值	(94)	91	91	89	
2	平整度/mm		(8)	12	12	15	3m 直尺：每 200m 测 2 处×10 尺
3	纵断高度/mm		(-15～+5)	-15～+5	-15～+5	-20～+5	水准仪：每 200m 测 4 个断面
4	宽度/mm		符合设计要求		符合设计要求		尺量：每 200m 测 4 处
5	厚度/mm	代表值	(-8)	-10	-10	-12	按《公路工程质量检验评定标准 第一册　土建工程》（JTG F80/1—2004）附录 H 检查，每 200m 每车道 1 处
		极值	(-15)	-20	-25	-30	
6	横坡坡度（%）		(±0.3)	±0.5	±0.3	±0.5	水准仪：每 200m 测 4 个断面
7	强度/MPa		符合图样要求		符合图样要求		按《公路工程质量检验评定标准 第一册　土建工程》（JTG F80/1—2004）附录 G 检查

注：表中括号内数字为水泥稳定粒料的规定值或允许偏差，高速公路与一级公路不允许采用水泥稳定土做基层；表中未加括号的数字为二者共用的规定值或允许偏差。

3. 石灰粉煤灰稳定土基层（底基层）施工

（1）材料的选择　石灰粉煤灰稳定土的材料除满足前述要求外，还应满足如下要求：

1）宜采用塑性指数为12～20的黏性土（亚黏性土），土中土块的最大尺寸不应大于15mm。

2）有机质含量超过10%（质量分数）的土不宜选用。

3）对石灰粉煤灰稳定土的颗粒组成要求分别如下：

①用于高速公路和一级公路的石灰粉煤灰稳定土：石灰粉煤灰稳定土用做底基层时，土中碎石、砾石颗粒的最大粒径不应超过37.5mm。各种细粒土、中粒土和粗粒土都可用石灰粉煤灰稳定后作为底基层；石灰粉煤灰稳定土用做基层时，石灰粉煤灰应占15%（质量分数），最多不超过20%，石料颗粒的最大粒径不应超过31.5mm，其颗粒组成应符合《公路路面基层施工技术规范》（JTJ 034—2000）的有关要求，粒径小于0.075mm的颗粒含量宜接近于0。

②用于其他公路的石灰粉煤灰稳定土：石灰粉煤灰稳定土用做底基层时，石料颗粒的最大粒径不应超过53mm；石灰粉煤灰稳定土用做基层时，石料颗粒的最大粒径不应大于37.5mm。

4）基层碎石或砾石的压碎值，对高速公路和一级公路不应大于30%，对其他公路不应大于35%；底基层碎石或砾石的压碎值，对高速公路和一级公路不应大于35%，对其他公路不应大于40%。

（2）石灰粉煤灰稳定土施工的一般要求

1）石灰粉煤灰稳定土底基层或基层的最低施工温度为5℃，并应在第一次重冰冻到来之前一个月完成。雨期施工应采取措施，避免石灰、粉煤灰和细粒土遭雨淋。

2）承包商应为现场操作人员提供防护用品。

3）混合料压实，用12～15t三轮压路机碾压时，每层的压实厚度不应超过150mm；用18～20t三轮压路机碾压时，每层的压实厚度不宜超过200mm；采用能量大的振动压路机碾压时，每层的压实厚度可以根据试验适当增加。压实厚度超过上述规定时，应分层铺筑，每层最小压实厚度为100mm（下层宜稍厚）。对于石灰土工业废渣稳定土，应采用先轻型、后重型压路机碾压。

4）除底基层的下层可以采用拌和（路拌）法施工外，其他的各个稳定土层必须采用集中拌和（厂拌）法拌制混合料，并采用摊铺机摊铺拌合料。

5）必须保湿养护，不使石灰粉煤灰层表面干燥。

（3）石灰粉煤灰稳定土的集中拌和（厂拌）及摊铺

1）集中拌和（厂拌）的设备及其布置位置应该在拌和以前提交监理工程师，取得批准后，方可进行设备的安装、检修、调试，使混合料的颗粒组成、含水量达到规定的要求。

2）运输混合料的运输设备，应根据需要配置，在已完成的铺筑层上通过时，速度宜缓慢，以减少不均匀碾压或车辙的产生。

3）摊铺时混合料的含水量应大于最佳含水量，以补偿摊铺及碾压过程中的水分损失。

4）拌和地点离摊铺地点较远时，在运输时应对混合料进行覆盖，以防止水分蒸发；卸料时应注意卸料速度，以防止混合料离析；运到现场的混合料应及时摊铺，现场存放时间不应超过24h。

5）路床表面摊铺前应洒水湿润，在未经监理工程师批准的路床上摊铺的混合料，应由承包商自费清除。

（4）石灰粉煤灰稳定土的现场拌和（路拌）及摊铺

1）承包商可选择能满足现场拌和要求的施工设备，并使其始终处于良好的工作状态，经监理工程师同意，底基层下层采用现场拌和法。

2）现场拌和前应将下层表面杂物清除干净。所备土应将超尺寸的颗粒筛除，经摊铺、洒水闷料后整平，并用6~8t两轮压路机碾压1~2遍，使其表面平整。此后将石灰、粉煤灰分别按规定的用量均匀地摊铺在整平的表面上，即可进行拌和。拌和过程中应及时检查含水量，使其等于或略大于最佳含水量，同时应使土和石灰、粉煤灰充分拌和均匀。

（5）石灰粉煤灰稳定土的压实

1）经摊铺及整形的混合料应立即在基层全宽范围内进行压实，并在当日完成碾压（监理工程师另有指示的除外）。必要时加混合料的应晾晒或补加水，使之达到最佳含水量后再进行压实。

2）一个路段完成之后，应按照批准的方法做压实度试验，如果未达到所需的压实度要求，则承包商应自费重新碾压，直至达到压实度标准。

3）两工作段的衔接处应搭接拌和，前一段拌和后，留5~8cm不进行碾压。

4）未经压实的混合料被雨淋后，均应清除并更换。

5）严禁压路机在已完成的或正在碾压的路段上掉头和急刹车。如必须在其上掉头，应采取措施，以保护稳定土层表面不受破坏。

（6）石灰粉煤灰稳定土的养护　石灰粉煤灰稳定土碾压完成后应及时养护，养护期不少于7d，并应始终保持其表面潮湿；对于石灰粉煤灰稳定土、中粒土基层，也可用沥青混凝土和沥青下封层进行养护，养护期为7d；底基层分层施工时，下层施工完成后，可根据图样和监理工程师的要求进行养护，再铺筑上封层。养护期间应封闭交通，除洒水车外禁止其他车辆通行。

（7）质量检测　石灰粉煤灰稳定土在施工中，土块要打碎，石灰和粉煤灰的质量应符合图样和规范要求，石灰需经充分消解才能使用。同时各项材料用量应按照图样要求准确控制，未消解的生石灰应予以消除。混合料拌和应均匀并碾压达到要求的压实度，养护期也应符合规范要求。完工后的表面应平整密实、无坑凹，施工接茬应平整无缝隙。石灰粉煤灰稳定土基层和底基层检查项目见表3-6。

表3-6　石灰粉煤灰稳定土（粒料）基层和底基层检查项目

序号	检查项目		规定值或允许偏差				检查方法和频率
			基层		底基层		
			高速公路、一级公路	其他公路	高速公路、一级公路	其他公路	
1	压实度（%）	代表值	（98）	55（97）	95（96）	93（95）	每200m每车道2处
		极值	（94）	91（93）	91（92）	89（91）	
2	平整度/mm		（8）	12	12	15	3m直尺：每200m测2处×10尺
3	纵断高度/mm		（-10~+5）	-15~+5	-15~+5	-20~+5	水准仪：每200m测4个断面

（续）

序号	检查项目		规定值或允许偏差				检查方法和频率
			基层		底基层		
			高速公路、一级公路	其他公路	高速公路、一级公路	其他公路	
4	宽度/mm		符合设计要求		符合设计要求		尺量：每200m测4处
5	厚度/mm	代表值	（-8）	-10	-10	-12	按《公路工程质量检验评定标准 第一册 土建工程》（JTG F80/1—2004）附录H检查，每200m每车道1处
		极值	（-15）	-20	-25	-30	
6	横坡坡度（%）		（±0.3）	±0.5	±0.3	±0.5	水准仪：每200m测4个断面
7	强度/MPa		符合图样要求		符合图样要求		按《公路工程质量检验评定标准 第一册 土建工程》（JTG F80/1—2004）附录G检查

注：表中括号内数字为石灰粉煤灰稳定粒料的规定值或允许偏差，高速公路与一级公路不允许采用石灰粉煤灰稳定土做基层；表中未加括号的数字为二者共用的规定值或允许偏差。

4. 底基层、基层的施工监理

底基层、基层施工流程及监理工作内容如图3-5所示。

3.3.2 沥青路面施工质量监理

1. 热拌沥青混合料面层施工质量监理

（1）材料的选择 沥青路面的材料除满足前述要求外，还应满足如下要求：

1）粗集料。粗集料包括碎石，破碎砾石，筛选砾石、矿渣等。沥青路面用的粗集料应洁净、干燥、无风化、无杂质，具有足够的强度和耐磨耗性，并具有良好的颗粒形状（用于道路沥青面层的碎石不宜采用颚式破碎机加工），其粒径规格和质量应符合图样或规范要求。应特别注意，当按《公路工程沥青及沥青混合料试验规程》（JTG E20—2011）规定的方法试验时，沥青与集料的黏附性不低于4级；否则应加入外掺剂，外掺剂的精确比例由试验室确定。

2）细集料。细集料可采用天然砂、机制砂及石屑，或天然砂和石屑两者的混合料。细集料应洁净、干燥、坚硬、无风化、无杂质或其他有害物质，并有适当的颗粒级配，其质量应符合《公路沥青路面施工技术规范》（JTG F40—2004）的要求。

3）填料。填料应采用石灰岩或岩浆岩中的强基性岩石等憎水性石料经磨制得到的矿粉，不应含泥土杂质和团粒。矿粉要求干燥、洁净，其质量应符合《公路沥青路面施工技术规范》（JTG F40—2004）的技术要求。

4）沥青。承包商应于施工开始前28d将拟用的沥青样品及试验报告提交监理工程师检验、批准。除监理工程师另有指示外，承包商不得在施工中以其他沥青替代。运到现场的每批沥青都应附有制造厂的证明和出厂试验报告，并说明装运数量、装运日期、订货数量等。进场沥青每批都应重新进行取样和试验。取样和试样应符合《公路工程沥青及沥青混合料试验规程》（JTG E20—2011）和《公路沥青路面施工技术规范》（JTG F40—2004）的规定。

沥青标号根据当地的气候情况和图样要求确定，并取得监理工程师的批准。不同生产厂家、不同标号的沥青必须分开存放，不得混杂，并应有防水措施。

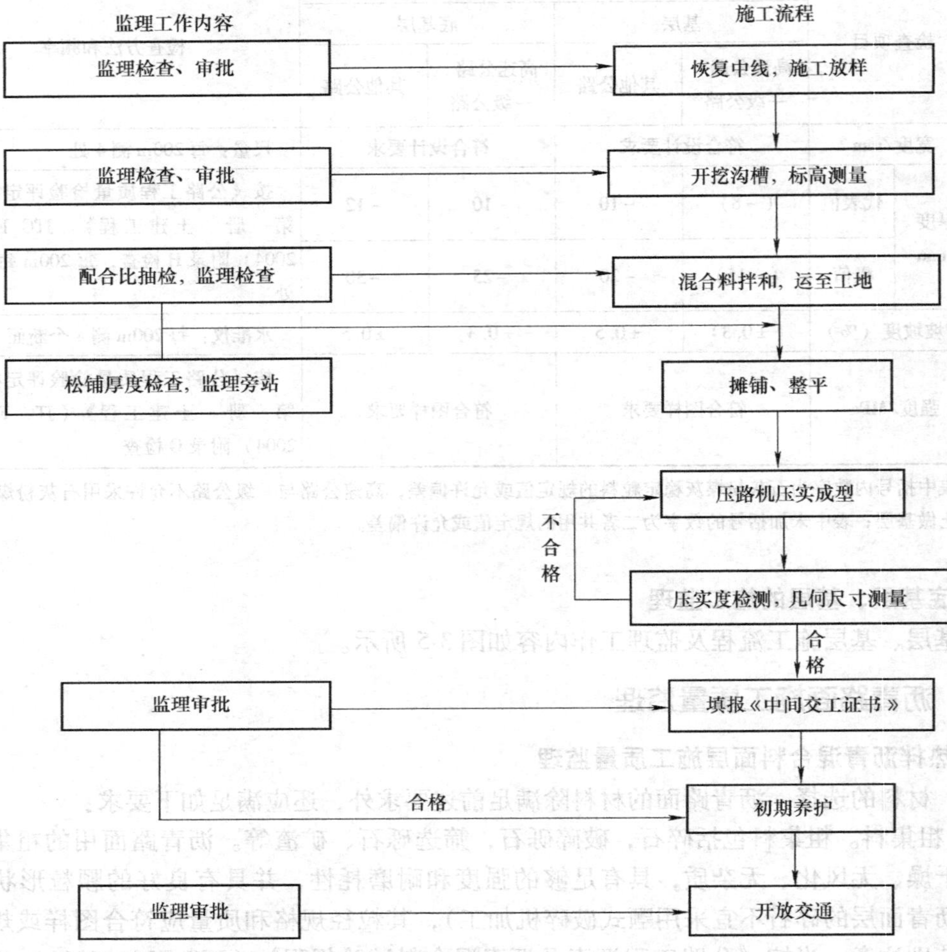

图 3-5　底基层、基层施工流程及监理工作内容

（2）热拌沥青混合料面层试验段铺筑的控制要点　在铺筑试验路段之前 28d，承包商应安装好与本项工程有关的全部试验仪器和设备，配备足够的熟练试验人员。在监理工程师对其仪器和人员检查批准后，在工程开工前 14d，承包商应经监理工程师批准并在监理工程师的监督下，铺筑一段 100～200m（单幅）的试验路段。铺筑试验路段的目的是为了证实混合料的稳定性，拌和、摊铺和压实设备的效率以及施工方法、施工组织的适应性；沥青混合料摊铺、压实 12h 以后，应对其厚度、密实度、沥青含量、矿料级配及其他试验项目进行抽样试验，并且抽样频度应满足规范要求。试验路段完成后，承包商应写出书面报告，报请监理工程师审查批准。若试验路段未取得监理工程师的批准，承包商应破碎清除该试验路段，重新铺筑试验路段，并承担其费用。

（3）施工设备

1）沥青拌和厂。拌和厂在其设计、协调配合和操作方面，都应能使生产的沥青混合料符合工地的配合比要求。同样拌和厂必须有配备足够设备的试验室，能及时提供试验资料，并应将试验人员及试验设备的资料报请监理工程师批准。拌和设备是能按用量（以质量计）分批配料的间歇式拌和机，其产量应与生产进度相匹配（同时不小于120t/s），并装有温度检测系统、保温的成品储料仓和二次除尘设施。在安装完成后应按批准的配合比进行试拌调试，直到符合要求为止。拌和场地的布置应保证热料运送距离合理，进出方便，电、水供应方便，且远离居民区，并应符合环保的有关有求。

2）运料设备。应采用干净的、有金属地板的自卸翻斗车运送混合料，车斗内不得沾有杂物。运输车辆应备有覆盖设备，车斗四角应密封坚固。

3）摊铺机械。沥青混合料摊铺设备应是自动式的，安装可调的活动摊平板或整平组件。熨平板在需要时可加热，能按照规定的典型横断面和图样所示的厚度在车道宽度内摊铺。摊铺机应配备振动夯板或可调整振动的振动熨平板组合装置，夯板与振动熨平板的频率应能进行各自的调整。摊铺沥青混合料时，摊铺机的摊铺速度应根据拌和机产量，施工机械配套情况及摊铺层厚度、宽度确定。摊铺机应配备整平板自控装置，自控装置的传感器可通过基准线自动发出信号来操纵熨平板，使摊铺机铺筑理想的横坡坡度和纵坡坡度。

4）压实机械。压实机械包括钢轮式、轮胎式及振动压路机，在压实过程中，这几种机械应按合理的压实工艺进行组合。承包商还应备有监理工程师认可的小型振动压（夯）实机具，以用于压路机不便压实的地方。

（4）沥青混合料的拌和

1）粗、细集料应分类堆放和供料，取自不同料源的集料应分开堆放。每个料源的材料应进行抽样试验，并经监理工程师批准。

2）拌和时，每种规格的集料、矿粉加热温度、沥青都必须按批准的生产配合比准确计量，其计量误差应控制在规定的范围内。

3）沥青的加热温度、矿料的加热温度、沥青混合料的出厂温度和运到施工现场的温度均应符合《公路沥青路面施工技术规范》（JTG F40—2004）的要求。

4）所有过热的混合料（即沥青混合料）的出厂温度超过正常温度的高限的30℃时应予以废弃。拌和后的混合料必须均匀一致、无花白、无粗细集料离析和结团现象。

5）材料的规格或配合比发生改变时，都应进行试拌。试拌时必须抽样检查混合料的沥青含量、级配组成和有关指标，并报请监理工程师批准。

（5）沥青混合料的运送　沥青混合料在运送时，应该保证运至铺筑现场的混合料在当天或当班完成压实。已经离析，结成团块或在运料车卸料时滞留于车上的混合料，以及低于规定铺筑温度或被雨水淋过的混合料，都应予以废弃。

（6）沥青混合料的摊铺　只有在经监理工程师验收合格的基层上，才可铺筑沥青混合料。对高速公路、一级公路路面通常应采用两台或两台以上摊铺机组成的梯队联合摊铺，两台摊铺机前后的距离一般为10~30m，前后两台摊铺机的轨道重叠50~100mm。摊铺必须匀速、缓慢，且连续不断地进行。摊铺机的摊铺速度根据拌和能力、摊铺厚度、厚度和连续摊铺的长度确定；摊铺温度应符合《公路沥青路面施工技术规范》（JTC F40—2004）的要求，并应随沥青的标号及气温的不同通过试验确定。在沥青混合料的摊铺过程中必须随时检查其宽度、厚度、平整度、路拱及温度，对不合格之处应及时进行调整。对外形不规则、路面厚度不同、空间受到限制和人工构造物接头等摊铺机无法工作的地方，经监理工程师批准可采用人工铺筑混合料。最后，在摊铺面层时必须采取措施防止层面之间被污染。

(7) 混合料的压实

1) 混合料完成后摊铺和整平后应立即进行宽度、厚度、平整度、路拱及温度检查，对不合格之处及时调整，随后按试验路段确定的压实设备的组合方法及程序进行充分均匀地压实。

2) 压实分为初压、复压和终压。压路机碾压适宜速度见表3-7。

表3-7 压路机碾压速度 (单位：km/h)

碾压阶段		初压	复压	终压
压路机类型	钢轮压路机	1.5~2	2.5~3.5	2.5~3.5
	轮胎压路机		3.5~4.5	4~6
	振动压路机	静压1.5~2	振动4~6	静压2~3

3) 初压应采用钢轮压路机或振动压路机（静压）。初压后应检查平整度和路拱，必要时应予以修整。复压应采用串联式双轮振动压路机或轮胎压路机。终压采用光面钢轮压路机或振动压路机（静压）。

4) 碾压作业时混合料的温度应满足：初压温度不低于110℃；碾压终了温度，钢轮压路机不应低于70℃，轮胎压路机不应低于80℃，振动压路机不应低于65℃。

5) 碾压应沿纵向并由底边向高边慢速均匀地进行碾压，相邻碾压最小重叠宽度的要求为：双轮时为30cm，三轮时为后轮直径的1/2。

6) 碾压时，压路机不得中途停留、转向或制动。当压路机来回交替碾压时，前后两次停留地点应相距10cm以上，并应驶出压实线3m以外。

7) 压路机不得停留在温度高于70℃的已经压过的混合料上。同时应采取有效措施防止油料、润滑脂或其他杂质在压路机操作或停放期间落在路面上。

8) 压实时，如接缝处的混合料温度已不能满足压实温度的要求，应采取加热器提高混合料的温度，使其达到要求的压实温度，再压实到无缝隙为止。否则，必须垂直切割混合料并重新铺筑，共同碾压到无缝隙为止。

9) 在压路机压不到的其他地方，应采用振动夯板、热的手夯或机夯把混合料充分压实。已经完成碾压的路面，不得修补表皮。

10) 当层厚等于或大于40mm时，监理工程师可使用核子密度仪进行现场密度检验，以代替试验室试样测定。但每读10个核子密度仪读数，必须钻取一个试样送交试验室进行密度试验，以检验核子密度仪的准确性。

(8) 接缝的处理

1) 铺筑工作的安排应使纵、横向两种接缝都保持在最小数量。接缝的方法及使用的设备应取得监理工程师的批准。接缝处的密度和表面修补要求应与其他部分相同。

2) 纵向接缝应该采用自动控制接缝装置，以控制相邻行程间的标高差，并做到相邻行程间可靠结合。纵向接缝应是热接缝，并应连续、平行，缝边应垂直并形成直线。

3) 纵缝上的混合料，应在摊铺机的后面立即用一台钢轮压路机以静力进行碾压。

4) 纵向接缝与横坡边坡线的重合控制在15cm以内，与下层接缝应错开15cm以上。

5) 由于工作中断，摊铺混合料的末端已经冷却，或者在第二天恢复工作时，就应做成一道与铺筑方向大致成直角的横向接缝。横向接缝在相连的层次和相邻的行程间均应至少错开1m。

（9）气候条件

1）沥青混合料的摊铺应避免在雨天进行。当路面滞水或潮湿时，应暂停施工。

2）高速公路和一级公路当施工气温低于10℃时、其他等级公路施工气温低于5℃时，必须采取相应措施。否则，应停止摊铺热拌沥青混合料，经监理工程师同意后方可继续摊铺。

3）未经压实即遭雨淋的沥青混合料应全部清除，更换材料，所发生的一切费用由承包商承担。

（10）取样和试验　对沥青混合料，应该每台拌和机每天进行1～2次取样，并测定矿料级配，进行沥青矿料含量等试验。压实的沥青路面应钻孔取样，或用核子密度仪测定其压实度。所有测定结果均应由监理工程师审批，所发生的一切费用由承包商承担。

（11）质量监控　沥青路面施工时混合料的矿料质量、矿料级配、沥青材料及混合料，应符合设计要求和施工规范的规定。严格控制各种矿料、沥青用量及各种材料和沥青混合料的加热温度，拌和后的沥青混合料应均匀一致、无花白、无粗细集料分离和结团成块的现象。摊铺时应严格掌握厚度和平整度，细致找平，应注意控制摊铺和碾压温度，并碾压至要求的密实度。完工后的沥青路面表面应平整密实，无泛油、松散、裂缝、粗细集料集中等现象；表面无明显的碾压痕迹；接缝应紧密、平顺，烫缝不应枯焦；沥青面层内部及表面的水要排到路面范围之外；面层与路缘石及其他构筑物应衔接平顺，无积水现象。沥青混凝土面层检查项目见表3-8。

表3-8　沥青混凝土面层检查项目

<table>
<tr><th rowspan="2">序号</th><th rowspan="2" colspan="2">检查项目</th><th colspan="2">规定值或允许偏差</th><th rowspan="2">检查方法和频率</th></tr>
<tr><th>高速公路、一级公路</th><th>其他公路</th></tr>
<tr><td>1</td><td colspan="2">压实度(%)</td><td colspan="2">试验室标准密度的96%(*98%)
最大理论密度的92%(*94%)
试验段密度的98%(*99%)</td><td>每200m每车道1处</td></tr>
<tr><td rowspan="3">2</td><td rowspan="3">平整度</td><td>σ/mm</td><td>1.2</td><td>2.5</td><td rowspan="2">平整度仪：全线每车道连续按每100m计算IRI或σ</td></tr>
<tr><td>IRI/(m/km)</td><td>2.0</td><td>4.2</td></tr>
<tr><td>最大间隙h/mm</td><td>—</td><td>5</td><td>3m直尺：每200m测2处×10尺</td></tr>
<tr><td>3</td><td colspan="2">弯沉值</td><td colspan="2">符合设计要求</td><td>按《公路工程质量检验评定标准　第一册　土建工程》(JTG F80/1—2004)附录I检查</td></tr>
<tr><td>4</td><td colspan="2">渗水系数</td><td>SMA路面200mL/min
其他沥青混凝土路面300mL/min</td><td>—</td><td>渗水仪：每200m测1处</td></tr>
<tr><td rowspan="2">5</td><td rowspan="2">抗滑</td><td>摩擦系数</td><td colspan="2" rowspan="2">符合设计要求</td><td rowspan="2">摆式仪：每200m测1处
横向力系数测定车：全线连续按《公路工程质量检验评定标准　第一册　土建工程》(JTG F80/1—2004)附录K检查</td></tr>
<tr><td>构造深度</td></tr>
</table>

（续）

序号	检查项目		规定值或允许偏差		检查方法和频率
			高速公路、一级公路	其他公路	
6	厚度/mm	代表值	总厚度：设计值的-5%； 上面层：设计值的-10%	当总厚度 $H \leqslant 60$mm 时为-5mm； 当总厚度 $H > 60$mm 时为-0.08H	按《公路工程质量检验评定标准　第一册　土建工程》（JTG F80/1—2004）附录 H 检查，双车道每 200m 测 1 点
		合格值	总厚度：设计值的-10%； 上面层：设计值的-20%	当总厚度 $H \leqslant 60$mm 时为-10mm； 当厚度 $H > 60$mm 时为-0.15H	
7	中线平面偏位/mm		20	30	经纬仪：每 200m 测 4 点
8	纵断面高程/mm		±15	±20	水准仪：每 200m 测 4 断面
9	宽度/mm	有侧石	±20	±30	尺量：每 200m 测 4 断面
		无侧石	不小于设计要求		
10	横坡坡度（%）		±0.3	±0.5	水准仪：每 200m 测 4 处

注：1. 表中压实度可选用其中的 1 个或 2 个标准评定，选用两个标准时，以合格率低的作为评定结果。带 * 号者是指 SMA 路面，其他为普通沥青混凝土路面。

2. 表中 σ 为平整度仪测定的标准偏差。

2. 沥青表面处治施工质量监理

（1）材料选择　沥青表面处治的材料除满足前述的材料要求外，还应满足：沥青表面处治所用的集料必须清洁、干燥、无风化、无杂质，具有足够的强度和耐磨耗性，集料的最大粒径应与处治的厚度相适应；除监理工程师批准外，在一个段落的沥青表面处治工程中应采用一种集料。沥青可以采用道路石油沥青或乳化沥青。

（2）沥青表面处置施工的一般规定

1）沥青表面处治宜选择在干燥或较热的季节施工，并在日最高气温低于 15℃ 的季节到来之前半个月及雨期到来前结束；应使表面处治通过开放交通压实，稳定成型。

2）沥青表面处治可采用层拌和法和层铺法施工，厚度不宜大于 3cm。

3）施工工序应紧密衔接，每个作业段长度应根据压路机、沥青洒布设备及集料拌和设备情况确定；应避免洒布沥青后等待较长时间才撒布集料，当天施工的路段必须在当天完成。

4）在新建或旧路的表面进行表面处治时，应将表面的泥沙及一切杂质清理干净，底层必须坚实、平整并保持干燥。

（3）施工设备

1）沥青表面处治应采用沥青洒布机喷洒沥青，洒布机应能稳定在控制的速度和确定的用油量上，并能在整个洒布宽度内均匀洒布沥青。

2）应采用自行式的集料撒布机，配有可靠的控制系统，能把所需的集料均匀撒布到沥青材料的整个宽度上。

3）沥青表面处治宜采用轮胎式光面钢筒压路机进行碾压，压路机的吨位应使集料嵌挤紧密又不致使石料有较多的压碎为宜。通常采用 6～8t 及 10～12t 压路机进行碾压（乳化沥青表面处治宜采用较轻的压路机进行碾压）。

（4）表面准备　沥青表面处治层的表面应平整、清洁、无材料松散现象，其断面应符合图样规定或监理工程师所确定的典型断面要求。沥青洒布之前，应用机动路帚或高压风动机械，并辅以人工扫净表面。

（5）沥青洒布

1）沥青材料的加热温度应满足规范要求。

2）沥青应采用沥青洒布机均匀地喷洒，其洒布量、温度条件及处治面积均应在洒布前获得监理工程师的认可，在洒布沥青之前，集料和集料撒布设备均运抵施工现场。处治区附近的结构物和树木的表面应加以保护，以免溅上沥青，遭受污染。

3）沥青洒布机应在喷油嘴打开的同时按适当的速度向前行驶，除监理工程师同意采用其他材料或方法外，应在每次喷洒开始端和结束端后面足够距离的表面上铺上施工用纸，以使喷油嘴洒出来的沥青在开始时和结束时都落在纸上，并保证喷油嘴在喷洒的整个长度内正常喷洒。

4）在喷洒交接处洒布沥青时应精心控制，使其不超过批准的洒布量，并应把过量的沥青材料从洒布表面刮掉，漏洒或少洒的地区应补洒。

（6）集料撒布

1）符合指定级配的集料，事先应清除或减少集料上的浮土，以提高和改进黏着质量。

2）在沥青洒布 3min 内应按确定的用量撒布集料，撒布期间，如集料多少不均，应采用补撒集料的方法校正，直至达到表面结构均匀；撒布机械无法靠近的地方，必须用人工撒铺。

3）在半宽施工情况下，应留下一条 15cm 宽的接头地带暂不撒布集料，以使沥青材料稍有重叠。

（7）碾压

1）碾压应在沥青洒布和集料撒布后立即进行，并在当日完成。

2）撒布一段集料后，立即用 6～8t 轮胎或双轮压路机碾压，每层集料应按照集料撒布的全宽初压一遍，并应按需要进行补充碾压以使盖面集料适当就位，碾压时每次轮迹重叠约 30cm，从路边逐渐移向路中心，以此作为一遍，一般全宽的碾压应不少于 3～4 遍，以不大于 2km/h 的速度进行碾压。

（8）养护

1）集料表面应用扫帚轻轻扫过，并用适当方法养护 4d，或者按指示的天数养护。

2）表面养护时应把盖面料撒布到整个沥青表面上，以吸收游离的沥青材料或覆盖集料不足之处。

3）养护不应使已嵌锁的集料移动位置。

4）应采用旋转路帚把多余的材料从整个处治表面上清扫出去。面层清扫应在监理工程师指定的时间进行。

（9）多层表面处治

多层表面处治由在准备好的基层上连续洒布的沥青材料和撒布的盖面集料构成，材料应反复摊铺直至达到所需的层数。多层表面处治的沥青洒布、集料撒布等施工方法和要求与第一层相同，但第二层、第三层的碾压可采用 8 ~ 10t 压路机。

（10）质量要求　在施工过程中，沥青材料的各项指标和集料的质量、规格、用量应符合设计要求和施工规范的规定。沥青洒布应均匀，无花白的现象，且不得污染其他建筑物；嵌缝料应分布均匀、压实平整，不应有重叠现象。完工后表面应平整密实，不应有松散、油包、波浪、泛油、封面料明显散失等现象（如果有这些现象，缺陷的面积之和不应超过受检面积的 0.2%）；无明显碾压轮迹；面层与路缘石及其他构筑物应平顺连接，不得有积水现象。沥青表面处治面层检查项目见表 3-9。

表 3-9　沥青表面处治面层检查项目

序号	检查项目		规定值或允许偏差	检查方法和频率
1	平整度/mm	σ/mm	4.5	平整度仪：全线每车道连续按每 100m 计算一次
		IRI/(m/km)	7.5	IRI 或 σ
		最大间隙	10.0	3m 直尺：每 200m 测 2 处 ×10 尺
2	弯沉值/0.01mm		符合设计要求	—
3	厚度/mm	代表值	−5	每 200m 每车道 1 点
		极值	−10	
4	沥青总用量/(kg/m²)		±0.5%	每工作日每层洒布查 1 次
5	中线平面偏位/mm		30	经纬仪：每 200m 测 4 点
6	纵断面高程/mm		±20	水准仪：每 200m 测 4 处
7	宽度/mm	有侧石	±30	尺量：200m 测 4 处
		无侧石	不小于设计值	
8	横坡坡度（%）		±0.5	水准仪：每 200m 测 4 断面

3. 水泥混凝土路面施工质量监理

（1）材料的选择　水泥混凝土路面的原材料应满足如下要求：

1）水泥。特重、重交通混凝土路面宜采用道路硅酸盐水泥；中、轻交通混凝土路面也可以采用矿渣硅酸盐水泥。低温天气施工、有快通要求的路段可采 R 型水泥。其他宜采用普通水泥。当采用机械化铺筑时，宜选用出厂温度合格的散装水泥。

当贫混凝土和碾压混凝土用做基层时，可使用各种硅酸盐水泥。不掺用粉煤灰时，宜使用强度等级为 32.5 以下的水泥。掺用粉煤灰时，只能使用道路水泥、硅酸水泥和普通水泥。

水泥进场时，应附有产品合格证及化验单。承包商应对品种、强度等级、包装、数量、出厂日期等进行检查验收，并报监理工程师审批。

2）粗集料。粗集料可使用碎石、砾石和卵石，且应质地坚硬、耐久洁净。粗集料按技术要求分为一、二、三级。高速公路、一级公路、二级公路及有抗盐冻要求的三、四级公路混凝土路面使用的粗集料级别应不低于二级；无抗盐冻要求的三、四公路混凝土路面、碾压混凝土及贫混凝土基层，可使用三级粗集料。有抗盐冻要求时，一级集料吸水率不应大于 1.0%；二级集料吸水率不应大于 2.0%

用于水泥混凝土路面的粗集料不得使用不分级的统料，应按公称最大粒径的不同采用

2～4个粒径集料进行掺配，并应符合图样要求及合成连续级配的要求。卵石最大公称粒径不宜大于19.0mm；碎卵石最大公称粒径不应大于26.5mm；碎石最大公称粒径不应大于31.5mm。贫混凝土基层集料最大公称粒径不应大于31.5mm；钢钎维混凝土与碾压混凝土的粗集料最大公称粒径不宜大于19.0mm。碎卵石或碎石中粒径小于75μm的石粉含量不宜大于1%（质量分数）。

当怀疑有碱活性集料或夹杂有碱活性集料时，应进行碱集料反应检验，确认无碱集料反应后，方可使用。若粗集料中含有活性二氧化硅或其他活性成分时，水泥中碱的含量不得大于0.6%（质量分数）。在含碱性环境（如盐碱地、含碱工业废水侵蚀）中的混凝土，不得使用含有活性成分集料。

3）细集料。细集料可采用质地坚硬、耐久、洁净的天然砂（河砂和沉积砂）、机制砂或混合砂。细集料按技术要求分为一级、二级、三级。高速公路、一级公路、二级公路及有抗盐冻要求的三、四级公路混凝土路面使用的砂级别应不低于二级，无抗盐冻要求的三、四级公路混凝土路面、碾压混凝土及贫混凝土基层可使用三级砂。特重、重交通混凝土路面宜使用河砂，砂的干质量含量不应低于25%。砂按细度模数分为粗砂、中砂和细砂。路面用天然砂宜为中砂，可使用偏粗细砂，细度模数应在2.0～3.5之间。统一配合比用砂的细度模数变化范围不应超过0.3，否则应分别堆放，并调整配合比中的砂率后使用。

混凝土路面所使用的机制砂，应检验砂浆磨光值（宜大于35），不宜使用抗磨性较差的泥岩、页岩、板岩等成岩类母岩生产机制砂。配置机制砂混凝土应同时掺高效引气减水剂。

在河砂资源紧缺的沿海地区，二级及二级以下公路混凝土路面和基层可使用淡化海砂，但缩缝设有传力杆的混凝土路面和钢筋混凝土、钢纤维混凝土路面不得使用淡化海砂。使用的淡化海砂应符合以下规定：淡化海砂带入混凝土中的含盐量不应大于1.0kg/m^3（质量分数）；淡化海砂中碎贝壳等甲壳类动物残留物含量不应大于1.0kg/m^3（质量分数）；与河砂对比试验，淡化海砂应对砂浆磨光值和混凝土凝活时间、耐磨性、抗弯拉强度等无不利影响。

当怀疑有碱性集料或夹杂有碱活性集料时，应进行碱集料反应检验，确认无碱集料反应后，方可使用。

4）掺合料。混凝土路面可掺用质量指标符合图样要求及规定电收尘的一、二级干排或磨细粉煤灰，不得使用三级粉煤灰。贫混凝土、碾压混凝土基层或复合式路面下面层应掺用三级及三级以上的粉煤灰，不得使用等外粉煤灰。注意粉煤灰宜采用散装粉煤灰，进货应有等级检验报告，应确切了解所有水泥中已经加入的掺合物种类和数量。

混凝土路面中可使用硅灰或磨细矿渣等掺合料，但使用前必须经过试配试验，确保加入掺合料后混凝土抗弯拉强度、工作性、抗磨性、抗冻性等技术指标合格，并报请监理工程师批准后方可使用。

5）外加剂。外加剂的产品质量及掺入量应符合图样要求及《公路水泥混凝土路面施工技术规范》（JTG F30—2003）的规定。供应商应提供具有相应资质的外加剂检测机构认定的品质检测报告，检测报告说明外加剂的主要化学成分，且认定其对钢筋无锈蚀、对人员无毒副作用。承包商在施工中，应做级配合比试验，确定外加剂的品种质量和剂量。所有外加剂的使用均应得到监理工程师的批准。

6）钢筋。钢筋除力学特性能应符合有关规范的要求外，其外观应顺直，不得有裂纹、断伤、刻痕，且表面油污和颗粒状或片状锈蚀应予以清除。

7）接缝材料。胀缝板宜选用杉木板、纤维板、沥青纤维板、橡胶泡沫板或树脂泡沫板等。填缝剂可选用沥青橡胶类、聚氯乙烯胶泥类、沥青玛琋脂类等加热施工式填缝剂，以及聚氨酯焦油类、氯丁橡胶类、乳化沥青橡胶类等常温施工式填缝剂和预制橡胶嵌缝条。

（2）配合比设计　普通混凝土配合比设计适用于滑模摊铺机、轨道摊铺机、三辊机组和小型机具四种施工方式。设计时在兼顾经济性的同时，应满足抗弯强度、工作性和耐久性三项技术要求。其中满足混凝土路面耐久性要求的最大水灰比和最小水泥用量应符合表3-10的规定。

表3-10　混凝土路面耐久性要求的最大水灰比和最小水泥用量

公路等级		高速公路、一级公路	二级公路	三、四级公路
最大水灰比		0.44	0.46	10.48
抗冰冻要求最大水灰比		0.42	0.44	0.46
抗盐冻要求最大水灰比		0.40	0.42	0.44
最小水泥用量/(kg/m³)	42.5级	300	300	290
	32.5级	310	310	305
抗冰(盐)冻时最小水泥用量/(kg/m³)	42.5级	320	320	315
	32.5级	330	330	325
掺粉煤灰时最小水泥用量/(kg/m³)	42.5级	260	260	255
	32.5级	280	270	265
抗冰(盐)冻掺粉煤灰最小水泥用量(42.5级水泥)/(kg/m³)		280	270	265

外加剂的掺入量应由混凝土试配试验确定。在高温施工时，混凝土拌合物的初凝时间不得小于3h，否则应采取增加缓凝剂的措施。

承包商应将计划用于铺筑水泥混凝土路面的各种材料，至少在用于工程之前28h，通过试验进行配合比设计，其内容包括材料标准试验、混凝土抗弯拉强度试验、集料级配设计、水灰比设计、坍落度试验、水泥用量试验和质量控制试验等。承包商应及时提供所有设计、试验报告单和详细说明，报监理工程师批准（混凝土的试配强度按设计按强度提高10%～15%进行）。

在整个施工工程中，已批准了的混凝土的配合比、生产方法和材料等，未经监理工程师的同意不得改变。如需要改变，承包商应重新做试验并报监理工程师批准。

（3）混合料拌和、运输

1）承包商应根据图样、机械设备、施工条件及摊铺方式拟订混凝土路面施工方案及施工工艺流程，编制详细的施工组织设计，在开工前28h报请监理工程师批准。

2）水泥混凝土混合料的拌和、运输，应按照《公路水泥混凝土路面施工技术规范》（JTG F30—2003）的有关规定进行。

3）在浇筑水泥混凝土路面前，应将基层（经监理工程师检查认可）表面上的浮土及杂物清除干净，并进行必要的修整。

4）水泥混凝土路面施工开始前应对进场的材料进行检查，其检查项目应按表3-11的规定进行。

表3-11 水泥混凝土路面原材料检查项目

材料	检查项目	检查频率	
		高速公路、一级公路	其他公路
水泥	抗折强度、抗压强度、安定性	机铺1500t一批	机铺1500t，小型机具500t一批
	凝结时间、稠度需水量、细度	机铺2000t一批	机铺3000t，小型机具500t一批
	f-CaO、SO_3含量，铝酸三钙、铁铝酸四钙含量，干缩率、耐磨性、碱度，混合料种类及数量	每标段不少于3次，进场前必须测	每标段不少于3次，进场前必测
	温度、水化	冬、夏季施工随时检测	冬、夏季施工随时检测
粉煤灰	活性指数、细度、烧失量	机铺1500t一批	机铺1500t，小型机具500t一批
	需水量比、SO_3含量	每标段不少于3次，进场前必须测	每标段不少于3次，进场前必须测
粗集料	针片状、超径颗粒含量，级配，表观密度，堆积密度，空隙率	机铺$2500m^3$一批	机铺$5000m^3$，小型机具$1500m^3$一批
	含泥量、泥块含量	机铺$1000m^3$一批	机铺$2000m^3$，小型机具$1000m^3$一批
	坚固性、岩石抗压强度、压碎指标	每种粗集料每标段不少于2次	每种粗集料每标段不少于2次
	碱集料反应	怀疑有碱活性集料，进场前测	怀疑有碱活性集料，进场前测
	含水量	降雨或湿度变化随时测	降雨或湿度变化随时测
砂	细度模数、表观密度、堆积密度、空隙率	机铺$2000m^3$一批	机铺$4000m^3$，小型机具$1500m^3$一批
	含泥量，泥块、石粉含量	机铺$1000m^3$一批	机铺$2000m^3$，小型机具$500m^3$一批
	坚固性	每种砂每标段不少于3次	每种砂每标段不少于3次
	云母含量、轻物质与有机物含量	目测有云母和杂质时测	目测有云母和杂质时测
	含盐量（硫酸盐、氯盐）	必要时测，淡化海砂每标段3次	必要时测，淡化海砂每标段3次
	含水量	降雨或湿度变化随时测	降雨或湿度变化随时测
外加剂	减水剂减水率，液体外加剂含量和相对密度，粉状外加剂的不溶物含量	机铺5t一批	机铺5t，小型机具3t一批
	引气剂引气量、气泡细密程度和稳定性	机铺2t一批	机铺3t，小型机具1t一批

（续）

材料	检查项目	检查频率	
		高速公路、一级公路	其他公路
钢纤维	抗拉强度、弯折性能、长度、长径比、形状	开工前或有变化时，每标段测3次	开工前或有变化时，每标段3次
	杂质、质量及其偏差	机铺50t一批	开工前或有变化时，每标段测3次
养护剂	有效保水率、抗压强度比、耐磨性、耐热性、膜水溶性	开工前或有变化时，每标段测3次	开工前或有变化时，每标段测3次
	含固量、成膜时间	试验路段测、施工每5t测1次	试验路段测、施工每5t测1次
水	pH值、含盐量、硫酸根及杂质含量	开工前或水源有变化随时测	开工前或水源有变化随时测

5）施工前，必须对机械设备、测量仪器、基准线或模板、机具、工具及各种试验仪器等进行全面的检查、调试、校核标定、维修和保养。主要施工机械的易损零件部件应有适量储备。

6）不同摊铺方式所要求的搅拌楼的最小生产容量应满足要求。一般可配备2～3台搅拌楼，最多不宜超过4台；搅拌楼的规格和品牌应尽可能统一。

7）搅拌楼的配备应符合《公路水泥混凝土路面施工技术规范》（JTG F30—2003）的规定。应优先选配间歇式搅拌楼，也可以使用连续式搅拌楼。连续式搅拌楼应配备两个或一个足够长度的搅拌锅，并应在搅拌锅上配备电视监控设备。

8）每台搅拌楼再投入生产前，必须进行标定，且试拌正常。在标定有效期满或搅拌楼搬迁安装后，均应重新标定。施工中应每15d校验1次搅拌楼的计量精确度。

9）搅拌过程中，拌合物质量检验与控制应符合表3-12的规定。低温或高温天气施工时，拌合物出料温度宜控制10～35℃，并应测定材料温度、拌合物温度、坍落度损失率和凝结时间等。

表3-12　拌合物质量检查项目

检查项目	检查频率	
	高速公路、一级公路	其他公路
水灰比及稳定性	每5000m³抽检1次，有变化随时测	每5000m³抽检1次，有变化随时测
坍落度及其均匀性	每工班测3次，有变化随时测	每工班测3次，有变化随时测
坍落度损失率	开工，气温较高和有变化随时测	开工，气温较高和有变化随时测
振动黏度系数	试拌，原材料和配合比有变化随时测	试拌，原材料和配合比有变化随时测
钢纤维体积率	每工班测2次，有变化随时测	每工班测2次，有变化随时测
含气量	每工班测2次，有抗冻要求至少测3次	每工班测2次，有抗冻要求至少测3次
泌水率	必要时测	必要时测
湿密度	每工班测1次	每工班测1次
温度、凝结时间、水化发热量	冬、夏季施工，气温最高、最低时，每工班至少测2次	冬、夏季施工，气温最高、最低时，每工班至少测1次

（续）

检查项目	检 查 频 率	
	高速公路、一级公路	其 他 公 路
离析	随时观察	随时观察
VC 值及稳定性、压实度、松铺系数	碾压混凝土做复合式路面底层时，检查频率与其他公路相同	每工班测 3～5 次，有变化随时测

10）应根据施工进度、运量、运距及路况，选配车型和车辆总数。总运力应比总拌合能力稍有富余，以确保新鲜混凝土在规定时间内运到摊铺现场。

11）运输到现场的拌合物必须具有适宜摊铺的工作性。不同摊铺工艺的混凝土拌合物从搅拌机出料到运输、铺筑完工的允许最长时间不同。不满足时应通过试验，加大缓凝剂或保塑剂量。

3.4 桥梁工程施工质量监理

3.4.1 桥梁施工的基本要求

1. 桥梁施工的一般要求

1）承包商在施工开始前应对桥梁的设计文件、图样、资料进行现场核对，必要时应进行补充调查，并将调查结果提交监理工程师批准。

2）承包商应按规定要求，清理施工现场，并使监理工程师满意。

3）承包商应在开工前对桥梁中心位置桩、三角网基点桩、水准基点桩，以及其他测量资料，进行核对、复测。承包商应将复测结果报监理工程师批准。

4）竣工后的桥梁应线形平顺、坡度均匀、外形美观。缘石、栏杆、护栏、桥面等部位的标高、线形、弯度、坡度、超高、加宽应符合设计要求，同时这些部位要做到流畅平顺、色泽均匀。为了获得满意的外观，监理工程师认为有必要进行修整时，其修整费用由承包商负责。

5）预制场地由承包商自行选择。承包商应向监理工程师报送一份预制场地的平面位置图及预制场地的平整计划，并应获得批准。工程完工后，应进行废弃物清理，使其恢复原状，并使监理工程师满意。

6）图样要求。

①承包商开工前应仔细阅读图样，发现疑问应及时向监理工程师提出。

②承包商必须按照图样及其有关说明施工。结构物的外形、尺寸、线条应符合图样规定，其施工偏差应在《公路桥涵施工技术规范》（JTG F50—2011）规定的允许值范围内。

③当图样内有关施工说明与《公路桥涵施工技术规范》（JTG F50—2011）规定有矛盾时，以图样为准。图样《公路桥涵施工技术规范》（JTG F50—2011）均缺少有关的要求和规定时，由监理工程师参照国内外已建同类工程及相应的规定，并结合实际情况确定或规定。

7）承包商必须按国家有关的基本建设程序进行施工，并建立完善的质量体系，在施工过程中对工程进行自检，在工程完成后应配合监理工程师检查，进行验收。

8）承包商应建立完善的安全技术措施。

2. 桥梁总体的质量标准

1）任何部件表面，纹理和颜色必须均匀一致。除非监理工程师另有书面批准，承包商应采用同一类型的模板和修饰方法（包括模板的脱模剂等）。任一个部件所用的水泥应尽可能采用同一厂家的产品。

2）一种部件与另一种部件连接处应有过渡段，如设置过渡坡、半圆形接头等。接头应匀称、协调，并应使监理工程师满意。

3）部件外露的两侧表面应光滑、平整、外观整齐，没有蜂窝、麻面、露筋及空洞。

4）桥面铺装防水混凝土表面不得有麻面、蜂窝和裂纹，施工缝处不得有裂缝。

5）伸缩缝的伸缩性能应有效，无阻塞、渗漏、松脱和开裂现象。

6）伸缩缝应保持顺直、平整，车辆通过时应无颠簸现象。

7）泄水管周围不允许漏水；进水口应略低于桥面面层。

桥梁的总体检查项目见表3-13。

表3-13　桥梁的总体检查项目

检查项目		规定值或允许偏差/mm	检查方法和频率
桥面中线偏位		10	全站仪或经纬仪：检查3～8处
桥宽	车行道	±10	尺量：每孔3～5处
	人行道	±10	
桥长		-100～+300	全站仪或经纬仪、钢尺：检查中心线
引道中心线与桥面中心线的衔接		±20	尺量：分别将引道中心线和桥梁中心线延长至两岸桥长端部，比较其平面布置
桥头高程衔接		±3	水准仪：在桥头搭板范围内沿桥面纵坡，每1m选1点测量标高

3.4.2　桥梁基础工程的施工质量监理

桥梁基础常见的类型有明挖基础、桩基础和沉井基础等。基础类型的选用应根据桥址处的工程地质勘察资料以及水文、地形情况，结合上下部结构形式、荷载、材料供应和施工条件等合理地进行。

1. 明挖基础

明挖基础一般分为刚性扩大基础、单独或联合基础、条形基础、片形和箱形基础等。

明挖基础施工一般包括基坑、围堰、挖基和排水、地基处理和地基检验、回填等内容。其具体施工流程及监理工作内容如图3-6所示。

（1）基坑

1）基坑大小应满足基础施工的要求。有渗水土质的基坑底部开挖尺寸，应根据基坑排水设计和基础模板设计所需基坑大小而定。一般基底平面各边应比设计平面各边宽50～100cm。

2）基坑坑壁坡度应按地质条件、基坑深度、施工方法和现场具体情况确定。当基坑深度小于5m、施工期较短、基坑底部在地下水位以上、土的湿度接近最佳含水量、土层构造均匀时，基坑坑壁坡度可参考表3-14进行。当基坑深度大于5m时，应将坑壁坡度适当放缓或加设平台。当土的湿度可能引起坑壁坍塌时，坑壁坡度应缓于该湿度下土的天然坡度。没有地下水，但地下水位在基坑底以上时，地下水位以上部分可以放坡开挖；地下水位以下部分，若土质易坍塌或水位高于基坑底部较多，应加固坑壁开挖。

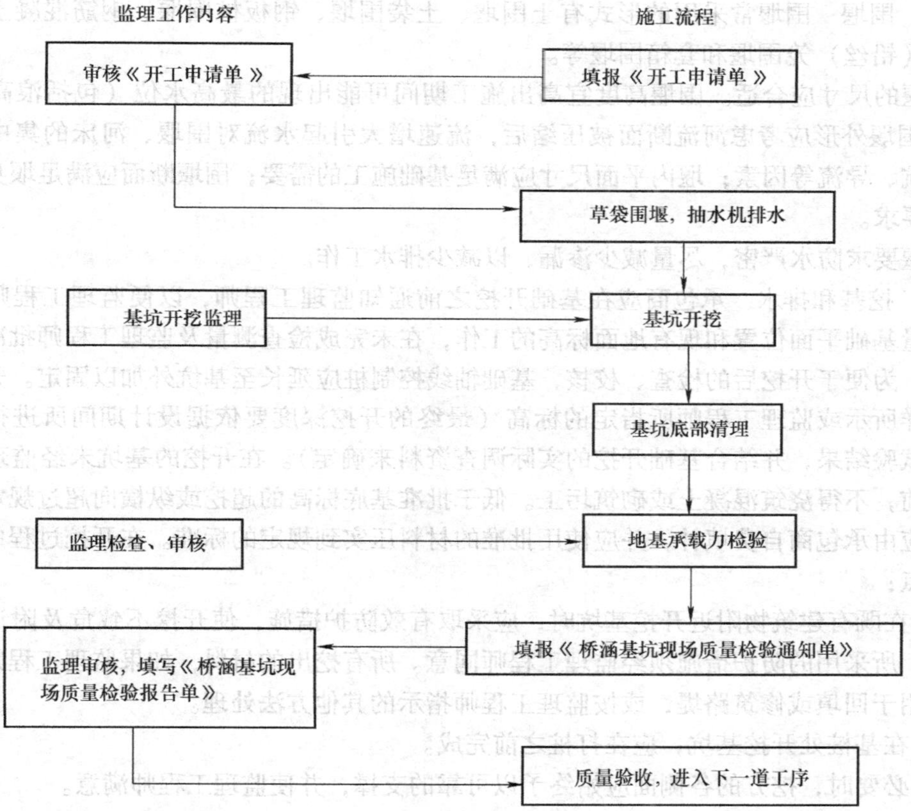

图3-6　基础开挖施工流程及监理工作内容

表3-14　基坑坑壁坡度

坑壁土类	坑壁坡度		
	基坑坡顶无荷载	基坑坡顶有静荷载	基坑坡顶有动荷载
砂类土	1:1	1:1.25	1:1.5
卵石、砾类土	1:0.75	1:1	1:1.25
粉质土、黏质土	1:0.33	1:0.5	1:0.75
极软岩	1:0.25	1:0.33	1:0.67
软质岩	1:0.0	1:0.1	1:0.25
硬质岩	1:0.0	1:0.0	1:0

3）基坑顶面应采取防止地面水流入基坑的措施。基坑坡顶有动荷载时，坡顶与动荷载间至少应预留有1m宽的护道；若工程地质和水文地质不良或动荷载过大，宜增宽护道或采取加固措施。

4）基坑坑壁不易稳定且有地下水影响，或放坡开挖场地受到限制，或放坡开挖工程量大、不符合技术经济要求时，可视具体情况，采取钢板支撑、钢木结合支撑、混凝土护壁等加固措施。

（2）围堰　围堰常采用的形式有土围堰、土袋围堰、钢板桩围堰、钢筋混凝土板桩围堰、竹（铅丝）笼围堰和套箱围堰等。

围堰的尺寸应合适。围堰高度宜高出施工期间可能出现的最高水位（包括浪高）50～70cm；围堰外形应考虑河流断面被压缩后，流速增大引起水流对围堰、河床的集中冲刷及影响通航、导流等因素；堰内平面尺寸应满足基础施工的需要；围堰断面应满足堰身强度和稳定的要求。

围堰要求防水严密，尽量减少渗漏，以减少排水工作。

（3）挖基和排水　承包商应在基础开挖之前通知监理工程师，以便监理工程师检查承包商测量基础平面位置和现有地面标高的工作，在未完成检查测量及监理工程师批准之前不得开挖。为便于开挖后的检查、校核，基础轴线控制桩应延长至基坑外加以固定。开挖应进行到图样所示或监理工程师所指定的标高（最终的开挖深度要依据设计期间所进行的钻探和土工试验结果，并结合基础开挖的实际调查资料来确定）。在开挖的基坑未经监理工程师批准之前，不得浇筑混凝土或砌筑圬工。低于批准基底标高的超挖或纵横向超过规定界线的部分，应由承包商自费填补，并应使用批准的材料压实到规定的标准。在开挖过程中应注意以下几点：

1）在既有建筑物附近开挖基坑时，应采取有效防护措施，使开挖不致危及附近建筑物的安全，所采用的防护措施须经监理工程师同意。所有挖出的材料，如果监理工程师认为适用，可用于回填或修筑路堤，或按监理工程师指示的其他方法处理。

2）在基桩处开挖基坑，应在打桩之前完成。

3）必要时，挖方的各侧面应始终予以可靠的支撑，并使监理工程师满意。

所有基础挖方都应始终保持良好的排水，使在挖方的整个施工期间都不致遭受水的危害。凡在低于已知地下水位的地方进行开挖并构成基础时，承包商必须提交一份建议用于每个基础的排水方法以及为此而采取的各项措施报告，并取得监理工程师的批准。特别值得注意的是，在施工期间承包商应维护天然水道的畅通，以保证地面排水。违反上述基坑与排水要求而引起的任何损失应由承包商负责。

（4）地基处理　当开挖至设计标高后，应按下列要求进行地基处理：

1）岩层地基的处理。在未风化的岩层上修建基础时，应将岩面上的松散石块、淤泥、苔藓等清除，然后洗净岩面；若岩层倾斜，应将岩层面凿平或凿成台阶，使承重面与重力方向垂直。在风化岩层上修建基础时，应按基础尺寸凿除已风化的表面岩层，在砌筑基础圬工的同时，将基坑填满、封闭。

2）对于碎石类或砂类土层地基，应将其承重面修整平整，当基坑底的渗水不能彻底排干时，应将水引至基础外排水沟内；如果地基土为水稳性较好的土质，可在基坑底面上铺一层25～30cm厚的片石或碎石，然后在其上砌筑基础。

3）对于黏土层地基，将其低洼处加以铲平、修整妥善后，应于最短时间内砌筑基础，不得使基坑底面暴露或浸水过久。

承包商对地基处理后，须报请监理工程师检查验收。违反地基处理要求而引起的损失由承包商负责。

（5）回填

1）所有基坑的回填必须采用经监理工程师批准的能够充分压实的材料，不得用草皮土、垃圾、有机土等回填。严禁结构物基础的基坑超挖后回填虚土。

2）未经监理工程师许可，不得对基坑进行回填。一般要到结构物的拆模期终了3d之后进行回填。如果养护条件反常，应按监理工程师的指示延长时间。桥台、桥墩等周围的回填，应同时在两侧及基本相同的标高上进行，特别要避免结构物单侧受土压的情况。必要时挖方内的边坡应做成台阶形。

3）回填材料应分层摊铺，并用符合要求的设备压实。每层都应压实到图样或监理工程师要求的压实度标准，回填用土的含水量应严格控制。

4）需回填的基坑应尽可能地及时排水。若无法排除基坑积水时，应采用砂砾材料回填，并在水中分层摊铺，直到基坑中的水全部被回填的砂砾材料所吸收并达到能充分压实的程度，再进行充分压实。

（6）地基检验　基坑开挖完毕，承包商应报请监理工程师到现场监督检验，将检验情况填写到地基检验表上；报请监理工程师复验合格后，方可进行基础施工。检验内容如下：

1）基坑平面位置、尺寸和基坑底面标高是否符合要求。

2）基坑底部地质情况和地基承载力是否与图样相符。

3）基坑底部处理是否符合图样和《公路桥涵施工技术规范》（JTG F50—2011）的要求。各项内容检查见表3-15。

表3-15　开挖基坑检查项目

序　号	检 查 项 目		规定值或允许偏差	检查方法和频率
1	平面周线位置/mm		不小于图样要求	经纬仪：测量纵、横各2点
2	基坑底部标高/mm	土质	±50	水准仪：测量5～8点
		石质	-200～+50	
3	基坑尺寸/(mm×mm)		不小于图样要求	尺量

2. 桩基础

桩基础根据施工方法不同分为沉入桩、钻孔桩和挖孔桩。钻孔桩施工使用的施工机械可分为冲击钻、旋转钻等；旋转钻又分为正循环和反循环两种。

（1）钻孔灌注桩施工　钻孔灌注桩施工包括钻孔、安设和拆除护筒、安设钢筋笼、灌注混凝土等内容。

1）钻孔灌注桩施工的一般要求。钻孔桩基础开工前，承包商应将准备的施工方法的全部资料（包括材料和全部设备的说明），报送监理工程师批准。任一钻孔工作开始前，都应得到监理工程师的书面批准。

承包商应保存每根桩的全部施工记录，需要时报送监理工程师供检查用。当监理工程师统一发放记录格式时，应按监理工程师的要求记录和填列；如监理工程师要求由承包商自行拟定记录格式时，记录格式应经监理工程师批准。

2）材料及水下混凝土。钢筋、水泥、细集料、粗集料、水和外加剂等原材料，都应符合规范的要求。混凝土强度等级应符合图样规定。

水下灌注混凝土（导管灌注混凝土）的配置应符合下列要求：

①水泥的强度等级不应低于42.5级，其初凝时间不宜少于2.5h。

②粗集料宜优先选用卵石，也可采用级配良好的碎石。

③粗集料的最大粒径不应大于导管内径的1/8～1/6和钢筋最小净距的1/4，同时不得大于40mm。

④细集料宜采用级配良好的中砂。

⑤混凝土的含砂率宜为40%～50%。

⑥缓凝外加剂只有得到监理工程师的批准才能使用。

⑦抗硫酸盐水泥应按图样说明，或按监理工程师的要求采用。

⑧坍落度宜为180～220mm。

⑨水下混凝土的水泥用量不宜小于350kg/m^3；当监理工程师同意掺入适量的缓凝剂或粉煤灰时，水泥用量不少于300kg/m^3。

⑩水灰比宜采用0.5～0.6。

3）钻孔。承包商可选择任何一种钻孔方式，但完成的钻孔应符合图样规定的允许偏差。

地质情况较为复杂的大、中型桥，在钻孔灌注桩施工前，应按设计要求或监理工程师的指示，在桥位现场试桩，以验证桩的设计参数及承载能力，并根据地层情况、施工条件选择合理的施工方法。在试桩中发现地质情况（如有地下水、地层对混凝土有腐蚀作用、有较大承压水等）与原设计不符实，承包商应提出相应的技术措施或变更设计，并报请监理工程师批准。

钻孔时首先应采用长度适宜的护筒，以保证孔口不坍塌及不使地表水进入钻孔，并保持钻孔内泥浆表面高程。护筒应符合以下要求：

①护筒可用钢板或钢筋混凝土制作。

②护筒内径一般应比桩径稍大（一般大260～400mm），可根据钻孔情况选用。

③护筒高度宜高出地面0.3m或水面1.0～2.0m。

④当钻孔内有承压水时，应高于稳定后的承压水位2.0m以上；若承压水位不稳定或稳定后承压水位高出地下水很多，应先做试桩。

⑤当处于潮水影响地区时，护筒应高于最高施工水位1.5～2.0m，并应采取稳定护筒内水头的措施。

⑥护筒中心竖直线应与桩中心线重合，除设计另有规定外，一般平面允许误差为50mm，竖直线倾斜度不大于1%；干处可实测定位，水域可依靠导向架定位。

⑦护筒埋置深度应根据图样要求或桩位水文地质情况确定，一般情况埋置深度宜为2～4m，特殊情况应加深以保证钻孔和灌注混凝土的顺利进行。有冲刷影响的河床，应沉入局部冲刷线以下1.0～1.5m。

⑧在钻孔排渣、提钻头除土或因故停钻时，应保持孔内具有规定的水位及要求的泥浆相对密度和黏度。

⑨当设计为斜桩时，为保证开孔倾斜度准确，埋设的护筒应准确，长度不宜小于3m，护筒直径只宜比钻锥直径大20～30mm。护筒埋设的倾斜度宜稍大于设计倾斜度，且应埋筑紧密。

⑩斜孔孔壁较易坍塌，故孔内水头、护壁泥浆相对密度和黏度等指标应比钻竖孔时稍大，可加入适量添加剂以改善泥浆性能。

4）固孔。

①承包商应采用钻孔泥浆护壁，以保持孔壁在钻进过程中不坍塌（但采用全长护筒者除外）。

②承包商可用膨润土悬浮泥浆或合格的黏土悬浮泥浆作为钻孔泥浆。钻孔泥浆不得污染地下水。根据钻孔方法的实用性的论证，不加掺合物的清水钻仅在监理工程师书面同意的情况下才可采用。

③钻孔泥浆应始终高出孔外水位或地下水位1.0～1.5m。

④胶泥应用清水拌和成悬浮体，使在灌注混凝土时保持钻孔孔壁的稳定。泥浆的性能指标见表3-16，施工时除相对密度和黏度应进行试验外，如果监理工程师要求，其他指标也应予以抽检。

表3-16 泥浆性能指标要求

钻孔方法	地层情况	泥浆性能指标							
		相对密度	黏度/Pa·s	含砂率（%）	胶体率（%）	失水率/（mL/30min）	泥皮厚度/（mm/30min）	静力/Pa	酸碱度pH
正循环	一般地层	1.05～1.20	16～22	8～4	≥96	≤25	≤2	1.0～2.5	8～10
	易坍地层	1.20～1.45	19～28	8～4	≥96	≤15	≤2	3～5	8～10
反循环	一般地层	1.02～1.06	16～20	≤4	≥95	≤20	≤3	1～2.5	8～10
	易坍地层	1.03～1.10	18～28	≤4	≥95	≤20	≤3	1～2.5	8～10
	卵石地层	1.10～1.15	20～35	≤4	≥95	≤20	≤3	1～2.5	8～10
推抓 冲抓	一般地层	1.10～1.20	18～24	≤4	≥95	≤20	≤3	1～2.5	8～11
冲击	易坍地层	1.20～1.40	22～30	≤4	≥95	≤20	≤3	3～5	8～11

注：1. 地下水位高或水流速大时，指标取高限，反之取低限。
2. 地质状况好，孔径或孔深较小的取低限，反之取高限。

⑤除图样另有规定外，地面或最低冲刷线以下部分，护筒应在灌注混凝土后拔除。

5）清孔。钻孔达到图样规定的深度且成孔质量符合图样要求，经监理工程师批准后，应立即进行清孔。清孔时，孔内水位应保持在地下水位或河流水位以上1.5～2m，以防止钻孔塌陷。应将附着于护筒壁上的泥浆清洗干净，并将孔底钻渣及泥沙等沉淀物清除。清孔遍数应满足清孔后孔底钻渣沉淀厚度符合图样规定值的要求，大桥基础钻孔后一般需进行两次清孔。

清孔后孔底沉淀物厚度应按图样规定值进行检查。如图样无规定，对于直径等于或小于1.5m的摩擦桩，沉淀物厚度应等于或小于300mm；桩径大于1.5m或桩长大于40m或土质较差的摩擦桩，沉淀物厚度应等于或小于500mm。嵌岩桩的沉淀物厚度应满足图样要求，且不得大于50mm，不得采用加深孔底深度的方式代替清孔。

6）钻孔工序。

①当采用冲击法钻孔时，为防止冲击振动使邻孔孔壁坍塌或影响邻孔已灌混凝土的凝固及邻桩混凝土质量，应待邻孔的混凝土灌注完毕，并达到15MPa的抗压强度后，才能开钻。在满足此条件下，为加快完成钻孔工作，可以多机同时工作。

②钻孔应连续进行，不得中断。如用抓斗开挖，应注意提升抓斗时下面不致产生真空。

③软土地段的钻孔，首先应进行地基加固，在保证钻孔设备的稳定和钻孔孔位准确后再行钻孔。

④钻孔时须及时填写钻孔记录，在土层变化处捞取渣样，判明土层，以便与地质剖面图相比较。当与地质剖面图严重不符时，应及时向监理工程师汇报，并按监理工程师的指示处理。

7）钻孔检查及允许偏差。钻孔在终孔和清孔后，对孔径、孔形和倾斜度，应采用专用仪器测定。当缺乏仪器时，可采用外径 D 等于钻孔桩钢筋笼直径加100mm（但不得大于钻头直径），长度不小于 $6D$ 的钢筋检孔器，吊入钻孔内检测，检查结果应报请监理工程师复查。如经检查发现有缺陷，如中心线不符，直径减小，截面呈椭圆形，孔内有漂石等，承包商应就这些缺陷书面报告监理工程师，并采取适当措施予以修补和改正。

对于嵌岩桩，还应检查嵌岩深度和孔底岩石是否发生变化，承包商应将施工记录和收集的地质样品交监理工程师检验。嵌岩桩必须满足图样所要求的嵌岩深度，桩底岩层强度应不低于图样所规定的强度。

经检验确认成孔满足要求时，应立即填写成孔检查单，经监理工程师签认后，即可进行下道工序。

8）钢筋骨架。

①桩的钢筋骨架应在混凝土灌注前整体放入孔内。如果混凝土不能在钢筋骨架放入之后立即灌注，则钢筋骨架应从孔内移走。在钢筋骨架重放前，应对钻孔的完整性（包括孔底松散物的出现），重新进行检查。

②钢筋骨架应有强劲的内撑架，以防止钢筋骨架在运输和就位时变形。在顶面应采取有效方法进行固定，以防止在混凝土灌注过程中钢筋骨架上升。支撑系统应对准中线，以防止钢筋骨架倾斜和移动。

③钢筋骨架上应事先安设控制钢筋骨架位置与孔壁净距的混凝土垫块。这些垫块应可靠地以等距离绑在钢筋骨架周径上，其沿桩长的间距不应超过2m；横向圆周不得少于4处。也可采用其他有效方法，以保证图样要求的保护层厚度得到满足。钢筋骨架底面高程允许偏差为±50mm。

④钢筋骨架制作和吊放的允许偏差：主筋间距为±10mm；箍筋间距为±20mm；骨架外径为±10mm；骨架倾斜度为±0.5%；骨架保护层厚度为±20mm；骨架中心平面位置为±20mm；骨架顶端高程为±20mm。

9）灌注水下混凝土。灌注水下混凝土前，应检测孔底泥浆沉淀厚度，如大于规范要求，应再次清孔。混凝土拌合物运至灌注地点时，应检查其均匀性和坍落度，如不符合规范要求，应进行二次拌和，二次拌和仍达不到要求，不得使用。灌注水下混凝土的搅拌机的能力，应能满足桩孔在规定时间内灌注完毕的要求。灌注时间不得长于首批混凝土初凝时间。若估计灌注时间长于首批混凝土初凝时间，则应在混凝土中掺入缓凝剂。孔身及孔底检查得到监理工程师认可和钢筋骨架安放后，应立即开始灌注混凝土，并应连续进行，不得中断。当气温低于0℃时，灌注混凝土应采取保温措施。强度未达到设计强度50%的桩顶混凝土不得受冻。

混凝土一般用钢导管灌注。导管管径视桩径大小而定，一般由内径为200～350mm的管子组成，用装有垫圈的法兰盘连接管节。导管应进行水密、承压和接头抗拉试验。在灌注混凝土开始时，导管底部至孔底应有250～400mm的空间。首批灌注混凝土的数量应能满足导管初次埋置深度大于1.0m和填充导管底部间隙的需要。在整个灌注时间内，出料口应伸入先前灌注的混凝土内至少2m，以防止泥浆及水冲入管内，且不得大于6m。应经常量测孔内混凝土面层的高程，及时调整导管出料口与混凝土表面的相对位置，并始终予以严密监视。导管应在无水进入的状态下进行填充。如为泵送混凝土，泵管应设底阀或其他装置，以防水与管中的混凝土混合。泵管应在桩内混凝土升高时，慢慢提起。管底在任何时候，都应在混凝土顶面以下2m。输送到桩中的混凝土，应一次连续操作。初凝前，任何受污染的混凝土应从桩顶清除。灌注混凝土时，溢出的泥浆应引流至适当地点处理，以防止其污染环境或堵塞河道和交通。

处于地面或桩顶以下的井口整体式刚性护筒，应在灌注混凝土后立即拔出；处于地面以上能拆除的护筒部分，须待混凝土抗压强度达到5MPa后拆除。当使用全护筒灌注混凝土时，应逐步提升护筒，护筒底面应保持在混凝土顶面以下1～2m。

混凝土应连续灌注，直至灌注的混凝土顶面高出图样规定或监理工程师确定的截断高度方可停止浇筑，以保证截断面以下的全部混凝土均达到强度标准。灌注的桩顶标高应比设计标高高出一定高度，一般为0.5～1.0m，以保证桩的混凝土强度，多余部分应在接桩前凿除，桩头应无松散层。

混凝土灌注过程中，如发生故障应及时查明原因，并提出补救措施，报请监理工程师研究后进行处理，补救费用由承包商承担。

10）质量检验。

①混凝土质量的检查和验收，应符合规范的规定。每桩试件组数一般为1组。

②承办商应在监理工程师在场的情况下，采用经监理工程师同意的无破损检测法，进行桩的质量检验和评价。一般小桥选有代表性的桩或重要部位的桩进行检测，中桥、大桥及特大桥的钻孔桩，应逐根进行检测。

③承包商应配备能对全桩长钻取70mm直径或较大的芯样的设备和经过训练的工作人员；也可以分包给经监理工程师认可的钻探队来承担钻取芯样的工作。

④若设计有规定和监理工程师对桩的质量有疑问，或在施工中遇到的任何异常情况，说明桩的质量可能低于要求的标准时，应采用钻取芯样法对桩进行检测。对支承桩应钻到桩底0.5m以下，以检验桩的混凝土灌注质量。钻芯检验应在监理工程师指导下进行，检验结果若不合格，则应视为废桩。

⑤当监理工程师对每一根成桩平面位置的复查、试验结果及施工记录都认可后，监理工程师应以书面形式进行批准。在未得到监理工程师的批准前，不得进行有关该桩基础的其他工作。

⑥钻孔灌注桩的检查项目见表3-17。

表3-17 钻孔灌注桩的检查项目

序 号	检查项目		规定值或允许偏差	检查方法和频率
1	桩混凝土强度/MPa		在合格标准内	
2	桩位/mm	群桩	100	全站仪或经纬仪：每桩检查
		排架桩	50	
3	孔径/mm		不小于设计值	探孔器：每桩测量
4	钻孔倾斜度/mm		不小于设计值	测壁（斜）仪或钻杆垂线法：每桩检查
5	孔深/mm		不小于设计值	测绳量：每桩测量
6	沉淀厚度/mm	摩擦桩	符合设计规定；设计未规定时，按施工规范要求	沉淀盒或标准测锤：每桩检查
		支承桩	不大于设计规定	
7	钢筋骨架面高程/mm		±50	水准仪：测每根钢筋的骨架顶面高程后反算

11）缺陷桩。如果桩不符合规定要求，或在施工过程中遇到异常情况，监理工程师有理由认为桩的质量低劣，应采取监理工程师认可的补救措施进行补救或予以废弃。

对于缺陷桩，应有承包商作出详细的补救措施设计（包括材料和所有设备的说明），经监理工程师批准后方可实施。这些增加的工程，其费用由承包商承担。

由于施工过错而引起的桩长增加，其费用由承包商承担。

（2）挖孔灌注桩　承包商应该将准备采用的挖孔施工的全部资料（包括材料和全部设备的说明），报请监理工程师批准。任一挖孔工作开始前，都应得到监理工程师的书面批准。承包商派代表驻工地负责施工，并对项目施工提出书面指示（包括适用的挖孔方法、挖孔的深度检查方法、混凝土拌和细节，一桩完成混凝土浇筑后，下一桩开始挖孔的最小间隔时间及施工计划等）。这些指示的复制件，应报送监理工程师。

1）一般要求。

①挖孔灌注桩适用于无地下水或少量地下水，且较密实的土层或风化岩层。当孔内的空气污染物超过《环境空气质量标准》（GB 3095—1996）规定的三级标准浓度限值时，必须采取通风措施，之后才可采用人工挖孔施工。挖孔孔深不宜大于15m。挖孔斜桩仅适用于地下水位低于孔底标高的黏性土。

②挖孔的平面尺寸，不得小于桩的设计断面。在浇筑混凝土时，不能拆除的临时支撑及护壁所占的面积，不应计入有效断面。

③承包商应保存每根桩的全部施工记录，以报送监理工程师作为检查用。承包商应拟定记录格式，并报监理工程师批准。

2）支撑及护壁。

①挖孔施工应选择合适的孔壁支护类型，一般可采用木框架、竹篾、柳条、预制混凝土或钢板制成的井圈支护，也可以采用现浇或喷射混凝土护壁。

②摩擦桩的临时性支撑及护壁，应在灌注混凝土时逐步拆除。无法拆除的临时性支护，不得用于摩擦桩。

3）挖孔。

①挖孔时，应注意施工安全。挖孔工人必须配有安全帽、安全绳，必要时应搭设掩体。提取土渣的吊桶、吊钩、钢丝绳、卷扬机等机具，应经常检查。井口围护应高出地面20～30cm，以防止土石等杂物落入孔内伤人。挖孔工作暂时停止时，或孔深超过10m时，应采用机械通风。挖孔斜桩挖掘时容易出现孔壁坍塌，宜采取预制钢筋混凝土护筒分节下沉护壁。

②孔内岩石需爆破时，应采用浅眼爆破法，严格控制炸药用料，并在炮眼附近加强支撑和护壁，以防止振塌护壁。

③挖孔达到设计深度后，应除去孔底松土、沉渣和杂物。如地质复杂，应用钢钎探明孔底以下的地质情况，并报监理工程师复查认可后方可灌注混凝土。

④挖孔灌注桩的允许偏差同钻孔灌注桩。

4）灌注混凝土。

①混凝土及钢筋骨架的施工应满足规范的要求。

②当自孔底及孔壁渗入的地下水上升速度较小时，可不采用水下灌注混凝土桩的方法。

（3）桩的垂直静荷载试验　对于采用钻孔灌注桩和挖孔灌注桩的结构物，监理工程师可选择工程用桩做检验荷载试验，以检验桩的承载能力，承包商应在工地先施工这些工程用桩供试验使用。试验用桩制作时，使用的施工设备及施工方法应与主要的基桩相同，并且其深度应符合设计的要求。工地的其他桩，应在先前的试桩完成且监理工程师满意以后，才能施工。

监理工程师也可要求在工地附近的其他指定地点进行破坏荷载试验。破坏荷载试验的目的是，确定桩设计的合理性。这些试验应在任何工程用桩开始以前完成，且做到使监理工程师满意。破坏荷载试验用桩，不得在以后作为工程用桩。

对就地钻孔灌注桩和挖孔灌注桩是否做检验荷载和破坏荷载试验，由监理工程师根据具体情况确定。

1）试验要求。荷载试验用桩应按设计要求选用，或由监理工程师指定。监理工程师至少应在基桩施工开始前7d选定试桩。试验时桩的混凝土强度应达到设计强度等级。试验应按规定的程序进行，承包商应向监理工程师提交拟采用的荷载装置的详图，请求批准。荷载装置应能逐渐施加荷载增量而不致使试桩振动。如批准的方法需要锚（拉）桩，这些锚（拉）桩应与永久性桩为同一形式和同一直径，且设在永久性的桩位上。

试桩桩顶高在混凝土结硬以后应立即确定，且在荷载试验以前再进行复核，以检验有无隆起现象。所有隆起的桩在试验前应用千斤顶压至原来的标高。

2）桩的破坏荷载及检验荷载的试验标准。桩的检验荷载为两倍设计荷载。如果加载到两倍设计荷载后总沉降量不超过40mm，且最后一级加载引起的沉降量不超过前一级加载引起的沉降量的5倍，沉降在24h内稳定，则该桩可予以验收。

如果最后一级加载以后，桩的总沉降量大于40mm，或本级加载引起的沉降量等于或大于前一级加载引起的沉降量的5倍，且本级加载后，沉降经24h仍不稳定，则最后一级加载时的总荷载为破坏荷载。

3）桩的荷载试验步骤。

①每级荷载增量约为预定的最大试验荷载的10%。

②下沉未达稳定不得进行下一级加载。沉降观测开始应每15min记录一次；累计1h后，每30min记录一次；累计2h后，每1h记录一次。

③每级加载的沉降量，在下列时间内如不大于0.1mm，即可视为稳定：桩端下为大块碎石类土、砂类土、坚硬黏性土，最后30min；桩端下为半坚硬和软塑黏性土，最后1h。

④应分级卸载，每级卸载量相当于分级加载增量的2倍；如加载级为奇数，则第一级卸载量为分级加载增量的3倍。卸载到荷载为零后，至少在2h内每30min观测一次回弹量。如果桩端下为砂类土，则开始30min内，每15min观测一次；如果桩端下为黏性土，则开始1h内，每15min观测一次。

4）试桩成果及试桩的挖移或截断。

①承包商应在试桩试验完成后24h内，按规范及监理工程师的要求，向监理工程师提交每根试桩完备的记录及数据分析。

②不用于结构物的破坏荷载试验的试桩，在试验完成以后应挖移，或截断至完工后的地面、河床或最低冲刷线以下30cm。

3. 沉井基础

（1）沉井基础的分类　沉井基础根据下沉方式的不同，可分为浮运沉井和就地制造下沉的沉井；根据使用的材料不同，可分为混凝土沉井、钢筋混凝土沉井、竹筋混凝土沉井、钢沉井、砖沉井、木沉井等；根据外观情况不同，可分为圆形、箱形、圆端形三类。沉井一般由井壁、刃脚、隔墙、井孔、凹槽、封底及盖板等部分组成。

（2）沉井基础质量控制的要求　沉井在开始施工之前，必须报请监理工程师，以便监理工程师在施工时随时进行检查、验收。

1）制造沉井的场地必须具有足够的地基承载能力，支垫布置应满足设计要求且抽垫方便。第一节沉井下沉工作，应在井壁混凝土强度达到各阶段要求的强度后进行。

2）浮式沉井在下水、浮运前，应进行水密性试验，且应对水下基床进行检查，认为合格后才能就位落床。

3）沉井下降过程中，应随时注意正位，保持其竖直下沉，至少每下沉1m检查一次，并做好观测记录，发现偏位或倾斜应及时纠正。

4）采用空气幕方法下沉时应保持沉井内水位有一定的高差，以防止翻砂。合理安排井外弃土的位置，尽量减少偏压。

5）沉井接高时，各节的竖向中轴线与第一节竖向中轴线应重合，接高前应尽量纠正沉井的倾斜。

6）当沉井下沉至设计高程后，应检查基底情况是否符合设计要求，必要时应由潜水工进行检查，并填写记录，经监理工程师检验合格后方可封顶，水下封底混凝土应密实、不透（漏）水。

7）各项施工记录齐全。

3.4.3　桥梁下部构造的施工质量监理

桥墩与桥台，合称为桥梁下部构造。常用的墩（台）结构形式有实体式墩（台）、柱式墩（台）、埋置式桥台、空心墩、Y形墩、薄壁墩及索塔等。实体式墩（台）包括重力式墩

（台）和轻型墩（台）两大类。

重力式墩（台）的主要特点是，靠自身重力来平衡外力而保持其稳定，因此墩（台）身比较厚实，可以不用钢筋，而用天然石材或片石混凝土砌筑。

轻型墩（台）的刚度小，受力后允许在一定的范围内发生弹性变形。所以用的建筑材料大都以钢筋混凝土和少量配筋的混凝土为主，但也有一些轻型墩（台）通过验算后，可以用石材砌筑。

1. 浆砌石块及混凝土预制块墩（台）

（1）材料的选择

1）石材。

①石料等级应符合图样规定或监理工程师要求。石材在使用前应按现行《公路工程岩石试验规程》（JTG E41—2005）进行试验，以确定石料各项物理力学指标是否合格。

②石料应强韧、密实、坚固、耐久，其质地应当细致，色泽应均匀，无风化剥落、裂纹及结构缺陷。石料应取自成品质量满意的采石场。

③石料不得含有妨碍砂浆正常粘结或有损外露面外观的污泥、油质或其他有害物质。石料的运输、储存和处理，应不产生过量的损坏和废料。

2）混凝土预制块。混凝土预制块的强度、尺寸应符合图样规定或监理工程师要求。

3）砂浆。砂浆强度等级应符合图样规定或监理工程师要求；砂浆强度等级指 70.7mm × 70.7mm × 70.7mm 试件标准养护 28d 的抗压强度（单位为 MPa）；标准养护条件指的是温度为 20℃，相对湿度不小于 90% 的环境。

砂浆所用水泥、砂和水应符合规范的规定。砂浆宜用中砂或粗砂。砂的最大粒径，当用于砌筑片石时，不宜大于 5mm；当用于砌筑块石、粗料石时，不宜大于 2.5mm。

监理工程师许可时，可以将粗集料中最大粒径不超过 20mm 的混凝土（小石子混凝土）用做片石和块石的砂浆。

除非图样上另外标明或监理工程师另有指示，勾缝砂浆用于主体工程时其强度等级不低于 M10；用于附属工程时其强度等级应不低于 M7.5，且均不低于砌筑砂浆的强度等级。除非监理工程师同意，不得人工拌和砂浆。

4）片石。片石的厚度应小于 150mm（卵形和薄片者不得使用）。镶面片石应选择尺寸稍大并具有较平整表面者，且应稍加修凿。在角隅处应使用较大片石，且大致修凿方正。

5）块石。块石应大致方正，上下大致平行，其厚度为 200 ~ 300mm，宽度及长度应分别为厚度的 1 ~ 1.5 倍和 1.5 ~ 3 倍（石料的尖锐边角应凿去）。所有镶面块石的表面，应进行修凿，使其表面凹陷深度不大于 20mm。

6）粗料石。粗料石应修凿到大致呈六面体形状，其厚度为 200mm ~ 300mm，宽度为厚度的 1 ~ 1.5 倍，长度为厚度的 2.5 ~ 4 倍。粗料石表面凹陷深度不应大于 20mm。

镶面粗料石的丁石长度应比同层顺石宽度至少大 150mm，镶面粗料石的外露面和所有垂直于外露面的表面应进行修凿。角隅石、拱砌块或墩尖端的镶面粗料石应修凿成所要求的形状。

（2）墩（台）的施工要求

1）一般要求。在砌筑前，每一砌块均应用干净水洗净并使其保持湿润，其垫层也应干净并湿润。所有砌块均应坐于新拌砂浆之上。各砌层的砌块应安放稳固。砌块间应砂浆饱满、粘结牢固，不得直接贴靠或脱空。竖缝满浆时应先在已砌砌块的侧面抹浆，然后侧压砌筑下一相邻砌块；或在相邻砌块就位后灌入砂浆。当用小石子混凝土填塞竖缝时，应用扁钢捣实。

砌筑基础的第一层砌块时，如基础为岩层或混凝土基础，应先将基底表面清洗、湿润，再坐浆砌筑；如基底为土质，可直接坐浆砌筑。

所有砌体均应分层砌筑。当砌体较长时可分段分层砌筑，但相邻工作段的砌筑差应不大于1.2m。分段位置宜设置伸缩缝或沉降缝，分段水平砌缝应一致。

先砌筑角隅及镶面砌块，然后砌筑外圈定位砌块，最后砌筑里层砌块，角隅或镶面砌块应与外圈定位砌块互相锁合；外圈定位砌块与里层砌块应互相锁合。

如果砌块松动或砌缝开裂，应将砌块提起，并将垫层砂浆与砌缝砂浆清扫干净，然后将砌块重铺砌在新砂浆上。

在砂浆凝固前应将外露缝勾好，勾缝深度不小于20mm。如不能按此要求进行外露缝的勾缝，应在砂浆未凝固前预留不小于20mm的空缝以备勾缝之用。

勾好缝或灌好浆的砌体在完工后，视水泥种类及气候情况，在7~14d内应加强养护。

在软弱地基上修筑的砌体工程，应在软基达到图样规定及监理工程师批准的沉降期终了之后进行。

2）砂浆和小石子混凝土。砌体所用砂浆或小石子混凝土的材料配合比，应由试拌试验决定。水灰比不应大于0.65。砂浆应有适当的和易性和稠度，其稠度以标准锥体沉入度表示，应为50~70mm。小石子混凝土的坍落度应为50~100mm。

砌筑块体和勾缝所用砂浆或小石子混凝土等级应按图样规定选用。砂浆用机械拌和。机械拌和砂浆应在监理工程师认可的拌和机内进行，其拌和时间不应少于1.5min。砂浆或小石子混凝土拌和后2~3h内应使用完毕，并且允许加水重塑。在运输过程或储存器中发生离析、泌水的砂浆，砌筑前应重新拌和；已凝结的砂浆，不得使用。

在铺筑砂浆或用做砂浆的小石子混凝土时，应遵守有关气候和温度的规定。

3）片石砌体。片石分层砌筑，一般2~3层组成一个工作层，每一个工作层应大致找平。应选用表面比较整齐的大尺寸块石作为角隅石及镶面石，相对长和短的石块应交错铺在同一层，并与外圈定位石或里层石交错锁结。竖缝应与邻层的竖缝错开。一般平缝与竖缝宽度，当用水泥砂浆砌筑时不大于40mm，当用小石子混凝土砌筑时为30~70mm。可用厚度不比宽度大的石片填塞竖缝，且石片应被砂浆包裹。

4）块石砌体。块石砌体应成行铺砌，并砌成大致水平。镶面石应按丁顺相间或两顺一丁砌筑。上下层竖缝错开距离应不小于80mm。砂浆砌筑缝宽不大于30mm。

外圈定位石及里层石的竖缝应互相错开，砂浆砌筑平缝宽度应不大于30mm，竖缝宽度应不大于40mm；当用小石子混凝土砌筑时，宽度应不大于30mm。

5）粗料石及混凝土预制砌体。粗料石砌体应成行铺砌，并砌成水平层次。在铺砌前，应选择石料，使各层在厚度、外观及类别上相匹配。任何镶面石应丁顺相间砌筑，砌缝应横平竖直。粗料石砌缝宽度不应大于20mm，混凝土预制块砌缝宽度不应大于10mm，上下层竖缝错开距离不小于100mm，同时在丁石的上层或下层不宜有竖缝。经监理工程师批准，外圈定位石及里层石可采用符合规定的石块。

6）质量检测。水泥砂浆及小石子混凝土的取样和试验，除监理工程师另有指示外，只要求主体砌筑物，不同强度等级及不同配合比的水泥砂浆及小石子混凝土，每工作班应制取2组试件（每组试件，水泥砂浆取6个70.7mm×70.7mm×70.7mm立方体，小石子混凝土取3个150mm×150mm×150mm立方体）。一般和次要砌筑物，每工作班取1组试件。一组砂浆试样的强度为该组的6个试件28d极限抗压强度的平均值。砂浆试样强度应符合以下要求：

①同一组等级的各组砂浆试样的平均强度（单位为MPa）应不低于图样规定的砂浆等级强度；

②任一组的强度不应低于图样规定的砂浆等级强度的75%。

7）检查项目。浆砌片石基础的检查项目见表3-18，墩（台）身砌体的检查项目见3-19。

表3-18 浆砌片石基础检查项目

序号	检查项目		规定值或允许偏差	检查方法和频率
1	砂浆强度/MPa		在合格标准内	—
2	轴线偏位/mm		25	经纬仪检查：纵、横向各2处
3	平面尺寸/mm		±50	尺量：长、宽各3处
4	顶面高程/mm		±30	水准仪：测5～8点
5	基底高程/mm	土质	±50	水准仪：测5～8点
		石质	−200～+50	

表3-19 墩（台）身砌体检查项目

序号	检查项目		规定值或允许偏差	检查方法和频率
1	砂浆强度/MPa		在合格标准内	—
2	墩、台长、宽/mm	片石	−10～+40	尺量：3个断面
		块石	−10～+30	
		料石	−10～+20	
3	竖直度或坡度	片石	0.5%	垂线或经纬仪：测量纵、横向各2点
		块石、料石	0.3%	
4	顶面高程/mm		±10	水准仪：测量3点
5	轴线偏位/mm		10	全站仪或经纬仪：测量纵、横向各2点
6	大面积平整度/mm	片石	30	用2m直尺检查
		块石	20	
		料石	10	

8）外观鉴定。

①砌体表面平整、直顺平滑；

②勾缝平顺，无脱落现象。

2. 混凝土墩（台）

（1）基础及墩（台）

1）浇筑基础混凝土前，应将地基进行清理，使其符合图样要求。当为干燥地基时，应将地基湿润。如果是岩石地基，应在湿润后先铺一层厚度为2～3cm的水泥砂浆，并在其凝结前浇筑第一层混凝土。

2）一般墩（台）及基础混凝土应在整个平截面水平分层浇筑，当平截面过大，不能在前层混凝土初凝或能重塑前浇筑完成次层混凝土时，可分块浇筑，分块浇筑时应符合下列规定：

①分块宜合理布置，各分块平均面积不宜小于$50m^2$；

②每块高度不宜超过2m；

③块与块之间的竖向接缝面应与基础平截面短边平行，与平截面长边垂直。

3）采用滑升模板浇筑墩（台）混凝土时，应符合下列规定：

①滑升模板浇筑墩（台）混凝土宜采用低流动度或半干硬性混凝土。

②浇筑应分层分段进行，各段应浇筑到模板上口不少于150mm的位置为止。若为排柱式墩（台），各立柱施工应保持进度一致。

③振捣应采用插入式振捣棒。

④每一整体结构的浇筑应连续进行，若因故中断，则应按施工缝处理。

⑤混凝土脱模时的强度宜为0.2～0.5MPa，脱模时如表面有缺陷，应及时予以修理。

⑥对滑模顶升应严格控制竖向精度，千斤顶应分组设置，除能同步顶升外，且可调整墩（台）的竖向精度。提升速度不宜过快，以100～300mm/h为宜。

4）采用翻转模板浇筑墩（台）时，翻转模板也有足够的强度和刚度，其制作精度应满足图样要求。每节模板的高度视起重设备的能力而定，其质量不宜超过1.5t，浇筑混凝土应采用泵送方法；混凝土的配合比及外加剂掺量经反复试验进行确定。翻转模板施工时，两节模板交替轮番安装，并浇筑混凝土，需在已浇筑混凝土强度达到10～15MPa后，方可在已浇混凝土的模板上立模。翻转模板的单块尺寸较大，起吊时遇风容易产生剧烈的摆动，因此起吊前应有所准备，采取适当的稳定措施，以保证起吊安全。

5）高桥墩可采用滑模法或承包商习惯使用的行之有效的方法浇筑混凝土。承包商应根据所采用的施工方法和施工荷载，对高桥墩进行必要的结构验算，并将验算书及施工计划在施工前28d报监理工程师审批，批准后方可实施。施工时应严格控制墩身的竖直度或斜度，控制浇筑处桥墩顶面的偏心，发现偏差应立即纠正。混凝土浇筑宜连续进行，若浇筑过程中因故中断，则中断时间不得超过前层混凝土初凝时间，否则应按施工缝处理。在整个高墩的施工过程中，承包商应采取措施，加强墩身混凝土的养护。所以施工支架及工作平台，应具有足够的强度和刚度，同时应设置必要的安全防护设施，以确保施工安全。承包商应随时进行施工部位的位置观测，做好观测记录，以便随时采取相应措施进行校正，并报送监理工程师备案。

（2）柱

1）除非监理工程师另有指示，墩柱混凝土应在一次作业中浇筑完成。混凝土墩柱应在浇筑完成后最少24h且混凝土达到设计强度的75%以上时，才允许浇筑盖梁混凝土（图样上另有标明者除外）。

2）若采用滑升模板施工，应符合有关滑升模板施工的规定。当为排柱式墩（台）时，各立柱的浇筑进度应保持一致。

3）独柱墩施工时，应严格按图样规定控制施工墩顶的偏心，随时观测墩顶部的位移，并作记录，以便随时采取相应措施进行校正。施工期间应严格防止对桥墩的意外撞击。

（3）承台　在已完成的桩基上浇筑承台混凝土时，搭设的支架、模板应符合图样及规范有关规定。为了避免承台大体积混凝土水热化使温度升高而导致混凝土产生裂缝，可采取以下措施：

1）在进行配合比设计时，根据图样的要求，选择水化热低的水泥，改善集料级配，降低水化比，选择优质外加剂并尽量减少水泥用量（在符合《公路桥涵施工设计规范》（JTG F50—2011）规定的范围内。

2）承台厚度较大时，可分成几层较薄的浇筑层，以增加散热面积；延长浇筑时间和散热时间，使混凝土升温值得以减少。分层时每层厚度可取1.5m左右，每层浇筑间隔时间为6～7d。

3）在混凝土浇筑体内，埋设冷却水管时，应注意冷却水与混凝土之间的温差不宜过大。

（4）外观检查

1）混凝土表面应平整、密实，施工缝应整齐。

2）柱、盖梁、承台、基础的混凝土蜂窝、麻面面积不得超过被检面积的0.5%，深度不得超过10mm。

3）小型构件的蜂窝、麻面面积不得超过被检面积的10%，深度不超过10mm。

4）所有蜂窝、麻面、不整齐的施工缝宽大于0.15mm的裂缝，应按规定进行整修，并符合有关规定。

（5）墩（台）的施工监理　墩（台）施工流程及监理工作内容如图3-7所示。

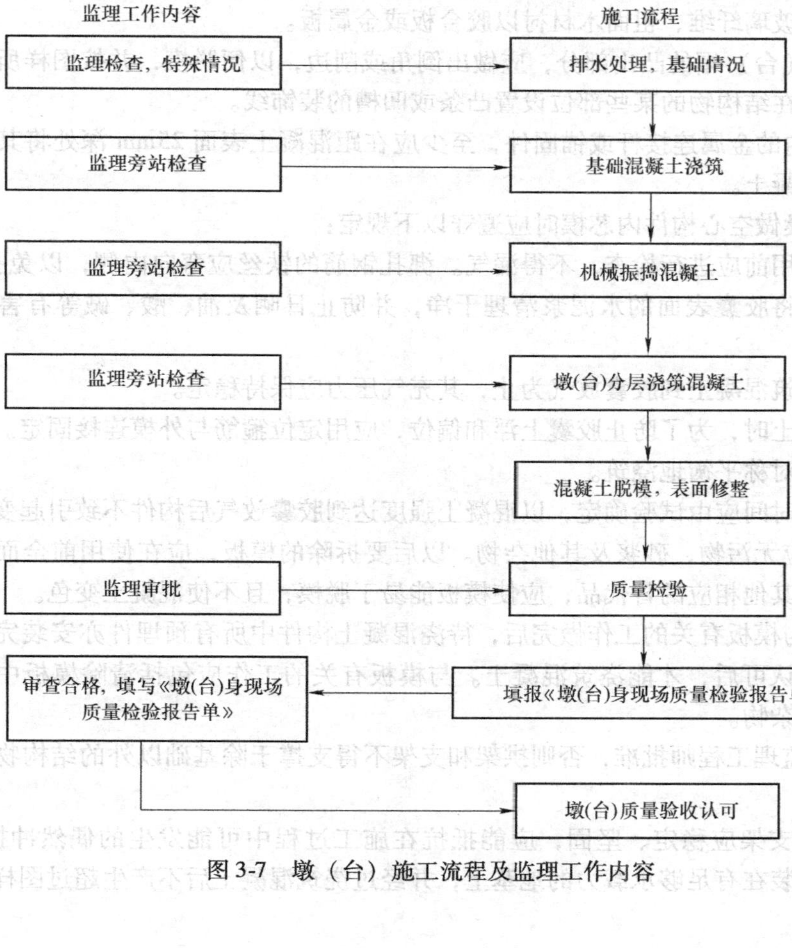

图3-7　墩（台）施工流程及监理工作内容

3.4.4　桥梁上部构造的施工质量监理

桥梁上部构造是跨越山谷、河流，连接路基的主要承重部分，常用的结构形式有梁板式和拱式两种。桥梁上部构造的施工工艺分为预制和现浇两大类。

1. 模板、拱架和支架

模板、拱架和支架所用材料一般是木材和钢材，材料质量应该符合规范规定。模板制作的接缝应密合、不漏浆，外观应符合结构尺寸外形要求，并且有足够的刚度、强度，以防浇筑混凝土时有明显挠度。拱架和支架应具有足够的刚度、强度和稳定性，能承受所加的荷载，并使结构在尺寸及外形上符合图样要求，考虑洪水、漂流物和船只的影响，还应该有足够的安全性。

（1）模板、拱架、支座的制作和架设

1）承包商应在制作模板、支座前14d，向监理工程师提交模板、拱架和支架的施工图，以及内力和预计挠度计算书，经监理工程师批准后才能进行制作和架设。监理工程师的批准及制作、架设过程中的检查，并不免除承包商对此应负的责任。

2）模板、拱架和支座的挠度及预拱度要求为：结构外露表面的模板，其绕度不应超过模板构件跨度的1/400；结构隐蔽表面的模板，不应该超过模板构件跨度的1/250。

3）混凝土外露面的模板应采用下列材料之一：胶合板、锯材，至少把一个侧面及两个边刨光；金属、玻璃纤维、粗面木材衬以胶合板或金属板。

4）梁及墩（台）帽的凸出部分，应做出倒角或削边，以便脱模，并按图样所示或监理工程师的指示，在结构物的某些部位设置凸条或凹槽的装饰线。

5）在模板内的金属连接杆或锚固件，至少应在距混凝土表面25mm深处将其拆卸或截断，且不损伤混凝土。

6）充气胶囊做空心构件内芯模时应遵守以下规定：

①胶囊在使用前应进行检查，不得漏气。绑扎钢筋的铁丝应弯向内侧，以免扎破胶囊。每次使用后，应将胶囊表面的水泥浆清理干净，并防止日晒及油、酸、碱等有害物质的侵蚀。

②从开始浇筑混凝土到胶囊放气为止，其充气压力应保持稳定。

③浇筑混凝土时，为了防止胶囊上浮和偏位，应用定位箍筋与外模连接固定。

④混凝土应对称平衡地浇筑。

⑤胶囊放气时间应由试验确定，以混凝土强度达到胶囊放气后构件不致引起变形为宜。

7）模板内应无污物、砂浆及其他杂物。以后要拆除的模板，应在使用前全面地涂以脱模剂。脱模剂或其他相应的替代品，应使模板能易于脱模，且不使混凝土变色。

8）当所有与模板有关的工作做完后，待浇混凝土构件中所有预埋件亦安装完毕，应经监理工程师检查认可后，才能浇筑混凝土。与模板有关的工作应包括清除模板中所有的污物、碎屑及其他杂物。

9）除非经监理工程师批准，否则拱架和支架不得支撑于除基础以外的结构物的任何部分。

10）拱架和支架应稳定、坚固，应能抵抗在施工过程中可能发生的偶然冲撞和振动。支架立柱必须安装在有足够承载力的地基上，并经过浇筑混凝土后不产生超过图样规定的允许沉降量。

11）在浇筑混凝土及砌筑拱圈的过程中，承包商应随时测量和记录拱架、支架的变形及沉降量。

12）钢筋混凝土梁板的底模板，当结构自重和汽车荷载（不计冲击力）产生的向下挠度超过跨径的1/1600时，应设预拱度，预拱度值应等于结构自重和1//2汽车荷载（不计冲击力）所产生的挠度。纵向预拱度可做成抛物线或圆曲线。

13）支架和拱架预留施工拱度时，应考虑下列因素：

①支架和拱架承受施工荷载所引起的弹性变形；

②超静电结构由于混凝土收缩、徐变及温度变化而引起的挠度；

③由于墩（台）受推力产生水平力位移引起的拱圈挠度；

④由结构重力引起梁或拱圈的弹性挠度，以及1/2汽车荷载（不计冲击力）引起的梁或拱圈的弹性挠度；

⑤由于杆件接头的挤压和设备卸载后，所产生的非弹性形变；

⑥支架基础在受载后的沉陷。

14）现浇混凝土的梁（板）结构，在支架架设后，应按图样的要求和监理工程师的指示，对支架进行预压，加在支架上的预压荷载应不小于梁（板）自重。

（2）模板、拱架、支架的拆卸

1）承包商应在拟定拆模24h以前，向监理工程师报告拆模建议，并应取得监理工程师的同意。

2）由于拆模不当引起的混凝土损坏，其返修费应由承包商承担。

3）不承重的侧模板，应在混凝土强度能够保证混凝土的表面及棱角不致损坏的情况下方可拆除，一般在混凝土抗压强度达到2.5MPa时方可拆除侧模。

4）承重模板、拱架和支架，应在混凝土强度能承受自重时（不发生坍塌和裂缝现象时）方可拆除，一般跨径不超过4m的梁和板应达到混凝土设计强度的50%，跨径超过4m的梁、板应达到设计强度的75%时方可拆除。

5）当芯模采用钢管、硬胶管或硬塑料管时，管的表面应光滑并涂刷隔离剂，应严格按图样要求定位。混凝土浇筑完成后，应定时转动芯模管，以防止其与混凝管粘结。抽拔芯模的时间，以混凝土抗压强度达到0.4～0.8MPa为宜。

6）石块或混凝土预制块拱桥，砂浆强度达到图样要求时才能卸架；如图样无规定，一般需达到砂浆设计强度等级的70%。跨径小于10m的拱桥，在拱上建筑完成后卸架；中等跨径的实腹式拱，在护拱完成后卸架；中等跨径的实腹式拱，在拱上建筑完成后卸架。裸拱卸架需事先进行验算。

7）卸落拱架应使用仪器观测拱圈挠度和墩（台）变位情况，并做好记录，以供监理工程师查阅，随时控制。

2. 混凝土、钢筋混凝土现浇施工

（1）钢筋混凝土梁在支架上浇筑

1）承包商应向监理工程师送交拟采用的现浇方法的详细内容和说明（包括静力计算书和图样），得到监理工程师的批准后，方可开始施工。

2）支架应稳定，支架强度、刚度等要符合规范规定。支架搭设后，应对支架进行预压。

3）支架的弹性、非弹性变形及基础的允许下沉量，应满足施工后梁体设计标高的要求。

4）梁体混凝土一般宜按梁的全部横断面斜向分段、水平分层地连续浇筑。上层与下层前后浇筑距离不应小于1.5m，当用插入式或附着式振捣器振捣时，每层浇筑厚度不宜超过300mm。

5）箱梁体需要分层浇筑时，底板可一次浇筑完成，腹板可分层浇筑，分层间隔时间宜控制在混凝土初凝前，且使层与层相互覆盖。

6）整体浇筑时，应采取措施防止梁体不均匀下沉产生裂缝，若支架下沉可能造成梁体混凝土产生裂缝时，应分段浇筑。

（2）混凝土、钢筋混凝土拱在支架上浇筑

1）跨度小于16m的拱圈或拱肋，应按拱圈全宽度自两端拱脚向拱顶对称地连续浇筑，并在混凝土初凝前全部完成。如不能在限定时间内完成时，则应在拱脚预留一个隔缝，最后浇筑隔缝混凝土。

2）跨度等于或大于16m的拱圈或拱肋，应沿拱跨方向分段浇筑。分段接缝位置应以能使拱架受力对称、均匀和变形小为原则。拱式拱架分段接缝设置在拱架受力反弯点、拱架节点、拱顶及拱脚处；满布式拱架分段接缝设置在拱顶、1/4跨径、拱脚及拱架节点处。各段接缝面应与拱轴线垂直，各分段处应预留间隔槽，其宽度为50～100cm，且应满足钢筋接头要求。

3）分段浇筑时，各段混凝土应一次连续浇筑完成。如因故中断，应浇筑成垂直于拱轴线的施工缝；如已浇筑成斜面，应凿成垂直于拱轴线的平面或台阶式接合面。

4）间隔槽混凝土，应在分段混凝土强度达到设计强度等级的75%后浇筑，接合面应按施工缝处理。拱顶及两拱脚的间隔槽混凝土在最后封拱时浇筑。

5）大跨度拱圈混凝土采用分环分段浇筑时，混凝土浇筑程序应通过计算确定，并得到监理工程师的批准。

6）拱上建筑混凝土应在封拱间隔槽混凝土强度达到设计强度等级的30%方可浇筑，浇筑应按施工设计程序进行，一般由拱脚至拱顶对称、均衡地进行。立柱底座应与拱圈或拱肋同时浇筑。立柱应从底到顶一次浇筑完成，再浇筑横梁。两伸缩缝间的桥面应一次浇筑完成。

（3）结构的外观检查

1）混凝土表面应平整、密实、施工缝整齐。

2）梁、主拱圈的混凝土蜂窝、麻面面积不超过结构同侧面积的0.5%，深度不超过10mm。

3）小型构件的蜂窝、麻面面积不超过结构同侧面积的1%，深度不超过10mm。

4）所有蜂窝、麻面、不整齐的施工缝及缝宽大于0.15mm的裂缝，应按规定进行修整，并符合有关规定。

3. 混凝土、钢筋混凝土预制构件

（1）预制构件的浇筑

1）预制场地应平整、坚实、清洁，并采取有效的排水措施，防止场地沉降。每个预制构件应一次浇筑完成，不得间断。预制构件浇筑时宜采用钢模板。

2）采用平卧重叠法浇筑混凝土时，下层构件顶面应设临时隔离层，上层构件须待下层混凝土强度达到5.0MPa后方可浇筑。

3）在空心板的筒模周围浇筑混凝土时，应采取措施使筒模不致移位，并应特别注意防止筒模上浮。混凝土应分两层浇筑，底层浇至筒模的圆心处，通过振捣使之沉积，然后在下层混凝土仍有足够塑性时尽快浇筑上层混凝土，用振动器使上、下层混凝土结合。

4）腹板底部为扩大断面的T形梁和I形梁时，应先浇筑其扩大部分并振实，再浇筑其上部腹板及翼缘板。

5）预制构件的底模板应按图样要求设置预拱度。预应力混凝土梁、板应根据图样提供的理论预拱度，结合施工实际情况，正确预计梁体拱度的变化值，并采取相应措施。若后张法预应力混凝土梁预计的拱度值较大，应考虑在预制台座上设置反拱。当梁体的实际拱度已较大，将对桥面混凝土的施工造成影响时，应书面报告监理工程师，会同设计单位协商解决。

6）U形梁或拱肋，可一次浇筑或分两次浇筑。一次浇筑时，应先浇筑地板及底板承托的顶面，待上述混凝土振实后，再浇筑腹板。分两次浇筑时，先浇筑底板至底板承托顶面，按施工缝处理后，再浇筑腹板混凝土。

7）箱形梁段的浇筑，应先浇筑底板，振捣密实后，再浇筑腹板。腹板浇筑可分段分层进行，亦可由一端向另一端逐步推进，并及时振捣。箱形梁段的浇筑，应采取必要措施，以便于拆除箱梁内模板。

8）所有预制构件都应按图样规定，将各种预埋件、吊环等准确埋置，不得遗漏。

9）为加速模板周转，小构件可采用干硬性混凝土，按下述方法进行预制：

①翻转模板法。构件浇筑并振实后，连同模板反转，然后脱去模板，立即进行混凝土表面修抹。

②在移动式底模上或平整的地面上浇筑混凝土，振动时应于表面加压，增加振动时间，然后短时间内拆模，修整混凝土边角。

（2）预制构件的安装　预制构件的安装包括预制构件的起吊、移运、装卸和安装等内容。承包商至少应在施工前28d将预制构件的安装方法报送监理工程师批准。预制构件的起吊、运输、装卸和安装时的混凝土强度，应符合图样规定，一般不低于预制构件混凝土设计强度等级的75%。预应力混凝土预制构件孔道内的水泥浆强度，应符合图样规定；如图样无规定时，不应低于30MPa。装卸、运输及储存预制构件时，应按标定的上下标记正立安放，不准上下倒置，支承点应接近于构件最后放置的位置。在整个安装过程中，应力始终应小于设计应力。预制构件如有任何损坏，均应由承包商自费修复或更换，直至监理工程师检查合格为止。

在桥墩、支柱或桥台未达到图样规定强度（或75%设计强度等级）或其他方面未经监理工程师许可，不得架设预制构件。

分段拼装的预制构件，除图内有规定外，其接合用的混凝土的设计强度等级应不低于预制构件的设计强度等级。预制构件安装就位，并经监理工程师检查认可后，才允许浇筑接合用的混凝土或进行焊接。构件应在正式起吊安装前进行满载或超载的起吊试验，以检验起吊设备的可靠性，进一步完善操作方法。预制构件安装前，构件的上拱度应符合图样规定值，从构件出坑到开始浇筑结构整体混凝土的时间不得大于90d。成垛堆放装配式构件时，应注意下列事项：

1）堆放构件场地，应整平压实，无积水。

2）构件应按吊运及安装次序顺号堆放，并有适当通路，防止越堆吊运。

3）堆放构件时，应按构件刚度及受力情况横放或竖放，并保持稳定。小型构件及块件的堆放，如有折断可能时，应以其刚度较大方向为竖直方向。

4）构件堆垛时，应放置在垫木上，吊环向上，标志向外，未达到混凝土养护期的应继续洒水养护。

5）水平分层堆放构件时，其堆垛高度应根据构件强度、地面耐压力、垫木强度以及垛堆的稳定性确定，大型构件一般以2层为宜，不应超过3层。层与层之间以垫木隔开，各层垫木的位置应在吊点处，上下层垫木必须在一条垂直线上。

6）雨期应注意防止地面软化下沉而造成构件折裂破坏。

4. 预应力混凝土

（1）预应力混凝土的浇筑

1）一般要求。模板、钢筋、管道、锚具和预应力钢筋经监理工程师检查并批准后，方可浇筑混凝土。预应力结构混凝土的浇筑及养护应符合下列要求：

①浇筑混凝土时，应保持锚塞、锚圈和垫板位置的稳固。

②在混凝土浇筑和预应力钢筋张拉前，锚具的所有支承（如垫板）表面应加以清洗。

③拌和后超过45min的混凝土不得使用。

④简支梁梁体混凝土，应进行水平分层，每层一次浇筑完成。箱形梁梁体混凝土，应尽可能一次浇筑完成；梁体较高需要分两次或三次浇筑完成时，第一次浇筑应浇至底板承托顶部以上30cm，然后按腹板、顶板、翼板的次序浇筑。

⑤为避免孔道变形，不允许插入式振捣棒触及套管。

⑥梁式空心板端部锚固区及其与预制构件连接处，为了保证混凝土密实，应当使用平板振动器加强振捣，且集料尺寸不应超过相邻两根钢筋之间或预埋件之间间距的1/2。

⑦混凝土立方体强度尚未达到15MPa时，不得拆除模板。

⑧混凝土养护时，对为预应力钢束所留的孔道应加以保护，严禁将水和其他物质灌入孔道，以防止金属管生锈。

2）预应力混凝土梁的悬臂浇筑。预应力混凝土梁施工前56d，承包商应将施工组织设计（包括拟采用的施工工艺，施工控制方法，施工挂篮的说明、图样、静力及变形计算书等资料）报监理工程师审查、批准，未批准不得施工。

如梁与桥墩为非刚性连接，悬臂浇筑梁体混凝土时，应按图样要求预埋墩身与梁体临时固接使用的预应力钢筋，并在墩顶按图样规定安装支座。

采用挂篮悬臂浇筑梁体混凝土时，可先在桥墩两侧设置托架立模浇筑墩顶块混凝土和靠近墩（台）的梁段混凝土；如为连续梁时，将墩顶块与桥墩临时固接。待墩顶块和靠近墩（台）梁段的混凝土强度达到设计强度后，方可在其上组拼挂篮，逐渐向合龙段靠拢，浇筑混凝土。

浇筑墩顶块混凝土时，由于受力复杂、管道集中、钢筋密集、混凝土数量较多，应采取控制水化热温度的措施，以保证构件有足够的强度并且不产生裂缝。

挂篮所使用的材料必须是可靠的，有疑问时应进行材料力学性能试验。挂篮试拼后，必须进行荷载试验。

挂篮支承平台除要有足够的强度外，还应有足够的平面尺寸，以满足梁段的现场作业需要。

悬臂浇筑前，待浇筑的前端底板标高和桥面板标高，应根据挂篮前端竖向变形，各施工阶段的弹塑性变形（包括先浇及后浇各梁段的质量，预应力、混凝土收缩与徐变，施工设备荷载、桥面系恒载、体系转换引起的变形），以及 1/2 静活载竖向变形确定，并设置预拱度。

悬臂浇筑梁段时，桥墩两侧的浇筑进度应尽量做到对称、均衡。桥墩两侧的梁体和设备的质量差，以及相应的在桥墩两侧产生的弯矩差，应不超过图样规定。

悬臂浇筑用挂篮，在已完成的梁段上前移时，后端应有压重稳定装置或采取其他可靠的稳定措施。挂篮前移后在其上浇筑混凝土时，后端应锚固于已完成的梁段上。挂篮前移及在其上浇筑混凝土时，抗倾覆安全系数不应小于 2.0。

浇筑梁段混凝土时，应自前端开始向后浇筑，在浇筑的梁段根部与前一浇筑段接合。前、后两梁段的模板接缝应紧密接合。

各跨混凝土悬臂浇筑完成，合龙时要求悬臂端相对竖向变形（包括吊带变形的总和）不大于 20mm，轴线偏差不大于 10mm。

梁的合龙顺序按图样要求办理；如图样未规定，一般先边跨，后次中跨，再中跨。多跨一次合龙，必须同时均衡对称合龙。

浇筑合龙段长度及体系转换应按图样规定进行，将两悬臂端的合龙口予以临时连接。应复查、调整两悬臂端合龙施工荷载、使其对称、相等；如不相等，合龙前应在两端悬臂预加压重，并于浇筑混凝土过程中逐步撤除，使悬臂的挠度保持稳定。

合龙段混凝土浇筑时间应选择在一天中气温最低时进行。

合龙段混凝土强度等级可提高一级，以尽早张拉预应力筋。

在箱梁和合龙段混凝土浇筑完成后，应加强养护，在达到图样规定的强度后，应尽早张拉预应力钢筋。

预应力筋张拉完成并经监理工程师同意后，即可进行管道压浆。压浆时应有监理工程师在场。

3）预应力混凝土连续梁在移动模架上浇筑。

移动模架长度必须满足施工要求。

移动模架应利用专用设备组拼，在施工时能保证质量和安全。

浇筑分段的工作缝必须设在弯矩值为零的位置附近。

箱梁内、外模板在滑动就位时，模板平面尺寸、高程、预拱度的误差必须在允许范围内。

混凝土内预应力筋管道钢筋、预埋件设置应符合规范的有关规定。

除非监理工程师批准，否则在混凝土的强度达到图样规定值之前，不得张拉预应力筋及移动模架。

（2）后张法预应力的施加

1）一般要求。承包商在预应力筋张拉开始前，应向监理工程师提交详细说明、图样、张拉应力和延伸量的静力计算书，请监理工程师审核。

承包商应选派富有经验的技术人员指导预应力张拉作业。所有操作预应力设备的人员，应经过设备使用的正式训练。

所有设备最少应每隔两个月进行一次检查和保养。

预应力张拉中，如发现下列任何一种情况，张拉设备应重新进行校验：

①张拉过程，预应力钢丝经常出现断丝；

②千斤顶漏油严重；

③油压表指针不回零；

④调换千斤顶油压表。

2）施工要求。

①除非经书面允许，否则预应力筋张拉应在监理工程师在场时进行。

②张拉预应力钢筋的环境温度不宜低于 -15℃。

③张拉开始前，所有的预应力钢筋在张拉点之间应能自由滑动，同时构件可以自由地适应施加预应力时产生的水平和垂直移动。

④张拉时混凝土强度不应低于图样规定；如图样无规定时，混凝土强度应不低于设计强度的75%，张拉力应符合图样规定，并且应边张拉边测量伸长值。

⑤预应力筋的张拉顺序应符合图样规定；当图样未规定时，可采取分批、分阶段对称张拉。

⑥预应力张拉应从两端同时进行（除非监理工程师同意另外的方式）。

⑦当仅从一端张拉时，应精确测量另一端的回缩量，并从千斤顶测量的伸长值中适当给予保险。

控制张拉力就是在锚固前锚具内侧的拉力。在确定千斤顶的拉力时，应考虑锚圈口预应力的损失。这些损失可以根据所用的预应力系统通过现场测试得到，一般对钢绞线，损失为千斤顶控制张拉力的3%，对钢丝，损失为千斤顶控制张拉力的5%。

3）张拉步骤。除图样有规定或监理工程师另有指示外，张拉程序可按表3-20进行。

表3-20 后张法预应力筋张拉程序

预应力筋		张拉程序
钢筋、钢束		0→初应力→1.05σ_{con}（持荷2min）→σ_{con}（锚固）
钢绞线束	对于夹片式等具有自锚性能的锚具	普通松弛力筋 0→初应力→1.03σ_{con}（锚固） 低松弛力筋 0→初应力→σ_{con}（持荷2min锚固）
	其他锚具	0→初应力→1.05σ_{con}（持荷2min）→σ_{con}（锚固）
钢丝束	对于夹片式等具有自锚性能的锚具	普通松弛力筋 0→初应力→1.03σ_{con}（锚固） 低松弛力筋 0→初应力→σ_{con}（持荷2min锚固）
	其他锚具	0→初应力→1.05σ_{con}（持荷2min）→σ_{con}（锚固）
精轧螺纹钢筋	直线配筋时	0→初应力→σ_{con}（持荷2min锚固）
	曲线配筋时	0→σ_{con}（持荷2min）→0（上述程序可反复几次）→初应力→σ_{con}（持荷2min锚固）

初应力（一般为张拉控制应力的10% ~15%）是把松弛的预应力筋拉紧，此时应将千斤顶充分固定。在把松弛的预应力筋拉紧以后，应在预应力筋的两端精确地做上标记，预应力筋的延伸量或回缩量即从该标记处起量。张拉力和延伸量应在张拉过程中分阶段读出。当预应力筋是由很多单根钢丝组成时，每根应做上标记，以便观测任何滑移。预应力筋实际伸长值ΔL，除上述测量伸长值外，应加上初应力时的推算伸长值，即

$$\Delta L = \Delta L_1 + \Delta L_2$$

式中　ΔL_1——从初始应力至最大张拉应力间的实测伸长值；

ΔL_2——初始应力筋的推算伸长值（可采用相邻级的伸长值）。

预应力筋张拉后，应测定预应力筋的回缩与锚具变形量，对于钢制锥形锚具，其值不得大于6mm；对于夹片式锚具，不得大于6mm。如果大于上述允许值，应重新进行张拉，或更换锚具后重新张拉。

预应力筋的断丝、滑丝（滑移），不得超过表3-21的规定。如提高其他束的控制张拉应力，须满足设计上各阶段极限状态的要求。

表3-21　后张预应力筋断丝、滑丝（滑移）限值

类　别	检查项目	控制数
钢丝束和钢绞线束	每束钢丝断丝或滑丝	1根
	每束钢绞线断丝或滑丝	1丝
	每个断面断丝之和不超过该断面钢丝总数的百分比	1%
单根钢筋	断丝或滑移	不允许

当计算预应力筋延伸量时，应根据试样或试验证书确定弹性模量。

在预应力筋张拉完成以后，测得的延伸量与计算延伸量之差应在±6mm以内。否则，监理工程师可指示采取以下的若干步骤或全部步骤：

①校准设备。

②对预应力材料作弹性模量检验。

③放松预应力筋后重新张拉。

④预应力筋涂上润滑剂以减少摩擦损失。仅水溶性油剂可用于管道系统，且应在灌浆前清洗掉。

⑤原先如仅用一台千斤顶张拉，可改为两端用两台千斤顶张拉。

⑥监理工程师指示的其他方法。

⑦监理工程师可以要求按照《公路桥涵施工技术规范》（JTG F50—2011）的规定进行摩擦损失试验。

当监理工程师对预应力筋张拉认可后，预应力筋应予以锚固。放松千斤顶压力时应避免振动锚具和预应力筋。

预应力筋在监理工程师认可后方可截割露头。梁端锚口应按图样进行封闭，一般采用水泥砂浆。

4）记录及报告。每次预应力筋张拉后，如监理工程师要求，应将下列数据抄录给监理工程师：

①每个测力计、压力表、油泵及千斤顶的鉴定号；

②测量预应力钢筋有延伸量时的初始拉力；

③在张拉完成时的最后拉力及测得的延伸量；

④千斤顶放松后的回缩量；

⑤在张拉中间阶段测量的延伸量及相应的拉力。

（3）后张法孔道压浆

1）压浆设备。水泥浆拌和机应能制备胶稠状的水泥浆。压浆泵应可连续作业，对于纵向预应力筋孔道，压浆的最大压力应控制在0.5～0.7MPa。

压浆泵应是活塞式的或排液式的，压浆泵吸入循环应是完全密封的，以避免空气进入水泥浆内。为保证孔道中充满水泥浆，关闭出浆口后，压浆孔道内应保持不小于0.5MPa的一个压力稳压期，该稳压期不宜小于2min。

压力表在第一次使用前及此后监理工程师认为需要时应加以校准。所有设备在灌浆操作中应至少每3h用洁净的水彻底清洗一次，每天使用结束时也应清洗一次。

2）压浆。水泥浆应由精确称量的强度等级不低于42.5级的硅酸盐水泥（或普通水泥）和水组成。水灰比一般在0.4～0.45，所用水泥龄期不应超过一个月。

在水泥浆混合料中可掺入经监理工程师同意使用的减水剂，其掺入量百分比以试验确定，且须经监理工程师同意。掺入减水剂的水泥浆水灰比，可减小到0.35。含有氯化物和硅酸盐的掺入料不应使用。

水泥浆的泌水率最大不得超过3%，拌和后3h泌水率宜控制在2%。泌水24h后应全部重新被水泥浆吸回。

水泥浆内可掺入适当膨胀剂，膨胀剂性能及使用方法应符合规范的规定，但不应掺入铝粉等锈蚀预应力筋的膨胀剂。掺入膨胀剂后，水泥浆不受约束的自由膨胀率小于10%。

水泥浆拌和时应先将水加入拌和机内，再放入水泥，经充分拌和以后，再加入掺入料。掺入料内的水分应计入水灰比内。拌和时间应不少于2min，直至达到均匀的稠度为止。任何一次投配满足1h的使用量即可。稠度宜控制在14～18s之间。

水泥浆的泌水率、膨胀率及稠度应按《公路桥涵施工技术规范》（JTG F50—2011）进行测试。

当监理工程师认为需要时，应进行压浆试验。

压浆前，应将锚具周围的钢丝间隙和孔洞填封，以防冒浆。

在压浆前，先吹入无油分的压缩空气清除孔道内的松散微粒，并将中性洗涤剂（皂液）用水稀释冲洗孔道，直到将松散颗粒除去、清水排出为止。冲洗后孔道再以无油的压缩空气吹干。

压浆时，每一工作班应留取不少于3组试样（每组为70.7mm×70.7mm×70.7mm立方体试件3个）。标准养护28d，检查其抗压强度，作为水泥浆质量的评定依据。

当气温或构件温度低于5℃时，不得进行压浆。水泥浆温度不得超过32℃。

孔道压浆应尽可能在预应力筋张拉完成和监理工程师同意压浆后立即进行，预应力筋张拉完成与孔道压浆的间隔时间一般不得超过14d。必须在监理工程师在场的情况下进行孔道压浆。对曲线孔道和竖向孔道，应由最低点的压浆孔压入，孔道内应充满水泥浆。简支梁的孔道压浆，应自梁一端注入，直到另一端流出的稠度达到规定的稠度方可停止。

水泥浆自调制完成至压入孔道的延续时间，一般不宜为30～45min，水泥浆在使用前和注入过程中应经常搅动。

出气孔应沿水泥的流动方向一个接一个地封闭，注入了水泥浆的管道在压力下封闭，直至水泥浆凝固。压满浆的孔道应进行保护，使其在1d内不受振动。孔道内水泥浆在注入后48h内，结构混凝土温度不得低于5℃，否则应采保温措施。当白天气温高于35℃时，压浆宜在夜间进行。在压浆2d后，应检查注入端出气孔水泥浆的密实情况，需要时进行处理。

承包商应具有完备的压浆记录，包括每个管道的压浆日期、水灰比及掺入料、压浆压力、试块强度、障碍事故细节及需要补做的工作。这些记录的复制件应在压浆后3d内送交监理工程师。

（4）先张法预应力的施加

1）任何先张法工作开始以前，承包商应向监理工程师提交其有关先张法的建议（包括拟采用的预应力张拉台、横梁及各项张拉设备）。预应力张拉台须有足够的刚度，受力后挠度不应大于2mm。

2）先张法预应力张拉，其张拉程序可按表3-22进行。

表3-22 先张法预应力筋张拉程序

预应力筋种类	张拉程序
钢筋	0→初应力→1.05σ_{con}（持荷2min锚固）→0.9σ_{con}→σ_{con}（锚固）
钢丝、钢绞丝	0→初应力→1.05σ_{con}（持荷2min锚固）→0→σ_{con}（锚固）
	对于夹片式等具有自锚性能的锚具： 普通松弛力筋 0→初应力→1.03σ_{con}（锚固） 低松弛力筋 0→初应力→σ_{con}（持荷2min锚固）

3）当预应力筋在张拉时的温度低于-10℃时，未得到监理工程师许可，不得施加预应力。

4）当混凝土达到图样规定强度，荷载能逐渐传递到混凝土，混凝土与预应力筋不相互隔离时，可以进行预应力筋的放张。预应力筋的放张顺序应符合图样要求，图样未规定时，应分阶段、对称、相互交错地放张。放张完成后，预应力筋应载断至与混凝土表面平齐，并涂一层防腐剂或用砂浆封闭。

5）所有构件应标以不易擦掉的标记，记录制造的生产线、浇筑混凝土的日期及张拉日期。标记的位置应使标记在工程完工及构件置于最终位置以后，不致暴露于外。

5. 桥面系

钢筋混凝土和预应力混凝土桥的桥面部分，通常包括桥面铺装、防水和排水设备、伸缩缝、人行道、缘石、栏杆和灯柱等构造。由于桥面部分天然敞露，易受天气影响，而且其主要供车辆、行人来往，对其美观性也有一定要求。根据以往的实践经验，建桥时因对桥面重视不够而造成日后修补和维护的例子很多。因此，桥面的构造和施工也是桥梁质量监理的内容之一。

（1）桥面铺装

1）一般要求。预制板或现浇面板混凝土与桥面铺装混凝土之间的龄差应尽量缩短，以避免两者之间产生过大的收缩差。

为使桥面铺装与下面的混凝土构件紧密结合，应对桥面铺装下面的混凝土进行拉毛处理，并用高压水冲洗干净。

若桥面设置钢筋网，应采取有效措施保证其位置正确，并且有合适的保护层厚度。浇筑混凝土时，施工人员及机具不得停留在钢筋网上。

浇筑桥面混凝土前，应在桥面范围内布点测量高程，以确定浇筑后的铺装厚度。

当进行混凝土桥面铺装时，应按图样所示预留好伸缩工作槽。进行沥青混凝土铺装时，可不留伸缩缝工作槽，而在安装伸缩缝前，先行切割出沥青混凝土铺装所占的伸缩缝的位置。

桥面铺装宜在全桥宽上同时进行，或按监理工程师的指示办理。

2）混凝土桥面铺装。混凝土的铺设要均匀，铺设厚度应使其表面略高于已完成的桥面的标高，再用振动器振实，并用整平板整平。

混凝土桥面铺装的最终修整工作包括抹平及清理，在修整前要清理所有的表面自由水，但不能用水泥、石粉或砂等来吸干表面水分。

在一段桥面铺装修整完成并在其收浆、拉毛后，应尽快予以覆盖，并进行养护。

当混凝土桥面铺装之上另有一层沥青混凝土铺装时，该混凝土桥面铺装除应按上述要求施工外，其表面还应进行进一步的拉毛处理。

3）沥青混凝土桥面铺装。在沥青混凝土桥面铺装下，如另有一层沥青混凝土铺装时，待底层的混凝土强度达到设计强度的90%以上时，方能铺筑沥青混凝土桥面铺装。

4）防水层。铺设防水层的桥面板表面应平整、干燥、干净。防水层沿缘石或中央分隔带的边缘应封闭，以免桥面水渗入主体结构内。防水层应根据不同材料按制造商推荐的铺设要求进行。

5）泄水管。在浇筑桥面板时应预留泄水管安装孔，桥面铺装时应避免泄水管预留孔堵塞。泄水管顶面应略低于桥面铺装面层，下端应伸出结构物底面100~150mm，或按图样要求将其引入地下排水设施。

（2）桥梁接缝和伸缩缝

1）一般要求。桥梁接缝和伸缩缝装置的类型，应符合图样要求。承包商如果要改变类型，须自定各项安装参数，并报监理工程师书面批准。

所有产品在任何时候都应严格按照生产厂家推荐的方法拆卸、放置和安装。

当接缝处的温度低于10℃时，不应浇筑热浇封缝料。

沥青混凝土铺装，应在伸缩装置安装前完成，伸缩装置安装时对其进行切割即可。

伸缩装置的牌号、型号应符合图样规定。安装伸缩装置时，上部构造端部间的空隙宽度及伸缩缝装置的安装预定宽度，均应与安装温度相适应，并应符合图样规定。伸缩装置的安装，应在伸缩装置制造商提供的夹具控制（将伸缩缝装置预置）下进行。伸缩装置一般应在5~20℃的温度范围内安装。当伸缩装置的安装温度不同于图样规定时，各项安装参数应予以调整。

伸缩装置的安装须满足制造商的有关要求。伸缩装置下面或背面的混凝土应密实，不留气泡，预埋件位置应准确。安装完成后的伸缩装置应与桥面铺装接合平整。

2）橡胶伸缩装置。按照图样的要求选用伸缩装置，安装时应根据气温的高低，对橡胶伸缩体进行必要的预压。

当气温在5℃以下时，不得进行橡胶伸缩装置的施工。

采用后嵌式橡胶伸缩体时，应在桥面混凝土干燥收缩完成且徐变大部分完成后再进行安装。

安装伸缩装置时，承包商应按生产厂家的安装说明进行施工。

3）模数式伸缩装置。模数式伸缩装置，种类、型号众多，由异形钢梁与单元橡胶密封带组合而成（如“毛勒缝”即为其中一种）。不同牌号和型号的伸缩装置均应由专门的生产厂家成套供应。

伸缩装置应根据图样提出的型号、长度、密封橡胶件的类别及安装时的宽度等要求进行购置和装配。

伸缩装置应预先在工厂组装好（若组合式伸缩装置过长，受运输限制，或有别的其他原因时，经监理工程师批准，在工厂试组装后，可以分段组装运输，但模数式伸缩装置必须在工厂组装），由专门的设备包装后运至工地。装配好的伸缩装置出厂前，生产厂家应按图样要求的安装尺寸用夹具固定，以便保持图样需要的宽度，并应分别标出质量、吊点位置。伸缩装置运到工地存放时，应垫离地面至少300mm，且不得露天存放，承包商应确保其不受损害。

在浇筑桥面板或桥台混凝土时，承包商应按图样或生产厂家提供的安装图，预留安装伸缩装置的凹槽，并按图样要求预埋钢筋，且钢筋头应伸进凹槽内。

伸缩装置的安装，应在生产厂家提供的夹具控制下进行。安装前，承包商应对上部构造端部间的空隙宽度和预埋钢筋的位置进行检查，确保其符合图样要求，并将预留凹槽内的混凝土打毛，清扫干净。根据生产厂家提供的安装温度或温度范围，查验实际气温与安装温度是否相符合，如果有出入，则应调整伸缩装置的安装宽度。

在预留凹槽内划出伸缩装置定位中心线和标高，用起重机将伸缩装置吊入预留凹槽内，使伸缩装置正确就位。如伸缩装置坐落在坡面上，需作适应纵横坡的调整。此后将锚固钢筋与预埋钢筋焊接，使伸缩装置固定。禁止在伸缩装置边梁上施焊，以免造成边梁局部变形。伸缩装置固定后即可松开夹具，使伸缩装置参与工作。

安装伸缩装置的最终一道工序是在槽口上立模板浇筑混凝土。模板应严密无缝，以防止混凝土进入控制箱内，同时也不允许将混凝土撒到密封橡胶件上。如果发生上述现象应立即予以清除。边梁、控制箱及锚固板周围的混凝土务必要振捣密实，并及时进行养护。浇筑混凝土前，监理工程师应对安装好的伸缩装置进行检查、认可。

当伸缩装置在桥面铺装前安装时，在桥面铺装施工中对伸缩装置应采取加盖临时保护措施，避免其遭受撞击及直接承受车辆荷载。桥面铺装完成后，在桥面上不应出现缝隙，且桥面应与伸缩装置平齐。

伸缩装置的安装，宜由专业施工单位施工，或在伸缩装置生产厂家派出的人员指导下施工。

4）弹塑性材料填充式伸缩装置。弹塑性材料填充式伸缩装置亦称无缝伸缩装置，它是由支承钢板和填料（弹塑性材料结合碎石的伸缩体）组成的。弹塑性材料应经过特殊改性加工，具有特殊性能，以保证其不仅在较大温度范围内具有柔韧性，而且又有较高的软化点，在室外温度下不会发生流变现象。弹塑性材料有多种，其中“TST”是目前公路桥梁中普遍使用的一种。弹塑性材料结合碎石的伸缩体的材料性能、指标及规格应符合图样规定。施工技术要求及注意事项也应符合图样要求。

5）质量检验基本要求。

①伸缩装置产品必须有合格证，并经监理工程师验收合格后才能安装；

②伸缩装置必须锚固牢靠，不能松动，伸缩性能必须有效；

③伸缩装置检查项目见表 3-23；

④伸缩装置应无阻塞、渗漏、变形、开裂现象，不符合要求时必须进行整修。

表 3-23 伸缩装置安装检查项目

序号	检查项目		规定值或允许偏差	检查方法和频率
1	长度/mm		符合设计要求	尺量：每道
2	缝宽/mm		符合设计要求	尺量：每道 2 处
3	与桥面高差/mm		2	尺量：每道 3～7 处
4	纵坡坡度(%)	大型	±0.2	水准仪：测量纵向锚固混凝土端部 3 处
		一般	±0.3	水准仪：沿纵向测伸缩缝两侧 3 处
5	横向平整度/mm		3	3m 直尺：每道

（3）防水处理　与路堤材料及与路面接触的所有公路通道结构物的外表面，均应按照图样要求及规范规定作防水处理。

1）沥青涂刷层。需作防水处理的混凝土按规定养护之后，其表面应平整、洁净，并至少晾 10d。用刷子或喷枪给混凝土或砌体表面全面刷上或喷上一道沥青胶结材料。底层及三道防水沥青，应在前一层完全吸收后再喷刷下一层。防水层在封层硬结前不应与水或土接触。当混凝土或前一层未干或气候条件不适宜时，不应涂防水层。

沥青胶结构材料防水层的施工气温不得低于图样规定；低于图样规定时，必须采取保温措施。在炎热季节施工，应采取遮阳措施，防止烈日暴晒下沥青流淌。

2）沥青油毛毡防水层。需要预制沥青油毡做防水层的混凝土养护后，其表面应平整洁净，并至少晾 10d。用一层冷底子油全面封闭。当冷底子油的溶剂完全挥发后，连续洒布一层热沥青混合物，而后在热沥青层上铺油毡。铺油毡前，应将油毡表面的云母片、滑石粉等杂物清除。

油毡应铺得紧密，使油毡与混凝土表面之间，或各层油毡之间不存空气。油毡之间应相互搭接，端头至少搭接 150mm，侧向至少搭接 100mm。合理安排接头，在任何一点都不超过三层油毡厚度；接头间的距离应尽可能远一些，以便把水从外露边缘排走。油毡防水层铺贴时的气温不应低于 5℃。

3）晾干。当使用含挥发溶剂的沥青材料时，应待所有溶剂挥发后再铺筑下一层。如果使用乳化沥青，则应待全部水分蒸发后再铺筑下一层。

4）保护。除非设计另有说明，所有暴露于外面的、无覆盖的防水层都应用最小厚度为 10mm 的沥青砂层进行保护。

（4）支座　一般常见的支座形式包括板式橡胶支座、盆式橡胶支座和球形支座。各种支座安装都必须按照图样规定进行，以确保其平面位置的正确。

1）板式橡胶支座。板式橡胶支座是工厂定型产品，由数层橡胶间隔包裹数层钢夹板制成。钢夹板的最小厚度应为 2mm。钢夹板之间每层橡胶的厚度至少应为 5mm。所有部件都应完全模制成一个整体，夹板的橡胶保护层最小厚度为 2.5mm。橡胶和钢夹板之间的粘结应符合要求（在对试件进行分离试验时，破坏应发生在橡胶内，而不应发生在橡胶与钢夹板的粘结面处）。板式橡胶支座在安装时应注意以下事项：

①支座安装前，应检查产品的技术指标、规格尺寸是否符合图样要求，如不符合，不得使用。

②桥墩和桥台上放置支座部位的混凝土表面应平整清洁，以保证其能在整个面积上均匀受压。认真检查所有表面、底座及垫石标高，对处于纵坡及弯道上的桥梁，其支座施工时应作相应调整和处理或采用坡形板式橡胶支座。支座垫石标高的允许误差，简支梁为 ±10mm，连续梁为 ±5mm。

③为便于更换，板式橡胶支座不应采用固定装置。

④支座安装应在温度为 5～20℃的环境下进行。

⑤在上部结构的构件吊装时，应采取措施保持支座的正确位置，以达到规范的要求。

⑥橡胶支座与上下部结构间必须接触紧密，不得出现空隙。

⑦橡胶支座应水平安装。因施工原因而倾斜安装时应征得监理工程师的同意，但其坡度不得超过 2%。选用橡胶支座时，必须考虑由于支座倾斜安装而产生的剪切变形所需要的橡胶层厚度。

2）盆式橡胶支座。盆式橡胶支座由封闭在钢盆内的橡胶圆板组成。滑动支座系用聚四氟乙烯板设于橡胶板之上，设于梁支点下面的不锈钢可以在四氟板上相对水平滑动。当支座最后被检查及验收后，应将支座各部分组装并拴紧在一起。夹紧板应足够结实，并且应保证异物不污染滑动面，支座组成各部分在运输及装卸时都应保持在原来位置。支座部件出厂后任何时候均不能任意拆卸。盆式橡胶支座在安装时应注意以下事项：

①安装前应用丙酮或酒精将支座各相对滑移面及有关部分擦拭干净，擦净后在四氟乙烯滑板的储油槽内注满硅脂类润滑剂，并注意硅脂保持清洁；坡道桥注硅脂时应注意防滑。

②支座的标高应符合设计要求。支座顶板、底座表面应水平，支座承压能力小于或等于 5000kN 时，其四角高差不得大于 1mm；支座承压能力大于 5000kN 时，其四角高差不得大于 2mm。

③盆式橡胶支座的顶板和底板可用焊接或锚固螺栓连接在梁体底面和墩（台）顶面的预埋钢板上。采用焊接时，应防止烧坏混凝土；安装锚固螺栓时，其外露杆的高度不得大于螺母的厚度。

④支座安装的顺序，宜先将上座板固定在大梁上，而后根据顶板位置确定底盆在墩（台）上的位置，最后予以固定。

⑤支座中心线应尽可能与主梁中心线重合，其最大水平位置偏差不得大于 2mm；安装时，支座上下各个部件沿桥梁纵向的轴线必须对正；对活动支座，其上下部件的横轴线应根据安装时的温度与年平均的最高、最低温差，由计算确定其错位之距离；支座上下导向挡块必须平行，最大偏差的交叉角不得大于 5。

3）球形支座。球形支座由上支座板、下支座板、球形板、平面、球面四氟乙烯滑板（即平面四氟板、球面四氟板）及橡胶挡圈组成。球形支座的水平位移，由上支座板与四氟板之间的活动来实现；支座的转角通过球形板与四氟板之间的活动来实现。支座竖向承载力、支座转角和支座位移量均应符合图样规定。支座出场时应由生产厂家将支座调平，并拧紧连接螺栓，以防止支座在安装过程中发生转动和倾覆。承包商可根据设计需要预设转角及位移量的要求，以便生产厂家在装配时预先调整好。球形支座在安装时应注意以下事项：

①支座安装前应开箱检查配件清单、原材料检验报告的复印件和产品合格证是否符合图样要求，如不相符，不得使用。开箱后不得任意松动连接螺栓，并不得任意拆卸支座。

②支座与梁体及墩（台）采用预埋螺栓连接，必要时亦可采用与预埋钢板焊接的方法连接。将支座与预埋钢板焊接时，要防止支座钢体过热烧坏硅脂及四氟乙烯滑板。

③支座安装时，支座的相对滑动面应用丙醇、酒精仔细擦净，不得夹有灰尘和杂质，然后在其表面均匀地涂满硅脂润滑剂。

④支座安装板高度应符合图样要求，且保证支座支撑平面的水平及平整，支座支承面四角高差不得大于2mm。

⑤安装支座板及地脚螺栓时，在下支座板四角用钢楔块调整支座使其保持水平，并使下支座板底面高出桥墩顶面20～50mm；找出支座纵、横向中线位置，使之符合图样要求后，用环氧砂浆灌注地脚螺栓孔及做支座地面垫层。

⑥环氧砂浆硬化后，拆除支座四角临时钢楔块，并用环氧砂浆填满抽出楔块的空间。

⑦梁体安装完毕后，或现浇混凝土梁体形成整体并达到图样规定强度后，在张拉梁体预压力之前，拆除上、下支座连接板，以防止约束梁体正常转动，并及时安装活动支座的橡胶防尘罩。

（5）栏杆及护栏　除非监理工程师有批准，否则混凝土栏杆及护栏（防撞墙）应在该跨拱架或脚手架放松后才能浇筑。浇筑时特别要注意的是模板光顺并紧密装配，以保持栏杆、护栏的线条及外形，且在拆模时不致损坏混凝土，应按施工图详细制作所有模板及斜角条，并具有斜角接头。在完成工程中，所有角隅应准确、线条分明，且无裂痕、破裂或其他缺陷。

预制栏杆构件应在不漏浆的模板中浇筑；当混凝土硬化到一定程度时，即可从模板中取出预制构件并养护。可以采用加湿加温的方法或用快硬水泥或减水剂以缩短养护期，具体使用方法应经监理工程师批准。存放和装卸预制构件时，应保持边缘及角隅的完整和平整，在安放前或安放时任何破裂、损坏、开裂的构件应废弃并从工程中移去。可与预制栏杆相连接就地浇筑栏杆帽及护栏帽，在浇筑并修整混凝土时，应防止栏杆及护栏被玷污和变形。

3.5　隧道工程施工质量监理

3.5.1　隧道工程概述

公路隧道是用来克服地形障碍、改善路线线形、缩短建设和营运里程、节省建设投资和营运费用、避免山区公路的各种病害、提高公路防护能力的工程建筑物。公路隧道一般可按三种不同的方法分类。

按地质分为两类：一类是修建在岩层中的，称为岩石隧道；一类是修建土层中的，称为软土隧道。岩石隧道修建在山体中的较多，故又称山岭隧道；软土隧道常常修建在水底或作为城市立交，故称为水底隧道或城市隧道。

按长度分为四类：公路隧道按长度可分为特长隧道（长度大于3000m）、长隧道（长度在1000～3000m之间）、中隧道（长度在250～1000m之间）、短隧道（长度小于等于

250m）。

按结构分为两类：公路隧道按结构可分为分离式隧道和联体式隧道。

埋置较浅的隧道，一般采用明挖施工；埋置较深的隧道，则采用明暗挖法施工。

1. 隧道工程的划分

（1）洞口工程 隧道洞口工程是指边坡、仰坡土石方、洞门、边墙、翼墙及洞门排水等工程。

（2）洞身工程 隧道洞身工程包括隧道洞身、运营通风洞、人行避难通道、明洞等工程及有关工程的开挖、衬砌等相关的各种作业。

（3）防水与排水工程 隧道防水与排水工程可分为施工期间的防水与排水工程，以及结构物（永久性）防水与排水工程。

（4）附属设施工程 公路隧道的附属设施工程是指运营通风、照明、消防、交通监控、供电配电、消声、装饰等设施工程。

2. 隧道施工对承包商的一般要求

（1）核对图样和补充调查

1）施工前承包商应对图样、资料等进行现场核对，并作补充调查。承包商应调查核实隧道所处的位置、地形、地貌、工程地质和水文地质、钻探图表，以及隧道进出口位置和其他相关工程的情况；调查核实水、电、交通运输及通信设施可利用的情况，当地生产、生活、劳力可以供应的情况；调查收集当地气象、水文资料。

2）承包商应将调查结果复制一份提交监理工程师，如有建议或改进意见，应一并提交监理工程师审批。

（2）确定施工方案，编制实施性施工组织设计

1）承包商应根据总体施工组织设计，结合本项目的具体工程情况、工期要求、施工队伍情况、机械设备配备情况、施工中的现场监控量测等情况，正确选定施工方案，制定施工顺序，编制实施性施工组织设计。

2）实施性施工组织设计应根据图样对施工方法、施工工艺、工序安排、劳力组织、机械设备配备、材料供应、场地布置、监控量测、进度安排、供水、供电、通风、通信和装渣运输方案，以及采用的有关安、质量、技术措施等规章制度作出合理计划并提出组织措施，同时应充分预计可能出现的问题，并提出这些问题的对策。

3）承包商将上述选定的施工方案、实施性施工组织设计和必要的图表资料送交监理工程师审批。

4）承包商根据批准的施工方案和实施性施工组织设计，合理安排工序进度，循环作业，并做好机具选型配套工作和材料的供应保障工作，使施工按预定的计划进行。

（3）施工安全

1）承包商对隧道施工安全应贯彻《中华人民共和国安全生产法》“安全第一，预防为主”的方针，严格遵守《公路工程施工安全技术规程》（JTJ 076—1995）的有关规定，制定安全制度，采取安全措施，并负责检查实施情况，切实做到安全施工。

2）在施工作业中应采取各种有效的防护措施，做好通风、照明、防尘、防水、降温和防治有害气体等工作，保护环境卫生，保障施工人员的健康和生产安全。如果发生由于承包商未采取各种有效防护措施，或采取的措施不力，从而导致施工人员发生人身安全事故或身

体健康受到损害的情况，承包商应对此承担全部责任。

3）承包商应按批准的施工方案、实施性施工组织设计和监理工程师批准的安全规则进行施工。在施工过程中，如发生工伤事故或工程事故，均不得因施方案曾获批准而减轻承包商应负的责任。

4）承包商应根据批准的爆破计划和施工安全技术规程的要求进行爆破作业，对所有人员、工程及财产采取保护措施，对由于爆破造成的任何事故或财产损失负责。

5）施工过程中，应对围岩进行监控测量，根据测量结果及时反馈信息，合理修正支护参数和开挖方法，指导施工并确保施工安全。

6）爆破器材应设专人严格保管，严格领用手续。对器材应定期进行检查，失效及不符技术条件要求的爆破器材不得使用。

7）对地质条件复杂或风险大的工程项目，如围岩复杂，出现塌方、岩爆、涌水、瓦斯，围岩破碎，地下水渗漏，以及仰拱基础开挖等，承包商应制定预控措施，以便防止险情并且一旦出现险情能及时排除。

8）承包商或其派出的施工人员，应具有在紧急情况下提出应急措施和组织抢险的能力，以备施工过程中，遇到特殊情况时能及时进行正确处理。

9）承包商对施工安全与工程防护，有责任和义务贯彻始终，一直到工程完工，经监理工程师确认交验为止。

（4）施工中围岩变化的处理　施工过程中，当围岩地质条件发生变化时，应报请监理工程师审定。若施工技术需作相应变更，应报请监理工程师批准。监理工程师对围岩变化认可后，承包商应根据实际情况组织施工，以保证工程进度与质量。

（5）施工中预埋构件的设置与保护　监控、通信、照明、通风、消防等的预埋构件应按图样要求和监理工程师的指示正确设置，并切实加以保护，不得使其受到毁损。

（6）施工中的质量检查　承包商应建立自检体系，工程的每道工序都必须在进行自检后，方可通知监理工程师检查。前道工序未经监理工程师检查、批准，不得进行下一道工序的施工。

3. 隧道施工的准备工作

（1）施工测量

1）承包商应配备能胜任施工测量工作的人员和测量器材，在监理工程师监督下完成隧道施工前的各项测量工作，以及今后工程进行中的测量校对和监控测量工作。

2）承包商应按《公路勘测规范》（JTG C10—2007）关于洞外控制测量的有关规定进行一切必要的测量和计算工作，并应将施测采用的方法和精度报监理工程师批准。

3）承包商应根据合同图样和有关勘测资料，对交付使用的隧道轴线桩、平面控制三角网基点桩和标高控制的水准基桩等，及时进行详细的测量检查和核对，并将测量成果报送监理工程师。任何由于测量误差和错误而产生的后果，应由承包商负责。

4）承包商在放线中除设置公里桩、平曲线基本桩外，应设置必要加桩（在工程实施中隧道中桩最大间距沿直线不得大于10m，沿曲线不得大于5m），并明确标出用地界桩、路面和排水沟中心桩、辅助基准点及其他为控制正确放线的水平和垂直标桩。

5）承包商应保护好一切基准点和测桩，并予以固定；如遇损坏、遗失、移位等情况，应立即报告监理工程师，同时承包商应自费及时予以恢复。

6）隧道洞口应设立中线桩及两个以上的后视点桩和两个水准点，并进行联测，以核对隧道施工是否达到精度要求。

（2）施工场地的准备和布置　承包商应按隧道图样，对拟建洞口构造物的施工场地进行清理，凡在施工区域内有碍施工的电线杆、建筑物和道路等均拆迁或移改。承包商应根据图样要求，合理布置施工场地，为隧道施工创造方便条件，并应绘制施工场地布置图。施工场地布置图主要内容如下：

1）弃渣场地位置和范围。

2）轨道运输的卸渣线、编组线、牵出线和各种作业的布置情况。

3）运输道路、场内道路和其他运输设施的位置。

4）大型机械设备的组装场地布置情况。

5）各种材料的存放场地及回收材料的堆放位置。

6）各种机械设备停放场地，加工场、仓库、工棚、宿舍、办公用房及医疗用房等房屋的位置。

7）通风、供水、供电、通信等设施的布置情况。

8）场内临时排水系统的位置。

（3）环境保护

1）隧道施工中，应尽量减少对原有自然环境的破坏，对因工作行为造成的破坏，应有处理措施，如坡面防护、加固、排水、植被覆盖等措施。

2）隧道凿岩应采用湿法钻孔。进行通风除尘和排除有害气体时，必须考虑其对洞口的环境污染，并注意洞外常年主导风向与居民区位置的关系，必要时应改变排风口的位置或提高排风口的高度。

3）隧道弃渣中的硬质岩石应充分利用，多余废渣应在规定地点弃置，并做好防护工作。必须避免因弃渣而引起的排水不畅、污染水源及过高堆积引起的坍塌崩溃等情况。

4）隧道施工中排放的污水、废气或产生的噪声等，承包商应提出排放及处理方案，并报请监理工程师批准。

5）如果隧道施工可能产生地下水流的改变或形成洞顶地表塌陷等状况而影响当地居民的生活、生产时，承包商应于施工前采取必要的预防措施，制定施工方案报请监理工程师批准。

4. 隧道工程的施工监理

隧道工程施工监理程序如图 3-8 所示。

3.5.2　隧道洞口与明洞工程施工质量监理

洞门是隧道的咽喉，也是外露部分，它包括边坡、仰坡土石方、边墙、翼墙及洞口排水等工程。这些工程相互关联，往往一项工程安排不周就会影响其他工程，因此应全面考虑，妥善安排，以便尽快完成，为洞身施工创造条件。

1. 洞口与明洞工程施工的一般规定

1）洞口与明洞工程应按照隧道施工组织设计的顺序安排，按图样要求施工完成，为加速隧道施工创造条件。

2）隧道洞口附近其他构造物的施工安排，应考虑到隧道施工场地布置并适应弃渣、运输的需要，相邻工程亦应妥善安排。

3）洞口工程特别是排水、坡面防护等工程，在隧道施工过程中直至完工交验之前，应经常进行养护维修，其费用由承包商承担。

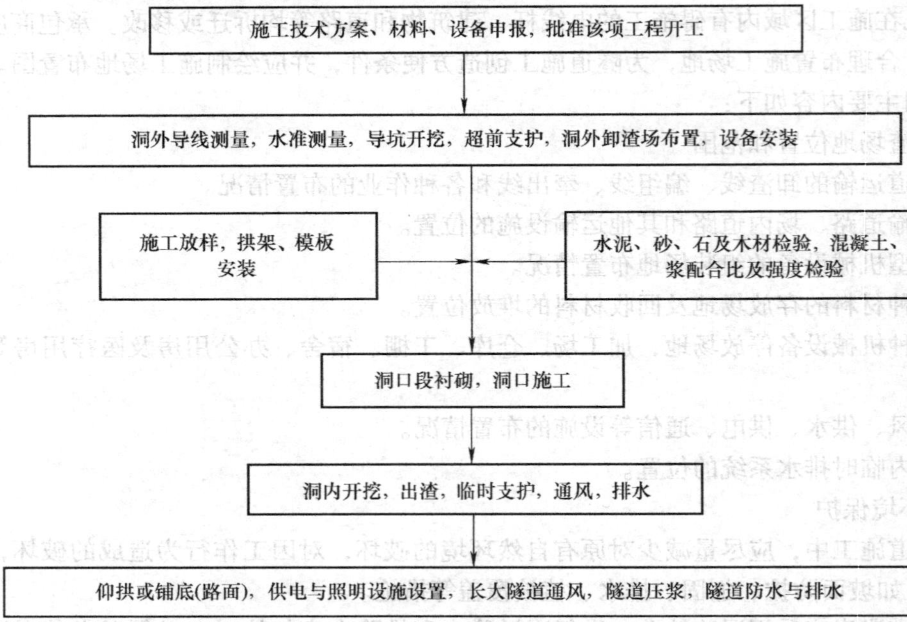

图 3-8　隧道工程施工监理程序

4）洞口施工时，如地质情况有变化或其他原因须变更设计或施工方案时，承包商应报请监理工程师批准或按监理工程师指示办理。

2. 洞口与明洞工程施工要求

（1）准备工作

1）边坡和仰坡上的浮石、危石要清除，坡面凹凸不平的部分应予以整修平顺。

2）洞门端墙处的土石方，应结合地层稳定程度、洞门施工季节和隧道施工方法等进行开挖。

3）在松软地层开挖边坡、仰坡时，宜随挖随支护，加强防护，随时监测、检查坡体稳定情况。

4）进洞前必须完成土石方开挖工作。废弃的土石方，应堆放在指定地点；边坡、仰坡上方不得堆置弃方。

5）工程需要的填方，应按图样或监理工程师的指示施工；超挖部分应用混凝土回填，其费用由承包商承担。

（2）排水工程

1）洞外排水系统由边坡和仰坡外的截水沟、排水沟和洞口排水沟、涵管组成，排水系统的所有开挖与铺砌工作除应按图样进行外，还应符合有关砌石工程规范的规定。

2）边坡、仰坡外的截水沟或排水沟应于洞口土石方开挖前完成，截水沟及排水沟的上游进水口应与原地面衔接紧密或略低于原地面，下游出水口应妥善地引入排水系统。

3）边坡、仰坡以外的上方，如有坑洼积水时，应按图样或监理工程师的指示予以处理；但不得用土石方填筑，以免其流失后堵塞排水沟渠，影响洞口安全。

4）路堑两侧边沟应与排水设施妥善连接，使排水畅通。土路肩及碎落台，应按图样要求予以加固。

（3）坡面防护　应按图样要求进行边坡、仰坡开挖面的防护，并主动制定防护工程施工措施，报请监理工程师批准后及时实施。如情况有变化或图样未作规定时，应按监理工程师的指示办理。

坡面防护，一般采用浆砌片石、喷射混凝土、铺种草皮等措施，应按图样及规范的有关要求进行施工。坡面喷射混凝土防护时，应将岩面浮渣及危岩清除干净。

（4）洞门　洞门应及早修筑，并尽可能安排在冬期或雨期前施工，并应符合以下要求：

1）洞门施工放样位置准确。

2）洞门基础开挖及支护方案应报请监理工程师审批。基础必须置于稳固的地基上，并应做好防水与排水工作，不得被水浸泡。基坑废渣、杂物等必须清除干净，报请监理工程师验收合格后，方可进行下一道工序的施工。

3）洞门拱墙应与洞内相邻的拱墙衬砌同时施工，连成整体。洞门端墙应与隧道衬砌紧密相连。

4）洞门端墙的砌筑（或浇筑）与墙背回填，应两侧同时进行，以防对衬砌产生偏压作用。

5）洞口装饰的隧道名称标志牌，字样要求美观醒目。

6）洞门建筑完成后，洞门以上仰坡坡脚如有损坏，应及时修补，并应确保坡顶以上的截水沟、墙顶排水沟与路堑排水系统的完好与连通。

7）端墙顶排水沟砌筑在填土上时，应将填土夯实。

（5）明洞

1）明洞地段土石方的开挖。

①承包商应根据地形、地质条件，边坡、仰坡的稳定程度和图样要求，提出施工方法、施工步骤、作业时间及防护措施，并报请监理工程师审查批准。

②明洞的开挖可采用全部明挖法或拱上明挖拱下暗挖法。若采用后一种方法开挖，起拱线以上的土石方为洞外明挖，按路基工程土石方开挖的要求施工；起拱线以下的开挖为拱下暗挖，按洞内开挖的要求施工，以确保施工安全。

③土石方开挖，应按顺序进行。边坡开挖要严格控制爆破药量，爆破作业应符合规范规定。明洞开挖后应立即进行边坡防护。在松软地层开挖边坡、仰坡时，宜随挖随支护。

④明洞开挖前，应先做好洞顶的防水、排水工作，防止因地面水冲刷而导致边坡、仰坡的落石、塌方。在施工过程中，无论由于何种原因，承包商应对因落石、塌方所造成的危害、破坏和损失承担全部责任。

⑤明洞开挖的弃方，应堆置于经监理工程师批准的指定地点。

⑥明洞不宜在雨期施工，如确需在雨期施工时，应制定严密的施工方案和防护措施，同时应加强对坡体稳定情况的监测与检查。

2）边墙基础。

①明洞边墙基础应设置在符合图样要求且稳固的地基上，基坑的渣体杂物、风化软层和

积水应清除干净，经监理工程师检验合格后，方可进行下一道工序的施工。

②偏压和单压明洞的外边墙地基，垂直于路线方向宜挖成向内的斜坡，以提高地基的抗滑力；如地基松软，应采取措施增加地基承载力。

③深基础开挖，应注意核查地质条件。当挖至设计标高，地质条件不符合图样要求时，应提出变更设计，报请监理工程师审批。

3）衬砌。明洞的衬砌施工应遵守以下规定：

①隧道的拱圈应按图样要求制作挡头板、外模、支架和支柱，并应采取一定的施工措施防止渗漏、跑浆和走模。

②钢筋的加工及绑扎应按规范的有关规定处理。

③浇筑拱圈混凝土时，应连续进行，不得中断，并应采取防雨措施。混凝土养护应按规范的有关规定进行。

④隧道的起拱线以下部分暗挖时，应在拱圈混凝土达到设计强度后进行，并应采取一定的措施保证拱圈的安全和稳定。

⑤沉降缝及施工缝的设置与施工，应按图样要求或监理工程师的指示办理。

4）明洞与暗洞衔接。明洞施工一般采用先墙后拱法。当边坡松软易坍且明洞与暗洞衔接时，施工宜采用先拱后墙法。在仰坡暂时稳定的情况下，宜由内向外进行施工；在仰坡易坍塌的情况下，宜先将明洞拱圈浇筑到仰坡脚，再由内向外做洞内拱圈，以确保仰坡稳定。明洞与暗洞拱圈应连接良好。

5）防水。

①拱圈混凝土达到设计强度的50%后，拱圈背部应以砂浆涂抹平整。设置防水层时应在拱背涂上一层热沥青后，立即从下向上敷设卷材防水层，敷设时应粘贴紧密，相互搭接错缝，搭接长度不小于100mm，并向隧道内拱背延伸不少于0.5m。三油二毡铺好后，再涂抹20mm厚水泥砂浆。

②墙背竖向铺设无纺土工织物做滤层时，防水板与无纺土工织物应叠合在一起，整体铺挂。

③拱背铺设黏土隔水层时应按图样要求选用黏性好、无杂质、无石块的黏土分层夯实，并与边坡、仰坡搭接良好，封闭严密。

6）回填及拱架拆除。

①拱圈混凝土达到设计强度、拱墙背防水设施完成后，方可回填拱背土方。

②明洞段顶部回填土方应对称分层夯实，每层厚度不得大于0.3m，两侧回填的土面高差不得大于0.5m。回填至拱顶后应分层满铺填筑。顶层回填材料宜采用黏土，以利于隔水。回填土夯实度应符合图样要求，并经监理工程师认可。

③使用机械回填时，拱圈混凝土强度应达到设计强度，且需先用人填筑夯实至拱顶以上1.0m，然后方可使用机械施工。

④在人工填筑时，拱顶中心回填高度达到0.7m以上方可拆除拱架。使用机械回填时，则应在回填工作全部完成后方可拆除拱架。

3. 质量检验

洞口的各部分工程，应符合图样要求。砌体应坚实、牢固、表面平整，无垂直通缝；勾缝应平顺，缝宽均匀，无脱落现象；混凝土表面的蜂窝麻面不应超过本部分混凝土面积的

0.5%，深度不应超过10mm；沉降缝应整齐、垂直、上下贯通、位置正确。

洞门端墙和翼墙的检查项目见表3-24。

表3-24 洞门端墙和翼墙的检查项目

序 号	检查项目		规定值或允许偏差	检查方法和频率
1	平面位置/mm	浆砌	50	经纬仪：每20m检查3点
		混凝土	30	
2	顶面高程/mm	浆砌	±20	水准仪：每20m检查3处
		混凝土	±10	
3	表面平整度/mm	浆砌	20	2m直尺：每20m检查3处
		混凝土	10	
4	断面尺寸/mm		不小于图样规定	直尺：每20m检查3处
5	基础底高程/mm	石质	−200 ~ +50	水准仪：每20m检查1点
		土质	±50	
6	墙面坡度		不大于图样规定	吊垂线：每20m检查3处

3.5.3 隧道洞身工程施工质量监理

洞身工程是隧道施工中的主体，其施工主要由洞身开挖和衬砌两部分组成。由于洞身开挖和衬砌都在地下进行，空间有限、工作面狭小、光线暗、劳动条件差，因此要注意采用合适的施工方法，保证施工通风和照明，并采取有效的安全防护措施。

1. 洞身开挖

洞身开挖主要有两种不同的设计和施工方法，即新奥法和矿山法。

新奥法是奥地利在隧道工程建设中创建的有别于传统矿山法的一种施工方法。新奥法的基本理论依据是，在利用围岩本身所具有的承载能力的前提下，采用毫秒爆破和光面爆破技术，进行全断面开挖施工，并以复合式内、外两层衬砌的形式来修建隧道的洞身。可以采用喷射混凝土、锚杆、钢筋网、钢支撑等作为隧道外层支护形式，称为初次柔性支护。在洞身开挖之后必须立即进行初次柔性支护，因为蕴藏在山体中的地应力由于开挖成洞而产生再分配，隧道空间靠空洞效应而得以保持稳定，也就是说，承受地应力荷载的主要是围岩本身，而采用初次柔性支护的目的，是使围岩自身的承载能力得到最大限度的发挥。二次衬砌主要是起安全储备和装饰的作用，因此总的衬砌厚度是比较薄的。许多国家已经将新奥法作为隧道施工的标准方法。目前我国公路隧道设计和施工普遍采用新奥法。

矿山法是一种传统的施工方法。矿山法的基本理论依据是，隧道开挖后受爆破影响，造成岩体破裂形成松弛状态，随时都有可能坍落。基于这种松弛荷载理论，其施工方法是采取分割式，按分部顺序一块一块地开挖，并要求边挖边支撑，以利安全，所以支撑很复杂，木料消耗也比较多。由于矿山法施工工作面小，不能使用大型的凿岩钻孔设备和装卸运输工具，故施工进度慢、建设周期长、机械化程度低、耗用劳动力多，难以适应现代化公路建设工期的要求。

(1) 洞身开挖注意事项

1) 承包商应在开挖前28d，根据地质、机械设备等条件向监理工程师提出符合隧道具体情况的施工方案（包括开挖顺序和爆破、施工照明、通风、排水、支护、出渣等的措施），并经监理工程师审查批准。根据施工中具体情况的变化，也可及时改变施工方法，但都必须报请监理工程师批准。

2）承包商应根据批准的施工方案，以现代化施工技术，合理地安排工序，科学地组织隧道施工，以保证合格的施工质量和合理的进度。

3）承包商应安排好施工过程中的测量工作，以保证隧道按设计方向和坡度施工，使开挖断面尺寸符合图样要求，尽量作到不欠挖和不超挖。洞内还应每隔50m设置一个水准点。

4）监理工程师批准的施工方法，如有导致工程缺陷或失败的情况，都不应减轻承包商在施工中的责任。

5）在施工过程中，承包商应根据其对开挖面的直接观察和围岩变形的测量结果，辅以超前地质预报，结合岩层构造、岩性及地下水情况，提出围岩分类的修改意见，并判定坑道围岩的稳定性，提出相应的处理措施，报请监理工程师批准。

6）承包商应根据监理工程师批准的施工方案或其后批准的修改方案完成开挖作业。洞口处边坡防护工程未完成时，不得进行洞身开挖工作。

7）为了最大限度地利用围岩自承载能力，承包商必须采用减少围岩扰动的方法进行洞身开挖。

8）洞身开挖断面尺寸应符合图样要求，边沟、电缆沟及边墙基础也应同时开挖，所有开挖工作应按图样标明的开挖线进行，并一次挖够。在开挖过程中，承包商应随时测定隧道轴线位置和标高。预留洞室在施工前应与图样进行核对，以确保洞室的数量与位置正确。

9）在开挖时应考虑采用有利于减少超挖、有利于围岩稳定的施工方法。除指定、责任未定或非承包商错误造成的超挖外，无论承包商由于何种原因造成的超过允许范围的开挖和这部分超挖的回填，其所有材料和施工费用均由承包商承担。

10）严格控制断面开挖，不应欠挖，仅在岩层完整、抗压强度大于30MPa、经监理工程师确认不影响衬砌结构的稳定和强度时，岩石个别凸出部分（每平方米内不大于0.1m^2）可侵入衬砌，且侵入量不得大于50mm。拱脚、墙脚以上1m内断面严禁欠挖。

11）采用台阶法施工时，台阶不宜分层过多，上下台阶之间的距离尽量满足机具正常作业的需要，并减少翻渣工作量；当顶部围岩破碎、需支护紧跟时，可适当延长台阶长度。

12）当两相对掘进工作面接近打通时，两端施工应加强联系、统一指挥。当两个工作面之间的距离不大于15m时，应从一面掘进贯通。

13）浅埋隧道开挖时应严格控制地表沉陷，应根据具体情况，采取适当措施减小循环开挖进尺并防止塌方。例如，施工中为减少对围岩的扰动，宜采用单臂掘进机或风镐开挖，爆破开挖时应遵循“短进尺、强支护、弱爆破、勤观测”的原则；应加强对拱脚的处理，安设拱脚锚杆；及时施作仰拱或临时仰拱等。

14）岩石隧道爆破应采用光面爆破或预裂爆破技术，使隧道开挖断面尽可能地符合设计轮廓线，减轻对围岩的扰动，减少超挖和欠挖。隧道爆破后应有专人负责清理，同时应对开挖面和未衬砌地段进行检查，如察觉可能产生险情时，承包商应采取措施及时处理。

15）施工支护应紧随开挖面及时施作，以确保施工安全、控制围岩变形和减少围岩暴露时间。对不同类别的围岩，应采用不同结构形式的施工支护。

①Ⅵ、Ⅴ类围岩支护时，宜采用局部喷射混凝土或局部锚入锚杆支护；为防止岩爆和局部落石，可局部加拴钢筋网。

②Ⅳ、Ⅲ类围岩可采用锚杆、锚杆挂网、喷射混凝土支护或锚喷联合支护，Ⅲ类围岩必要时可加设钢架。

③Ⅰ、Ⅱ类围岩宜采用锚喷挂网的联合支护形式，并可结合辅助施工方式进行施工支护。

④当地质条件差、围岩不稳定时，可采用构件支护。

（2）洞身开挖质量检验　洞身开挖质量检查项目见表3-25。

表3-25　洞身开挖质量检查项目

序　号	检查项目		规定值或允许偏差	检查方法和频率
1	拱部超挖/mm	破碎岩、土质（Ⅰ、Ⅱ类围岩）	平均100，最大150	水准仪或断面仪：每20m测1个断面
		中硬岩、软岩（Ⅲ～Ⅴ类围岩）	平均150，最大250	
		硬岩（Ⅵ类围岩）	平均100，最大200	
2	宽度/mm	每侧	0～+100	尺量：每20m检查1处
		全宽	0～+200	
3	仰拱、隧底超挖/mm		平均100，最大250	水准仪：每20m检查3处

2. 衬砌

隧道衬砌是为了保持岩体的稳定和行车安全而修建的永久性建筑物。衬砌通常需要承受较大的围岩压力和地下水压力，有时还要受到化学物质的侵蚀，地处高寒地区的隧道往往还要受到冻害等的作用，所以用于衬砌的材料应具有足够的强度、耐久性、抗渗性、耐腐蚀性和抗冻性等。衬砌的质量直接影响整个结构物的安全，在施工中要加强对其的质量监控。

（1）衬砌施工的注意事项

1）衬砌施工时，其中线、标高、断面尺寸、净空以及衬砌材料的标准、规格，必须符合图样的要求。

3）为了保证衬砌工程质量，施工时混凝土的浇筑应采用泵送作业。

4）在浇筑混凝土之前，应将浇筑处的表面积水、泥浆、岩屑、油污、有害的附着物和松散物、半松散的或风化的岩块等清除掉。

5）浇筑的混凝土应尽可能直接入仓，其自由跌落（垂直或倾斜的）距离不应大于1.2m；严禁采用导致集料分离的方式浇筑混凝土。若混凝土浇筑中断时，承包商在初凝以前将接缝处的混凝土振实，并使缝面具有合理、均匀稳定的坡度。凡是未振实又超过该水泥初凝时间的混凝土，应由承包商自费加以清除。

6）无论何种原因造成的混凝土损坏和混凝土内有蜂窝、裂缝或其他缺陷，以及因有表面凹凸而不合格的混凝土，承包商均应按规范要求自费清除或进行修补。

7）具有侵蚀性地下水的地段，根据工地水样化验结果，必须针对侵蚀类型，采用不同类型的抗侵蚀性混凝土。

8）当围岩类别有变化时，衬砌断面的类别亦应相应变化，但需获得监理工程师批准。围岩较差地段的衬砌，应向围岩较好地段延伸，一般延伸长度为5m。

9）整体式衬砌施工中，在对衬砌有不良影响的硬、软岩层分界处，应设置沉降缝；Ⅰ、Ⅱ类围岩洞口约50m范围内，必要时可每隔10m左右设置沉降缝。在严寒地区，整体式衬砌、锚喷衬砌或复合式衬砌，均应在洞口和易受冻害地段设置伸缩缝。

衬砌的工作缝应与设计的沉降缝、伸缩缝结合布置。在有地下水的隧道中，所有工作缝、沉降缝和伸缩缝均应进行防水处理。

10）为确保衬砌不侵入隧道建筑限界，承包商在放样时可将设计的轮廓线适当予以扩大（一般为50mm），但由此而增加的隧道开挖量和衬砌量，其费用由承包商承担。

11）衬砌所用的拱架、墙架和模板应有足够的强度、刚度和稳定性，一般宜采用定型的金属结构。模板应表面光滑、接缝严密、不漏浆；模板表面应在浇筑混凝土前涂刷经过批准的脱模剂。

12）衬砌浇筑10～20h后应进行养护，一般应连续养护7～14d；寒冷和严寒地区养护时，应做好衬砌的防寒保温工作。

13）隧道拱、墙背后空隙必须回填密实，并按下列要求与衬砌同时施工：

①使用先拱后墙法施工时，拱脚以上1m范围内的超挖，应采用与拱圈相同的材料一次灌注。

②边墙基底以上1m范围内的超挖，应采用与边墙相同的材料一次灌注。

③对于其余部位，当超挖在允许范围内时，应采用与衬砌相同的材料灌注；当超挖大于允许范围时，可用片石混凝土或浆砌片石回填密实（但初期支护必须与围岩密贴）。当围岩稳定、干燥无水时，可先用干砌片石回填，再在衬砌背后压浆。

14）衬砌装修的注意事项如下：

①承包商应根据图样要求，在装修施工前30d，对不同部位分别提出材料供应、装修方法和设备配备方案，其施工程序应符合《建筑装饰装修工程质量验收规范》（GB 50210—2001）的规定，并获得监理工程师批准。

②应根据图样要求，将装修表面清洗干净并补平；若有渗漏水，应先采取措施，做好装修前的防、排水工作，再进行喷涂或安装饰面砖。

③如果监理工程师认为涂料或饰面砖由于储存不当，或其他任何原因，不符合厂家的技术说明，应拒绝使用。如果已装修部分有损坏或粘结不牢、背后有空响，应要求承包商予以修补或更换。

④装修材料不得侵入隧道建筑限界，装饰工程应能满足运营设施维修和更换方便的要求。

（2）衬砌工程质量检验　隧道衬砌的检查项目见表3-26。

表3-26　隧道衬砌检查项目

序　　号	检查项目	允许偏差	检查方法和频率
1	混凝土强度/MPa	在合格标准内	按《公路工程质量检验评定标准　第一册　土建工程》（JTG F80/1—2004）附录E检查
2	衬砌厚度/mm	不小于设计要求	激光断面仪或地质雷达：每40m检查1个断面
3	墙面平整度/mm	20	2m直尺：每40m每侧检查5处

隧道总体检查项目见表3-27。

表 3-27 隧道总体检查项目

序号	检查项目		规定值或允许偏差	检查方法和频率
1	隧道宽度/mm	车行道	±10	尺量:每20m(曲线)或50m(直线)测1个断面宽度
		人行道	不小于设计值	
2	隧道净高/mm		不小于设计值	水准仪:每20m(曲线)或50m(直线)测1个断面,每断面测拱顶和两拱腰3点
3	隧道偏位/mm		20	全站仪或其他测量仪器:每20m(曲线)或50m(直线)检查1处
4	路线中心线与隧道中心线的衔接/mm		20	分别将引道中心线和隧道中心线延长至两侧洞口,比较其平面位置
5	边坡、仰坡坡度		不大于设计值	坡度板:检查10处

对隧道洞身工程的要求还包括：隧道洞内应无渗漏水现象；混凝土表面应密实，任一延米的隧道面积中，蜂窝麻面面积不得超过0.5%，深度不超过10mm；结构轮廓线应顺直美观。

3.5.4 隧道防水与排水及附属工程施工质量监理

1. 防水与排水

隧道施工防、排水应与永久性防、排水设施相结合，将防、截、排、堵结合起来，以因地制宜、综合治理的原则进行。隧道施工防、排水时应选择经济合理、切实可行的治水措施，以确保围岩稳定、便于初期支护施工，并保证在二次衬砌施工前现场已具有防水层。施工前，应根据设计文件和调查资料，预计可能出现地下水的情况，并估计水量、选择防水方案。施工中，应对隧道的出水部位、水质、水量及变化规律等做好观测试验记录，并不断改进和完善防、排水措施。

（1）施工防、排水

1）地表防、排水。隧道覆盖层地表积水先进行处理，即按设计要求修筑排水设施及其他排水建筑物。洞口不得积水。洞顶附近有井、泉、池塘、水田等时应妥善处理。

地表的坑洼、钻孔、探坑等应以不透水材料或土壤填塞，并分层夯实。

边坡、仰坡坡顶的截水沟、排水沟应确保可截引地表水，防止出水口顺坡漫流。洞口排水应与路基边沟组成系统。

洞外路堑向隧道内为下坡时，可将路基边沟挖成反坡，以利向路堑外排水。必要时还应在洞口外适当位置设横向截水沟。

2）洞内防、排水。洞内施工排水不良会造成支撑基底下沉、开挖断面不易稳定、作业效率低、隧底恶化、道路泥泞等情况，从而影响施工质量。因此，无论是顺坡排水还是反坡排水都要求开挖断面不积水、隧底无水漫流；特别是在泥灰岩和砂质地层中，对洞内的防、排水工作更应予以重视。

洞内施工应设置临时顺坡排水沟，水沟断面应满足洞内渗水和排出施工废水的需要，围岩松软或裂隙发育地段的水沟应铺砌，或采用管槽代替。

反坡排水时应采用机械设备；可根据距离、坡度、水量和设备等因素布置排水管道，一次或分段接力将水排出洞外。配备的抽水机的功率，应大于排水量的20%；除此之外，还应配备备用设备。

开挖中洞内渗水面积较大时，宜采用钻孔将水集中汇流入排水沟内；应将钻孔位置、数量、孔径、深度、方向和渗水量等作详细记录，用以确定衬砌施工时墙面后的排水措施及位置。

洞顶上方设有高位水池时，为防止水池渗漏或溢出冲刷坡面后危及洞内和洞口施工安全，必须设有防渗和防溢水设施；特别是遇到隧道覆盖层较薄且水渗透性较强的地层时，高位水池位置应远离洞轴线，以免留下安全隐患。

（2）结构防、排水　隧道渗漏水的长期作用，可能造成隧道侵蚀破坏；在围岩有地下水且水具侵蚀性的情况下，对衬砌和隧道设备的腐蚀性更加严重。因此，通过隧道防水与排水，使隧道衬砌不漏不渗，是隧道能够长期使用并保证行车安全的重要条件。

结构防、排水基本要求：

1）防、排水结构物的断面形式、尺寸、位置和埋设深度应符合设计要求。

2）水沟坡面应整齐平顺；水沟及检查井盖板应平稳无翘曲。

3）衬砌背后或隧底设置盲沟时，沟内应以质地坚硬、不易风化且尺寸不小于15cm的片石充填。盲沟纵坡坡度不宜小于1%。

4）设置在软弱围岩区段的盲沟和有管渗沟，其周侧应加做砂砾石反滤层或用无纺布包裹，且不得堵塞水路。

5）墙背泄水孔必须伸入盲沟内，泄水孔进口标高以下超挖部分应用同级混凝土或不透水材料回填密实。

6）排水管接头应密封牢固，不得出现松动。

7）隧底盲沟、有管渗沟及渗水滤层上方的回填，应满足路基施工的要求。墙背泄水孔、排水管内的杂物应清除，防止水路堵塞。

8）严寒地区保温水沟施工时应有防潮措施，以防止保温材料受潮后影响保温性能。修筑的深埋渗水沟，回填材料除应满足保温、透水性好的要求外，水沟周侧应用级配骨料分层回填，不得让石屑、泥沙等渗入沟内。

9）排水设施应设置在冻胀线以下。

（3）隧道的排水设施与衬砌配合施工时的要求

1）侧沟与侧墙应连接牢固，必要时可在墙部加设短钢筋，使墙与沟壁连为一体。

2）侧沟进水孔的孔口端应低于该处路面标高，路面铺筑时不得堵塞孔口。

3）隧道内侧沟旁设有积水井时，宜与侧沟、路面共同施工。

4）采用先拱后墙法灌注拱混凝土时，应在拱墙连接处预埋水管或预留过水通道，以保证拱墙背环向暗沟或盲沟排水顺畅。

5）利用中心水沟（或侧沟）排水时，应在墙底预埋管沟，以沟通中心水沟（或侧沟）与侧墙背后排水设施；在灌注侧墙混凝土时不得堵塞预埋沟管。

6）设在衬砌背后和隧底的纵、横向排水设施，其纵、横向坡应平顺，并配合其他作业同时施工。

7）当隧底岩层松软有裂隙水时，应视具体情况加深侧沟或中心水沟的沟底，或增设横向盲沟，并铺设渗滤水层及仰拱等。

（4）衬砌背后采用压注水泥浆防水时的施工要求

1）压浆地段混凝土衬砌强度达设计强度的70%时，方可进行压浆。

2）注浆地段衬砌背面宜用干砌片石回填紧密，并每隔20m左右用1m厚的浆砌片石或混凝土做阻浆隔墙，然后分段进行压浆。

3）注浆孔宜按梅花形排列，孔距视岩层渗水和裂隙情况确定，一般不宜大于2m；径向孔深应穿过衬砌进入岩层0.5m。

4）压浆顺序应从下而上、从无水或少水的地段向有水或多水的地段、从下坡方向往上坡方向、从两端洞口向洞身中间压浆，且每段压浆长度不宜小于20m。

5）初次压浆压力为0.3~0.5MPa；正常压浆压力为0.6~1.0MPa，且不应超过1.2MPa。

6）做好有关压浆孔编号和位置、水泥品种和强度等级、砂浆成分，以水灰比、延散度、压浆数量等的记录。

（5）复合式衬砌中防水层的施工要求

1）防水层的施工应在初期支护变形基本稳定后，二次衬砌施工前进行。

2）防水层铺筑前，喷射混凝土层表面不得有锚杆头或钢筋断头外露；对凸凹不平部位应修凿补喷，使混凝土表面平顺；喷射层表面漏水时，应及时作引排处理。

3）防水层可在拱部和边墙按环状铺设，并视材质采取相应的接合方法：塑料防水板应用材质与之相同的焊条焊接；橡胶防水板粘结时，搭接宽度为10cm，黏缝宽度不小于5cm。

4）防水层的接头处应擦净；涂刷胶浆应均匀，用量应充足；防水层的接头不得有气泡、褶皱及空隙；接头处应牢固，强度应不小于同质材料。

5）开挖和衬砌作业不得损坏防水层，当发现层面有损坏时应及时进行修补。

6）防水层属隐蔽工程，二次衬砌灌注前应检查防水层质量，做好接头标记，并填写质量检查记录单。

2. 附属设施工程

（1）设备洞、消防洞及横通道　施工中当发现原定位置地质状况不良时，监理单位应会同设计单位和业主对现场进行调查、研究、确定变更的位置。附属设施工程的施工要求同洞身工程。

（2）装饰工程

1）仔细检查衬砌内表面的渗漏水情况，必要时应采取措施做好装饰前的防、排水工作。

2）装饰材料不得侵入隧道建筑限界。

3）洞口装饰应表面平整、清洁，隧道铭牌字样要求美观、醒目。

4）采用面砖材料时，应做到横、竖缝通直。面砖贴好后，外表面应平整，不得出现凹凸。

5）采用防火隔热涂料时，其施工方法和要求，应按该材料的使用说明书进行。

6）采用一般内墙涂料时，色彩应符合设计要求。涂料可采用喷涂或手工粉刷，但均应做到色调均匀。

（3）运营管理设施

1）通风机的机座与基础，应按设计要求施工；应按设计要求的风机底盘螺栓孔布置位置预留风机底座与机座相连的地脚螺栓灌注孔眼；螺栓埋设时，灌浆应密实，螺栓应与机座面垂直。

2）同一隧道内应采用统一规格的消火栓、水枪和水龙带。

3）照明灯具和配电控制板的安装、配线和电缆的敷设，以及接地工程，应遵守《建筑电气工程施工质量验收规范》(GB 50303—2002）的有关规定。

本章小结

施工项目的质量是工程建设的核心，是决定工程建设成败的关键。本章从工程质量的概念出发，重点介绍了路基、路面、桥梁、隧道及交通工程等的监理方法、程序和要点。主要从以下几个部分进行论述：

1. 质量监理概述

主要介绍质量监理的依据、任务和控制程序，质量监理的三个阶段，监理试验室和承包人试验室的职责，质量缺陷或质量事故处理程序和措施，工程质量评分、工程质量等级的评定方法，工程竣工交工验收条件和程序，缺陷责任期的质量监理内容和要点等。

2. 路基工程施工质量监理

路基是按照路线位置和一定的技术要求修筑的作为路面基础的带状构造物。路基是公路的主体，贯穿公路全线，并与沿线的桥梁、隧道和涵洞等相连接；路基是路面的基础，它与路面共同承担汽车荷载的作用，路面靠路基来支撑，没有稳固的路基就没有稳固的路面。本章主要从路基施工的工序、特殊路基的施工处理及路基排水这三个方面来分述。

(1）路基施工质量监理　主要从路基施工的分项来进行质量控制，即从表土清理与压实、挖方路基的施工、路堤填筑施工三个方面来叙述。

(2）特殊路基施工质量监理　详细列举了软土地区路基施工、盐渍土地区路基施工、黄土地区路基施工、多雨潮湿地区路基施工、季节性冻土地区路基施工、岩溶地区路基施工和膨胀土地区路基施工的质量监理要点。

(3）路基排水、支挡与防护结构　由于各种地面水和地下水对路基的强度和稳定性影响极大，必须修建路基的底面和地下排水设施；并针对不同的涵洞形式，提出了质量监理的要点；同时为了满足路基的使用性能，论述了支挡及石砌防护构造物的施工监理内容。

3. 路面工程施工质量监理

路面是用各种筑路材料铺筑在路基上供车辆行驶的层状构造物。路面不仅直接承受车辆荷载的作用，而且要经受自然因素和其他人为因素的作用。本章首先从路面的功能和构造出发，叙述了路面工程在施工过程中监理工程师进行质量监理的要点。具体体现在以下几个方面：

(1）路面基层（底基层）施工质量监理　介绍了路面基层（底基层）的主要类型，以及混合料配合比设计原则和方法；突出了基层（底基层）施工中质量控制要点，即混合料拌和与运输、摊铺与整形、碾压、养护的质量监理内容和方法。

(2）沥青面层施工质量监理　针对沥青路面的不同类型，介绍了沥青混合料组成设计；目前公路工程中常采用的路面类型，分述其质量控制要点，即热拌沥青混合料、沥青、沥青表面处治、沥青贯入式路面的质量监理内容和方法。

（3）水泥混凝土面层施工质量监理　从水泥混凝土面层的基本分类出发，介绍了水泥混凝土配合比设计的基本原理和方法，针对在目前公路工程中水泥混凝土路面施工所采用的两种方法，即摊铺机施工、人工及小型机械化施工的施工工艺和质量控制要点进行论述。

4. 桥梁工程施工质量监理

首先从桥梁的基本组成及分类入手，介绍了桥梁施工的一般要求和质量标准；再分节从桥梁的基本组成方面来介绍质量监理控制要点，主要从以下几个方面来论述：

（1）基础工程的施工质量监理　针对桥梁基础（明挖基础、桩基础、沉井基础）的质量控制要点逐一论述，重点介绍钻孔灌注桩基础施工过程中各工序，即水下混凝土的拌制、钻孔、固孔、清孔、钢筋笼的吊放、灌注混凝土、质量检查等的质量控制要点。

（2）桥梁下部构造的施工质量监理　主要论述了石、混凝土墩（台）的施工要求和质量标准。

（3）桥梁上部构造的施工质量监理　主要对模板、支架和拱架、现浇施工、预制构件、钢构件、预应力混凝土及拱圈施工的一般要求和质量标准进行论述。

（4）桥面系施工质量监理　对桥面系的各组成部分（桥面铺装、防水和排水设备、伸缩缝、人行道、缘石、栏杆和灯柱）施工的一般要求和质量标准进行论述。

5. 隧道工程施工质量监理

（1）隧道施工的准备工作　主要介绍了施工测量、施工场地的准备和布置、环境保护工作等。

（2）隧道洞口与明洞工程施工质量监理　主要介绍了洞口与明洞工程施工的一般规定、洞口与明洞工程施工要求等。

（3）隧道洞身工程施工质量监理　主要介绍了洞身开挖的两种不同的设计和施工方法（新奥法和矿山法）、洞身开挖质量检查项目、衬砌工程质量检验方法等。

（4）隧道防水与排水及附属工程施工质量监理　主要介绍了隧道施工防、排水与永久性防、排水设施相结合的施工方法，防、截、排、堵相结合的施工方法，因地制宜、综合治理的施工原则等。

复习思考题

1. 质量监理的任务、特点、依据是什么？简述质量监理的程序和方法。
2. 一般将质量监理过程分成哪几个阶段？每个阶段的主要内容是什么？
3. 对工程质量的缺陷，监理工程师如何进行处理？
4. 什么叫缺陷责任期？其起止日期如何确定？为什么要规定缺陷责任期？
5. 缺陷责任终止证书的签发有哪些监理程序和内容？
6. 简述路基填方压实施工质量监理的要点及挖方路基施工监理的程序和要点。
7. 为什么路基施工前要修建试验路段？试验路段应如何修建？
8. 如何对承包商的施工机具、设备进行监理检查？
9. 在沥青路面施工准备阶段，监理工程师应进行哪些方面的检查？
10. 水泥混凝土路面施工准备阶段中，监理检验项目的内容有哪些？
11. 沥青、水泥混凝土路面如何设置试验路段？修筑试验路段的目的是什么？

12. 在混凝土路面施工过程中，质量监理的要点和内容有哪些？

13. 混凝土路面竣工检验的主要项目有哪些？

14. 桥涵工程施工准备阶段的监理工作的主要内容有哪些？监理工程师如何审查承包商的施工方案？

15. 如何对承包商的施工机具、设备进行监理检查？预应力筋张拉前，应对哪些内容进行检验？

16. 明挖基础地基的强度应如何测定？监理工程师应做哪些工作？

17. 在钻孔桩施工中，监理工程师应对哪些项目的内容进行质量检查？

18. 当对吊装索道的安全可靠性进行检验时，其主要步骤有哪些？

19. 对支架及模板的制作和安装质量应进行哪些方面的检验？

习　题

1. 某地二级汽车专用公路施工工地试验室，对某段路基的路床施工压实度进行检测，抽样检测压实度结果如下：96.5%、96%、94%、95%、96.5%、96%、95.5%、95%、96%、94.6%，若按95%保证率考虑，试对该路段的压实质量进行评价。

2. 某桥梁主梁施工中，在一段时间内生产的强度等级为40MPa的混凝土，为检验其抗压强度共做试块20组，经28d养护后，测得其抗压强度见表1，试判断其质量保证能力。

表1

序号	混凝土抗压强度测定值/MPa									
1	42.2	41.5	41.9	40.2	42.5	42.7	41.8	39.8	42.6	43.2
2	41.6	42.9	43.5	45.9	42.1	41.6	42.5	41.8	39.5	42.8

3. 四川省川西平原某桥，下部基础采用强度等级为30MPa的混凝土钻孔桩，试验数据见表2，试评价该桥下部钻孔桩混凝土的施工质量。

表2

序号	混凝土抗压强度测定值/MPa									
1	31.6	32.5	31.8	29.5	32.8	32.2	31.5	31.9	30.2	35.5
2	32.7	31.8	29.8	32.6	33.2	31.6	32.9	33.5	35.9	32.1

4. 某水泥混凝土路面工程在质量检验时共取了20个混凝土抗压强度数据，每个数据是3个混凝土试件抗压强度的平均值，数据见表2，若混凝土标准强度$R = 30$MPa，试评定其施工质量。

单元四　公路工程施工费用监理

任务要求

1. 分析工程费用的特点、组成及其主要影响因素。
2. 明确工程费用监理的任务、原则和方法。
3. 掌握工程计量的规定、原则，合理选择工程计量的方式，进行工程计量。
4. 掌握工程费用支付原则、种类，进行费用监理。
5. 分析工程质量、进度、费用三大目标之间的关系。

案例引入

在国民经济与社会发展对公路运输的要求急速增长的今天，公路建设资金却并不宽裕，那么，怎样才能控制好公路工程造价？实施工程监理是一个有效途径。工程监理作为科学的建设项目管理方法，主要是以国家政策、技术规范、监理规范、定额、合同等为依据，跟踪控制设计、招标和施工过程的投资、工期和质量，确保三大目标的实现。而监理工程师要作到对工程投资的有效控制就需要具备正确计量和支付的能力。

例如，我国某公路工程中，在工程量清单中原合同价为 240000 元人民币，其中土方工程的单项工程量为 $1100m^3$（单价为 15 元/m^3），在合同执行过程中，实际土方工程量增加到了 $1600m^3$。按合同条件的规定，哪些必须信守合同价格不变？哪些需重新确定单价？如果经协商，确定的新土方单价为 14 元/m^3，承包人应该获得的土方总价为多少？

作为监理工程师，首先必须了解工程计量和支付的原则和程序，然后在核实工程量的情况下再进行签认支付。本例中，监理工程师应根据《公路工程施工监理合同范本》第 52.2 款规定，确定土方工程原合同金额为 $1100 \times 15 = 16500$ 元，占合同价 240000 元的 $(16500/240000) \times 100\% = 6.9\% > 2\%$，由此判断超出中标通知书所列合同价的 2%。再比较增加的土方工程量占工程量清单中的招标工程量的 $(1600 - 1100)/1100 = 45.5\% > 25\%$，属于应当调整单价的工程变更。根据调价的规定，承包人对于工程量清单所列工程量上下 25% 的范围内的单价应当信守合同单价不变，即 $1600m^3$ 中的 $1100 \times 1.25 = 1375m^3$ 的单价仍然按原合同价 15 元/m^3 计价。剩余 $1600 - 1375 = 225m^3$，采用经协商确定的新土方单价 14 元/m^3 计价。所以，承包人应获得的土方总价为 $1375 \times 15 + 225 \times 14 = 23775$ 元。

综上所述，监理工程师只有熟悉和掌握公路工程计量和费用支付的相关知识，才能有效地从监理角度为业主控制好公路工程造价。

4.1 公路工程费用监理概述

工程费用是工程造价的组成部分，是指施工生产活动中的各种耗费或支出形成的建筑工程费和安装工程费的总和，也称建筑安装工程费。它是工程项目造价的主要组成部分和基础，一般占总造价的60% ~80%。工程费用监理就是监理工程师按合同文件，依据工程实际情况，对工程费用的计算与支付进行监督管理，它是监理工程师的主要工作之一。工程费用监理的内容包括各项工程的计量，工程费用的审核和支付两个方面。

4.1.1 费用监理的主要任务与工作内容

1. 国外项目监理机构在费用监理中的主要任务

近几十年来，各工业发达国家在工程建设中实行监理制度已成为通行的惯例，并形成了许多不同的形式和流派，其中影响最大的有两类，即项目管理咨询公司（PM）和工料测量师行（QS）。

（1）项目管理咨询公司　项目管理咨询公司是在欧洲和美国广泛采用的建设工程监理机构，其国际性组织是国际咨询工程师联合会（FIDIC）。该组织1980年所制定的IGRA—1980PM文件，是用于监理工程师与业主或建设单位之间订立委托监理合同的国际通用合同文本。该文本明确指出，监理工程师的根本任务是：进行项目管理，在业主所要求的进度、质量和投资的限制之内完成项目。其可向业主提供的监理服务包括以下八个方面：项目的经济可行性分析、项目的财务管理、与项目有关的技术转让、项目的资源管理、环境对项目的影响、项目建设的工程技术、物资采购与工程发包、施工管理。其中涉及项目投资控制的具体内容是：项目的投资效益分析（多方案）、初步设计时的投资估算、项目实施时的预算控制、工程合同的签订和实施、物资采购、工程量的核实、工时与投资的预测、工时与投资的核实、有关控制措施的制定、发行企业债券、保险审议、其他财务管理等。

（2）工料测量师行　在英联邦国家，负责项目投资控制的通常是工料测量师行。公司开办人称为合伙人，他们是公司的所有者，在法律上代表公司，在经济上自负盈亏，并亲自进行管理。合伙人必须是经过英国皇家测量师协会授予称号的工料测量师，如果一个人只拥有资金，而不是工料测量师，则不能成为工料测量师行的合伙人。英联邦国家的基本建设程序一般分为合同签订前与合同签订后两大阶段。工料测量师在工程建设中的主要任务和作用是：

1）合同签订前的任务。

①在工程建设开始阶段，业主提出建设任务和要求，如建设规模、技术条件和可筹集到的资金等。这时工料测量师要和建筑师、工程师共同研究提出“初步投资建议”，对拟建项目作出初步的经济评价，并和业主讨论在工程建设过程中工料测量师行的服务内容、收费标准，同时着手一般准备工作和今后的行动计划。

②在可行性研究阶段，工料测量师根据建筑师和工程师提供的建设工程的规模、场址、技术协作条件，对各种拟建方案进行初步估算，有的还要为业主估算竣工后的经营费用和维护保养费，从而向业主提交估价和建议，以便业主决定项目执行方案，确保该方案在功能上、技术上和财务上的可行性。

③在方案建议（有的称为总体建议）阶段，工料测量师按照不同的设计方案编制估算书，除反映总投资额外，还要提供分部工程的投资额，以便业主能确定拟建项目的布局、设计和施工方案。工料测量师还应为拟建项目获得当局批准而向业主提供必要的报告。

④在初步设计阶段，根据建筑师、工程师草拟的图样，编制建设投资分项初步概算。根据概算及建设程序，编制资金支出初步估算表，以保证投资得到最有效的运用，并可作为确

定项目投资限额使用。

⑤在详细设计阶段，根据近似的工料数量及当时的价格，编制更详细的分项概算，并将它们与项目投资限额相进行比较。

⑥对不同的设计和材料进行成本研究，并向建筑师、工程师或设计人员提出成本建议，协助他们在投资限额范围内设计。

⑦就工程的招标程序、合同安排、合同内容方面提供建议。

⑧编制招标文件、工料清单、合同条款、工料说明书及投标书，供业主招标或供业主与选定的承包人议价。

⑨研究并分析收回的投标，包括进行详尽的技术和数据审核，并向业主提交对各项投标的分析报告。

⑩为总承包单位及指定供货单位或分包单位制定正式合同文件。

2）合同签订后的任务。

①工程开工后，对工程进度进行估计，并向业主提出中期付款的建议。

②工程进行期间，定期制定最终成本估计报告书，反映施工中存在的问题及投资的支付情况。

③编制工程变更清单，并与承包人达成费用上增减的协议。

④就考虑中的工程变更的大约费用，向建筑师提供建议。

⑤审核及评估承包人提出的索赔，并进行协商。

⑥与工程项目顾问团的其他成员（建筑师、工程师等）紧密合作，在施工阶段严格控制成本。

⑦办理工程竣工结算。该结算是工程最终成本的详细说明。

⑧回顾分析项目管理和执行情况。工料测量师行受雇于业主，根据工程规模的大小、难易程度，按总投资的0.5%～3%收费，同时对项目投资控制负有重大责任。如果项目建设成本最后在缺乏充足正当理由情况下超支较多，业主付不起，则要求工料测量师行对建设成本超支额及应付银行贷款利息进行赔偿。所以工料测量师行在接受项目投资控制委托，特别是接受工期较长、难度较大的项目投资控制委托时，都要买专业保险，以防估价失误时因对业主进行赔偿而破产。由于工料测量师在工程建设中的主要任务就是对项目投资进行全面系统的控制，因而他们被誉为“工程建设的经济专家”和“工程建设中管理财务的经理”。

2. 我国项目监理机构在建设工程投资控制中的主要任务

建设工程投资控制是我国建设工程监理的一项主要任务，投资控制贯穿于工程建设的各个阶段，也贯穿于监理工作的各个环节。

1）在建设前期阶段进行工程项目的机会研究、初步可行性研究，编制项目建议书，进行可行性研究，对拟建项目进行市场调查和预测，编制投资估算，进行环境影响评价、财务评价、国民经济评价和社会评价。

2）在设计阶段，协助业主提出设计要求，组织设计方案竞赛或设计招标，用技术经济方法组织评选设计方案。协助设计单位开展限额设计工作，编制本阶段资金使用计划，并进行付款控制。进行设计挖潜，用价值工程等方法对设计进行技术经济分析、比较和论证，在保证功能的前提下进一步寻找节约投资的可能性。审查设计概预算，尽量使概算不超估算，预算不超概算。

3）在施工招标阶段，准备与发送招标文件，编制工程量清单和招标工程标底；协助评审投标书，提出评标建议；协助业主与承包单位签订承包合同。

4）在施工阶段，依据施工合同有关条款、施工图，对工程项目造价目标进行风险分析，并制定防范性对策。从造价、项目的功能要求、质量和工期方面审查工程变更的方案，并在工程变更实施前与建设单位、承包单位协商确定工程变更的价款。按施工合同约定的工程量计算规则和支付条款进行工程量计算和工程款支付。建立月完成工程量和工作量统计表，对实际完成量与计划完成量进行比较、分析，制定调整措施。收集、整理有关的施工和监理资料，为处理费用索赔提供证据。按施工合同的有关规定进行竣工结算，对竣工结算的价款总额与建设单位和承包单位进行协商。

因监理工作过失而造成重大事故的监理企业，要对事故的损失承担一定的经济补偿责任，补偿办法由监理合同事先约定。

4.1.2 工程费用监理的原则

工程费用监理是工程监理的主要调控手段和关键工作环节。在监理过程中，监理工程师利用自己的知识和技能为工程服务，有多种不同的监理措施及方法可以选择，为了搞好费用监理工作，必须在工程监理工作中遵守一些基本原则。

1. 政策性原则

费用监理是一项政策性、法律性、经济性和技术性很强的工作，首先必须根据国家的方向政策办事，要严格遵守国家的法律和有关制度，正确处理国家整体利益、业主利益和施工企业利益之间的关系；同时，还必须严格遵守工程项目本身内在规律的要求，处理好进度、质量、费用三者之间的辩证关系，监理工程师在进行工程费用监理时，必须做到经其签认的每一笔工程费用符合国家有关政策的规定和要求，并协调好承包人与业主的利益关系。

2. 合同原则

工程承包合同一方面综合体现了国家的经济政策、基本建设管理制度及法规；另一方面也全面概括了工程设计意图和要求，并综合考虑了施工中的各种因素，是有关工程施工的综合性文件。监理工程师在进行工程费用监理时，必须在国家法规政策的范围内，以合同为依据，按合同要求和合同的基本精神处理好各类工程费用的签认和支付。虽然监理工程师对工程费用全权负责签认和监理，但费用监理工作必须符合合同要求，监理工程师无权超越合同所赋予的权力，必须保证每一笔支付都符合合同的要求。

3. 公正原则

监理工程师是作为独立的第三方参与工程管理的，工程费用的支付签认权力，直接涉及业主和承包人的利益。因此，监理工程师必须恪守公正的原则，来进行费用监理。

工程施工活动中，监理工程师处于主导地位，在合同中被赋予了广泛的权力，承包人与业主的货币收支行为是否准确和合理，取决于监理工程师所签认的工程费用是否公正。要使工程费用既合理又准确，只有监理工程师保持公正才有可能做到。保持公正立场是监理工程师进行费用监理的基本原则和起码要求，如果监理工程师不公正，就无法准确地计量实际工作量，无法正确地作出判断，从而直接影响业主与承包人之间的公平交易。特别是当施工过程中发生工程变更、工程索赔和各种特殊风险等情况时，更要求计量支付监理工程师独立而公正地作出判断，并对其进行估价。监理工程师在工程费用计量中，必须认真负责，以实事求是的精神和科学的态度做好每一项工作，使自己站在客观、公正的立场上。

4. 责、权、利相结合的原则

要做好工程费用监理的各项工作，同样必须贯彻责、权、利相结合的原则。“责”是要完成费用监理任务的责任；“权”是指监理工程师为了完成费用监理任务，对于必须采取的措施所拥有的权限，即实施费用监理的权力，确切地说是监理工程师必须拥有工程计量与工程费用签认的权力，否则，计量支付监理工程师就无法履行职责；“利”是根据费用监理任务完成的好坏给予计量支付监理工程师的奖惩。

目前，一些项目中业主往往赋予监理工程师工程计量的权力，而没有给予费用支付的权力，这必然影响监理的调控力度，一旦出现问题，还可能要求监理工程师完全承担费用监理的责任。由于业主赋予权力的不完全，就使得工程费用监理工作无法有效地进行，并且影响质量和进度监理工作的开展。

责、权、利相结合的原则，一方面是监理工程师自身开展费用监理工作的前提条件；另一方面，也是监理工程师在进行费用监理工作中必须遵守的基本原则。也就是说，监理工程师必须全面分析和理解业主、承包人各自所有的责任和权利，在此基础上确认他们各自的利益。只有分清了业主和承包人双方各自的权利和责任，才能准确地协调好双方的利益关系。因此，在工程费用监理过程中，监理工程师必须贯彻好责、权、利相结合的原则。

4.1.3 工程费用监理的方法

费用监理的方法有很多，从不同的角度可以进行不同的分类，现仅从时间的角度进行分类。从监理措施采取的时间上来看，费用监理可以分为事后监理（反馈监理）、事前监理（前馈监理）和跟踪监理（过程监理）三类。

1. 事后监理

事后监理是指监理工程师将计量证书和支付证书，以及各种相关的调节信息输送出去后，又把作用结果的信息反馈回来，并对信息的再输出产生影响，以起到费用监理的作用。在费用监理中，为了对施工中的各种费用进行有效的监理，要求把实际费用与合同价进行比较，并把发生偏差的信息反馈给各方，以便及时进行调节，保证费用监理目标的实现。

2. 事前监理

事前监理又叫主动监理，是指在发生目标偏差以前，即在实际工程费用超过合同价格之前，根据预测的信息，采取相应的措施予以调节，使工程费用不偏离或尽量少偏离合同价。例如，对工程量清单中的分项工程（工程细目）编制单价分析表，了解承包人的报价水平，对各种单价（计日工单价）编制单价分析表，以便在出现工程量意外时能及时采取有效措施。

对事后监理来说，往往由于监理工程师获得偏差信息的时间和偏差发生的时间之间有时间差，这种信息反馈的滞后性使得偏差无法立即被发现，影响纠正偏差的时效和效果。尤其在工程施工过程中，各种意外情况（如发现地下埋藏物等）经常发生，单纯依靠承包人来报告意外事件的发生，之后再去处理，将造成不必要的损失。因此，应加强预防，进行事前的主动监理。这意味着监理工程师必须在全面了解工程特点、承包人的施工能力及技术水平，施工环境和地质地形及原材料等情况的基础上，对下阶段施工中可能出现的意外情况进行预测。在预测的基础上，采取预防措施，从而作到更有效地监理。

3. 跟踪监理

跟踪监理是指监理工程师跟踪施工过程，在施工现场进行监理，如旁站监理就是一种典型的跟踪监理。

跟踪监理与事前监理的区别是，跟踪监理在工程费用发生的当时就在现场监理，而事前监理则通过制定措施，明确合同价款等来进行监理；事前监理还有可能对现有施工条件进行改变，可从较远的时间和较好的施工条件出发来加以考虑，而跟踪监理就没有这些条件。

跟踪监理与事后监理的区别是，跟踪监理的反馈时间很短，几乎是瞬时反馈，采取措施时必须当机立断，没有过多的时间来全盘考虑；事后监理则不同，它可以把实际的工程费用与工程费用的目标值、合同价进行比较，把差异原因搞清楚，把差异责任查明白，并提出全面的处理措施和意见，作为下一步工作的依据，而跟踪监理就无此可能。

跟踪监理是一种日常的监理，事前监理和事后监理最后都要通过日常监理才能起作用。没有跟踪监理，事前监理和事后监理就没有意义。另一方面，跟踪监理能及时反馈信息，可以立刻采取措施加以调整，监理效果立竿见影。

4.2 工程计量的原则和基本程序

计量是控制项目投资支出的关键环节。工程计量是根据设计文件及承包合同中关于工程量计算的规定，监理工程师对承包人申报的已完成工程的工程量进行的核验。合同条件中明确规定工程量清单中的工程量仅是估算工程量，不能作为承包人应完成的实际和确切的工程量。因为工程量清单中的工程量，是在编制招标文件时，在图样和技术规范的基础上估算的工作量，不能作为结算工程价款的依据，而必须通过监理工程师对已完工程进行计量。只有经过监理工程师计量所确定的工程数量，才是向承包人支付工程款项的凭证。

计量是约束承包人履行合同义务的手段。计量不仅是控制项目投资支出的关键环节，同时也是约束承包人履行合同义务、强化承包人合同意识及控制质量与进度的重要手段。FIDIC合同条件规定，业主对承包人的付款，是以监理工程师批准的付款证书为凭据的，监理工程师对计量支付有充分的批准权和否决权，对于不合格的工作和工程，监理工程师可以拒绝计量。同时，监理工程师通过计量，可以及时掌握承包人的工程进展情况，当监理工程师发现工程进度严重偏离计划目标时，可要求承包人及时分析原因、采取措施、加快进度。因此，在施工过程中，监理工程师可以通过计量支付手段，控制工程按合同进行。

4.2.1 工程计量的范围、依据和原则

1. 合同规定计量的项目范围

1）清单中的工程项目全部需要进行计量。合同文件规定，没有填写单价与金额的项目，认为该项费用已包括在清单的其他单价或款项中，因此，对于清单中没有填写单价与金额的项目，仍需进行计量，以便确认承包人是否按合同条件完成了该项工程。

2）合同文件规定的项目除了清单中的工程项目以外，在合同文件中通常还规定了一些包干项，对于这些项目也必须根据合同条件进行计量。

3）工程变更项目。工程变更一般附有变更清单，工程变更清单与工程量清单具有相同

的性质。因此，对于工程变更清单项目亦必须按合同有关要求进行计量。

上述合同规定以外的项目，如承包人为完成上述项目而进行的一些辅助工程，监理工程师没有进行计量的义务，因为这些辅助工程的费用已包括在上述项目的单价中。

2. 工程计量的依据

1）质量合格证书。对于承包人已完成的工程，并不是全部计量，只有质量达到合同标准的才予以计量。因此，工程计量必须与质量监理紧密结合，经过专业监理工程师检验，工程质量达到合同规定的标准后，由专业监理工程师检验并签署质量合格证书。所以说，质量监理是计量的基础，计量又是质量的保障，通过计量支付，强化承包人的质量意识。对实体质量合格、外观存在缺陷、但不影响使用的工程，监理工程师可根据合同规定折减计量支付，并报建设单位批准。

2）工程量清单说明和技术规范。工程量清单说明和技术规范是确定计量方法的依据，因为工程量清单说明和技术规范的“计量支付”条款规定了清单中每一项工程的计量方法。例如，某高速公路技术规范计量支付条款规定：所有道路工程、隧道工程和桥梁工程中的路面工程，按各种结构类型及各层不同厚度分别汇总，以图样所示或监理工程师指示为依据，按经监理工程师验收的实际完成数量，以“m^2”为单位分别计量。计量方法是根据路面中心线的长度乘以图样所标明的平均宽度，再加上单独测量的岔道、加宽路面、喇叭口和道路交叉处的面积，以“m^2”为单位计量。除监理工程师另有指示外，任何超过图样所规定的尺寸的计算面积，均不予计量。

3）设计图在工程量清单说明中的规定。对于某些工程项目，计量的几何尺寸应以设计图为依据，监理工程师对承包人超出设计图要求增加的工程量和自身原因造成返工的工程量不予计量。例如，某高速公路施工监理中，钻孔灌注桩的计量支付条款规定按照设计图以延米计量，其单价包括所有材料及施工的各项费用。根据这个规定，如果承包人做了50m，而桩的设计长度为45m，则只计量45m，承包人多做的5m钻孔灌注桩，业主不予补偿。对路基基底处理、结构物基础的基底处理，以及其他复杂、有争议需要现场确认的项目，应会同建设、设计、施工等单位进行现场计量。

3. 工程计量的原则

在进行工程计量时，应遵循以下原则：

1）不符合合同文件要求的工程，不得计量。

2）按合同文件所规定的方法、范围、内容和单位计量。

3）按监理工程师同意的计量方法计量。

4.2.2 工程计量程序及管理

我国公路工程施工监理的计量工作分为驻地监理工程师办公室、高级驻地监理工程师办公室和总监理工程师办公室（代表处）三级管理程序。计量工作主要由驻地监理工程师承担，高级驻地监理工程师负责审核，总监理工程师（代表）最后审定。高级驻地监理工程师和总监理工程师（代表）对驻地监理工程师的计量结果拥有绝对的否决权；对于计量中的数量问题有权更改或责令驻地监理工程师进行复查；若发现计量的工程中存在质量问题，有权责令承包人对缺陷部位返工或修补，并重新签发《中间交工证书》。

1. 驻地监理工程师对工程的计量

（1）计量类型

1）监理工程师独立计量。此工作由监理工程师单独承担，然后将计量的记录送承包人。承包人如对监理工程师的计量有异议，可在14d内以书面形式提出，再由监理工程师对承包人提出的质疑进行复核，并将复核后的结果通知承包人。

2）承包人进行计量。由承包人对已完成工程进行计量，然后将计量的记录及有关资料报送监理工程师核实确认。

3）监理工程师与承包人共同计量。在进行计量前由监理工程师通知承包人计量的时间和工程部位，然后由承包人派人同监理工程师共同计量，计量后双方签字认可。如果承包人在收到监理工程师的计量通知后，不参加或未派人参加计量工作，根据FIDIC合同条件的规定，由监理工程师派出人员单方面进行工程计量后，经监理工程师批准的计量应认为是正确的工程计量，可以用做支付的依据，承包人不能对计量提出异议。

上述三种计量方式各有特点。由监理工程师独立计量程序较为复杂，工程计量的结果被最后确认的时间较长，同时占用较多监理人员；采用由承包人进行计量的方式可以减少监理人员的工作量，但对计量的现场控制不如另外两种计量方式；采用监理工程师与承包人共同计量，能当场解决分歧，减少争议，简化程序，节约时间，并较好地保证了计量结果的公正性和准确性。在我国的公路工程合同中，主要采用监理工程师与承包人共同计量的方式。

（2）现场计量的程序　对于签发《中间交工证书》的工程项目（或部位），首先由监理人员向承包人发出计量通知或审查承包人提出的计量申请，并做好有关计量的准备工作，包括计量部位的图样和其他有关资料，以及计量时所需的仪器设备。采用监理工程师与承包人共同计量的方式，一般由监理工程师与承包人委派的负责计量支付的人员组成计量小组，小组人员按通知的时间到现场进行计量，然后填写《中间计量表》，报送驻地监理工程师核对确认。

（3）工程计量主要文件

1）《中间计量表》。

2）《工程分项开工申请批复单》。

3）《检验申请批复单》及有关的自检资料。

4）工程质量检验表及有关的质量评定意见。

5）《工程变更令》。

6）《中间交工证书》。

2. 高级驻地监理工程师对计量结果的审查

高级驻地监理工程师对驻地监理工程师的计量结果应进行全面审查，主要包括以下内容：

1）计量的工程质量是否达到合同或标准规定的质量。一方面审查承包人的试验方法、过程和结果，以及驻地监理工程师的试验情况，此外，还要由试验室对一些工程项目进行复核试验。对审查过程中发现的未达到质量标准的项目，均需进行修补或返工，达到质量标准后再重新予以计量。

2）计量的过程是否符合合同条件。计量的过程包括计量简图、计算公式及最终计算结果。发现计量过程的错误，高级驻地监理工程师办公室可以直接修正，或通知驻地监理工程师进行修正。经高级驻地监理工程师审查后的计量结果报送总监理工程师（代表）审定。

3. 总监理工程师（代表）对工程计量项目的审定

总监理工程师办公室（代表处）设置了专门负责计量支付的工程师，对全线各合同的工程计量进行审定。在审定过程中，有权对计量的工程项目的质量进行抽验，抽验不合格的不予计量，对计量过程有错误的项目进行修正或不予计量。只有经总监理工程师（代表）审查批准的计量项目，才予以支付工程款项。

4.2.3 工程计量的管理

1. 计量形象图

所谓计量形象图，就是将工程量清单中的项目和费用用图形表示出来，并随着计量工作的进行，将已经计量的部分在图中显示出来。这样，一方面可以避免出现清单中一些项目的重复或漏计量的现象；另一方面，监理工程师可以根据计量形象图对工程计量进行宏观控制和管理。

公路工程的计量形象图一般可以分为总体形象图和单项工程形象图两种。

（1）总体形象图　总体形象图应在可以标注尺寸的平面图上绘制。为了表达清楚，纵、横坐标可以采用不同的比例，或采用示意的方式。总体形象图的内容应根据其工程量清单中的项目确定。例如，某高速公路项目的平面形象图包括以下内容：

1）清理场地、移去表土和挖根的范围。

2）取土坑、堆料场的位置和运输路线。

3）涵洞、通道、桥梁平面位置和规模。

4）结构物、线路变更位置和规模。

5）植草皮的位置和范围。

6）中央分隔带的铺砌。

7）钢护栏的位置和范围。

8）隔离栅和线外工程。

9）软基处理的段落和方式。

10）电话平台的位置和数量。

纵面形象图与平面形象图绘制在同一张图上，采用纵、横不同的比例，把在平面形象图中无法显示的内容表示出来，与平面形象图构成一个整体，互为对应，相互补充，表示出各个进行计量的部位。例如，某高速公路项目的纵面形象图包括以下内容：

1）各段土方分层填筑情况。

2）软基处理砂垫层厚度及塑板桩长度。

3）涵洞、通道及桥梁位置。

4）结构物变更位置。

5）路面的底基层、基层、下面层、中面层及表面层的计量情况。

（2）单项工程形象图　在总体形象图中，有些计量部位，特别是桥梁工程，无论是在平面形象图或在纵面形象图中都难以表示出来，因此，需要绘制单项工程形象图，作为总体形象图的补充。桥梁工程单项形象图可表示以下部位：

1）灌注桩、承台、盖梁位置和数量。

2）桥面板的位置和数量。

3）桥面铺装和伸缩缝。

4）栏杆。

2. 计量记录

计量记录与档案管理是计量管理中的一个重要内容。公路工程等大型的复杂项目，要进行多次计量，形成一系列的计量资料，只有在完善计量记录的基础上加强对计量的档案管理，才能使项目的计量工作顺利完成。

计量应根据合同的要求作好记录。符合要求的记录应能说明哪些已经计量，哪些尚未计量；哪些已经签发支付证书，哪些尚未签发支付证书。计量时监理工程师还应完成以下工作：

1）应有一套图样，用彩笔将所进行的工程的位置在图样上标示出来，并在适当的位置作详细的补充说明，如工程的开始、结束位置及几何尺寸等数据。

2）应有一套档案，包括计量证书的号码及数据。

3）记录工程量清单中所列出的分类细目的数量与计量后数量的差异，以及双方同意的任何进度支付证书应付的款项。

4）对计日工应记录在有号码的计量证书上，并有承包人代表和监理工程师代表共同签名。

3. 计量分析

为了做好计量的管理工作，除明确分工、加强计量记录和档案管理外，还应加强计量分析，及时发现计量工作中的问题，掌握工程进度，为进度监理和费用支付提供基础。为了便于进行计量分析与档案管理，计量的表格应统一，使其标准化和规范化。监理工程师应设计好计量表格，让承包人和具体从事计量的人员按要求填写，以便采用计算机辅助计量和进行计量分析。计量分析时，应对照工程量清单和设计图进行分析，将实际工程量与清单工程量进行对比，发现偏差并分析偏差的原因；应以计量的工程量为依据，计算出实际进度，将实际进度与批准的计划进度比较，发现进度偏差并找出原因，从而采取相应措施。

4.3 工程计量的方法和细则

4.3.1 工程计量方法

根据技术规范、工程量清单和合同的有关规定，公路工程施工监理一般采用以下方法进行计量。

1. 断面法

断面法主要用于取土坑和路基土方的计量。对于填筑土方工程，一般规定计量的体积为原地面线与设计断面所构成的体积。采用这种方法计量，在开工前承包人需测绘出原地形断面，并需经监理工程师校核批准，之后才能作为计量的依据。对于路堤土方工程，在施工前每50m测出一个地形断面，然后将路堤设计断面画在地形断面上，每次计量时测出完整的路堤顶高程，据此在断面图上计算完成的工程数量。为了减少计量的误差，每次计量时，可采用本次计量计算的断面面积减去上次计量计算的断面面积的方法。

2. 图样法

在工程量清单中，许多项目的工程数量均按照设计图所示的尺寸进行计量，如混凝土的体积、钢筋的长度、钻孔灌注桩的桩长等。需指出的是，对于采用图样法计量的项目，必须进行现场测量，检查结构物几何尺寸的偏差是否在技术规范允许的范围内，只有达到规范标准的项目或部位才予以计量。

3. 钻孔取样法

钻孔取样法主要用于道路面层结构的计量。根据技术规范有关条款规定，路面结构层的计量按“m^2”计，但必须保证结构层的设计厚度，因此，应采用钻孔取样法确定结构层的厚度。

4. 分项计量法

所谓分项计量法，就是将一个项目根据工序或部位分解为若干子项，对完成的各子项进行计量支付。子项计量支付的金额，根据估算的子项占总项的比例而定，但各子项合计的支付金额应等于项目规定的金额。这种计量方法主要是为了解决一些较大的工程项目或包干项目的支付时间过长、影响承包人的资金流动等问题。

5. 均摊法

所谓均摊法，就是对清单中某些项目的合同价款，按合同工期平均计量，它适用于临时道路、供电设施、电信设施，以及供水与排污设施的修建与养护等清单项目。这些项目的特点是，在合同工期内每月都有发生，因此可以采用均摊法。

6. 凭证法

所谓凭证法，就是根据合同中要求承包人提供的票据进行计量支付。例如，建筑工程一切险和第三方责任险的保险费等，一般按凭证法进行计量支付。

7. 估价法

所谓估价法，就是按照合同文件的规定，根据监理工程师估算的已完成的工程价值支付。如为监理工程师提供办公和生活设施、车辆，以及测量设备、天气记录设备、通信设备等项目。这类清单项目往往要购买几种仪器设备，当承包人对于某一项清单项目中规定购买的仪器设备不能一次购进时，则需采用估价法进行计量支付。其计算过程如下：

1）按照市场的物价情况，对清单中规定购置的仪器设备分别进行估价。

2）按下式计算支付金额：

$$F=\frac{AB}{D} \tag{4-1}$$

式中 F——计算支付的金额；

A——清单所列该项的合同金额；

B——该项实际完成的金额（按估算价格计算）；

D——该项全部仪器设备的总估算价格。

从式（4-1）可知：

1）该项实际完成金额 B 必须按估算各种设备的价格计算，它与承包人的购进价格无关。

2）估算的总价与合同工程量清单的款额无关。当然，估价的款额与最终支付的款额无关，最终支付的款额总是合同清单中的款额。

4.3.2 计量细则

计量细则主要在技术规范的有关内容和工程量清单的前言中给予明确规定，在进行计量时必须遵守其要求，并且在不同的合同中，这些计量细则会有差别。下面将《公路工程国内招标文件范本》（2003 年版）的技术规范中各章的计量与支付条款摘出，以供参考。

1. 一般规定

1）本规范所有工程项目，除个别注明者外，均采用中国法定的计量单位，即国际单位及国际单位制导出的辅助单位进行计量。

2）本规范的计量与支付，应与合同条款、工程量清单，以及图样同时阅读，工程量清单中的支付项目号和本规范的章节编号是一致的。

3）任何工程项目的计量，均应按本规范规定或监理工程师书面指示进行。

4）按合同提供的材料数量和完成的工程数量所采用的测量与计算方法，应符合本规范的规定。所有这些方法，应经监理工程师批准或发布指令。承包人应提供一切计量设备和条件，并保证其设备精度符合要求。

5）除非监理工程师另有准许，一切计量工作都应在监理工程师在场的情况下，由承包人测量、记录。有承包人签名的计量记录原本，应提交给监理工程师审查和保存。

6）工程量应由承包人计算，由监理工程师审核，工程量计算的副本应提交给监理工程师。

7）全部必需的模板、脚手架、装备、机具、螺栓、垫圈和钢制件等材料，应包括在工程量清单中所列的有关支付项目中，均不单独计量。

8）除监理工程师另有批准外，凡超过图样所示的面积或体积，都不予计量与支付。

9）承包人应严格做好计量基础工作和材料采购检验工作。沥青混凝土、沥青碎石、水泥混凝土、高强度水泥砂浆的施工现场必须使用电子计量设备称重。因不符合计量规定引发的质量问题，所发生的费用由承包人承担。

10）如本规范规定的任何分项工程或其细目未在工程量清单中出现，则应被认为是其他相关工程的附属工作，不再另行计量。

2. 质量

1）凡以质量计量或以质量作为配合比设计的材料，都应在精确与批准的磅秤上，由称职合格的人员在监理工程师指定或批准的地点进行称重。

2）称重计量时应满足以下条件：监理工程师在场；有称重记录；有包装材料、支撑装置、垫块、捆束物等的质量说明书，在称重前提交给监理工程师作为称重的依据。

3）钢筋、钢板或型钢计量时，应按图样或其他资料标示的尺寸和净长计算。搭接、接头套筒、焊接材料、下脚料和定位架立钢筋等，不予计量。钢筋、钢板或型钢应以“kg”计量，四舍五入，不计小数。钢筋、钢板或型钢由于理论单位质量与实际单位质量的差异而引起材料质量与数量不相匹配的情况，计量时不予考虑。

4）金属材料的质量不得包括施工需要加放或使用的灰浆、楔块、填缝料、垫衬物、油料、接缝料、焊条、涂敷料等的质量。

5）承运按质量计量的材料的货车，应每天在监理工程师指定的时间和地点称出空车质量，每辆货车还应标示清晰易辨的标记。

6）对有规定标准的项目，如钢筋、金属线、钢板、型钢和管材等，均有规定的规格、质量、截面尺寸等指标，这类指标应视为通常的质量或尺寸。除非引用规范中的允许偏差值加以控制，否则可用制造商列示的允许偏差值。

3. 面积

除非另有规定，计算面积时，其长、宽应按图样所示尺寸线或按监理工程师指示计量。对于面积在 $1m^2$ 以下的固定物（如检查井等）不予扣除。

4. 结构物

1）结构物应按图样所示净尺寸线，或根据监理工程师指示修改的尺寸线计量。

2）水泥混凝土的计量应按监理工程师认可的已完工程结构物的净尺寸计算，钢筋的体积不扣除，倒角不超过 0.15m×0.15m 时不扣除，体积不超过 $0.03m^3$ 的开孔及开口不扣除，面积不超过 0.15m×0.15m 的填角部分也不增加。

3）所有以延米计量的结构物（如管涵等），除非图样另有标示，否则应按平行于该结构物位置的基面或基础的中心方向计量。

5. 土方

土方体积可采用平均断面积法计算，但与似棱体公式计算结果比较，当误差超过 ±5% 时，监理工程师可指示采用似棱体公式。

4.4　公路工程计量方法

4.4.1　开办项目计量方法

开办项目主要有保险费、竣工文件、施工环保费、临时道路、临时用地、临时供电设施、临时电信设施、承包人驻地建设等项目。这些项目在清单中按项报价，均属于包干支付项目。因此，在计量规则中很简单，计量方法都是现场检查和统计。需注意的是，对这类按项计量支付的项目，一定要在现场进行认真的检查和核实，并按照技术规范规定的工作内容和程序逐项查实。开办项目中的保险费需提供保单才能计量，临时道路、临时用地、承包人驻地建设等在工程完工后的拆除与恢复不另行计量。

4.4.2　路基工程计量方法

路基工程包括场地清理、路基土石方、特殊地区路基处理、排水设施、边坡防护、支挡工程、坡面防护、预应力锚索及锚固板、抗滑桩、河床及护坡铺砌等工程。

路基工程是工程计量的主要内容，应对其认真计量。在进行路基工程计量时，应特别注意以下几个问题：

1）施工单位复测的路基横断面图要仔细复查，并保证挖方与填方的平衡。

2）路基土石方的界定，严格按照工程量清单前言或技术规范的要求进行界定，并按照合同文件的规定提供有关试验证明资料。

3）土石方体积用平均断面法计算。但与似棱体公式计算结果比较，当误差超过 5% 时，采用似棱体公式计算。

4）路基填方计量中应扣除跨径大于 5m（或技术规范中规定的某一跨径）的通道、涵洞及小桥的体积。

5）为保证路基压实度，两侧需加宽填筑的体积，零填零挖的翻松压实，挖方路基的路床顶面以下，土方断面挖松深300mm再压实；石方断面辅以人工凿平或填平压实，作为承包人应做的附属工作，均不予计量。

6）桥涵台背回填按设计图和监理工程师指示进行的桥涵特殊处理方量，在路基填方计量中应扣除涵洞、通道台背及桥梁桥长范围内台背特殊处理的数量。

7）技术规范未明确指出的工程内容：临时道路养护、场地清理、临时排水与防护、脚手架、模板的安装与拆除，以及场内运输等，均包含在相应的工程项目中，不另行计量。

8）排水、防护、支挡工程中的钢筋、锚杆、锚索的除锈、制作、安装、运输，以及锚具锚垫板、注浆管、封锚、护套和支架等，砌筑工程中的嵌缝材料、砂浆勾缝、抹面、泄水孔、滤水层，以及基础的开挖和回填等有关作业，均作为承包人应做的附属工作，不另行计量。

1. 场地清理

1）施工场地清理的计量应按监理工程师书面指定的范围，进行验收后现场实地测量，按投影水平面积以“m^2”计量。借土场的场地清理与拆除（包括临时工程）均应列入土方单价之内，不另行计量。

2）砍伐树木仅计胸径（即离地面1.3m高处的直径）大于150mm的树木，以“棵”计量。

3）挖除旧路面应按各种不同结构类型的路面分别以“m^2”计量；拆除原有公路结构物应分别按结构物类型，按监理工程师现场指示范围和指定的量测方法量测，以“m^3”计量。

4）所有与场地清理、拆除、挖掘工作有关的挖方、回填、压实，以及适用材料的移运、堆放，废料的移运、处理等作业，均不另行计量。

2. 路基土石方

1）路基挖方（图4-1）。路基挖方以批准的路基设计图所示界线为限，以天然密实体积计量，其中包括边沟、排水沟、截水沟、改河、改渠、改路的开挖。

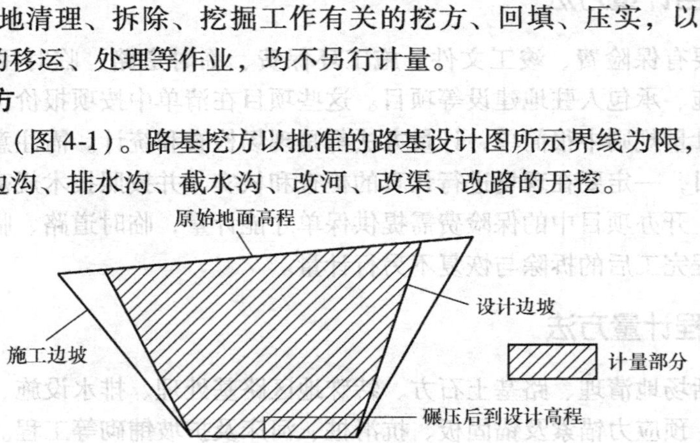

图4-1　路基挖方计量示意图

2）路基填方（图4-2）。路基填方以批准的路基设计图所示界线为限，按压实后路床顶面设计高程计算，压实后体积以“m^3”计量，包括挖台阶、摊平、整形、压实及借土填方的运输，其借土填方中的开挖在路基挖方中计量。

3）除非监理工程师另有指示，超过图样或监理工程师规定尺寸的开挖与填筑，均不予计量。

4）石方爆破的安全措施、弃方的运输和堆放、质量检验作为承包人应做的附属工作，不另行计量。

5）结构物台背回填按压实体积，以“m^3”计量，计价中包括挖运、摊平、压实、整形等一切与此有关的作业费用。

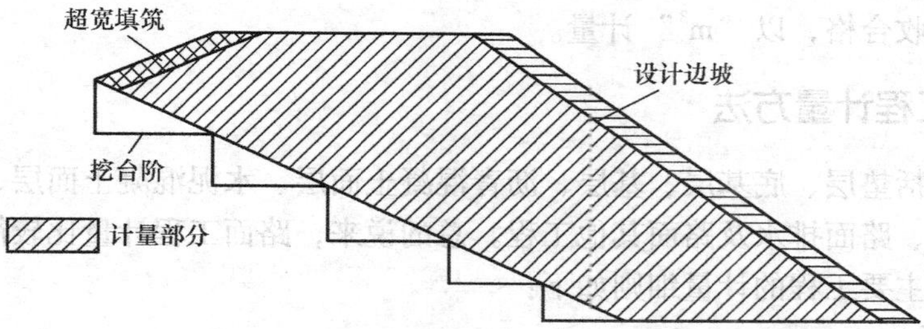

图4-2　路基填方计量示意图

3. 特殊地区路基处理

1）挖除原有路基一定深度及范围内的淤泥，以“m^3”计量；换填的土方，包括由于施工过程中地面下沉而增加的填方量，以“m^3”计量。

2）抛石挤淤、砂垫层、砂砾垫层、灰土垫层、预压和超载预压，按图样或验收的尺寸以“m^3”计量，包括材料、机械及有关的一切作业。

3）袋装砂井、塑料排水板、粉喷桩、碎石桩、砂桩，按不同规格及深（长）度分别以“m”计量，包括材料、机械及有关的一切作业。

4）土工织物、膨胀土路基、湿陷性黄土路基强夯处理，盐渍土路基处理换填，按“m^2”计量，包括材料、机械及有关的一切作业。

5）滑坡处理、岩溶洞填筑、黄土陷穴开挖和回填体积，按实际发生挖除及回填体积，经监理工程师验收合格后以“m^3”计量。

6）工地沉降观测作为承包人应做的工作，不予计量与支付。

4. 坡面排水

1）边沟、排水沟、截水沟的加固铺砌，按图样施工经验收合格的实际长度，分不同规格以“m”计量。由于边沟、排水沟、截水沟加固铺砌而需扩挖部分的开挖，均作为承包人应做的附属工作，不另行计量与支付。

2）急流槽按图样施工，经验收合格的断面尺寸计算体积（包括消力池、消力槛、抗滑台等附属设施），以“m^3”计量。

5. 护坡、护面墙

1）浆砌片石护坡、护面墙、预制空心砖、拱形及方格骨架护坡等工程的计量，应以图样所示和监理工程师的指示为依据，按实际完成并经验收的数量，不同工程细目的不同砂浆砌体分别以“m^3”计量。

2）种草及铺草皮，应以图样所示面积为依据，按实际完成并经验收的数量以“m^2”计量。

6. 挡土墙

1）挡土墙工程应以图样所示或监理工程师的指示为依据，按实际完成并经验收的数量，分别以“m^3”计量。

2）挡土墙的钢筋、锚杆，铺设的聚丙烯土工带，按图样所示经监理工程师验收后，以“kg”计量。

3）加筋土挡墙的墙面板、钢筋混凝土带、混凝土基础、浆砌片石基础和混凝土帽石，经监理工程师验收合格，以“m^3”计量。

4.4.3 路面工程计量方法

路面工程包括垫层、底基层、基层、沥青混凝土面层、水泥混凝土面层、其他面层、透层、黏层、封层、路面排水及路面其他工程。总的说来，路面工程计量比较简单，却是计量的主要内容。其主要工程的计量细则如下：

1. 各类路面

1）各类路面，应按图样所示和监理工程师指示铺筑，经监理工程师验收合格的面积，按不同厚度分别以“m^2”计量。路面计量如图4-3所示。

2）对个别特殊形状的面积，应采用适当的计算方法计量，并经监理工程师批准，以“m^2”计量。除监理工程师另有指示，超过图样规定的面积均不计量。

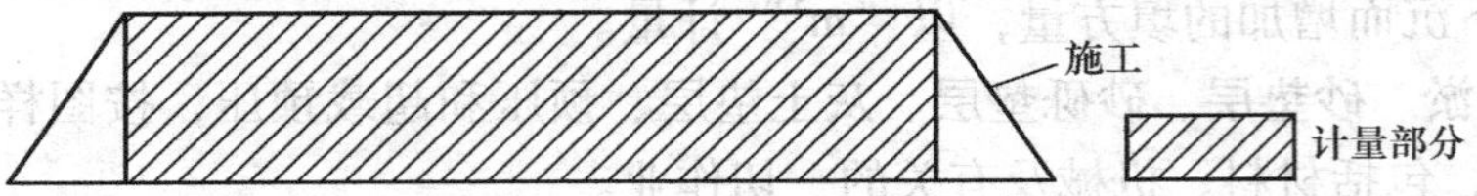

图4-3　路面计量示意图

路面工程在计量时需注意以下问题：

1）水泥混凝土路面的模板及缩缝、胀缝的填缝材料、高密度橡胶板，均包含在浇筑不同厚度水泥混凝土面层的工程项目中，不另行计量。

2）水泥混凝土路面养护用的养护剂、覆盖的麻袋、养护器材等，均包含在浇筑不同厚度水泥混凝土面层的工程项目中，不另行计量。

3）水泥混凝土路面所用的拉杆、传力杆、接缝材料和所需的补强钢筋等，不单独计量与支付。

4）沥青混凝土路面和水泥混凝土路面所需的外掺剂，不另行计量。

5）沥青混凝土、水泥混凝土和（底）基层混合料拌和站、储料场的建设、拆除和恢复，均包括在相应工程项目中，不另行计量。

2. 路面其他工程

1）培土路肩及中央分隔带回填土按压实后并经验收的工程数量分别以“m^3”为单位计量。

2）水泥混凝土加固土路肩经验收合格后，沿路肩表面量测其长度，以延米为单位计量，加固土路肩的混凝土立模、摊铺、振捣、养护、拆模，预制块预制铺砌，接缝材料，以及其他有关加固土路肩的杂项工作，均属于承包人的附属工作，不另行计量。

3）路缘石按图样所示的长度进行现场量测，经验收合格以延米为单位计量。埋设缘石的基槽开挖与回填、夯实等有关杂项工作，均属于承包人的附属工作，不另行计算。

4.4.4 桥梁工程计量方法

桥梁工程主要包括：桥梁荷载试验、补充地质勘探、模板、拱架及支架、钢筋、基础挖方、桩基础、沉井基础、结构混凝土及预应力混凝土工程、砌石工程、桥面铺装、桥梁支座、涵洞工程等。桥梁工程的计量内容较多且比较复杂，应注意以下问题：

1）基础、下部结构、上部结构混凝土的钢筋，包括搭接钢筋、钢筋骨架用的铁丝、钢板、套筒、焊接件、钢筋垫块或其他固定钢筋的材料，以及钢筋除锈、制作、安装、成品运输，作为钢筋工程的附属工作，不另行计量。

2）附属结构、圆管涵、倒虹吸管、盖板涵、拱涵、通道的钢筋，均包含在各项目内，不另行计量。附属结构包括缘石、人行道、防撞墙、栏杆、护栏、桥头搭板、枕梁、抗震挡块、支座垫块等构造物不另行计量。

3）预应力钢材、斜拉索的除锈、制作、安装、运输及锚具、锚垫板、定位筋、连接件、封锚、护套、支架、附属装置和所有预埋件，包括在相应的工程项目中，不另行计量。墩（台）、脚手架的搭设及拆除、模板的安装及拆除，均包括在相应工程项目内，不另行计量。

4）混凝土拌和场（站）、构件预制场、储料场的建设、拆除、恢复，安装架设设备摊销、预应力张拉台座的设置及拆除，均包括在相应工程项目中，不另行计量。

5）砌体垫铺材料的提供和设置，砌体的勾缝及抹面，作为砌体工程的附属工作，不另行计量。

6）材料的计量尺寸为设计净尺寸。

7）设计图标明的及由于地基出现溶洞等情况而进行的桥涵基底处理，按路基工程中特殊路基处理的规定计量。

桥梁工程中主要工程的计量细则如下：

1. 钢筋

根据图样所示及钢筋表所列，按实际安设并经监理工程师验收的钢筋以“kg”计量。其内容包括钢筋混凝土中的钢筋和预应力混凝土中的非预应力钢筋及混凝土桥面铺装中的钢筋。

计算公式为：

$$W=\sum LR \tag{4-2}$$

式中 W——应计量的钢筋质量；

L——各类型钢筋的设计长度；

R——各类型钢筋单位质量。

2. 基础挖方及回填

基础挖方及回填的计量如图4-4所示。

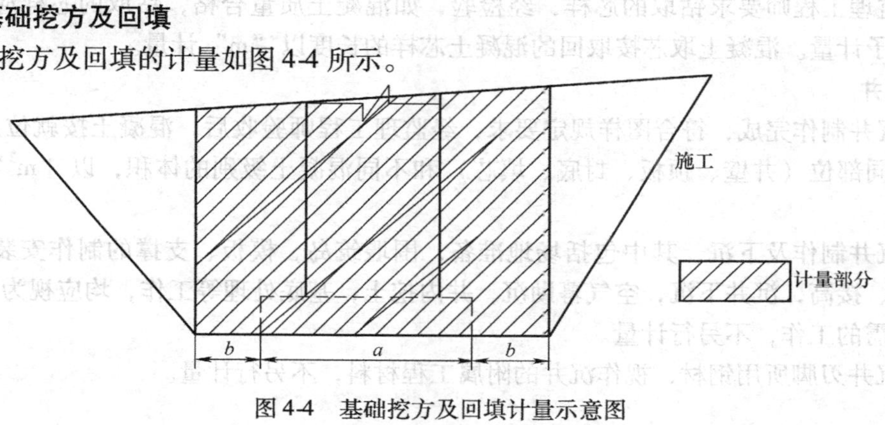

图4-4　基础挖方及回填计量示意图

1）基础挖方应取用底、顶面间平均高度的棱柱体体积，分别按干处、水下及土、石，以“m^3”计量。干处挖方与水下挖方是以监理工程师认可的施工期间实测的地下水位为界线，在地下水位以上开挖的为干处挖方，在地下水位以下开挖的为水下挖方。

基础底面、顶面及侧面的确定应符合下列规定：

①基础挖方底面。按图样所示或监理工程师批准的基础（包括地基处理部分）的基底高程线计算。

②基础挖方顶面。按监理工程师批准的横断面上所标示的原地面线计算。

③基础挖方侧面。按顶面到底面，以超出基底周边0.5m的竖直面为界。

2）当承包人遇到特殊或非常规情况时，应及时通知监理工程师，由监理工程师定出特殊的基础挖方界线。凡未取得监理工程师的批准，承包人以特殊情况为理由而完成的任何挖方将不予计量，其基坑超深开挖，应由承包人用砂砾或监理工程师批准的回填材料予以回填并压实。

3）为完成基础挖方所做的地面排水及围堰、基坑支撑及抽水、基坑回填与压实、错台开挖、斜坡开挖及基坑土的运输等，作为挖基工程的附属工作，不另行计量。

3. 桩基础

桩基础的计量如图4-5所示。

1）桩基础以实际完成并经监理工程师验收后的数量，按不同桩径的桩长以“m”计量。未经监理工程师批准，由于超钻（挖）而深于所需桩长的部分，不予计量。

2）桩基础的开挖、钻孔、清孔、钻孔泥浆、设置支撑和护壁，以及必要时在水中填土筑岛、搭设工作台架、浮箱平台、栈桥、桩的无破损试验和预埋的钢管等其他为完成工程而实施的项目，作为桩基础的附属工作，不另行计量。

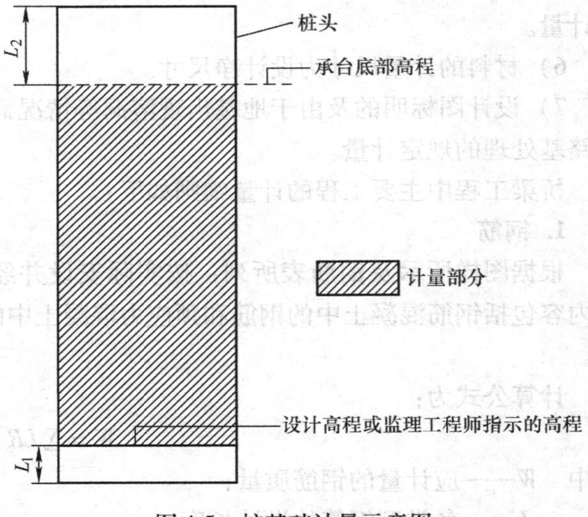

图4-5　桩基础计量示意图

3）监理工程师要求钻取的芯样，经检验，如混凝土质量合格，钻取的芯样应予计量，否则，不予计量。混凝土取芯按取回的混凝土芯样的长度以“m”计量。

4. 沉井

1）沉井制作完成，符合图样规定要求，经监理工程师验收后，混凝土按就位后沉井顶面以下不同部位（井壁、顶板、封底、填芯）和不同混凝土级别的体积，以“m^3”为单位计量。

2）沉井制作及下沉，其中包括场地准备，围堰筑岛，模板、支撑的制作安装与拆除，沉井浇筑、接高，沉井下沉，空气幕助沉，井内挖土，基底处理等工作，均应视为完成沉井工程所必需的工作，不另行计量。

3）沉井刃脚所用钢材，视作沉井的附属工程材料，不另行计量。

5. 结构混凝土工程及预应力混凝土工程

1）以图样所示或监理工程师指示为依据，按现场已完工并经验收的混凝土，分别以结构类型及强度等级，以“m^3”计量。

2）直径小于200mm的管子、钢筋、锚固件、管道、泄水孔等所占混凝土体积，不予扣除。作为砌体砂浆的小石子混凝土，不另行计量。

3）预应力钢材，按图样所示或预应力钢材表所列数量以“kg”计量。后张法预应力筋的长度按两端锚具间的理论长度计算；先张法预应力钢材的长度按构件的长度计算。

6. 砌石工程

1）以图样所示或监理工程师指示为依据，按工地完成并经验收的各种石砌体或预制混凝土块砌体，以“m^3”计量。

2）计算体积时，所用尺寸应由图样标明或监理工程师书面规定的计价线或计价体积确定。相邻不同石砌体计量中，应包括不同石砌体间灰缝体积的一半。镶面石凸出部分超过外轮廓线者不予计量，泄水孔、排水管或其他面积小于0.02m^2的孔眼不予扣除，削角或其他装饰的切削，其数量为所用石料的5%或者小于5%者，不予扣除。

3）砂浆或作为砂浆的小石子混凝土，作为砌体工程的附属工作，不另行计量。

7. 桥面铺装

1）桥面铺装应按图样所示的尺寸，或按实际完成并经监理工程师验收的数量，分不同材料及级别，按“m^2”计量。由于施工原因而超铺的桥面铺装，不予计量。

2）桥面防水层按图样要求施工，并经监理工程师验收的实际数量，以“m^2”计量。

3）桥面泄水孔及混凝土桥面铺装接缝等作为桥面铺装的附属工作，不另行计量。

8. 桥梁支座

支座按图样所示的不同类型，以“个”计量。支座的清洗、运输、起吊及安装支座所需的扣件、钢板、焊接件、螺栓等，作为支座安装的附属工程，不另行计量。

9. 桥梁接缝和伸缩装置

1）桥面伸缩装置按图样要求安装并经监理工程师验收的数量，分不同结构形式以“m”计量。其内容包括伸缩装置的提供和安装等作业。

2）除伸缩装置外的其他接缝，如橡胶止水片、沥青类接缝填料等，作为有关工程的附属工作，不另行计量

3）安装时切割、清除伸缩装置范围内的沥青混凝土铺装，以及安装伸缩装置所需的临时性或永久性的扣件、钢板、焊接件、螺栓等作为伸缩装置安装的附属工作，不另行计量。

10. 涵洞、通道

1）各类涵洞、通道，以图样规定的洞身长度或监理工程师同意的现场沿涵洞中心线量测的进出洞口之间的洞身长度，分不同孔径及孔数，经监理工程师检查验收后以“m”计量。

2）图样中标明的基底垫层和基座，圆管的接缝材料，沉降缝的填料与防水材料等，洞口建筑，包括八字墙、一字墙、帽石、锥坡、铺砌、跌水井，以及基础挖方与运输、地基处理与回填等，均作为承包人应做的附属工作，不另行计量与支付。

3）洞口（包括倒虹吸管）建筑以外涵洞上下游沟渠的改沟、铺砌、加固以及急流槽消力坎的建造等，均列入坡面排水工程内计量。

4）通道范围（含端墙外各20m）内的土方、路面工程及锥坡填筑，均作为通道的附属工作，不单独计量。

4.4.5　隧道工程计量方法

隧道工程包括洞口和明洞工程、洞身开挖、洞身衬砌、防水与排水、洞内防火涂料和装饰工程、风水电作业和通风防尘、监控测量，以及特殊地质地段的施工与地质预报等项目。隧道工程计量中应注意以下内容：

1）场地布置，核对图样、补充调查、编制施工组织设计，试验检验、施工测量、环境保护、安全措施、施工防水与排水、围岩类别划分，以及施工监控、通信、照明、通风、消防等设备、设施预埋构件的设置与保护，所有准备工作和施工中应采取的措施，均为各工程项目的附属工作，不另行计量。

2）风水电作业及通风、防尘、照明为不可缺少的附属设施和作业，均应包括在各有关工程项目中，不另行计算。

3）隧道铭牌、模板的安装、拆除，钢筋除锈，拱盔、支架、脚手架的搭拆等均作为各细目的附属工作，不另行计量。

4）连接钢板、螺栓、螺帽、拉杆、垫圈等作为钢支护的附属构件，不另行计量。

5）混凝土拌和场（站）、储料场的建设、拆除、恢复均包括在相应工程项目中，不另行计量。

6）洞身开挖包括主洞、竖井、斜井的开挖。

7）洞外路面、洞外消防系统的土石开挖、洞外弃渣、防护等的计量规则见其他有关章节。

8）材料的计量尺寸为设计净尺寸。

9）泄水孔、砂浆勾缝、抹面、施工缝及沉降缝等，以及图样中显示出而支付细目表中未列出的零星工程和材料，均包括在相应工程细目单价内，不另行计量。

10）弃方运距在图样规定的弃土场内，为免费运距。弃土超出规定弃土场的距离时（如图样规定的弃土场地不足要另外增加弃土场，或经监理工程师同意变更弃土场时），其超出部分另计超运距运费。若未经监理工程师同意，承包人自选弃土场时，则弃土运距不论远近，均为免费运距。

隧道工程中主要工程项目的计量细则如下：

1. 洞口与明洞工程

1）各项工程，应以图样所示和监理工程师指示为依据，按实际完成并经过验收的工程数量，进行计量。

2）洞口路堑等开挖与明洞洞顶回填的土石方，不分土、石的种类，只区分为土方和石方，以“m^3”计量。

3）隧道洞门的端墙、翼墙、明洞衬砌及遮光栅（板）的混凝土（钢筋混凝土）或石砌圬工，以“m^3”计量，钢筋（锚杆）以“kg”计量。

4）截水沟（包括洞顶及端墙后截水沟）圬工，以“m^3”计量。

5）防水材料（无纺布）铺设完毕经验收，以“m^2”计量，与相邻防水材料搭接部分不另行计量。

2. 洞身开挖

1）洞内开挖土石方符合图样所示（包括紧急停车带、车行横洞、人行横洞，以及监控、消防设施的洞室）或监理工程师指示，按隧道设计横断面加允许平均超挖量计得的土石方工程量，不分围岩类别，以“m^3”计量。

2）不论承包人出于何种原因而造成的超过允许范围的超挖和由于超挖所引起增加的工程量，均不予计量。

3）支护的喷射混凝土按验收的受喷面积乘以厚度，以“m^3”计量，钢筋以“kg”计量。喷射混凝土的回弹率、钢纤维，以及喷射前基面的清理工作均包含在工程细目单价之内，不予计量。

4）洞身超前支护所需的材料，按图样所示或监理工程师指示并经验收的各种规格的超前锚杆或小钢管、管棚、注浆小导管、锚杆，以“m”计量；各种型钢以“kg”计量，木材以“m^3”计量。

5）隧道开挖的钻孔爆破、弃渣的装渣作业均为土方开挖的附属工作，不予计量。

6）隧道开挖过程，洞内采取的施工防排水措施，其工作量应包含在开挖土石方工程的报价之中，不另行计量。

3. 洞身衬砌

1）洞身衬砌的拱部（含边墙）、仰拱、铺底混凝土，按实际完成并经验收的工程量，分不同级别水泥混凝土和圬工，以“m^3”计量。洞内衬砌用钢筋，按图样所示以“kg”计量。

2）任何情况下，衬砌厚度超出图样规定轮廓线的部分，均不予计量。

3）对个别允许欠挖的侵入衬砌厚度的岩石体积，计算衬砌数量时不予扣除。

4）预制或就地浇筑混凝土边沟及电缆沟，按实际完成并经验收后的工程量，以“m^3”计量。

5）洞内混凝土路面工程经验收合格，以“m^2”计量。

6）各类洞门按图样要求，经验收合格以“个”计量。其中材料采备、加工制作、安装等，均不另行计量。

4. 防水与排水

1）洞内排水用的排水管按不同类型、规格以“m”计量。

2）压浆堵水按所用原材料（如水泥浆液、水泥—水玻璃浆液）以“m^3”计量。压浆钻孔以“m”计量。

3）防水层按所用材料（防水板、无纺布等）以“m^2”计量，止水带、止水条以“m”计量。

4）隧道洞身开挖时，洞内外的临时防、排水工程应作为洞身开挖的附属工作，不另行计量支付。为此，洞身支付细目的土方及石方工程报价时，应考虑支付细目外的其他工程施工时采取的防、排水措施的工作量。

5. 洞内防火涂料和装饰工程

喷涂防火材料、镶贴瓷砖、喷涂混凝土专用漆，以“m^2”为单位计量。其工作内容包括材料的采购、供应、运输，支架、脚手架的制作、安装和拆除，基层表面处理，砂浆找平，防火涂料喷涂后的养护，施工照明、通风等一切与此有关的作业。

4.4.6 安全设施及预埋管线计量方法

安全设施及预埋管线内容包括：护栏，隔离栅，道路交通标志，道路交通标线，防眩设施，通信、电力管道与预埋（预留）基础，收费设施及地下通道工程。计量时应注意以下问题：

1）护栏的地基填筑、垫层材料、砌筑砂浆、嵌缝材料、油漆涂料，以及混凝土中的钢筋、钢缆索护栏的封头混凝土等，均不另行计量。

2）隔离设施工程所需的清场、挖根、土地平整和设置地线等工程均为安装工程的附属工作，不另行计量。

3）安全设施及预埋管线工程中，所有挖基、回填和压实，预埋件、连接件、立柱基础混凝土及钢构件的焊接，所有支承结构、底座和为完成组装而需要的附件，均包括在各支付细目的单价中，不另行计量。

4）道路诱导设施中的路面标线玻璃珠包含在涂敷面积内，附着式轮廓标的后底座、支架连接件，均不另行计量。

5）凡未列入项目的零星工程，均包含在相关项目内，不另行计算。

安全设施及预埋管线工程中的主要工程计量细则规定如下：

1. 护栏

1）设置在中央分隔带的混凝土护栏，应按图样和监理工程师指示验收，其长度以“m”计量，混凝土基础以“m^3”计量。

2）波形梁钢护栏（含立柱）安装就位（包括明涵、通道、小桥部分）并经验收合格，其长度沿栏杆面（不包括起、终端段）量取并按“m”计量，钢护栏起、终端头以“个”计量。

3）中央分隔带开口处活动式钢护栏应拼装就位准确，验收合格，以“个”计量。

2. 隔离栅

1）隔离栅应安装就位并经验收，分别按铁丝编织网隔离栅、刺铁丝网隔离栅、钢板网隔离栅、电焊网隔离栅等，从端柱外侧沿隔离栅中部丈量，以“m”计量。

2）桥上防护网以“m”计量，安设网片的支架、预埋件及紧固件等不另行计量。

3）钢立柱及钢筋混凝土立柱安装就位并经验收，以“根”计量，钢筋及立柱斜撑不另行计量。

3. 道路交通标志

1）标志应按图样规定提供、装好、埋设就位和经验收的不同类型、规格，分别以“个”为单位计量。

2）里程碑和公路界碑等均应按埋设就位和验收的数量以“个”为单位计量。

4. 道路交通标线

1）路面标线应按图样所示，经检查验收后，以热熔型涂料、溶剂常温涂料和溶剂加热涂料的涂敷实际面积，以“m^2”为单位计量。

2）凸起路标、轮廓标和立面标记安装就位经检查验收后以“个”计量。

3）立面标记设置经检查验收后以“处”计量。

5. 防眩设施

防眩板、防眩网设置安装完成并经验收后以“延米”计量。

6. 通信、电力管道及预埋（预留）基础

1）人（手）孔应根据图样的形式及不同尺寸按“个”计量。

2）紧急电话平台应按底座就位和验收的个数计量。

3）预埋管道工程应按图样所示铺筑就位并经验收后以“m”计量，计量是沿着单管和多管的管道中线进行。过桥管箱的制作、安装以“m”计量。

7. 收费设施及地下通道

1）收费亭按图样的形式组装或修建，经监理工程师验收，分别按单人收费亭和双人收费亭以“个”为单位计量。

2）收费天棚按图样组装架设，经监理工程师验收以“m^2”为单位计量。

3）收费岛浇筑按图样形式及大小经监理工程师验收，分别按单向收费岛和双向收费岛以“个”为单位计量。

4）地下通道按图样要求经监理工程师验收，其长度沿通道中心量测洞口间距离，以“m”为单位计量，计量中包含了装饰贴面工程及防、排水处理等内容。

4.4.7 绿化及环境保护工程计量方法

绿化及环境保护主要包括撒播草种和铺植草皮，人工种乔木、灌木、声屏障等工程，计量时应注意以下问题：

1）绿化工程为植树、中央分隔带、互通立交范围内和服务区、管养工区、收费站、停车场的绿化种植区。

2）除按图样施工的永久性环境保护工程外，其他采取的环境保护措施已包含在相应的工程项目中，不另行计量。

3）由于承包人的过失、疏忽或者未及时按设计图做好永久性的环境保护工作，要另外采取环境保护措施，这部分额外增加的费用应由承包人负担，不另行计量。

4）在公路施工及缺陷责任期间，绿化工程的管理与养护，以及任何缺陷的修复与弥补，是承包人完成绿化工程的附属工作，均由承包人负责，不另行计量。

1. 铺设表土

1）表土铺设应按完成的铺设面积并经验收以“m^3”计量。

2）铺设表土的准备工作（包括提供、运输等）为承包人应做的附属工作，不另行计量。

2. 绿化及环境保护

1）撒播草种按监理工程师验收的成活草种的面积以“m^2”为单位计量。

2）草种、水、肥料等，作为承包人撒播草种的附属工作，均不另行计量。

3）铺草皮按监理工程师验收的数量以“m^2”为单位计量，当采用叠铺时，按叠铺程度确定一叠铺系数（经监理工程师同意）增计面积。

4）需要铺设的表土，按表土的来源在铺设表土内计量。

5）人工种植经监理工程师按成活数验收，乔木、灌木及人工种植攀缘植物均以“棵”计量。

6）绿地喷灌设施按图样所示，敷设的喷灌管道以“m”计量。喷灌设施的闸阀、水表和洒水栓等均不另行计量。

7）种植用水、设置水池储水，均作为承包人种植植物的附属工作，不另行计量。

3. 声屏障

消声板、声屏障应按图样施工完成，经监理工程师验收的现场量测的长度，以“m”为单位计量；吸声砖、砖墙声屏障以“m^3”为单位计量。声屏障的基础开挖、基底夯实、基坑回填、立柱、横板安装等工作为砌筑吸声砖声屏障和砖墙声屏障所必需的附属工作，均不另行计量。

4.5 公路工程费用支付

支付是工程费用监理的两大关键工作之一，同时也是监理工程师控制工程施工活动的最后一个环节。工程活动中同时存在着物质运动和资金运动。在商品经济条件下，工程承包是一种商业行为，只有当物质运动与资金运动平衡地进行时，社会生产活动才能得以正常运转，商业行为的根本目标是经济利益，它最终都必然经费用支付结束，并由费用收支做最终评价。另外，由于工程施工具有复杂性、风险性，周期长、费用巨大，以及生产必须连续等特点，使得工程施工活动与一般商品生产又存在较大区别，如果承包人垫付的资金不能及时收回，将会造成周转困难、导致工程进展不顺利，因此，工程合同的全面履行，必然有工程费用支付的要求。

4.5.1 费用支付的原则与规定

1. 费用支付原则

工程费用支付的目标是组织和协调好业主与承包人之间的收支行为，使双方发生的每一笔工程费用都符合合同的规定，并做到公平合理。监理工程师在工程费用支付中责任重大，必须站在公正的立场上，客观、准确地评价承包人的施工活动，仔细、正确地计算各项工程费用，并及时签发付款证书。为了真正做好这项工作，监理工程师必须遵循以下几个基本原则：

（1）支付必须以工程计量为基础　对于单价合同，没有准确的计量就不可能有准确的支付，质量合格是工程计量的前提，而计量则是支付的基础，所以工程费用支付必须在质量监理和准确计量的基础上进行。因此，在进行工程费用支付时，应当对这两个环节的工作进行严格检查和认真分析，以确保费用支付准确、可靠。

（2）支付必须以合同为依据　合同文件中，技术规范、工程量清单及合同条件是办理支付的重要合同依据。

1）技术规范。该文件的每一章、每一节都有支付的有关规定，它详细地说明了各工程细目的工作内容及支付要求，如哪些内容不单独计量和支付，其价值摊入到哪一细目中，都具体作了规定；同时，技术规范还对每一工程项目的细目进行了划分。因此，技术规范就是承包人报价时的指导文件和依据，也是监理工程师支付工程费用的指导文件和依据，进行工程费用支付时，必须认真细致地阅读和理解。

2）报价单（有标价的工程量清单）。工程量清单经承包人填报价格后就成为了报价单，报价单是工程费用支付时确定各支付细目单价的依据。合同履行中，报价单里的单价不能变动，除非发生工程变更。

对于费用已摊入到其他工程细目单价中的工程内容，报价单中如没有填写单价，则其单价按零单价处理，相应的支付额为零。但承包人必须完成技术规范和图样所规定的全部工作内容，并达到合同规定的要求；对于有单价的工程细目，则以单价支付工程费用，但应该注意其单价的包容程度。单价的包容程度一方面是指单价的价值构成，另一方面是指单价所包含的工作内容。例如，路基挖方与填方的单价中，除了路基的压实和成型等主要费用外，还包含了人工挖土质台阶、修整边坡、路基整形和临时排水的内容，因此，在支付路基挖方和填方的工程费用时，必须等路基达到设计规定的要求才能支付。又如，浇筑水下钻孔灌注桩基础时，需要搭设施工便桥或租用船只，但搭设便桥和租用船只的费用包括在钻孔灌注桩的单价中，不能另外单独支付。

3）合同条件。合同条件是办理支付的另一重要合同依据，该文件不仅规定了支付的程序和期限，而且对清单外的支付内容作了较为详细的规定。例如，价格调整、工程变更和施工索赔等支付内容在工程量清单中并未明确，而是通过合同条款来规定的，并且合同条款中也只给出了一些原则性的规定。因此，监理工程师必须将合同条款规定的原则与工程实施中的日常记录结合起来，才能做好这方面的支付工作。

（3）支付必须遵循严格的程序　我国公路建设项目的费用支付普遍采用三级管理模式，即驻地监理的一级管理、高级驻地监理的二级管理及总监代表处的三级管理。由于费用支付工作非常重要，且又需要大量的资料和表格，工作十分繁杂，所以一方面必须加强对支付工作的管理，另一方面支付必须严格遵循规定的程序。

（4）支付必须及时、准确　及时支付工程费用是合同的基本要求，在《公路工程国内招标文件范本》合同通用条款第60.15款中规定了相应的支付期限。另外，根据合同的精神及《公路工程施工监理规范》（JTG G10—2006），支付必须做到准确无误，以确保业主、承包人任何一方的合法权益不受到丝毫损害。

2. 有关支付的几项基本规定

（1）支付期限　总的原则是按合同规定的时间支付。《公路工程国内招标文件范本》合同通用条款第60.15款规定，监理工程师根据本条或合同的其他条款发出的任何期中支付证书项下应付给承包人的款额，业主应该在收到该期中支付证书后21d内，或在投标书附录中另有规定并以此为准的天数内支付给承包人；或按第60.13款规定的最后支付证书项下应付给承包人的款额，业主应在收到该最后支付证书42d内支付给承包人。如果业主在上述期限内未能付款，则业主应按投标书附录中规定利率向承包人支付全部未付款额的利息，利息时间从应付而未付该款额之日算起（不计复利）。

（2）支付的最低限额　《公路工程国内招标文件范本》合同通用条款第60.2款规定，监理工程师在收到符合第60.1款写明的他认为应该到期结算的价款及需要扣留和扣回的款额并报业主审批。如果该月应结算的价款经扣留和扣回后的款额少于投标书附录中列明的期中支付证书的最低金额，则该月监理工程师可不核证支付，上述款额将按月结转，直至累计应支付的款额达到投标书附录中列明的期中支付证书的最低金额为止。公路招投标项目中一般规定每月支付金额不低于合同总价的2%。

（3）支付范围　监理工程师对所有到期并符合合同要求的工作内容都应计价支付。

(4) 支付方法　根据清单支付和合同支付的特点和支付要求分项、分类计算，汇总后再扣减承包人对业主的支付。首先将工程量清单中的内容按各工程细目的支付项目分项计算，将合同支付项目按类计算，然后汇总各分项和各类金额。按规定比例扣减承包人对业主的支付主要是三种：开工预付款，材料、设备预付款，以及保留金的支付与扣回。根据《公路工程国内招标文件范本》合同通用条款规定，月结账单按第 60.1 款计算，交工结账单按第 60.10 款计算，最后结账单按第 60.11 款计算，至于开工预付款和材料、设备预付款，以及保留金的支付与扣回，则参照第 60.3 款至第 60.8 款执行。

(5) 支付货币　如果属于国际招标项目，工程费用中外币种类，以及人民币与外币的比例，应按投标书附表所列的种类和比例确定。值得指出的是，投标书附表对工程费用的支付具有重要的参考价值，它既规定了外汇需要估算量和明细项目，又有合同支付计划表和价格调整指数表，因此监理工程师进行工程费用支付时，应认真阅读投标书附录表中的内容。

3. 费用支付种类

在工程费用监理中，监理工程师处理的费用支付种类很多，而不同种类的支付有不同的规定程序和办法，因此，监理工程师必须全面了解支付的分类。

(1) 按时间分类　按时间分类，工程费用支付可分为前期支付、期中支付、交工支付及最终支付。

(2) 按支付内容分类　按支付内容可分为工程量清单内的付款和工程量清单外的付款，即所谓的清单支付和合同支付。

工程量清单内的支付，就是监理工程师首先按照合同条件、技术规范和工程量清单的有关规定进行计量，确认已完的实际工程量，然后根据已确认的工程数量和报价单中的单价，计算和支付工程量清单中各项工程费用，因此简称为清单支付。工程量清单之外的支付，就是监理工程师按照合同条件的规定，根据日常记录、现场实证资料和工程实际进展情况，计算和支付工程量清单以外的各项费用，故简称为合同支付。

(3) 按工程内容分类　按工程内容可分为路基土石方工程、路面工程、桥梁工程、隧道工程、排水工程、防护工程等支付内容。

(4) 按合同执行情况分类　根据合同执行情况分为正常支付和合同终止支付两类。正常支付指业主与承包人双方共同努力，使整个合同得以顺利履行而产生的支付结果。合同终止支付是指由于工程遇到战争、骚乱等合同规定的特殊风险，承包人违约，以及业主违约三方面原因，导致合同无法继续履行而出现的支付结果。无论何种原因导致合同终止，监理工程师都应按照合同条件、技术规范等有关文件的规定处理好各项费用的支付。

4.5.2　费用支付项目及支付程序

根据《公路工程国内招标文件范本》和《公路工程国际招标文件范本》规定，以及我国高速公路工程承包合同实践，费用支付项目按内容不同可分为清单支付项目和合同支付项目两大类，具体内容如图 4-6 所示：根据发生的时间不同，费用支付可分为前期支付、期中支付、交工支付及最终支付。

1. 清单支付项目

清单支付项目在工程费用支付中所占的比重比较大，包括以物理单位计量支付的项目，以自然单位计量支付的项目、暂定金额和计日工四类。

（1）以物理单位计量支付的项目　工程量清单中的绝大部分工程内容是以物理单位计量支付的，其费用约占工程总费用的85%，其支付条件和费用计算方法应满足下列要求：

1）支付条件是完成了技术规范和设计图所规定的工作内容，且质量合格，计量结果准确无误，并使监理工程师满意。

2）费用计算方法是以每月完成工程项目所计量的数量与报价单中相应的单价相乘来求得支付金额的。如果某一项目是一次完成的，则十分简单；如果是多次完成的，则应在计量单上列出设计数量、上期累计完成数量和本期完成数量，并附上计算公式和简图。

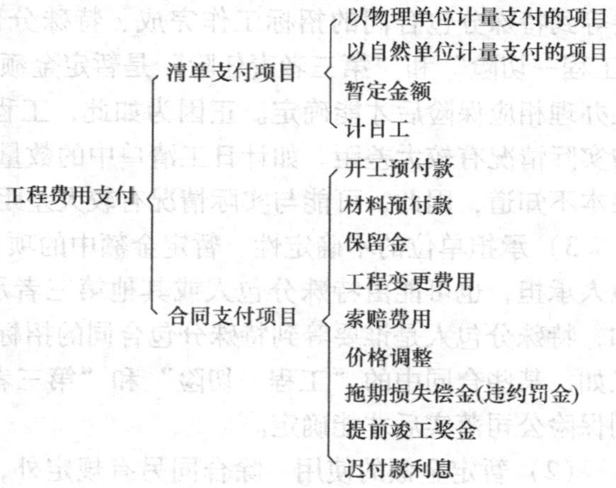

图4-6　工程费用支付示意图

（2）以自然单位计量支付的项目　以自然单位计量支付的项目分为按项支付和单纯按自然单位计价支付两种情形。

工程量清单中多数开办项目，如承包人的驻地建设、临时工程等，都属于按项支付项目。这些项目的特点是总额包干，因此，在合同有关文件中被称为总额支付细目。为做好这些项目的支付工作，根据《公路工程国内招标文件范本》合同通用条款第57.2款的规定，承包人应在签订合同协议书后28d内，并在总额价支付细目支付前，向监理工程师提交其工程量清单中每个总额支付细目的分目，且该分目须经监理工程师批准。

工程量清单中另有一些支付细目属于单纯按自然单位计价支付的项目。如桥梁支座以“块”计价、照明灯柱以“根”计价，以及砍伐树木以“棵”计价等，它们都只需将实际数量与报价单中的单价相乘即可。

2. 暂定金额

（1）暂定金额的主要特点　暂定金额是工程量清单中比较特殊的一类项目。顾名思义，暂定金额是指合同工程量清单中因所发生的项目及所需要的金额不明确而暂时确定的一笔金额。根据《公路工程国内招标文件范本》合同通用条款第58.1款规定：暂定金额是指包括在合同之内，并在工程量清单中以“暂定金额”名称标明的一项金额。其目的是：

1）实施本工程中尚未以图样最后确定其具体细节或某一工程部分或在施工过程中可能增加的工程细目、支付细目，如大桥荷载试验或可能增加一个匝道收费亭等，而这些细目或附属、零星工程在投标时尚未确定下来，可列为专项暂定金额。

2）为了专项工程施工或供货、供材、供设备而由特殊分包人或供货人提供专业服务。

3）留作不可预见费，或用于计日工的一项金额。

因此，广义的暂定金额有三种形式，即计日工、专项暂定金额和一定百分率的不可预见因素的预备金（又称预留费或不可预见费）。狭义的暂定金额主要是指后面两项。暂定金额下的项目具有如下特点：

1）发生项目的不确定性。除专项暂定金额所对应的支付项目相对确定外，计日工和预留费所对应的支付项目并不确定。它们是某些新增的附属工程、零星工程等变更工程，也可能是提供货物、材料、设备或劳务等工作，还有可能是因不可预见因素引起的一些意外事件的费用（如索赔、价格调整等发生的费用）。

2）为了专项工程施工或供货、供材、供设备而由特殊分包人或供货人提供专业服务暂定金额下的项目也具有不确定性。例如，即使由特殊分包人承担的项目，其所需要的金额也要等到特殊分包合同的招标工作完成、特殊分包合同签订后才能确定。又如某些合同中，“工程一切险”和“第三者责任险”是暂定金额项目，其具体发生的费用要等到业主、承包人办理相应保险后才能确定。正因为如此，工程量清单中的相应金额是“暂定”的，有时与实际情况有较大差距。如计日工清单中的数量完全是假定的，实践中具体会发生多少事先根本不知道，因此，可能与实际情况有较大差距。

3）承担单位的不确定性。暂定金额中的项目具体由谁承担，事先并不确定。可能由承包人承担，也可能由特殊分包人或其他第三者承担，并且承担单位事先并不完全知道。例如，特殊分包人是谁要等到特殊分包合同的招标工作完成、特殊分包合同签订后才能确定。又如，某些合同中的“工程一切险”和“第三者责任险”等暂定金额项目的承担者，要等到保险公司落实后才能确定。

（2）暂定金额的使用　除合同另有规定外，暂定金额应根据监理工程师指示（由监理工程师报业主批准后指令）全部或部分地使用，或者根本不予动用。承包人有权得到的暂定金额应限于监理工程师根据本条规定决定动用暂定金额的工程、供应或不可预见费用方面的金额。监理工程师应将根据本款作出的每项决定报业主批准并通知承包人。

动用暂定金额时，监理工程师应审批承包人提交的相应工程的施工组织计划及所需要的人工费、材料费、机械费、设备费和计算说明，并与业主、承包人就暂定金额的支付进行协商。

（3）暂定金额项目的执行　暂定金额项目可由承包人或指定的分包人（特殊分包人）完成。具体由谁承担，应根据合同条款、特殊分包人的招标情况或监理工程师的指示来确定。

（4）暂定金额项目的计价与支付　属于特殊分包项目的专项暂定金额，根据特殊分包合同的价格来计价（根据《公路工程国内招标文件范本》合同通用条款第59.4款，承包人可收取一定的手续费及利润提成），在监理工程师签发支付证书后，由业主支付给承包人，承包人再付给特殊分包人。当承包人不履行向特殊分包人付款的义务时，业主有权根据监理工程师签发的支付证书，直接向特殊分包人支付分包合同内规定而承包人未支付的一切款项（扣除保留金），并从应付给承包人的款项中扣回。监理工程师在发给承包人下一期的支付证书时，应从该证书的支付款额中扣除已由业主支付的款额。

对于其他暂定金额项目，如属于计日工的，按计日工的有关规定办理；如属于新增工程、附加工程等变更工程的，按变更工程的有关规定办理；如属于价格调整的，按价格调整的有关规定办理；如属于施工索赔的，按施工索赔的有关规定办理等。根据监理工程师的要求，承包人应提交有关暂定金额项目开支的全部报价、发票、凭单、账目和数据，经审核后才能进行暂定金额项目的费用支付。

3. 计日工

计日工的发生应以监理工程师的指示为依据，计日工的单价应以工程量清单中的所报单价为基础，完成的计日工数量应由监理工程师认定和批准。

《公路工程国内招标文件范本》合同通用条款第52.4款规定，如果监理工程师认为必要和可取，可以指令承包人按计日工完成任何需变更的工作。对于这种变更的工作，应该按合同中包括的计日工明细表所定的细目和承包人在其投标书中对此所报的单价或总额价，按经监理工程师认定、批准的计日工数量，确定计日工应付款额，向承包人付款。

承包人应向监理工程师提交已付款的凭证、收据或其他凭单，并应在订购材料之前，向监理工程师提交订货报价单，以供批准。

对所有按计日工方式施工的工程，承包人应在该工程持续进行过程中，每天向监理工程师提交从事该项工作的所有工人的姓名、工种和工时的清单一式两份，以及表明该项工程所用的材料、承包人装备（计日工明细表中已包括在劳务费用中的承包人装备除外）的名称和数量的报表一式两份，如果清单和报表的内容正确或经同意，应由监理工程师在每种清单和报表的一份上签字，并退还给承包人。

在每月结束时，承包人应向监理工程师送交一份所用劳务、材料和承包人装备（以上提到的除外）的附有价格的账单，除非已完全而准确地提交了上述清单与报表，否则，承包人无权获得任何款项。但当监理工程师认为承包人由于某种原因不可能按上述规定报送清单或报表时，他仍有权核准为此种工作付款。此项付款可以是对该工程所用的劳务、材料和承包人装备按计日工计算的，也可以是按监理工程师认为是对该项工程公平合理的价格计算的。

值得注意的是，用于计日工的劳务，未经监理工程师同意不得按加班情况计算费用；用于计日工的施工机械，应由承包人提供，因故障或闲置的施工机械不支付费用。

4. 合同支付项目

虽然合同支付在工程费用支付中所占比重不大，但其灵活性比清单支付大得多，比较难以把握和控制，是监理工程师在支付工作中的重点和难点。合同支付项目包括开工预付款、材料预付款、保留金、工程变更费用、索赔费用、价格调整、拖期损失偿金（违约罚金）、提前竣工奖金和迟付款利息 9 项。

（1）开工预付款　开工预付款是一项业主提供给承包人用做开办费用的提前付款（又称前期付款）。开工预付款的额度由业主在编制招标文件时综合确定（承包人可根据自己的财务状况提出不同的百分比）。国际上规定的范围是 0～20%。我国的京津塘高速公路为 8%，济青高速公路为 10%。提供这项资金的目的在于减轻承包人资金周转的压力。

1）开工预付款的支付规定。根据《公路工程国内招标文件范本》合同通用条款第 60.5 款的规定，在承包人提交了履约担保和签订了合同协议书并提交了开工预付款担保 14d 内，监理工程师应按投标书附录中规定的金额签发开工预付款支付证书，并报业主审批。

业主应在收到该支付证书后 14d 内核批，并支付开工预付款的 70% 的价款；在投标文件载明的主要设备进场后，再支付预付款的 30%。投标文件应载明工程初期尤其是土石方工程的关键设备，业主应在专用条款中写明要求哪些主要设备此时进场。承包人不得将该预付款用于与本工程无关的支出，监理工程师有权监督承包人对该项费用的使用，如经查实承包人滥用开工预付款，业主有权立即通过向银行发出通知收回开工预付款保函的方式，将该款收回。

2）开工预付款的担保。开工预付款的担保金额应等于开工预付款额，提供这种担保的银行须与《公路工程国内招标文件范本》合同通用条款第 10.1 款的要求相同，所需费用由承包人承担。银行担保函的正本由业主保存，该保函在业主将开工预付款全部扣回之前一直有效，担保金额将随开工预付款的逐次扣回而减少。

3）开工预付款的收回。根据《公路工程国内招标文件范本》合同通用条款第60.6款规定，开工预付款在期中支付证书的累计金额未达到合同价格的30%之前不予扣回；在达到合同价格的30%之后，开始按工程进度以固定比例（即每完成合同价格的1%，扣回开工预付款的2%）分期从各月的期中支付证书中扣回，全部金额在期中支付证书的累计金额达到合同价格的80%时扣完。

这种方法的特点是，按完善的工程量的一定百分率扣款。扣回时间开始于期中支付证书中工程量清单累计支付金额超过合同价值的30%的当月，止于支付金额达合同价值的80%的当月。在此期间，按期中支付证书当期完成的工程款占合同价值50%的比例予以扣回。扣回的货币种类、比例与付款时的货币种类、比例相一致。

计算公式为：

$$G = \frac{MR}{B \times 50\%} \tag{4-3}$$

式中 G——期中支付证书扣回预付款数额（元）；

M——在规定工程支付金额范围内期中支付证书当期完成的工程量清单金额（元）；

R——已付开工预付款（元）；

B——合同价。

【例题4-1】 某工程合同价为1500万元，开工预付款在投标书附录中规定的额度为10%，5月份完成200万元的工程内容，且到第5个月时累计支付工程金额为600万元，试计算该月应扣回开工预付款的金额。

解：起扣点为1500×30%＝450万元。

5月份累计支付600万，已超过合同价的30%，即已超过600－450＝150万元，则150万元应按合同规定扣回开工预付款。

本月应扣回开工预付款：

$$G = MR/(B \times 50\%) = 150 \times 1500 \times 10\%/(1500 \times 50\%) = 30 \text{ 万元}$$

即，5月份应扣回开工预付款30万元。

（2）材料预付款 根据《公路工程国内招标文件范本》合同通用条款第60.7款规定，业主应给承包人支付一定比例的材料、设备预付款，以供购进将用于和安装在永久工程中的各种材料、设备之用。此项金额应按投标书附录中写明的主要材料、设备单据所列费用（进口的材料、设备为到岸价，国内采购的为出厂价或销售价，地方材料为堆场价）的百分比支付。

1）材料预付款的支付条件。监理工程师必须在下列要求满足后，才能签发支付材料、设备预付款的证书。

①材料、设备符合规范要求并经监理工程师认可；

②承包人已出具材料、设备费用凭证或支付单据。

③材料、设备已在现场交货，且存储良好，监理工程师认为材料、设备的储存方法符合要求。

监理工程师应将此项金额作为材料、设备预付款计入下一次的期中支付证书中。这种支付不应被视为是对上述材料或设备的批准。预计竣工前3个月，将不再支付材料、设备预付款。

2）材料预付款的收回。根据《公路工程国内招标文件范本》合同通用条款第60.8款规定，当材料、设备已用于或安装在永久工程之中时，材料、设备预付款应从期中支付证书中扣回，扣回期不超过3个月。已经支付的材料、设备，预付款的材料、设备的所有权应属于业主；工程竣工时所有剩余的材料、设备的所有权应属于承包人。

3）扣回材料、设备预付款的计算方法。对于材料预付款的扣回，实践工作中常采用下列两种方法：

①定期扣回法。该方法是对本月到现场材料、设备支付预付款的同时，扣回上月已支付的预付款。因此，当合同文件规定材料预付款按所购材料、设备支付单据开列费用的75%支付时，本月实际预付款金额为：本月预付款金额＝本月末现场材料设备价值的75%－上月末现场材料、设备价值的75%。

②最后扣回法。这种方法更合理、更科学。使用该方法时，预付款的起扣时间是当未完工程所需主要材料、设备的价值与备料款数额相当时开始起扣。即

未施工主要材料、设备的价值＝材料预付款 (4-4)

未施工工程主要材料、设备的价值＝未施工工程价值×主要材料、设备价值所占的比重 (4-5)

由上述两式可得出

未施工工程的价值＝材料预付款/主要材料、设备价值所占的比重 (4-6)

则开始扣回材料预付款时的工程价值（起扣点价值）

＝单项工程总值－未施工工程价值

＝单项工程总值－材料预付款/主要材料、设备价值所占的比重 (4-7)

第一次应扣回材料预付款＝（累计完成工程量－起扣点价值）×主要材料、设备所占的比重 (4-8)

以后各次应扣回材料预付款＝每次结算的已完工程价值×主要材料、设备价值所占的比重

4）材料、设备预付款支付的注意事项。为了做好材料、设备预付款的支付工作，监理工程师在签收材料、设备预付款支付证明时，必须注意如下几点：

①单项材料预付款价格不应该超过清单报价。这可确保材料预付款的支付能紧密结合工程量清单来进行。例如，钢筋、混凝土、桥梁支座和护栏等，在清单中有明确的报价，支付时不得突破此报价。

②累计支付材料、设备预付款的材料、设备数量，不应超过工程所需的实际总量，否则，属于不合理支付。

③材料、设备预付款所涉及的材料、设备品种应与工程计划进度相匹配。例如，当混凝土等构造物工程基本完工时，不应有大量的混凝土材料在施工现场，也不应对混凝土材料再支付预付款。

（3）保留金　保留金是为了确保在施工阶段或在缺陷责任期内，承包人履行缺陷的修复义务而事先从应付给承包人款项中扣留的一笔费用。如果承包人未能履行缺陷修复义务，须由业主（或监理工程师）指定他人完成应由承包人承担的工作，此时所发生的费用可首先用扣留下的保留金支付。因此，设置保留金的目的是使承包人能完全履行合同，如果承包

人未能履行合同中规定其应承担的责任，则扣除额就成为业主的财产。显然，这是对业主的一种保护措施。

1）保留金的扣除。根据《公路工程国内招标文件范本》合同通用条款第60.3款规定，保留金应按投标书附录中规定的百分率乘以承包人应得的款项（所得的材料、设备预付款不扣保留金），从每期应支付给承包人的工程结算款额中扣留，直至保留金的金额达到投标书附录中规定的限额为止。

其中，承包人应得的款项中应计算保留金的款项 = 本月完成的工程价款 + 本月完成的计日工价款 + 本月应支付的暂定金额 + 根据合同规定本月应结算的其他款额 + 费用和法规的变更产生的款额。

2）保留金的使用。保留金主要用于，在施工和缺陷责任期内，应当由承包人支付的各种费用。例如，在施工阶段，承包人未能按照监理工程师的指示对缺陷工程进行修补或其他事项，则业主可以雇用他人完成有关工作，其费用由承包人承担，业主可从保留金中支付。在缺陷责任期内对任何缺陷工程，如果承包人未能合理地进行修补，则也可以采取上述办法，从保留金中支付应当由承包人承担的费用。

3）保留金的退还。通常情况下，只要工程不出现质量缺陷，或者出现质量缺陷后承包人能主动承担无偿返工和修复的义务，则根据《公路工程国内招标文件范本》合同通用条款第60.4款的规定，保留金在整个工程缺陷责任期满并发给缺陷责任终止证书后14d内，由监理工程师签发保留金支付证书，之后由业主将保留金退还给承包人。

（4）工程变更费用　工程变更费用，是指根据《公路工程国内招标文件范本》合同通用条款第51条和第52条所确定的支付费用。工程变更费用的支付依据是工程变更令和工程变更清单，支付方式采用列入期中支付证书的形式进行，支付货币与其他支付项目相同，即按承包人投标时所提出的货币种类和比例进行付款。鉴于变更项目的复杂性和特殊性，监理工程师应对变更项目的审批制定严格的管理程序，并且应特别注意的是，变更的权力在总监理工程师，一般不得进行委托。有些合同还在专用条款中对监理工程师进行工程变更的权力作了某种限制，要求变更超过一定限度后，必须由业主授权。

（5）索赔费用　索赔费用是指监理工程师根据《公路工程国内招标文件范本》合同通用条款第53条规定的索赔处理程序所确定的赔偿费用。就监理工程师处理的所有支付项目而言，索赔费用是最复杂的支付项目之一。在进行索赔费用支付时，监理工程师必须谨慎处理，否则，会因为对索赔费用的支付管理不善而导致整个工程费用的管理失控。

因为导致索赔的原因多种多样，所以其费用的计算和确定原则就各不相同。因此，为了客观、公正地处理好索赔费用支付，监理工程师不仅要对合同条款和技术规范十分熟悉，还要有深刻的理解，并能结合实际情况正确运用。在处理索赔费用时，监理工程师应对承包人提供的索赔证据和细节账目等有关资料进行审查核实，在与业主和承包人协商后，确定承包人有权得到的全部或部分的索赔款额。最后，以期中支付证书的形式进行支付，支付货币与其他支付项目相同。

（6）价格调整　价格调整的依据是《公路工程国内招标文件范本》合同通用条款第70条所确定的调价费用。由于公路工程项目施工跨越的时间较长，施工成本容易受市场物价波动的影响，所以《公路工程国内招标文件范本》合同通用条款第70.1款规定，在合同执行期间，凡是合同工期在24个月以上的项目，当劳务和材料或影响工程施工成本的任何其他事项的价格涨落引起费用（施工成本）增减时，应根据规定的价格调整公式给予调价，将此费用加到合同价格或从合同价格中扣除。价格调整涉及两个方面：

1）工程施工中所耗用的主要和大宗材料，对这一部分的价格，要按合同条件给定的公式准确计算调价费用。

2）后继的法规及其他有关政策改变而产生的费用。

将上述两方面费用计算出来后，在期中支付证书中支付即可。

（7）拖期损失偿金（违约罚金）

1）拖期损失偿金的合同规定。《公路工程国内招标文件范本》合同通用条款第47条规定，如果承包人未能按照合同规定的工期完成合同工程，则必须向业主支付按投标书附录中写明的金额，作为拖期损失偿金。时间自预定的交工日期起到合同工程交工证书中写明的交工日期或已批准的延长工期止，按天计算。拖期损失偿金应不超过投标书附录中写明的限额。业主可以从应付或到期应付给承包人的任何款额中扣除此偿金，但不排除其他扣款方法。扣除拖期损失偿金，并不解除合同规定的承包人对完成本工程的义务和责任。如果在合同工程完工之前，已对合同工程内已经暗示完成的单项工程签发了交工证书，则合同工程的拖期损失偿金，应按已签发交工证书的单项工程的价值占合同工程价值的比例予以减少，但本条的规定不应影响拖期损失偿金的规定限额。

2）拖期损失偿金的限额。通常规定，每拖期1天，赔偿合同价的0.01%~0.05%，京津塘高速公路和济青高速公路都采用了0.05%的额度，但赔偿总额一般不超过合同价的10%，这些都由投标附件作出明确规定。

3）费用支付。拖期损失偿金可从承包人的履约保证金或期中支付证书中扣除，公路工程项目一般采用从期中支付证书中扣除的方式，但此项扣除不应解除承包人对完成该项工程的义务或合同规定的其他义务和责任。

（8）提前竣工奖　为了调动承包人的积极性，使其合理地加快工程进度，从而提前完成工程施工，使业主提前受益，在合同条款中设立了与拖期损失偿金相对应的一个支付项目，即提前竣工奖金。

如果承包人按照《公路工程国内招标文件范本》合同通用条款第43条规定的工期提前完成了合同工程或某区段或某单项工程，则业主应按投标书附录中写明的金额，发给承包人提前竣工奖。时间自合同工程或某区段或某单项工程的交接证书中写明的竣工日期算起，到按第43条规定的该有关竣工日期止（即合同工期=实际工期+批准的延长工期），按天计算。提前竣工奖金应不超过投标书附件中写明的限额。监理工程师应对承包人提交的竣工结账单进行核证，并支付给承包人。

（9）迟付款利息　《公路工程国内招标文件范本》合同通用条款第60.15款规定，监理工程师根据本款或合同的其他条款发出的任何期中支付证书项下应付给承包人的款额，业主应该在收到该期中支付证书后21d内，或在投标书附录中另有规定并以此为准的天数内支付给承包人；或按第60.13款规定的最后支付证书项下应付给承包人的款额，业主应在收到该最后支付证书42d内支付给承包人。如果业主在上述期限内未能付款，则业主应按投标书附件中规定的利率向承包人支付全部付款额的利息，利息从应付而未付该款额之日算起（不计复利）。

5. 期中支付

期中支付是合同在履行过程中每月所发生的付款申请、审查和支付工作，它包括承包人的付款申请、监理工程师的审查与签证、业主付款等工作环节。

（1）承包人的付款申请　承包人应通过监理工程师向业主提出付款申请。申请的形式是填报月报表或月结账单。根据合同规定，承包人应在每月末向监理工程师提交由其项目经理签署的按监理工程师规定的格式填写的月结账单（付款申请书）一式6份，该月结账单包括以下栏目，承包人应逐项填写清楚：

1）自开工之日截至本月末已完成的工程价款。

2）自开工之日截至上月末已完成的工程价款。

3）本月完成的（应结算的）工程价款，即1）-2）。

4）本月完成的应结算的计日工价款。

5）本月应支付的暂定金额价款。

6）本月应支付的材料设备预付款。

7）根据合同规定本月应结算的其他款项。

8）价格调整及法规变更引起的费用。

9）本应扣留的保留金、材料设备预付款及开工预付款。

10）根据合同规定，本月应扣除的其他款项。

付款申请书（月结账单）一般采用表格形式。

（2）监理工程师的审查与签证　根据《公路工程国内招标文件范本》，监理工程师应在合同规定的时间内（收到月结账单后21d内）分级审核并签发期中支付证书。签证时应写明他认为应该到期结算的价款及需要扣留和扣回的款项。审查的主要工作有：

1）对承包人所完成的工程价款，应审查各工程细目所完成的工程是否质量合格（有质量验收单或中间交工证书），是否有相应的计量证书，所采用的单价是否与清单中的单价相符，计算结果是否准确无误。

2）对计日工付款申请，应审查计日工是否有监理工程师的书面指示，计日工数量是否有监理工程师的签字和认可，计日工单价是否与清单中的单价相符，计日工金额是否计算无误。

3）对材料设备预付款的付款申请，应审查是否是合同规定应给予预付款的主要材料和设备，到场材料和设备是否有监理工程师的现场计量和确认，是否提交了材料和设备的付款发票或费用凭证，支付百分率是否与投标书附录的规定相符，金额是否计算无误。

4）对变更工程付款申请，应审查是否有监理工程师的书面变更指令，所完成的变更工程量是否已通过质量验收，所采用的单价是否符合《公路工程国内招标文件范本》合同通用条款第52条规定，是否有相应的计量证书，计算结果是否准确无误。

5）对价格调整付款申请，应审查调价方法是否符合合同规定，所调查的人工与材料价格指数是否准确，调整金额的计算结果是否准确无误。

6）在审查其他款项的付款申请过程中，对延迟付款利息，应审查计算方法和计算结果是否正确；对费用索赔，应审查是否有相应的索赔审批证书。

以上是审查期中支付申请中应重点审查的主要内容。要求期中支付申请书做到：

1）申请的格式和内容应满足合同要求。

2）各项资料、证明文件齐全。

3）所有款项计算与汇总无误。

审查中若发现各项资料、证明文件不齐全，则要求承包人补充；若发现所列出的数量不正确，或者任何一个工程项目的质量不符合要求，则调整承包人的月报表；如各方面出入较大，计算有重大错误，则完全可以拒绝签发付款证书，退回承包人重做或累计到下期付款申请中重新审查签证。

在审查完应付款项后，对应扣回的各种款项，特别是开工预付款、材料和设备预付款，以及保留金等，应认真计算并及时从月结账单中扣回或扣留。

（3）期中支付证书的签发

1）监理工程师审核并修正承包人的支付申请后，计算付款净金额（计算付款净金额时，应将需扣留的保留金和扣回的预付款从承包人月报表中应得的金额中扣除）。

2）将付款净金额与合同中规定的支付最低限额比较。若净金额小于最低限额，则不签发期中支付证书；若净金额大于最低限额，监理工程师应向业主签发期中支付证书，副本抄送承包人。

3）除了特殊项外（如计日工、暂定金额和费用索赔等），监理工程师签发的期中支付证书中的支付数量应基本正确；对工程变更、费用索赔等支付项目，如一时难以确定，监理工程师可先确定一笔临时付款金额。

4）根据《公路工程国内招标文件范本》合同通用条款第 60.9 款规定，监理工程师可用签发期中支付证书的方式对他过去签发的任何证书作更正或修改。如果监理工程师认为任何正在进行的工程不符合合同要求，监理工程师有权在任何一次期中支付证书中扣除或折减该工程的价款。

5）监理工程师在签发期中支付证书时应做好分级审查工作，做到不重不漏、准确无误。

（4）业主付款　根据《公路工程国内招标文件范本》合同通用条款第 60.15 款有关规定，业主在收到期中支付证书后 21d 内或在投标书附录规定的时间内将应付款项支付给承包人，如果业主未能在规定期限内付款，则业主应按投标书附录规定的利率支付全部未付款额的利息。如果延迟付款期限超过 42d，承包人有权根据第 69 款终止合同或停工索赔。

6. 交工支付

（1）承包人的交工支付申请　交工支付又称交工结算。根据《公路工程国内招标文件范本》合同通用条款第 60.10 款的规定，在合同工程交工证书签发 42d 内，承包人应以监理工程师批准的格式向监理工程师提交一份交工结账单，并附上用详细资料说明的证实文件，表明：

1）合同规定的直到交工证书中写明的交工日期为止按合同完成的全部工程的最终价值。

2）承包人认为应付给他的其他款项。

3）承包人认为合同项下（整个合同期）到期应付给他的各项款额的估算值。

上述三款各项款额估算值应在完工结账单内单独填报。

通常情况下，交工支付的付款内容和付款范围比期中支付更广泛。一方面，在所完成的工程价款中，合同中的全部工程细目都已发生，都需要办理结算；另一方面，有些工程变更、费用索赔等支付项目在期中支付中并未完全解决，需要全面清理；再者，有些交工支付中独有的支付项目需要专门处理，如拖期损失偿金的扣留、提前竣工奖的支付，特别是根据《公路工程国内招标文件范本》合同通用条款第 52.3 款的“变更超过 15%”所引起的索赔或反索赔的处理等。

（2）交工支付申请的审定与支付　交工支付的审查要求与期中支付的审查要求相同，但其难度更大，也更复杂。例如，遗留下来的工程变更、费用索赔的处理，需要监理工程师在时过境迁的情况下进一步查实索赔（或变更）原因和核实索赔（或变更）金额，这本身就是一项难度很大的工作；又如，要确定拖期损失偿金的扣留或提前竣工奖金，首先需要根据合同规定工期和合理延期，运用网络计划技术确定项目是提前完工还是推迟完工；如果涉及“变更超过 15%”的合同价格调整，则需要监理工程师对整个项目合同的合理造价重新进行估算，之后才能作出是否调整及调整多少的结论。

另外，交工支付的准确性要求更高。期中支付不准确，可通过下一期中支付纠正，而交工支付一旦出错，可能是无法挽回的。因此，对交工支付的审查，更应做到深入细致、一丝不苟、准确无误。

7. 最终支付

（1）最终支付申请　根据《公路工程国内招标文件范本》合同通用条款第 60.11 款的规定，在合同缺陷责任终止证书签发 28d 内，承包人应以监理工程师批准的格式向监理工程师提交一份最后结账单草案，并附上用详细资料说明的证实文件，表明：

1）根据合同规定已完成的全部工程的价值。

2）承包人根据合同规定认为应付给他的任何其他款项。

最终支付涉及的主要款项有：承包人在缺陷责任期内完成的合同剩余工程；在缺陷责任期内承担的监理工程师指示的附加工作或变更工程；应退回承包人的保留金。

（2）最终支付申请的审核与签证　监理工程师应在合同规定的时间内，按合同规定完成对最终支付申请的审核与签证。如果监理工程师不同意或者不核证最后结账单草案的任何一部分，承包人应按监理工程师要求提交进一步的资料，并对最后结账单草案作出他们之间协商同意的修改，然后由承包人编制，并向监理工程师提交双方同意的最后结账单。

在提交最后结账单时，承包人应给业主一份书面清账书，并抄送监理工程师，确认最后结账单中的总金额代表了根据合同规定应付给承包人的全部款项的最后结算。根据《公路工程国内招标文件范本》合同通用条款第 60.13 款，在最后结账单和清账书收到后 14d 内，监理工程师应签发一份最后支付证书报业主审批，并抄送承包人，说明：

1）监理工程师认可根据合同规定的最后应付款额。

2）在对业主以前所付的全部款额和业主根据合同规定应得的全部款项予以确认后，业主欠承包人或承包人欠业主（视具体情况）的差额。

（3）业主付款　根据《公路工程国内招标文件范本》合同通用条款第 60.15 款的有关规定，业主应在收到最后支付证书后 42d 内，对监理工程师提交的最后支付证书进行审批，将应付款项支付给承包人，如果业主未能在规定期限内付款，则业主应按投标书附录规定的利率支付全部未付款额的利息。根据合同规定，除非承包人已在最后结账单中列入了索赔请求，业主在按时办理最后支付手续后，对承包人由于履行合同或工程实施而产生的或与此二者有关的任何问题、事情不再承担任何责任。

4.6 公路工程费用监理案例

【案例 4-1】

背景：

某已委托监理的工程项目，其地基处理采用强夯法，包括土方开挖、填筑、点夯、满夯等。由于工程量难以准确确定，采用单价合同发包给某专业基础公司。合同规定，承包方应严格按施工图和合同要求施工，工程量由监理工程师负责计量，并根据承包方完成计量证书的工程量进行结算。

根据该工程的合同规定特点，监理工程师提出计量支付的程序要点如下：

1）对已完分项工程向业主提出质量认证申请。

2）在协议约定的时间内向监理工程师提出计量申请。

3）监理工程师对实际完成的工程量进行计量，签发计量证书给承包方。

4）承包方凭质量认证和计量证书向业主提出付款的申请。

5）监理工程师复核申报的资料，确定支付额，批准向承包方付款。

此外，在施工过程中，承包商还根据监理工程师的指示对部分工程进行了变更施工。变更发生后的第 15 天，承包方应提出变更价款报告。

问题：

1. 试指出上述计量程序中的不妥之处。

2. 如果不考虑本工程合同的特点，一般的工程计量支付的程序要点是什么？

3. 变更部分合同价款应根据什么原则进行确定？

4. 承包方提出变更价款报告是否会得到监理工程师的确认？变更价款的确认应该按什么程序进行？

答案：

1. 根据本工程合同特点，工程计量支付的程序要点是：

1）承包方对已完工的分项工程向监理工程师提出检查验收和质量认证申请。

2）承包方在取得质量认证后，在协议约定的时间内，向监理工程师申请计量。

3）监理工程师按照规定的计量方法，对合同规定范围内的工程量进行计量，向承包方签发计量证书。

4）承包方凭质量认证和计量证书向监理工程师提出付款申请。

5）监理工程师审核申请资料，确定应支付的款额，向业主提交付款证明文件，以便业主据此支付。

2. 依据《建设工程施工合同（示范文本）》，一般的工程计量支付的程序要点是：

1）承包方按合同约定的时间，对经过监理方检查、确认质量合格的已完工程，经过计量后向监理工程师提交已完工程量报告。

2）监理工程师接到该报告后 7d 内按照设计图核实已完工程量，即计量，并在计量前 24h 通知承包方派人参加，若承包方无正当理由不参加，监理方（发包方）自行计量的结果有效，作为工程价款支付的依据，超出设计图要求的范围或承包方原因造成返工的工程量不予计量。

3）若监理工程师收到报告后7d内未计量，从第8天起，承包方报告中提出的工程量即视为已被确认，作为支付工程款的依据。

4）若监理工程师不按约定时间通知承包方，使承包方未能参加计量，计量结果无效。

5）监理工程师签署计量支付证书，发包方据此支付工程价款。

3. 变更合同价款的调整原则如下：

1）合同中已有适用于变更工程单价的，按合同已有的单价计算和变更合同价款。

2）合同中只有类似于变更工程的单价，可参照它来确定变更价格和变更合同价款。

3）合同中没有上述单价的，由承包方提出相应价格，经监理工程师确认后执行。

4. 不会得到监理工程师的确认。理由是：提交报告的时间超过了确定变更价款程序的规定。确定变更价款的程序如下：

1）在变更发生后14d内，承包方提出变更价款报告，经监理工程师确认后，计算并调整合同价。

2）若在变更发生后14d内，承包方不提出变更价款报告，则视为该变更不涉及价款变更。

3）工程师自收到变更价款报告之日起14d内应对此确认，若无正当理由不确认时，自收到报告时算起，14d后该报告自动生效。

【案例4-2】

背景：

某国防道路建设工程，建设单位以公开招标的方式选择了某集团一公司承担了总长300km的施工任务，并签订了施工合同。施工单位将工程分为两个标段进行施工，第一标段工程量为23500m^3，第二标段为32500m^3。经建设单位和施工单位协商达成共识：第一标段为185元/m^3，第二标段为165元/m^3。合同另行规定：开工前7d内支付给施工单位合同价款的20%作为工程预付款。从第一个月起在施工单位应支付的工程进度款中按10%的比例扣留保留金，保留金总额为总价合同的5%，扣满为止。在实际完成的工程量超过或减少估计工程量的20%时，超过或减少部分的工程量方可进行增减调整，调整系数为0.9。按当时当地市场价格调整系数平均值取1.2进行计算。监理工程师签发月进度款的最低限额为260万元，若不足260万元，则转入下月付款时支付，预付款在最后两个月平均扣回。

施工单位按月实际完成的并经监理工程师检查确认合格的工程量进行申报，每月工程量表见表4-1。

表4-1 工程量表 （单位：m^3）

月份	1	2	3	4
第一标段	6400	7800	7900	5900
第二标段	7300	9100	8100	5900

表4-1中工程量已经监理工程师审核确认。参考预算定额和工程量清单计价规范，由施工单位做工程量报审表，经专业监理工程师现场计量确认，然后由审核造价的监理工程师计算工程量价款，经总监理工程师签认。

问题：

1. 工程有效合同价为多少万元？

2. 预付备料款为多少万元？

3. 保留金为多少万元？

4. 4 个月每月工程价款为多少万元？监理工程师签证工程款为多少万元？实际签发付款为多少万元？

答案：

1. 有效合同价：23500×185+32500×165=9710000 元=971 万元。

2. 预付款：971×20%=194.2 万元。

3. 保留金：971×5%=48.55 万元。

4. 各月付款：

（1）1 月份工程价款为：6400×185+7300×165=1184000+1204500=2388500 元=238.85 万元。

应签证工程进度款为：238.85×1.2−238.85×10%=262.735 万元。

因 262.735 万元>260 万元，故本月应签发付款为 262.735 万元。

（2）2 月份工程价款为：7800×185+9100×165=1443000+1501500=2944500 元=294.45 万元。

应签证工程款为：294.45×1.2=353.34 万元。

本月应付款：48.55−23.885=24.665 万元，353.34−24.665=328.675 万元。

因 328.675 万元>260 万元，故本月应付工程款为 328.675 万元。

（3）3 月份工程价款为：7900×185+8100×165=2798000 元=279.8 万元，279.8−194.2/20=279.8−9.71=270.09 万元。

本月应签证工程进度款为：279.8×1.2−9.71=326.05 万元。

（4）4 月份工程价款为：

4 月份工程量为：23500−(6400+7800+7900)=1400m^3。

5900−(23500×20%)=5900−4700=1200m^3。

4700×185+1200×(185×0.9)=1069300 元=106.93 万元。

第二标段：7300+9100+8100+5900=30400m^3。

因 30400<32500，故价格仍按 165 元/m^3 进行计算：

5900×165=973500 元=97.35 万元。

(97.35+106.93)×1.2=245.136 万元。

本月应签证工程进度款为：245.136−9.71=235.426 万元。

本章小结

工程费用监理的主要内容是计量与支付。“计量”就是按合同条款的有关规定，对承包商已完成的质量合格的工程数量进行测量与统计，准确地确定工程的实际数量。费用支付主要有两大类：一是工程清单支付；二是合同支付。这里包括工程费用（即工程清单、价格调整、工程变更、费用索赔）、暂付费用（即动员预付款、材料预付款、保留金）、违约费用（即迟付款利息违约罚金）等，要严格按照合同条款及技术规范执行。本章主要从工程费用概述、工程计量与支付、工程计量范围与方式、公路工程计量方法、费用支付五个方面来阐述。

1. 工程费用概述。主要介绍了工程费用监理的主要任务与工作内容、工程费用监理的原则与方法。

2. 工程计量与支付。简述了工程计量与支付的概念、计量与支付的原则、计量与支付的作用。详细地阐述了工程计量程序、费用支付程序。

3. 工程计量范围与方式。主要从计量的必要性出发，介绍了工程计量中的计量时间、范围、依据，以及工程计量的相关文件。同时对工程计量的组织形式和计量方式作了介绍。

4. 公路工程计量方法。以《公路工程国内招标文件范本》为主，对计量工作中的一般规定，从计量中的具体细节方面作了详细的介绍；同时对路基工程、路面工程、桥梁工程、隧道工程、排水工程、防护工程、道路设施等工程计量分别作了阐述。

5. 费用支付。主要对费用支付的项目、费用支付的程序与支付证书、费用支付的分工与管理作了详细介绍。

最后通过两个案例分析了计量程序、要点及费用的支付方法。

复习思考题

1. 费用监理的主要内容有哪些？
2. 简述费用监理的基本原则和基本方法。
3. 工程计量的依据是什么？
4. 基坑的计量方法与概预算的基坑土方数量确定方法有何差别？
5. 工程费用支付的依据有哪些？
6. 简述费用支付的原则和监理工程师在费用支付中的职责权限。
7. 简述期中支付与最终支付的区别。
8. 工程变更过程中，单价变更的基本条件是什么？是什么原因导致应进行单价变更？

单元五 公路工程施工安全监理

任务要求

1. 分析公路工程施工安全监理的意义与现状。

2. 掌握公路工程施工安全监理的职责与责任。

3. 掌握公路工程施工安全监理的任务、工作内容和程序，建立施工安全监理资料及台账。

4. 分析公路工程施工安全事故案例。

案例引入

我国自开展工程监理试点工作以来，施工阶段的工程监理大都围绕着力求在计划的投资、进度和质量目标内完成建设项目而展开，通过对投资、进度和质量三项主要内容实施动态控制，致力于组织协调，进而实现信息管理与合同管理，从而体现出监理工作的服务性、独立性、公正性和科学性。

2000 年 10 月 25 日，在某市电视台演播中心工程施工过程中，发生了因房屋模板支架失衡而造成整体坍塌的重大事故，工程项目总监理工程师被判处有期徒刑 5 年，给全国工程建设监理工作者带来了极大的压力，施工安全监理工作也越来越受到重视。这也是全国第一起因工程安全事故致使监理工程师以重大责任事故罪被判刑的案例，在当时引起了轰动。

该工程施工安全事故的具体情况如下：

1. 事故概况

2000 年 10 月 25 日，某市电视台演播中心裙楼工地发生一起重大伤亡事故。该工程施工单位项目副经理成某及项目施工员丁某，在无具体施工方案的情况下，即安排工人搭设大演播厅舞台屋盖模板支架。韩某身为该工程的监理工程师不仅未审查施工方案，而且在施工中，没有监督验收就签字同意进行屋盖模板整体浇筑混凝土。由于模板承载力严重不足，导致支架失衡，脚手架发生整体坍塌，造成 6 人死亡、1 人重伤、33 人轻伤，直接经济损失 70 余万元，成为新中国成立以来该市最大的建筑工程伤亡事故。

后经法院审理，认定此为一起重大责任事故，以重大责任事故罪分别判处成某、丁某有期徒刑 6 年，韩某有期徒刑 5 年。

2. 事故的原因分析

事故的直接原因是：

1）支架搭设不合理，特别是水平系杆数量严重不足，三维尺寸过大且底部未设扫地杆，从而主次梁交叉区域单杆承载过大，引起立杆局部失稳。

2）梁底模的木杆放置方向不妥，导致大梁的主要荷载传至梁底中央排立杆，且该排立杆的水平系杆数量不足，承载力不足，因而加剧了局部失稳。

3）屋盖下模板支架与周围结构的连接与固定强度不够，加大了顶部晃动。

事故的间接原因是：

1）施工组织管理混乱，安全管理失去有效控制，模板支架搭设无图样，无专项施工技术交底，施工中无自检、互检等手续，搭设完成后没有组织验收；搭设开始时无施工方案，有施工方案后未按要求进行搭设，支架搭设严重脱离原设计方案要求，致使支架承载力和稳定性不足，支架空间强度和刚度不足等，是造成这起事故的主要原因。

2）施工现场技术管理混乱，对大型或复杂、重要的混凝土结构工程的模板施工未按程序进行，支架搭设开始后送交工地的施工方案中有关模板支架设计方案过于简单，缺乏必要的细部构造大样图和相关的详细说明，且无计算书；支架施工方案传递无记录，导致现场支架搭设时无规范可循，是造成这起事故的技术上的重要原因。

3）该项目监理单位驻工地总监理工程师无监理资质，工程监理组没有对支架搭设过程严格把关，在没有对模板支撑系统的施工方案审查认可的情况下即同意施工，没有监督对模板支撑系统的验收，就签发了浇捣令，工作严重失职，导致工人在存在重大安全隐患的模板支撑系统上进行混凝土浇筑施工，是造成这起事故的重要原因。

4）在上部浇筑屋盖混凝土的情况下，建筑工人在模板支撑下部进行支架加固，是造成事故伤亡人员扩大的原因之一。

5）该项目施工单位领导安全生产意识淡薄，个别领导不深入基层，对各项规章制度执行情况监督管理不力，对重点部位的施工技术管理不严，有法有规不依。施工现场用工管理混乱，部分特种作业人员无证上岗作业，对建筑工人未认真进行三级安全教育。

6）施工现场支架钢管和扣件在采购、租赁过程中质量管理把关不严，部分钢管和扣件不符合质量标准。

7）建筑管理部门对该建筑工程执法监督和检查指导不力；建设管理部门对监理公司的监督管理不到位。

3. 对事故的责任分析和对责任者的处理

1）该工程施工单位项目部副经理成某具体负责大演播厅舞台工程，在未见到施工方案的情况下，决定按常规方法搭设顶部模板支架；在知道支架三维尺寸与施工方案不符时，不与工程技术人员商量，擅自决定继续按原尺寸施工，盲目自信，对事故的发生应负主要责任，法院以重大责任事故罪判处成某有期徒刑6年。

2）该工程监理单位驻工地总监理工程师韩某违反规定，没有对施工方案进行审查认可，没有监督对模板支撑系统的验收，对施工方的违规行为没有下达停工令，无监理工程师资格证书上岗，对事故的发生应负主要责任，法院以重大责任事故罪判处韩某有期徒刑5年。

3）该工程施工单位项目部项目施工员丁某，在未见到施工方案的情况下，违章指挥工人搭设支架，对事故的发生应负重要责任，法院以重大责任事故罪判处丁某有期徒刑6年。

4）除此之外，该项目施工单位、监理单位的相关领导及人员也都受到了相应的处罚。

由上述事故分析可以看出，一个安全事故的发生，原因一般都有多个方面，但施工、监理、工程监管任何一个环节做到位，可能都会避免事故的发生。这个惨痛的教训告诉我们，工程建设安全管理的重要性，特别是工程施工安全监理的重要性。

5.1 公路工程施工安全监理概述

5.1.1 安全监理的概念

安全监理是社会化、专业化的工程监理单位，受建设单位（或业主）的委托和授权，依据法律、法规、已批准的工程项目建设文件、监理合同及其他建设工程合同，对工程建设实施阶段安全生产进行监督管理。

安全监理包括对工程建设中的人、机、物、环境及施工全过程的安全生产进行监督管理，并采取组织、技术、经济和合同措施，保证建设行为符合国家安全生产、劳动保护法律法规和有关政策，有效地将建设工程安全风险控制在允许的范围内，以确保施工安全性。安全监理属于委托性的安全服务。

5.1.2 安全监理的意义

安全生产涉及施工现场所有的人、物和环境，安全监理工作贯穿于施工现场生产的全过程。监理单位只有在质量控制、进度控制、投资控制基础上，引入安全控制环节，把公路工程监理的“三控制”发展成为“四控制”，把加强安全监理作为政府行为的延伸，把原来政府行业主管部门的安全监督扩大到全社会，才能使得公路建设行业安全生产意识、安全管理水平有根本性的增强提高。

公路工程建设安全监理的目的是，对公路工程建设中人的不安全行为、物的不安全状态、作业环境的防护和施工全过程，进行安全评价、动态监督管理和督查，并采取法律、经济、行政和技术手段，保证建设行为符合国家安全生产、劳动保护法律、法规和有关政策，消除建设行为中的冒险性、盲目性和随意性，督促落实各级安全生产责任制和各项安全技术措施，有效地消除各类事故隐患，实现安全生产。

安全是质量的基础。只有在良好的安全措施保证下，施工人员才能较好地发挥技术水平，保证施工的质量。同样，工程施工质量越好，其生产的安全效应就越高；质量是“本”，安全是“标”，两者密不可分；只有标本兼治，才能使建设项目达到设计标准。

安全是进度的前提。建设项目的最大特点是施工工期较长，建设单位总是希望其投入资金能尽快产生效益，对工期提出不合理的要求。长时间的加班加点，造成的后果往往是人员和设备的疲劳，以及安全施工条件无法保证，最终导致安全事故发生。工期过短是安全隐患的原因之一。国家规范和标准中的工期是可以适当压缩的，但应提出一个有利于安全的合理工期，即约定工期应当在施工合同中明确规定。安全与进度互保。进度应以安全作为保障，安全就是进度。在项目实施过程中，应追求安全加进度，尽量避免安全减进度；当进度与安全发生矛盾时，应暂时减缓进度，保证安全。

安全与效益兼顾。安全技术措施的实施，会改善作业条件，带来经济效益。所以安全与效益是完全一致的，安全促进效益的增长。当然，在安全管理中，投入应适当，既要保证安全，又要经济合理。

安全监理是工程建设监理的重要组成部分，也是建设工程安全生产管理的重要保障。安全监理是提高施工现场安全生产管理水平的有效方法，也是建设工程项目管理体制改革中健全安全管理、控制重大伤亡事故的一种新模式。

《公路工程国内招标文件范本》中规定，投标人（中标后为施工单位）与建设单位在签订工程施工承包合同的同时，还必须签订工程施工安全生产合同。监理工程师必须加强对安全生产的监理工作。

2004 年 2 月 1 日起实施的《建设工程安全生产管理条例》中规定：“工程监理单位和监理工程师应当按照法律、法规和工程建设强制性标准实施监理，并对建设工程安全生产承担监理责任。”2007 年 3 月 1 日起实施的《公路水运工程安全生产监督管理办法》中规定：“监理单位应当依据法律、法规和工程建设强制性标准进行监理，对工程安全生产承担安全监理责任。”《公路工程施工监理规范》（JTG G10—2006）中，也专门增加了安全监理的相关内容。这进一步明确了监理单位和监理工程师在安全生产中的作用和法律责任。

5.1.3 安全监理工作的现状

在已经实施工程建设监理的建设项目中，相当一些监理单位只注重对施工质量、进度和投资的监控，没有把安全监理作为一项重要内容加以规范，只是把安全监理作为质量控制工作内容的一部分，而且监理单位一般没有配备安全工程技术人员，只是由质量工程师代管。这样，施工安全监控的效果往往较差，施工现场因违章指挥、违章作业而造成的伤亡事故多发的局面难以得到有效的控制。

近几年来，在交通基础设施建设高速增长的背景下，交通基础设施安全生产面临严峻考验。例如，2004 年 1 月 15 日凌晨 2 时，南京双桥门高架雨花铁路站附近，一跨模板支架垮塌；2004 年 12 月 13 日凌晨 4 时，广清高速公路连接线主线工程广州市白云区江南农贸市场路段，正在施工的一段高架桥支架垮塌，造成 2 人死亡、7 人受伤（其中重伤 1 人）；2006 年 3 月 12 日，山东省潍坊市昌乐县境内的新昌铁路立交桥垮塌，造成 4 人死亡、6 人受伤；2007 年 6 月 13 日，广州黄埔大桥钢架坍塌，3 万个沙包从高空坠落；2007 年 8 月 13 日，湖南省凤凰县沱江大桥垮塌，造成 64 人死亡；2007 年 11 月 20 日，宜万铁路高阳寨隧道岩崩事故，导致 35 人死亡；2009 年 1 月 15 日青海省西宁市过境公路一个正在施工的高架桥桥墩骨架突然坍塌，导致 2 人死亡。

据统计，2005 年交通工程施工发生伤亡事故 99 起，死亡 207 人；2006 年，交通工程施工发生伤亡事故 95 起，死亡 201 人。交通工程施工伤亡事故起数和死亡人数分别占全国工程建设（包括铁道、交通、水利等专业工程）施工伤亡事故起数和死亡人数的 4.3% 和 7.9%。交通工程施工重大事故位居工程建设领域第 2，特大事故位居第 1。与发达国家相比，差距更是明显，如英国 2005 年只有 5 个工人死于公路施工安全事故，12 人受重伤。

近年来，虽然我国交通工程施工发生事故起数和伤亡人数呈减少态势，但重、特大事故时有发生，安全形势依然严峻，要实现交通工程施工安全生产的长远目标还有很长的路要走。根据国家安全生产监督管理总局对工程建设施工安全生产形势的分析，工程建设施工事故多发的主要原因，有以下几点：

1）部分地方政府主管部门执法不严、监督不力，监管能力与日益增大的工程建设规模不相适应。

2）一些项目不依法履行建设程序。

3）部分施工单位安全生产基础薄弱、管理混乱、投入不足，安全生产保证能力低下。

4）部分建设单位不认真履行安全管理职责，任意压缩合理工期，不及时支付安全生产措施费用。

5）一些工程监理单位对自身应负的安全职责不清楚，不熟悉相关法规和标准，未起到应有的安全监理作用。

要扭转工程建设项目事故多发的被动局面，只有提高认识、健全机构、加强监管、落实责任、保障投入、严格执法、照章作业，加强安全监理工作，使安全监理成为工程建设监理的一项重要内容。

国务院颁布的《建设工程安全生产管理条例》明确了工程监理单位的安全监理责任，工程监理单位在监理过程中必须开展安全监理工作。因此，工程监理单位在与业主签订建设工程监理合同时，应明确委托安全监理的内容和相应的费用条文。

安全监理是工程建设监理工作的重要组成部分，是对公路工程施工过程中安全生产状况所实施的监督管理。为了做好安全监理工作，必须了解施工安全的意义，明确安全监理所包括的责任、内容、任务和程序。

5.1.4 安全施工的内容

安全生产贯穿于自开工到竣工的施工生产的全过程，因此，安全工作存在于每个分部分项工程、每道工序中。也就是说，哪里的安全防护措施不落实，哪里就可能发生伤亡事故。安全监理不仅要监督检查各部位安全防护措施的贯彻落实，还应该了解公路施工中的主要安全技术，才能采取有效的措施，预防各类伤亡事故的发生，确保安全生产。安全施工的内容包括以下三个方面：

1. 控制“人”的不安全行为

人是施工生产中的主体，也是安全生产的关键，搞好安全生产，必须首先控制人的不安全行为。人的不安全行为分为生理上的、心理上的、行为上的三种。生理上的不安全行为，即身体上的缺陷，使其不能适应某些生产的速度、工作条件和环境；心理上的不安全行为，即受到了某些因素的刺激和影响，产生了思想和情绪上的波动，身心不支、注意力转移，发生了误操作和误判断；行为上的不安全行为，即为了某种目的和动机有意采取的错误行为。必须根据人的生理和心理特点，合理安排和调配工作，预防不安全行为；通过培训教育，增强安全意识，做到不伤害自己，不伤害他人，也不被他人伤害。

2. 控制“物”的不安全状态

施工人员在公路施工过程中，要使用多种工具、机械、设备和材料等，也要接触各类设施、设备等，这些材料、工具、设施和设备等统称为“物”。不仅要使这些“物”保持良好的状态和技术性能，还应该使其操作简便、灵敏可靠，并且具有保护工作者免受伤害的各类防护和保险装置。

3. 作业环境的防护

在任何时间、季节和条件下施工，对于任何作业都必须给施工人员创造良好的、没有危险的环境和作业场所。

如果以上三个方面都能做到，安全生产就有了保障。缺少了一个方面，就会留下安全隐患，给发生伤亡事故创造条件。

5.1.5 安全事故的分类和处理

1. 安全事故的分类

（1）事故和事件

1）事故。造成死亡、疾病、伤害、损坏或其他损失的意外情况。职业健康安全事故分两大类型，即职业伤害事故与职业病。

2）事件。导致或可能导致事故的情况。

（2）职业伤害事故的分类　职业伤害事故是指因生产过程及工作原因或其他相关原因造成的伤亡事故。按事故后果严重程度分6类。

1）轻伤事故。造成职工肢体或某些器官功能性或器质性轻度损伤，表现为劳动能力轻度或暂时丧失的伤害，一般每个受伤人应休息1个工作日以上105个工作日以下。

2）重伤事故。一般指受伤人员肢体残缺或视觉、听觉等器官受到严重损伤，能引起人体长期存在功能障碍或劳动能力有重大损失的伤害，或者造成每个受伤人损失105个工作日以上的失能伤害。

3）死亡事故。一次事故中死亡职工1~2人的事故。

4）重大伤亡事故。一次事故死亡3人以上（含3人）的事故。

5）特大伤亡事故。一次事故中死亡10人以上（含10人）的事故。

6）急性中毒事故。指生产性毒物一次或短期内通过人的呼吸道、皮肤或消化道大量进入人体内，使人体在短时间内发生病变，导致职工立即中断工作，并须进行急救或导致死亡的事故。急性中毒的特点是发病快，一般不超过一个工作日，有的毒物因毒性有一定的潜伏期，可在下班后数小时发病。

2. 安全事故的处理

（1）安全事故处理的原则（“四不放过”原则）

1）事故原因不清楚不放过。

2）事故责任者和员工没有受到教育不放过。

3）事故责任者没有处理不放过。

4）没有制定防范措施不放过。

（2）安全事故处理程序

1）报告安全事故。

2）处理安全事故、抢救伤员、排除险情、防止事故蔓延扩大，做好标志，保护好现场等。

3）安全事故调查。

4）对事故责任者进行处理。

5）编写调查报告并上报。

（3）伤亡事故处理规定

1）事故调查组提出的事故处理意见和防范措施建议，由发生事故的企业及其主管部门负责处理。

2）因忽视安全生产、违章指挥、违章作业、玩忽职守或者发现事故隐患、危害情况而不采取有效措施导致伤亡事故的，由企业主管部门或企业按照国家有关规定，对企业负责人和有关责任人员给予行政处分；构成犯罪的，由司法机关依法追究刑事责任。

3）在伤亡事故发生后隐瞒不报、谎报、故意延迟不报、故意破坏事故现场，或者以不正当理由，拒绝接受调查、拒绝提供有关情况和资料的，由有关部门按照国家有关规定，对有关单位负责人和直接负责人给予行政处分。构成犯罪的，由司法机关依法追究刑事责任。

4）伤亡处理工作应当在 90d 内结案，特殊情况不得超过 180d。伤亡事故处理结案后，应当公开宣布处理结果。

5.2 公路工程施工安全监理的职责与责任

5.2.1 施工安全监理的职责

1）工程监理单位对本单位所承接的工程建设项目的安全监理工作负责，督促承包人建立健全安全生产制度及安全技术措施并督促其实施。

2）审查施工方案及安全技术措施并督促其实施。

3）项目总监理工程师对该项目的安全监理工作全面负责。

4）项目监理人员在总监理工程师的领导下，按照职责分工，履行现场安全监督检查的职责，并对各自承担的安全监理工作负责。

5）监理工程师按照法律、法规和工程建设强制性标准实施监理，并对建设工程安全生产监理工作负责。

6）定期组织施工现场安全生产专项检查，每月向工程安监站报告工地安全生产情况。

5.2.2 安全监理的责任

1. 行政责任

《建设工程安全生产管理条例》第 57 条规定：违反本条例的规定，工程监理单位有下列行为之一的，责令限期改正；逾期未改正的，责令停业整顿，并处 10 万元以上 30 万元以下的罚款；情节严重的，降低资质等级，直至吊销资质证书；造成损失的，依法承担赔偿责任。

1）未对施工组织设计中的安全技术措施或者专项施工方案进行审查的。

2）发现安全事故隐患未及时要求施工单位整改或者暂时停止施工的。

3）施工单位拒不整改或者不停止施工，未及时向有关主管部门报告的。

4）未按照法律、法规和工程建设强制性标准实施监理的。

2. 刑事责任

《中华人民共和国刑法》第 137 条规定：建设单位、设计单位、施工单位、工程监理单位违反国家规定，降低工程质量标准，造成重大安全事故的，对直接责任人员，处 5 年以下有期徒刑或者拘役，并处罚金；后果特别严重的，处 5 年以上 10 年以下有期徒刑，并处罚金。这里的刑事责任针对的是监理单位的直接责任人员，承担刑事责任的前提是造成重大的安全事故。

3. 民事责任

工程监理单位的违法行为往往也是违约行为，如果给建设单位造成损失，监理单位应当对建设单位承担赔偿责任。承担民事责任的前提是建设单位有损失，而不是工程监理单位的违法行为，只有当这种违法行为造成了建设单位的损失时，工程监理单位才承担民事责任。

5.3 公路工程施工安全监理

5.3.1 安全监理文件的编制

1）工程项目总监理工程师主持编制的项目监理计划中应包括安全监理内容，根据工程项目特点明确安全监理的范围，制定安全监理工作程序和制度，确定监理人员的安全监理职责。

2）各专业监理工程师编写的监理细则应确定安全监理的具体内容和重点，监控的方法和措施。

3）对新材料、新技术、新工艺及危险性较大的分项（或分部）工程设置特殊监控点，编制安全监理岗位守则，明确监控措施和方法。

5.3.2 安全监理的任务

监理工作是受建设单位的委托，按照合同规定的要求，完成授权范围内的工作，安全监理同样也是受委托要完成的任务。因此，监理工程师应认真地研究安全施工所包括的范围，并依据相关的施工安全生产的法规和标准进行监督和管理。

安全生产涉及施工现场所有的人、物和环境。凡是与生产有关的人、单位、机械、设备、设施、工具等，都与安全生产有关，安全工作贯穿了施工生产的全过程。所以，实施安全监理工作时，必须对施工全过程进行安全监理。如监理工程师在施工现场，往往要对脚手架的搭设和模板的安装、拆除进行检查验收，这就是安全工作的内容。

安全监理的任务主要是贯彻落实国家安全生产的方针、政策，督促施工单位按照公路施工安全生产法规和标准组织施工，消除施工中的冒险性、盲目性和随意性，落实各项安全技术措施，有效地杜绝各类安全隐患，杜绝、控制和减少各类伤亡事故，实现安全生产。安全监理的具体任务主要有以下几个方面：

1）贯彻执行“安全第一、预防为主”的方针，国家现行的安全生产的法律、法规，有关行政主管部门的安全生产的规章和标准。

2）督促施工单位落实安全生产的组织保证体系，建立健全安全生产责任制。

3）督促施工单位对工人进行安全生产教育及分部、分项工程的安全技术交底。

4）审查施工方案及安全技术措施。

5）检查并督促施工单位按照公路工程施工安全技术规程要求，落实分部、分项工程或各工序、关键部位的安全防护措施。

6）监督检查施工生产的消防、冬季防寒、夏季防暑、文明施工、卫生防疫等工作。

7）不定期地组织安全综合检查，可按《公路工程施工安全技术规程》（JTJ 076—1995）进行评价，提出处理意见并限期整改。

8）发现违章冒险作业的要责令其停止作业，发现隐患的要责令其停工整改。

5.3.3 安全监理的工作内容

1. 施工准备阶段安全监理的主要工作

工程开工前，监理工程师应严格审查承包人的各项安全保证方案，审查重点是：

1）督促业主与承包人签订工程项目安全施工责任书，督促总包单位与分包单位签订工程项目安全施工责任书。

2）审查总包、分包单位的安全生产许可证或专业主管部门颁发的安全生产资质证书。

3）督促承包人建立健全施工现场安保体系。

4）督促施工总承包单位对分包单位的安全生产工作进行统一领导、统一管理，提出明确的全生产制度和管理措施，并认真实施监督检查。

5）审查施工承包单位编制的施工组织设计中的安全技术措施或专项安全施工方案是否符合工程建设强制性标准。审核应包括以下内容：

①安全管理、质量管理和安全保证体系的组织机构，包括项目经理、项目总工、专职安全管理人员、特种作业人员配备的数量，以及安全资格培训持证上岗情况；

②施工安全生产责任制、安全管理规章制度和安全操作规程的制定情况；

③起重机械设备，施工机具、电器设备及其他特种设备等的设置是否符合规范要求，各种保险、限位等安全装置是否齐全有效，并具备相应的生产（制造）许可证、产品合格证明及检定结果；

④施工中采用新技术、新工艺、新设备、新材料的，是否都制定了相应的安全技术措施；

⑤基坑支护、模板、脚手架工程，起重吊装工程和整体提升脚手架拆装等专项方案是否符合法律法规及强制性标准，是否按规定进行论证和办理批准手续；

⑥施工现场临时用电方案的安全用电技术措施和电气防火措施；

⑦施工企业安全事故应急救援预案的制定情况，以及项目针对重点部位和重点环节制定的监控措施和应急预案；

⑧根据施工的不同阶段、环境、季节和气候的变化制定安全措施的情况；

⑨施工总平面图是否合理，办公、宿舍、食堂等临时设施的设置以及施工现场场地、道路、排污、排水、防火措施是否符合有关安全技术标准规范和文明施工的要求；

⑩制定的安全管理目标。

6）督促承包人做好逐级安全技术交底工作和开展经常性的安全教育培训活动。

7）复查承包人的大型施工机械、安全设施验收手续，并签署意见。

2. 施工阶段安全监理的主要工作

安全生产贯穿于工程施工的全过程，安全监理是对施工安全进行过程控制，应以预防为主。在工程施工过程中，监理工程师在巡视、旁站过程中应对施工生产安全情况、承包人安全保证体系运转情况进行检查，监督承包人按照工程建设强制性标准和专项安全施工方案组织施工，制止违规作业。具体应注意以下几个方面：

1）监督承包人按照工程建设强制性标准和经审批的安全施工方案组织施工，制止违规施工作业。

2）在施工阶段实施监理过程中，发现有违规施工，责令其改正；存在安全事故隐患的，应当要求承包人整改并检查整改结果，签署复查意见；情况严重的，应当要求承包人停止施工，并及时报告业主；承包人拒不整改或不停止施工的，应及时向安全监督部门报告。

3）督促承包人做好洞口、临边、高处作业等危险部位的安全防护工作，并设置明确的安全警示标志，督促承包人有效控制现场的废水、扬尘、噪声、振动、坠落物等，建立良好的工作环境；审查承包人使用的建筑起重机械，必须具有建设行政主管部门安全监督机构发放的“建筑起重机械设备备案牌”和法定检测机构发给的“检测合格标志”。

4）督促承包人定期组织施工安全自查工作。

5）在定期召开的工地例会上，评述安全生产管理现状及存在的薄弱环节和问题，并提出意见和建议，把安全作为工地例会的主要内容之一，使预防落到实处。

6）对高危作业，易发生安全事故的危险源和薄弱环节作为安全监控的重点，可采取旁站、巡视和平行检查等形式，加大检查监控力度。

7）对危险性较大的分部、分项工程进行安全巡查检查，每天不少于一次，发现违规和存在安全事故隐患的，及时要求承包人整改，并检查整改结果，签署复查意见；承包人拒不整改或者不停止施工的，现场监理工程师应及时向当地建设行政主管部门报告。分部、分项工程交工验收时，如安全事故的现场处理未完成，不得签发《中间交工证书》。

5.3.4 安全监理的程序与要点

在公路工程施工中，安全监理工作可分为四个阶段，即招标阶段的安全监理、施工准备阶段的安全监理、施工阶段的安全监理、交工验收及缺陷责任期阶段的安全监理。

1. 招标阶段的安全监理

（1）审查施工单位的安全资质 审查的内容包括：营业执照；施工许可证；安全资质证书；安全生产管理机械的设置及安全专业人员的配备等；安全生产责任制及安全工作保证体系；安全生产规章制度；各工种的安全生产操作规程；特种作业人员的管理情况；主要的施工机械、设备等的技术性能及安全条件；交通部门安全监督机构对企业的安全业绩测评情况。

（2）协助拟定安全生产协议书 安全生产协议书有两方面的内容，一是建设单位和施工单位之间的安全协议；另一个是总承包单位和分包单位的安全生产协议。

建设单位和施工单位的安全协议，在招标阶段就要明确双方在施工过程中各自的安全生产责任。

建设单位有责任为施工单位提供施工过程中的安全措施及管理所需要的足够的资金，为保证施工人员在施工生产过程中的安全、健康创造条件。

施工单位的安全生产责任如下：

1）按照公路工程施工安全法规和标准的要求，结合工程特点，编制安全技术措施，遇有特殊作业（如深基础、起重吊装、模板支撑、人工挖孔桩、临时用电等），还要编制单项安全施工组织设计或方案。

2）贯彻落实公路工程施工安全技术规范和标准，实行科学管理和标准化管理，提高安全防护水平，消除安全隐患。

3）建立健全并认真实施安全生产责任制及各项规章制度，做到预防为主，杜绝和减少伤亡事故。

4）对职工进行入场前及施工中的安全教育，并进行分部、分项工程的安全技术交底。

5）施工中必须使用合格且具有各类安全保险装置的机械、设备和设施等。

6）对于发生的伤亡事故要及时报告、认真查处。

总承包人和分包人的安全协议要明确。总承包人要统一管理分包人的安全生产工作，对分包人的安全生产工作进行监督检查，为分包人提供符合安全和卫生要求的机械、设备和设施，制止违章指挥和违章作业。分包人要服从总承包人的领导和管理，遵守总承包人的规章制度和安全操作规程，分包人要对本单位职工的安全、健康负责。

2. 施工准备阶段的安全监理

（1）制定安全监理程序　任何一个工程的工序或一个构件的生产都有相应的工艺流程，如果其中一个工艺流程未进行严格操作，就可能出现工伤事故。因此，安全监理人员在对工程安全进行严格控制时，就要按照工程施工的工艺流程制定出一套相应的科学的安全监理程序，对不同结构的施工工序制定出相应的检测验收方法，只有这样才能达到对安全严格控制的目的。在监理过程中，安全监理人员应对监理项目作详尽的记录并填写表格。

（2）调查可能导致意外伤害事故的其他原因　在施工开始之前，了解现场的环境、人为障碍等因素，以便掌握障碍所在和不利环境的有关资料，及时提出防范措施。这里所指的障碍和不利环境着重是图样中未标示出来的地下结构，如暗管、电缆及其他构造物，或者是建设单位需解决的用地范围内地表以上的电杆、树木、房屋及其他影响安全施工的构造物。掌握这些可能导致工作事故的因素以后，就可以合理地制定监理方案和细则。

（3）掌握新技术、新材料的工艺和标准　施工中采用的新技术、新材料，应有相应的技术标准和使用规范。安全监理人员根据工作需要与可能，可以对新材料、新技术的应用进行必要的了解和调查，以及时发现施工中存在的事故隐患，并发出正确的指令。

（4）审查安全技术措施　要对施工单位编制的安全技术措施和单项工程安全施工组织设计进行审查。施工单位对批准的安全技术措施应立即组织实施，做好财力、物力、人力方面的准备，做到准时、准确、到位。对需要修改的安全技术措施计划，施工单位修改后再报安全监理人员审查，合格后才能实施。施工单位开工时所必需的施工机械、材料和主要人员已到达现场，并处于安全状态，施工现场的安全设施已经到位，方可开工。

（5）审查施工单位的自检系统　虽然安全监理是对施工的全过程进行安全监督和管理，但作为安全监理人员，不可能对每一工程或分项工程的每一部分进行全面监控，只能进行部分抽检。因此工程开工前应尽早督促施工单位进行安全教育，成立施工单位的安全自检系统，要求施工中的每一道工序必须由施工单位按安全监理规定的程序提供自检报告和报表。

施工单位的自检人员对保证安全施工起着重要的作用，因此要求施工单位的自检人员有良好的、全面的安全知识和职业道德。安全监理人员必须在工程实施过程中随时对施工单位自检人员的工作进行抽查，掌握安全情况，检查自检人员的工作质量。

（6）施工单位的安全设施和设备在进入现场前的检验　安全监理人员应详细了解承包单位的安全设施供应情况，避免不符合要求的安全设施进入施工现场后造成工伤事故。在安全设施未进入工地前，可按下列步骤进行监督。

1）施工单位应提供拟使用的安全设施的产地、厂址和出厂合格证书，供安全监理人员审查。

2）安全监理人员可在施工初期，根据需要对这些厂家的生产工艺、设备等进行调查了解。

3）必要时对安全设施取样试验，要求有关单位提供安全设施的有关图样和设计计算书资料、成品的技术性能等技术参数。经审查后，确定该安全设施能否使用。

3. 施工阶段的安全监理

在工程项目施工阶段，安全监理人员要对施工过程的安全生产工作进行全面的监理。

（1）工程项目安全监理的依据

1）设计的施工说明书。

2）本工程委托安全监理合同书。

3）经过审定的施工组织中安全技术措施及单项安全施工组织设计。

4）公路工程施工安全技术规程。

5）企业或项目的安全生产规章制度。

6）安全生产责任制。

7）关于加强施工现场安全生产管理的若干规定。

8）施工现场防火规定。

9）有关安全生产的法令、法规、政策和规定。

（2）工程项目安全监理的职责

1）安全监理与建设单位的关系。在建设项目实施阶段，安全监理受建设单位委托，代表建设单位的利益，按安全监理合同规定的范围，全权处理关于施工中安全的一切事宜。

2）安全监理与施工单位的关系。安全监理与施工单位的关系是监理与被监理的关系，但安全监理与施工单位应本着尊重、协助、督促、检查的精神，基于与施工单位目标一致的共识，协助施工单位完善施工过程中的各项制度，并按规定进行必要的抽查和验证。

（3）安全监理的任务

1）审查各类有关安全生产的文件。

2）审核进入施工现场各分包单位的安全资质和证明文件。

3）审核施工单位提交的施工方案和施工组织设计中的安全技术措施。

4）审核工地的安全组织体系和安全人员的配备。

5）审核新工艺、新技术、新材料、新结构使用的安全技术方案及安全措施。

6）审核施工单位提交的关于工序交接检查，分部、分项工程安全检查的报告。

7）审核并签署现场有关安全技术签证文件。

8）现场监督与检查，包括以下内容：

①日常现场跟踪监理。根据工程进展的情况，安全监理人员对各工序的安全情况进行跟踪监督、现场检查，验证施工人员是否按照安全技术防范措施和按规程操作。

②对主要结构、关键部分的安全状况，除进行日常跟踪检查外，视施工情况，必要时可做抽检和检测工作。

③对每道工序检查后，做好记录并给予确认。

如遇到下列情况，安全监理工程师应及时报告，由监理工程师下达工程暂停令：

1）施工中出现安全异常，经监理人员提出后，施工单位未采取改进措施或改进措施不合乎要求。

2）对已发生的工程事故未进行有效处理仍继续作业。

3）安全措施未经自检而擅自施工。

4）擅自变更设计进行施工。

5）使用没有合格证明的材料或擅自替换、变更工程材料。

6）未经安全资质审查的分包单位的施工人员进行现场施工。

按《建设工程安全生产管理条例》的规定，施工单位拒不整改或者不停止施工的，工程监理单位应当及时向有关主管部门报告。

4. 交工验收及缺陷责任期阶段的安全监理

公路工程项目在交工验收及缺陷责任期阶段，安全监理人员要针对剩余工程和缺陷工程，按《建设工程安全生产管理条例》的规定，对施工现场的安全生产工作进行全面的监理。

5.3.5 建立施工安全监理资料及台账

各级监理机构应建立施工安全监理资料及台账，每次对施工安全检查的情况、发现的问题、监理的指令，以及承包人处理的措施和结果，均应记录在规定表格及台账中。具体记录的内容如下：

1）施工组织设计中的安全技术措施或者专项安全施工方案报审，使用《施工组织设计（方案）报审表》。

2）分包单位资质审查，使用《分包单位资格报审表》。

3）施工机械设备、施工机具报审，使用《主要工程设备选型报审表》。

4）对质量安全隐患下发监理通知单和整改回复单，使用《监理工程师通知单》和《整改复查报审表》。

5）对易发生事故部位的关键环节现场检查记录，使用《旁站监理记录表》。

6）对于安全事故处理，使用《工程质量问题（事故报告单）》和《工程质量问题（事故）处理方案报审表》。

7）情况严重的，要求承包人停工和复工时，使用《工程暂停令》和《复工申请表》。

8）总监理工程师和驻地监理工程师应定期检查和抽查本级施工安全监理台账的记录情况。

9）上一级负责施工安全监理的监理工程师应定期检查和抽查下级监理机构施工安全监理台账的记录情况。

10）监理人员在监理日记中应记录施工现场安全生产和安全监理工作情况，记录发现的安全施工问题和处理措施，总监理工程师应定期审阅。

11）项目监理机构编写监理月报时应增加安全监理的内容，对当月施工现场的安全施工状况和安全监理工作作出评述，报业主和监理单位。

12）提倡使用音像介质记录施工现场安全生产重要情况和施工安全隐患，并摘要载入监理月报。

13）安全监理资料必须真实、完整。

5.4 安全事故典型案例分析

5.4.1 路基工程土方坍塌事故

1. 事故简介

2004 年 4 月 15 日，某省某高速公路工程，在土方施工过程中发生一起挡土墙基槽边坡土方坍塌事故，造成 5 人死亡、2 人受伤。

2. 事故发生经过

2004 年 3 月 2 日，某省某土建工程施工公司给非本单位职工王某等人开具前往建设单位某省某公司联系有关工程事宜的企业介绍信，并提供该单位有关资质证书（营业执照、建筑企业质量信誉等级证、建筑安全资格证等）。由王某等人持上述资料前往该建设单位，联系洽谈有关某高速公路某标段的路基挡土墙工程建设事宜。该土建工程施工公司又于当年 3 月 3 日和 13 日分别给建设单位开出承诺书并提交某高速公路某标段路基挡土墙施工组织设计。经建设单位审查后，确定由该公司承接该标段路基挡土墙开挖和砌筑任务。

2004 年 4 月 5 日，建设单位给施工单位发函，通知其中标并要求施工单位于 2004 年 4 月 6 日进入现场施工。协同承揽工程并担任施工现场负责人的李某未将通知报告土建工程施工公司，擅自在该通知上签名，并于 4 月 5 日以该单位的名义与建设单位草签了合同。4 月 6 日李某再次以土建工程施工公司十一项目部的名义，向建设单位递交了开工报告和路基挡土墙土方开挖砌筑方案。4 月 6 日建设单位回复同意施工方案。4 月 7 日开始开挖，4 月 10 日机械挖土基本完成。4 月 13 日，王某、李某从非法劳务市场私自招募农民工进行清槽作业，4 月 15 日分配其中 8 人在基槽南侧修整边坡，并准备砌筑挡土墙。4 月 15 日 9 时 50 分左右，基槽南侧边坡突然发生坍塌，将在此作业的 7 人埋在土下，在场的其他农民工立即进行抢救工作。10 时 20 分，当救出 2 人时，土方再次坍塌，抢救工作受阻，在闻讯赶来的百余名公安干警的协助下，至 12 时 50 分抢救工作结束，被埋的 5 人全部死亡。

3. 事故原因分析

（1）技术方面　在基槽施工前没有编制基槽支护施工方案，在施工过程中未采取有效的基槽支护措施，是此次事故的直接原因。在施工过程中既未按照规定比例进行放坡，也未采取有效的支护措施。在修理边坡过程中没有按照自上而下的顺序施工，而是在基础下部掏挖，是此次事故的技术原因之一，也是导致此次事故的直接原因。

在土方施工过程中，应在边坡上口设置观测点，对土方边坡的水平位移和垂直度进行定期观测。由于在施工中未对土方边坡进行观测，因此当土方发生位移时，不能及时掌握边坡变化，从而导致事故发生，是此次事故技术原因之一，也是此次事故的主要原因。

（2）管理方面　现场生产指挥和技术负责人不具备相应资格，违法组织施工。该工程现场负责人王某、李某和技术负责人刘某未取得相应执业资格证书，不具备建筑施工专业技术资格，违法组织施工生产活动，违章指挥，导致此次事故发生，是此次事故发生的重要管理原因。

建设单位违反监理工作程序，未经过监理工程师审查，即回复同意施工方案；监理工程师未进行现场检查，未及时发现安全隐患，是此次事故发生的另一个管理原因。

4. 事故结论与教训

这是一起严重的安全生产责任事故。表面上看，此次事故直接原因是由于土方施工过程中没有根据基槽周边的土质制定施工技术方案、进行放坡或者采取有效的基槽支护措施，但实质上无论是建设单位，还是施工单位，或者是监理单位，其中的任何一方如果能够严格履行管理职责，都可以避免此次事故的发生。

建筑施工企业经营管理存在严重缺陷。《中华人民共和国建筑法》第 26 条明确规定："承包建筑工程的单位应当持有依法取得的资质证书，并在其资质等级许可的业务范围内承揽工程……禁止建筑施工企业以任何形式允许其他单位或者个人使用本企业的资质证书、营业执照，以本企业的名义承揽工程。"该施工公司违反《中华人民共和国建筑法》的规定，允许非本单位职工王某等人以单位名义承揽工程，同时，也未对其行使安全生产管理职能。如果该施工公司能够认真落实《中华人民共和国建筑法》，严格执行企业经营管理的规章制度，拒绝提供企业施工资质，就可能终止王某等人的此次违法施工的行为。

建设单位未进行有效的监督。在王某组织施工生产的过程中，无论是在对土方施工工艺，还是对劳动力安排，建设单位、监理单位未能按照有关规范对其进行有效监督。如果建设单位、监理单位对施工单位严格进行审查，对施工过程严格监督管理，就完全可以避免此次事故的发生。

此次事故在施工技术管理方面有明显漏洞。土方坍塌是一个渐变的过程，它是因土质密度较低，在受外力作用下产生切变线，由此土方发生位移导致坍塌。若在施工过程中按照技术规范在土方边坡设置观测点定期观测，将可以预先发现槽壁变形，及早采取措施，避免事故发生。

因此，该工程现场负责人王某等人对此次事故负有直接责任，应当依法追究其刑事责任，建设单位和施工单位也应负行政管理责任。

5. 事故防范措施

1）加强和规范建筑市场的招标投标管理。建设工程的招标投标应该严格依法进行，本着公开、公正、公平的原则，增加建设工程招标投标过程的透明度，这样就可以减少其中的一些违法行为。

2）依法建立健全企业生产经营管理制度，加强企业生产经营管理。通过完善建筑施工企业资质管理等手段，强化企业自我保护意识，维护企业利益，充分保护作业人员的身体健康和生命安全。

3）加强土方施工的技术管理。土方工程应该根据工程特点，依照相关地质资料，经勘察和计算编制施工方案，制定土方边坡的支护措施，并设置土方边坡的观测点，定期进行边坡稳定性的观测、记录和对监测结果进行分析，及时预报，提出建议和措施。

6. 工程建设各方的责任

此次事故反映出在该项建设工程实施过程中存在诸多严重违反规范的行为和管理缺陷。

1）在此项工程招标投标过程中，建设单位对施工单位的施工资质和相关手续没有逐项认真审查，在缺少施工企业法人委托书的情况下，将工程发包，未对工程承包人的执业资格进行严格审查。

2）某施工公司违反《中华人民共和国建筑法》的规定，允许非本单位职工以本单位名义承揽工程，对参与招标投标的过程不闻不问。同时，对其组织施工生产疏于管理，既没有在施工现场设立安全生产管理机构，也没有对承接的工程项目派出专职安全生产管理人员。

3）由于该工程现场负责人王某等人未取得执业资格证书，不具备建筑施工专业技术资格，因此在组织施工生产过程中严重违反了《中华人民共和国建筑法》规定和专业施工技术要求。

4）监理单位应当对施工单位的施工方案进行审查，并按照监理规范监督安全技术措施实施，发现生产安全事故隐患时果断行使监理职责，要求停工整改。在此次事故中，工程监理乏力，没有有效制止施工生产中的不规范、不安全的现象和行为。因此，在此次事故中，工程监理也存在事实不作为。

5.4.2 电气线路架设混乱触电事故

1. 事故简介

2004 年 8 月 12 日，某高速公路某项目部的匝道工程施工中，由于工地的电气线路架设混乱，发生一起触电事故，造成 3 人死亡。

2. 事故发生经过

某高速公路某项目部的匝道由某建筑公司承包。该工程发生事故之前正在进行匝道的混凝土地面施工，匝道总长 90m、宽 7m，匝道地面分为南、北两段施工，南段已施工完毕。2004 年 8 月 11 日晚开始进行北段施工，约到夜间零点，地面作业需用辊筒进行碾压，但施工区域内有一活动操作台（用钢管扣件组装）影响碾压作业进行，于是由 3 名作业人员推开操作台。但由于工地的电气线路架设混乱，再加上夜间施工只采用了局部照明，推动中挂住电线推不动，因光线暗未发现原因，便用钢管撬动操作台，从而将电线绝缘损坏，导致操作台带电，3 人当场触电死亡。

3. 事故原因分析

（1）技术方面

1）按《施工现场临时用电安全技术规范》（JGJ 46—1988）规定，线路应按规定架设，否则会带来触电危险。

2）按照规范夜间作业应设一般照明及局部照明。该匝道全长 90m，现场只安排局部照明，线路敷设不规范的隐患操作人员很难发现。

3）《施工现场临时用电安全技术规范》（JGJ 46—1988）规定，电气安装应同时采用保护接零和漏电保护装置，当发生意外触电时可自动切断电源进行保护。而该工地电气线路架设混乱，导致工人触电后死亡。

（2）管理方面

1）该工地电气线路架设混乱，未按规定编制施工用电组织设计，因此隐患多而发生触电事故。

2）电工缺乏日常检查维修，现场管理人员视而不见，因此隐患未能及时解决。

3）夜间施工既没有电工跟班，也未预先组织对现场环境的检查，未及时发现隐患致夜间施工的工人触电后死亡。

4. 事故结论与教训

（1）事故主要原因　本次事故的原因是，施工现场管理混乱，临时用电工程未按规定编制专项施工方案，现场电气设备安装后未经验收，施工中又无人检查提出整改要求，在线路架设、电源电压等不符合要求的情况下施工，保护接零及漏电保护装置未安装或安装不合格，再加上夜间施工照明面积不够，导致施工人员推操作平台时误挂电线。

（2）事故性质　本次事故属责任事故。施工现场用电违章操作，现场指挥人员违章指挥，管理混乱，隐患未能及时解决。

（3）建设各方责任

1）工程项目负责人不按规定组织编制用电方案，对电工安装电气线路不符合要求又没提出整改意见，夜间施工环境混乱导致发生触电事故，应负违章指挥责任。

2）某建筑公司主要负责人对施工现场不编制施工方案，随意安装电气设备，现场管理失控，应负全面管理不到位的责任。

3）监理单位未严格审查施工用电组织设计、专项施工方案，电气安装后未督促参加验收，应负监督不到位的责任。

5. 事故防范措施

1）应该对企业资质等级进行全面清理。该施工单位对临时用电不编制方案，电气安装错误，保护措施不符合要求，漏电装置失灵，夜间施工条件不具备，触电事故发生后不懂急救知识等表现，都说明该项目经理及电工不懂电气使用规范，上级管理部门来现场也未提出整改要求。

2）主管部门应组织对企业管理人员和作业人员定期培训。当时实行的临时用电规范为1988 年颁发，时至 2004 年已有 16 年之久。该企业仍不了解、不执行临时用电规范，却在承包工程，本身就是管理上的失误。针对企业的实际情况，应采取定期学习法规、规范的方法，提高管理水平和队伍素质。

3）伤亡事故统计表明，建筑企业的五大伤害中触电事故占有较大比例。为加强施工用电管理，原建设部于 1988 年就颁布了行业标准《施工现场临时用电安全技术规范》（JGJ 46—1988），要求各地严格执行。

4）本次事故的施工现场严重违反了《施工现场临时用电安全技术规范》（JGJ 46—1988）的相关规定；现场用电不按要求设置保护接零和漏电保护装置，当有人触电时不能得到保护，作业人员实际上是在无保护措施的条件下施工；夜间生产照明不足，又无电工跟班作业，当临时发生问题时无人解决，给夜间施工带来危险。

5）施工用电是施工安全管理的弱项。现场管理人员多为土建专业，缺乏用电管理知识，而施工用电又属临时设施多被忽视而由电工自己管理。当现场电工素质较低，不懂规范、责任心不强时，会给电气设备安装带来隐患。必须对项目经理进行电气专业知识和相关法规的培训，使其掌握有关电气的基本知识和规定，以加强用电管理。

5.4.3　混凝土搅拌机料斗挤压事故

1. 事故简介

某县级公路工地发生混凝土搅拌机料斗挤压施工人员事故，造成 1 人死亡。

2. 事故发生经过

2004 年 10 月 14 日 15 时 40 分，蔡某操作搅拌机，当料斗提升到距地面 1.4m 时，发现料斗下降困难，经检查系搅拌机提升滚筒上钢丝绳跑出滚筒处，夹在转轴与轴承之间。此时蔡某在搅拌机旁边寻找了一块 150cm × 30cm 的钢模支撑料斗后端中央底部，使料斗提升钢丝绳松动，以便将夹在转轴与轴承间的钢丝绳理出来。蔡某站在料斗后端右侧面用钢模支撑料斗后，料斗钢丝绳松动，而钢模受力后上端从料斗后端底部滑出。由于料斗冲击力大，料斗制动器无法制动，导致料斗突然坠落，蔡某来不及避让，被满载负荷的料斗（约350kg）压在底部，造成颅脑创伤，胸肋骨折断，经医院抢救无效，当日18时许死亡。

受害者系该集团公司第一项目部搅拌机操作工兼机修工，已满62岁，为超退休年龄人员。

3. 事故原因分析

（1）直接原因

1）蔡某在排除机械故障时未能采取安全可靠的措施，未将料斗挂牢。

2）发现机械故障后，蔡某未能及时报告工地负责人调动人员协助排除故障。

（2）间接原因

1）项目部对施工机具维修保养制度执行不严。

2）项目部使用超退休年龄人员。

4. 事故防范措施

1）搅拌机料斗挂钩部分应完好，维修料斗时一定要将料斗挂好。

2）机械进行维修时一定要有辅助人员进行监护。

3）严格执行机修工持证上岗制度，不得使用超龄人员从事机修工作。

4）监理单位在巡视过程中，应检查混凝土搅拌人员是否持证上岗，应当制止超龄人员从事机修工作。

5.4.4 无证操作挖掘机造成死伤事故

1. 事故简介

某二级公路工程由某土建公司承建（总包），其中挖土工程分包给某挖土工程公司施工，由于无证人员驾驶挖掘机，造成1死1伤。

2. 事故发生经过

2003年5月19日约16时30分，挖土工程公司安排胡某进行挖掘机的操作。胡某在没有取得场内机动车驾驶操作证，现场没有专人负责指挥，以及酒后情况下登机操作。在未确认作业区内无行人和障碍物的情况下，胡某进行挖掘机倒行，把正在搬运钢管的水电工、电焊工压倒，造成1死1伤的事故。

3. 事故原因分析

1）胡某没有取得场内机动车驾驶员操作证，现场没有专人负责指挥，在酒后情况下登机操作，这是事故的直接原因。

2）该挖土工程公司作为一个土石方工程施工企业，没有挖掘机的安全技术操作规章制度，在挖土作业中未派专职指挥人员（或现场监护人员）进行现场指挥（监护），又缺乏必要的警示标志，就安排无挖掘机操作证的人员从事机械的操作，这是事故的主要原因。

3）某土建公司是总包单位，虽与分包单位有施工协议，但分包未经有关管理单位鉴证，在工程立体交叉作业中，缺乏统一协调，在安全管理上不严格，在特别狭小的作业场所进行挖土，检查、监督不到位，这是事故发生的重要原因。

4）监理单位对分包监管不严、不到位也是原因之一。

4. 事故教训与防范措施

1）特种工作人员必须持证上岗。

2）工程立体交叉、多支队伍施工，现场项目部应有一个统一指挥、统一协调的安全管理网络，总、分包之间严格按照安全职责，加强现场安全管理。

3）对作业危险区要设立明显的安全警示牌，设有专人监护。

5.4.5 钢模板坠落事故

1. 事故简介

某桥梁工地由具有一级资质的某桥梁公司承建。在桥墩施工中清理钢模板时，发生钢模板坠落事故，造成1人死亡。

2. 事故发生经过

2003年5月19日下午，柏某等3人在工地2号桥墩处清理钢模板。架子工谢某将爬升架爬升受阻的情况向项目工程师蒋某汇报，当时蒋某让其自行拆卸，而谢某并未答应。下午上班后，架子工谢某看到木工王某刚好在该处脚手架上加固模板，因此，谢某就向王某说明这个模板和钢管阻碍爬升。王某就一手抓钢管，一手拿锤子自行拆除这块钢模板。因为钢模板与混凝土之间隔着木板，使钢模板没有水泥浆的粘结力，当王某用锤子打掉回形卡后，钢模板自行脱落。由于拆除时没有采取任何防护措施，因此钢模板从脚手架的空当中掉落。钢模板在下落时，击中了正在该处下方清理钢模板的柏某头部，击破安全帽，造成柏某脑外伤。事故发生后，现场人员当即将柏某急送医院抢救，因抢救无效，柏某于当日15时15分死亡。

3. 事故原因分析

经事故调查组调查分析认为：

1）木工王某未按高处拆模的安全操作规程拆除钢模板是造成这起死亡事故的直接原因。《建筑施工高处作业安全技术规程》（JGJ 80—1991）第2.0.6条规定："施工作业场所，有坠落可能的物体，应一律先行撤除或加以固定。"而木工王某在没有采取安全防护措施的情况下违章拆除钢模板是造成事故的直接原因。

2）现场管理协调不力，安全防护设施不到位。其一，施工员未及时安排有经验的工人清除障碍；其二，在上部有人作业的情况下，下部却安排工人作业，未实行交叉作业的安全防护；其三，未及时设置安全挑网；其四，地面人员作业无安全防护棚。上述四点构成了这起事故的间接原因。

4. 事故教训

这是一起因违章作业，施工现场管理混乱所造成的责任事故。

1）当架子工反映爬升受模板阻碍问题时，施工员应积极采取措施，及时安排清除障碍物。在此以前，在下方应设立安全禁区，派专人监护。

2）悬挑脚手架必须按规定设置水平挑网，架体底部必须严密封闭，高层建筑底部作业人员必须在双层防护棚内进行作业。

3）施工作业人员必须服从施工管理干部指挥，既不得自作主张随意作业，也不得未经管理干部同意指挥他人作业。

4）施工过程是多工种配合过程，因此各工种必须按施工组织设计或施工方案的要求严格执行施工工艺，精心施工，严防本工种作业不当引发他人发生事故。

5）监理单位对施工组织设计和施工方案审查不够细致。

5. 事故防范措施

桥梁施工现场的特点是高空作业多、作业人员分散。在一个建筑群体中，每一位操作工人都必须有较强的安全施工意识，做到自己不伤害自己，自己不伤害他人，自己不被他人伤害，才能避免和减少事故的发生，因此必须做到：

1）安全生产教育天天讲，使施工现场的每一位管理人员、每一个工人都能保持警觉，自觉遵章守纪，抵制和防止违章作业、违章指挥。

2）安全生产检查天天查，通过天天查，就能够及时发现和消除事故隐患，确保安全施工。

5.4.6 开山爆破事故

1. 事故简介

某县级公路某工程段在实施爆破作业时，造成2人死亡，多人重伤。

2. 事故发生经过

某县要修一条县级公路，郭某通过关系承包了其中一段（10km）。随后，郭某将其转包给张某，张某又将其分为三段，分别承包给于某、范某和林某。林某承包的路段由于开山架桥的地方较多，因此雇用了较多的施工人员。为了尽量减少开支，林某明知刘某之子刘甲、刘乙、刘丙无爆破员作业证书，仍以一定的报酬雇用，并要求刘甲既要完成其自己的爆破任务，还要管理好其两个弟弟的爆破作业和负责爆破现场的安全管理。为此，林某每天多给刘甲20元。由于刘甲等人均是当地农民，根本不了解爆破安全操作规程，在爆破过程中仅仅根据常识进行判断。同时，林某也没有制定或要求刘甲制定安全措施。因此，爆破施工中，经常发生一些小事故。但林某不以为然，直至在一次爆破作业中，刘甲因操作失误，造成2人死亡，多人重伤。

3. 事故原因分析

1）根据《中华人民共和国安全生产法》第35条规定，生产经营单位进行爆破、吊装等危险作业，应当安排专门人员进行现场安全管理，确保操作规程的遵守和安全措施的落实。本案中，正是由于施工者没有加强作业现场的安全管理，作业人员不具备相关操作资格、违章作业，结果造成人员死亡事故。实践表明，发生爆破事故大多是因为没有遵守操作规程和落实安全措施。血的教训要求我们在进行危险作业时必须确保操作规程的遵守和安全措施的落实。

2）此案中，林某应当设专人负责爆破现场的安全管理工作，但其为了减少开支，没有派专人负责安全管理，而是让刘甲兼任安全管理员。

3）《中华人民共和国安全生产法》还要求爆破现场必须采取必要的安全措施，确保爆破人员遵守操作规程。但是林某既没有做到这一点，也无视多次事故的发生，没有及时采取相应安全措施消除重大的生产安全事故隐患。

4）林某还违反了《中华人民共和国安全生产法》第41条关于工程承包的规定。根据此规定，生产经营单位不得将生产经营项目、场所、设备发包或出租给不具备安全生产条件或相应资质的单位或个人。

4. 事故责任性质

这是一起由于作业人员缺乏安全作业资格和违章作业等原因引起的生产安全事故，事故属于责任事故。

5. 事故主要责任者及处罚原则

1）《中华人民共和国安全生产法》第 86 条规定，生产经营单位将生产经营项目、场所、设备发包或出租给不具备安全生产条件或相应资质的单位或个人，导致发生生产安全事故给他人造成损失的，与承包方、承租方承担连带赔偿责任。首先，刘甲作为直接作业人员，不具备操作资格，施工失误造成事故，应承担事故的直接责任；郭某是工程第一承包人，将其工程转包给张某，张某分段组织实施，两者负有承包组织施工的施工管理责任；同时，林某与刘氏兄弟也应当承担相应连带责任。

2）监理单位对分包给不具备安全生产条件或相应资质的单位或个人审查不严。

5.4.7 脚手架拆除事故

1. 事故简介

某桥梁工地 1 号桥墩，在拆除脚手架时，发生一起高处坠落死亡事故。

2. 事故发生经过

2002 年 4 月 7 日 14 时 04 分左右，总包单位的架子工张某、黎某、詹某、张某四人执行脚手架拆除任务。当 k_4 处的脚手架拆除基本结束，张某从 $k_4 \sim k_5$ 之间的次梁经 25 号双拼斜撑向 k_5 方向转移，拟拆除 k_5 处的脚手架，在距 k_5 处尚有 1m 多远时，不慎从斜撑上坠落（高程 67m）。张某被急送医院，抢救无效死亡。

3. 事故原因分析

1）作业人员在拆除脚手架时，虽然系了安全带，戴了安全帽，穿了防滑鞋，但在转移行走时，安全带无处可挂，从次梁走过，失足坠落，是造成这次事故的直接原因。

2）在拆除墩顶 67m 高处脚手架时，未采取任何防范措施，是造成这次事故的主要原因。

3）总包单位对分包单位施工现场安全管理不严、监督不力也是造成事故的原因之一。

4. 事故教训

总包单位对分包单位审查不严，对分包单位的施工现场的安全管理不力，监督、检查不够，放任自流，是造成该事故的重要原因。分包单位在安全措施不力的情况下蛮干、违章作业是造成事故的主要原因。这次事故的教训是深刻的，是一起严重的由于防护措施不力、违章操作造成的恶性事故。要以这次事故为教训，加强安全常识教育，加强总包对分包的管理与协调，对特殊工程施工的安全措施要全面细致地制定和落实，真正把安全工作放在首位，科学组织，严密施工，确保安全无事故。

监理单位对分包单位安全措施审查不到位。

5. 事故防范措施

1）总包单位应切实对分包单位安全生产负责，要召集所属各工地和各外包队伍负责人会议，举一反三，吸取事故教训，并重新对所有外包队伍的安全资格进行一次认真的审查。

2）对所属施工范围进行一次认真的安全、文明施工检查。

3）严格执行施工安全措施的要求，在桥墩下方架设安全网，以杜绝事故的重复发生。

4）总包单位要加强管理力度，认真审查和完善分包单位的各种有关手续，严格执行建筑市场的有关规定。

5.5 安全监理工作相关问题

1. 安全监理工作的重点

安全监理要始终关注承包商的安全生产保证体系，并作为安全监理工作的重点，此项工作从承包商进场就要抓起，贯穿施工全过程，这是安全监理最根本的控制途径。

预防群死群伤事故的主要途径是控制施工方案、安全专项施工方案、应急预案和大型施工设备的安全准入。预防个体伤害事故的主要途径是控制违章指挥和违章作业。

安全监理工作范围广，工作量大，监理机构在开展安全监理工作时，应根据不同程度的安全风险，抓住重大危险源和不利环境因素实施控制。

2. 安全管理应警钟长鸣

从事安全管理工作，必须警钟长鸣，以下文章摘自2005年2月的《报刊文摘》：

有一种安全是虚假的

二战结束后，英国皇家空军统计在战争中失事的战斗机和牺牲的飞行员，以及飞机失事的原因和地点。其结果令人震惊，夺走生命最多的不是敌人猛烈的炮火，也不是大自然的狂风暴雨，而是飞行员的操作失误。

更令人们不解的是，事故发生最频繁的时段，不是在激烈的交火中，也不是在紧急撤退时，而是在战斗机完成任务，凯旋归来，即将着陆的几分钟里。

但是心理学家对这个结果丝毫不惊讶，他们说这是典型的心理现象。在高度紧张过后，一旦外界刺激消失，人类心理会产生“几乎不可抑制的放松倾向”。飞行员在敌人的枪林弹雨里精神高度集中，虽然外界环境恶劣，但由于大脑正处于极度兴奋中，反而不容易出纰漏。

在返航途中飞行员精神越来越放松，当他终于看到熟悉的基地，自己的飞机离跑道越来越近时，他顿时有了安全感。然而恰恰是这一瞬间的放松，酿成大祸。因此人们管这种状态为“虚假安全”。

在人生的路上，也有很多“虚假安全”。当成功近在咫尺的时候，千万别放松警惕。

记住，没有取得的成功，不是你的成功。

例如，中国某跨海大桥于2005年5月25日主体结构合龙，2005年5月26日及28日各发生1起伤亡事故。这在该大桥工程施工高峰期和施工最危险时期也未曾有过，有人认为是由于全桥主体结构完成，人的思想出现麻痹而放松警惕，最终酿成事故，因此安全管理必须警钟长鸣！

3. 关于安全监理是否进行旁站的问题

对于对危险性较大的分项、分部工程施工作业，是否进行旁站安全监理，在国家颁布的《建设工程安全生产管理条例》、住建部发布的有关文件、原交通部颁布的《公路水运工程安全生产监督管理办法》（交通部令2007年第1号），以及《公路工程施工监理规范》（JTG G10—2006）等，均没有提出明确要求。因此，监理机构不需要开展安全方面的旁站监理工作，但应加强巡视。

值得注意的是，监理机构在开展安全监理工作时，还应当按照当地政府部门的有关规定和施工监理合同组成文件的要求，决定是否实施旁站监理。例如，上海市城乡建设和交通委员会有明确要求，对危险性较大的分项、分部工程施工作业，安全监理应当旁站。

4. 关于安全监理工作如何才算做到位的问题

自2004年2月1日起施行的《建设工程安全生产管理条例》明确规定了监理单位的安全责任后，在工程监理行业引起了不小的震动，其中之一是安全监理工作如何才算做到位的问题。编者认为，建设部（现住建部）新闻发言人答记者问的一篇报道，可以供安全监理人员参考：

建设部新闻发言人就《关于落实建设工程安全生产监理责任的若干意见》有关问题答记者问

(2006-11-24)

近日，建设部印发了《关于落实建设工程安全生产监理责任的若干意见》（建市［2006］248号，以下简称《若干意见》）。为帮助公众更好地理解《若干意见》的内容和精神，建设部新闻发言人接受了记者的采访。

记者：为什么要制定《若干意见》？

新闻发言人：建设工程安全生产关系到人民群众生命和财产安全，是人民群众的根本利益所在，直接关系到社会稳定大局。造成建设工程安全事故的原因是多方面的，建设单位、施工单位、设计单位和监理单位等都是工程建设的责任主体，但对于监理单位要不要对安全生产承担责任，在什么样的情况下承担责任，一直存在着争议。《建设工程安全生产管理条例》（以下简称《条例》）已经把安全纳入了监理的范围，将工程监理单位在建设工程安全生产活动中所要承担的安全责任法制化，那么监理单位就必须贯彻执行，切实履行《条例》规定的职责。由于《条例》只是对监理企业在安全生产中的职责和法律责任作了原则上的规定，《条例》实施后，一方面，工程监理单位和监理人员感到缺少可操作的具体规定；另一方面，政府有关部门在处理安全生产事故时，对《条例》理解和掌握的尺度不尽相同，致使一些地方把监理单位和人员的安全责任无限扩大，所有的安全生产事故，主管部门都要处罚监理单位和监理人员。为此，建设部组织制定了《若干意见》。

记者：制定《若干意见》的总体思路是什么？

新闻发言人：制定《若干意见》的总体思路主要把握了以下三点：一是以《条例》为依据，将安全监理的工作内容具体化，明确相应的工作程序；二是要将监理单位和监理人员承担的安全生产监理责任界定清楚；三是指导监理单位建立相应的管理制度，落实好安全生产监理责任。

记者：监理单位应该如何实施建设工程安全监理工作？

新闻发言人：工程监理单位实施建设工程安全监理工作概括为四个方面：

一是要制定监理规划和实施细则，二是审查全面，三是检查督促到位，四是正确行使停工指令，并及时报告。

《若干意见》要求监理单位，要按照有关要求，编制包括安全监理内容的项目监理规划，明确安全监理的范围、内容、工作程序和制度措施，以及人员配备计划和职责等；对危险性较大的分部分项工程，监理单位还应当编制监理实施细则。

《若干意见》要求监理单位在施工准备阶段主要做好五个方面的审查、审核工作。一是审查施工单位编制的施工组织设计中的安全技术措施和危险性较大的分部分项工程安全专项施工方案是否符合工程建设强制性标准要求；二是审查施工单位资质和安全生产许可证是否合法有效；三是审查施工单位项目经理和专职安全生产管理人员是否具备合法资格，是否与投标文件相一致；四是审核施工单位的特种作业人员的特种作业操作资格证书是否合法有效；五是审核施工单位应急救援预案和安全防护措施费用使用计划。

《若干意见》要求监理单位在施工准备阶段和施工阶段，主要做好六个方面的检查督促工作。一是要检查施工单位在工程项目上的安全生产规章制度和安全监管机构的建立、健全及专职安全生产管理人员配备情况，督促施工单位检查各分包单位的安全生产规章制度的建立情况；二是定期巡视检查施工过程中的危险性较大工程的作业情况；三是核查施工现场施工起重机械、整体提升脚手架、模板等自升式架设设施和安全设施的验收手续；四是检查施工现场各种安全标志和安全防护措施是否符合强制性标准要求，并检查安全生产费用的使用情况；五是监督施工单位按照施工组织设计中的安全技术措施和专项施工方案组织施工，及时制止违规施工作业；六是督促施工单位进行安全自查工作，并对施工单位自查情况进行抽查。

《若干意见》要求监理单位应对施工现场安全生产情况进行巡视检查，发现存在安全事故隐患，应书面通知施工单位，并督促其立即整改；情况严重的，监理单位应及时下达工程暂停令，要求施工单位停工整改，并同时报告建设单位。施工单位拒不整改或不停工整改的，监理单位应当及时向工程所在地建设主管部门或工程项目的行业主管部门报告。

记者：如何界定监理单位的安全生产监理责任?

新闻发言人：《条例》第五十七条对监理单位在安全生产中的违法行为的法律责任做了相应的规定。《若干意见》严格依据《条例》的规定，对安全生产监理责任做了详细阐释。为指导监理单位履行好规定的职责，《若干意见》要求监理单位该审查的一定要审查，该检查的一定要检查，该停工的一定要停工，该报告的一定要报告。《若干意见》也明确，监理单位履行了规定的职责，施工单位未执行监理指令继续施工或发生安全事故的，应依法追究监理单位以外的其他相关单位和人员的法律责任。也就是说，监理单位履行了《条例》规定的职责，若再发生安全生产事故，要依法追究其他单位的责任，而不再追究监理企业的法律责任。这样，政府主管部门在处理建设工程安全生产事故时，对监理单位，主要是看其是否履行了《条例》规定的职责。

记者：施工单位拒绝按照监理单位的要求进行整改或者停止施工的，监理单位应向哪个部门报告，报告的形式有哪些?

新闻发言人：当施工单位拒绝按照监理单位的要求进行整改或者停止施工的，监理单位应及时将情况向当地建设主管部门或工程项目的行业主管部门报告。报告有信函、传真和电话等形式，其中以电话形式报告的，应当有通话记录，并及时补充书面报告。

记者：落实安全生产监理责任主要采取了哪些措施?

新闻发言人：为落实好安全生产监理责任，《若干意见》要求监理单位一要健全监理单位安全监理责任制，二要完善监理单位安全生产管理制度，三要建立监理人员安全生产教育培训制度。通过落实责任制，建立完善制度，促使监理单位做好安全监理工作。

5. 环境保护、文明施工监理与安全监理的关系

我国在建设项目环境保护管理工作中，相对比较重视工程前期的环境影响评价工作和工程的竣工环境保护验收工作，而对工程施工期所带来的生态环境、水土流失、景观影响及环境污染等问题，管理上相对薄弱。为了有效地控制工程施工阶段的生态环境影响和环境污染，从20世纪90年代起，我国相继在一些国家重点工程中开展了施工期工程环境监理试点工作，如2002年动工的上海国际航运中心洋山深水港一期工程就曾委托社会企业开展专门的环境监理工作。

文明施工是相对于野蛮施工、混乱施工而言的。文明施工的特征是按照设计要求及施工技术规范，严密组织施工，并做到施工现场场地清洁，井然有序，没有随地乱扔的废旧材料及工具；工人的调度安排随工程需要而定，没有因窝工而到处闲逛或长时间聚坐闲谈的情况；施工中的废水、废渣不随处乱排乱放。

文明施工监理工作属于安全监理工作的一部分，而环境监理工作具有较强的专业性，非一般工程监理单位可以胜任，业主应专门委托专业单位进行监理。二者也存在着联系，当业主在委托环境监理时应注意分清环境监理与工程监理两者的工作内容，使之不发生重叠。

监理机构在履行安全监理工作过程中，可能会碰到业主或政府安监部门认为专业性强的

环境监理工作是安全监理工作的一部分的情况。编者认为，要开展真正的环境监理工作，需要专门的人才和仪器设备，目前国内工程监理单位难以胜任，显然，这已超出监理机构工作的范围。

6. 关于罚款制度的问题

随着国民经济水平的提高，国家更关注安全生产，我国大型公共建筑工程的业主也更加重视施工安全。在国内出现了业主制定安全生产奖罚条款的现象，这种现象还比较普遍。有的业主将安全生产奖罚条款写入施工合同，有的业主在工程招标投标完成后，单方面制定对承包商的安全奖罚规定，当发生安全险情或安全事故时，业主则按照制定的罚款条件对承包商进行处罚。编者认为，业主这种管理安全的心情是可以理解的，但方式是不妥的。

监理机构不应当参与罚款活动。实际上，监理机构对施工现场出现的安全隐患或安全事故，不是缺少手段，而往往是未充分或未及时利用监理的手段。例如，对重大安全隐患或安全事故的处理，该下达监理工程师通知的，未下达监理工程师通知，该下达停工令的，未下达停工令，或未向业主或建设行政主管部门报告等。

7. 安全监理工作任重而道远

国家应逐步提升和创造开展安全管理工作的环境。在逐步提高全社会经济水平的基础上，首先是进行安全文化建设，逐步提高人们的安全意识和观念；其次是进行安全行为文化建设，通过走安全技术培训的路子，逐步提高人们的安全技术素质；再次是进行安全制度建设，制定和完善安全法律法规和从严执法；最后是进行物态文化建设，搞安全生产离不开资金投入，安全生产费用要确保。有理由相信，随着国民经济水平的提高，国家不断重视安全生产和逐步形成开展安全管理的良好环境，必将逐步地减小安全伤亡事故的发生率，直至实现单项工程安全生产“零事故”的目标。

从事安全监理在当前还面临一些困难。一是人力资源尚不适于开展安全监理工作需要，由于安全监理制度才刚刚起步，各监理单位需要配备适量的高素质安全监理人才，这有一段较长的路要走，目前人力资源不足。二是安全监理工作范围太宽，监理机构在安全监理人数配置上也面临困难，如按照监理机构总人数的10%配置安全监理人员，一个总人数10名的监理机构，仅有1名安全监理；从安全监理工作的角度来看，既要懂监理业务知识，还要懂法律法规，各种技术规范中的强制性条文，机械、用电、安全管理、文明施工、环境保护等专业知识，甚至还要旁站，这实际上很难做到；而配置多名安全监理人员势必将增加监理成本，也就是增加业主的费用。三是承包商的专职安全管理人员的素质、地位和待遇也有待提高，施工安全管理主要依靠他们进行，安全监理并不能代替承包商的安全管理工作。四是安全监理责任大，工作压力大，难以吸引优秀的专门人才从事安全监理工作。因此，安全监理工作任重而道远！

本 章 小 结

安全监理是工程建设监理工作的重要组成部分，是对公路工程施工过程中安全生产状况所实施的监督管理。为了搞好安全监理工作，必须了解施工安全的意义与现状，明确安全监理所包括的职责与责任、内容、任务、程序，建立施工安全监理资料及台账。

复习思考题

1. 施工安全监理的职责是什么？
2. 安全监理的法律责任是什么？
3. 安全施工的内容有哪些？
4. 安全监理的任务是什么？
5. 安全监理的工作内容有哪些？
6. 施工准备阶段的安全监理程序与要点是什么？
7. 施工阶段的安全监理程序与要点是什么？
8. 施工安全监理资料及台账的具体内容是什么？

单元六　公路工程施工环境保护监理

任务要求

1. 掌握现行的环保法律体系、基本原则及其监理依据和监理环节。
2. 分析公路施工中对环境造成的影响，能对环境影响采取防治措施。
3. 掌握公路建设项目的环境影响评价、水土保持方案编制和竣工环境保护验收。
4. 分析公路施工环保监理的任务，明确各施工阶段的工作内容。
5. 分析公路环保及景观设计理念和设计技术。

案例引入

优美的环境是工程建设的追求。宁常高速公路滆湖服务区，采用了英国伦敦桥的建筑风格，跨线路建在伸入湖中的人工半岛上，既节省了土地，又改善了高速公路的景观效果，“以人为本、节约资源”的理念得到了很好的体现。此工程取得如此好的效果，得益于工程施工中实施的环境保护监理。那么如何才能做好施工阶段的环境保护监理呢？

6.1　公路工程施工环境保护概述

环境保护是我国的基本国策。在社会主义经济建设过程中，为了正确处理环境保护与经济发展的关系，坚持环境保护与经济发展相协调，国家制定了“经济建设、城乡建设、环境建设同步规划、同步实施、同步发展，实现经济效益、社会效益、环境效益统一”的指导方针，相继颁布了《中华人民共和国环境保护法》等有关环境保护的专门法律，发布了20多项环保法规和360项环保标准。就公路工程环保而言，体现的是公路建设与环境保护并举的原则，国家同时提出“保护优先，防护为主，防治结合”的方针，为公路工程建设过程中的环境问题的解决指明了方向。

6.1.1　公路工程环境保护

交通运输部历来十分重视环境保护工作。从1973年第一次全国环境保护工作会议开始，原交通部就成立了以分管部长任主任、部内有关司局领导参加的环境保护委员会。30多年来，交通环保从以“三废”治理为主，逐步在港口、船舶、公路建设和运营中进行全面的环保管理，到现在已基本形成了较为完善的机构体系、法规标准体系、环境监测和环保科研体系等。

经过30年的努力，交通运输部逐步形成和完善了较为系统的环境管理、污染防治、科研监测、信息教育法规标准体系。在国家有关环保法律、标准的基础上，交通运输部先后制定了《交通行业环境保护管理规定》、《交通建设项目环境保护管理办法》、《交通部环境监测工作条例》、《公路建设项目环境影响评价规范》（JTG B03—2006）、《公路环境保护设计规范》（JTG B04—2010）等。在交通运输部颁发的公路工程技术标准规范中，有《公路工程技术标准》（JTG B01—2003）、《公路路基设计规范》（JTG D30—2004）、《公路路基施工技术规范》（JTG F10—2006）、《公路隧道设计规范》（JTG D70—2004）、《公路路线设计规范》（JTG D20—2006）、《公路工程国内招标文件范本》等十多项标准规范都编制专门条款，规定环境保护的工作内容。

多年来，公路环保事业与时代同步，环境保护队伍从无到有，从弱到强，逐步发展壮大，交通环保工作从点到面，逐步展开。随着国家进入全面建设小康社会时期，交通行业迎来了一个高速发展的时期。公路行业环境保护工作在30多年经验的基础上，取得了长足的进步，公路环保与国家经济、交通事业共同发展，走出了一条具有行业特色的交通环保之路，取得了可喜的成就。

6.1.2 公路工程环境保护监理及监理依据

自20世纪80年代起，按照国家有关环境保护的规定，在公路建设项目的可行性研究阶段执行环境影响评价制度。通过环境影响评价，对项目存在的环境影响问题进行分析、预测，并针对不利环境的影响提出防治措施，要求项目在规划设计阶段和建成运营阶段严格落实执行。涉及亚洲开发银行和世界银行贷款的项目对环境保护问题尤为重视，要求在环境影响评价报告的基础上编制环境保护行动计划，以指导项目的整个实施过程。因此，在公路施工过程中实行环境保护，是对项目全过程环境保护管理不可缺少的重要环节，也完全符合国家关于环境保护必须与工程主体“同时设计、同时实施、同时交付使用”的“三同时”原则。

公路工程环境保护监理的依据如下：

1）项目的环境影响评价报告书。

2）项目的环境行动计划（贷款项目均有此文件）。

3）国家有关资源环境保护法规。

4）国家有关文物保护法规。

5）国家有关环境质量法规。

6）地方有关环境质量法规。

6.1.3 公路工程环境保护监理工作

公路工程施工期环境保护监理工作，实质上就是施工活动过程中的对环保的管理工作，其必须与整个施工组织管理紧密结合，要以法制观念强化工程管理人员的环保意识，使环保管理工作制度化、合理化、规范化和标准化。环保监理工作有以下几个主要环节：

1. 施工期环境保护措施报告表的报批

此报告表要求由承包人编制，并随总体施工组织设计、各单项工程开工申请表同时提交。

报告表编制时，要求承包人依据国家各项有关环境保护法规、政策，环境影响评价报告书或环境行动计划，提出环保措施，针对施工活动的具体内容，提交承包人在施工组织管理过程中的环保承诺。报告表由监理工程师审核，随总体施工组织设计或各单项工程开工报告一同批准实施。

2. 施工期环境保护措施实施监理

监理工程师应定期或不定期地对施工现场进行环保措施实施情况的核查。检查承包商在环保措施报告中承诺的各项环保措施是否得到落实和执行。该检查结果应有文字记录备案，作为工程竣工验收的考核内容。

3. 施工现场环境监测

监理人员应对施工现场进行定期（或不定期）的环境监测，并及时将监测结果通报承包商和驻地监理工程师，以便双方能够掌握施工现场环境质量动态情况，及时调整环保监控力度。同时，环境监测结果也是施工现场执行环保措施的客观评价。环境监测方法按环境保护部有关环境监测分析方法的规定执行。

6.1.4 监理工作制度

公路工程施工环境保护监理工作制度具体内容如下：

1. 例会制度

建立施工环境保护监理例会制度，定期召开环保会议。在例会期间，施工单位对近一段时间的环境保护工作进行回顾性总结；监理工程师对该工程的环境保护工作进行全面评议，肯定工作中的成绩，提出存在的问题及整改要求。每次会议都应形成会议纪要。

2. 报告制度

监理单位在定期编写的月报或年报中，应包括环保监理工作情况，主要内容有：当前阶段环保工作的重点和取得的成果、现存的主要问题、解决的方案、随后的工作计划等。

3. 函件来往制度

监理工程师在现场检查过程中若发现环境保护问题，应通过书面监理通知单形式，通知施工单位采取纠正或处理措施。情况紧急需口头通知时，之后必须以书面函件形式予以确认。同样，施工单位对环境问题处理结果的答复及其他方面的问题，也应致函监理工程师。

4. 人员培训制度

监理工程师必须通过培训，持证上岗，并协助建设单位组织工程施工人员进行环境保护培训。

5. 工作记录制度

施工环境保护监理记录是信息汇总的重要渠道，是监理工程师作出决定的重要基础资料。其内容主要有：会议记录、监理日志、环保监理月报、气象及灾害记录、质量记录、交工与竣工文件等。

6.2 公路工程施工环境保护基础知识

6.2.1 公路施工对环境的影响及防治措施

1. 公路施工对生态环境的影响及防治措施

（1）公路施工对生态环境的影响

1）道路的分割效应。对生物，尤其是对地面的动物来说，公路的建设导致自然生态环境的人为分割，使生态环境岛屿化，不利于生物多样性的保护。为避免生态环境岛屿化造成的生物多样性受损，许多自然保护区需要建立与其他自然保护区域、自然地域的通道，这就是经常所说的“生物走廊”。

2）对水文的影响。公路建设会改变地表径流的固有态势，从而造成冲、淤、涝、渍等局部影响。

3）对土地利用的影响。公路建设对土地利用的影响较为显著，将改变沿线被征用土地的利用现状，其中对耕地的占用较为突出。

4）对生态敏感地区的影响。交通运输线路长，会穿越各种生态系统，其中不可避免地会涉及一些特殊、敏感的生态功能区，如湿地、荒地、自然保护区、天然森林、森林公园、水源保护区、风景名胜区、特殊地质地貌区，以及生态脆弱区、自然灾害多发区等。

（2）防治措施

1）充分考虑公路环保措施，严格控制公路占地面积和临时用地规模，减少对耕地和植被的破坏；避开环境敏感性区域，如学校、工厂、医院、名胜古迹、自然保护区、食品基地和军事设施等。

2）重视水土资源，减少水土流失。工程设计应充分考虑水土流失预防措施，一是注意填挖平衡，减少土石方量，减少借土弃土；二是做好边坡防护设计工作，确保边坡稳定，以减少将来使用过程中的不良病害发生，并应根据地质情况多采用种草植树的绿化护坡方法；三是做好沿线排水设计；四是合理取土，规范弃土，保护耕地，少占良田，应尽量在荒地或低产耕地集中取土，取土后对取土坑进行后期利用；弃方应集中堆放，不占农田，堆放后应上覆表土，播种绿化。

3）注意保持原有的灌溉系统和自然水网体系。桥梁布置尽量避免影响河流水文、水流特征，做到顺应地形和原水体流向；避免改移或堵塞大型河沟；对小型排灌系统如有破坏，应予以恢复或加以调整，合理设置小桥涵位置，必要时对原有排灌体系进行优化合并或改移；做好项目自身的排水系统，增加必要构造设施，以防止路基、路面排水对农田水利的冲击。

4）做好公路沿线景观设计工作，首先路线要尽量与地形地貌相吻合，减少土石方量，减少对自然景观的破坏，避开受保护的景观空间；其次要加强道路沿线绿化，以补充和改善沿线景观，如边坡尽量采用种草植树的护坡方式。

2. 公路施工噪声、振动的影响及防治措施

（1）公路施工噪声、振动的影响　在公路施工期间，各种作业机械和运动车辆产生施工噪声，对环境产生一定影响。由于施工机械不单是噪声源，同时也是振动源。大多数施工机械5m处的声级在80～90dB之间，运输车辆7.5m处的声级在80～86dB之间。表6-1为主要施工机械不同距离处的噪声级。当多台不同机械同时作业时，声级将叠加。

表6-1　主要施工机械不同距离处的噪声级　　（单位：dB）

距离/m 机械名称	5	10	20	40	60	80	100	150	200	300
装载机	90	84	78	72	69	66	64	61	58	55
振动式压路机	86	81	74	68	65	62	60	57	54	51

（续）

机械名称 \ 距离/m	5	10	20	40	60	80	100	150	200	300
推土机	86	80	74	68	65	62	60	57	54	51
平地机	90	84	78	72	69	66	64	61	58	55
挖掘机	84	78	72	66	63	60	58	55	52	49
摊铺机	87	81	75	69	66	63	61	58	55	52
拌和机	87	81	75	69	67	63	61	58	55	52

除了打桩和爆破作业外，其他施工阶段的一般施工噪声的达标距离，在昼间约需60m，而在夜间则需200m，甚至更远。因此，在施工期间，这些施工机械产生的噪声对公路两侧一定范围内的居民会产生一定的影响，有的甚至影响居民的正常生活。

（2）防治措施

1）合理选址。施工人员生活区、大型施工场地，以及水泥混凝土拌和场、沥青混凝土拌和场、碎石厂选址时，应尽可能远离学校、医院、幼儿园、敬老院和居民集中区等环境敏感点，距离最好在200m以上。如果达不到此要求，可对强噪声源采取消声、隔声和减振等措施。

2）选用低噪声、低振动的施工工艺。

3）加强施工机械、运输车辆的保养和维修。

3. 公路施工废水的影响及防治措施

（1）公路施工废水对环境的影响　公路施工过程中对水环境的影响主要来自施工作业中的生产废水和施工人员生活污水两方面。施工作业的生产废水主要指工程中各大、中、小桥梁建设过程中钻孔桩污水和施工机械所产生的含油污水等。

1）桥梁施工的影响。桥梁施工中对水体的影响主要是桥桩建设时采用钻孔灌注桩，其对河道水体的影响主要是钻孔扰动河水，使底泥浮起，局部悬浮物（SS）增加，河水变得较为混浊。

2）施工物料流失的影响。公路建设由于建筑材料堆放、管理不当，特别是易流失的砂、土方等露天堆放，遇暴雨时将可能被冲进水体。建材在运输过程中的散落，也会随雨水进入附近的水体；而施工中水泥拌和后没有及时使用造成的废弃等，也会随雨水进入附近的水体。

3）机修和洗车废水的影响。公路建设中的汽车维修站及施工设备维修站的污水，常含有泥沙和油类物质，若不经过处理直接排入周围水体，必将造成水域的油类污染。

4）施工人员生活污水的影响。公路施工时，施工人员集中生活，在特大桥、大桥、互通等大型施工场地，施工人员可达数百人。如果施工营地生活污水直接排放，对附近河道会产生一定的污染。

（2）防治措施

1）实施清洁生产，减少废水量。

2）开展科学研究，采用先进技术。

3）开展环保宣传，提高环保意识。

4）从全局出发，对废水进行妥善处理。

4. 公路施工对空气环境的影响及防治措施

（1）公路施工对空气环境的影响　公路施工阶段，对空气环境的污染主要来自施工扬尘、施工车辆尾气及路面铺浇沥青的烟气。

1）施工扬尘对环境的影响。其包括：车辆行驶扬尘，堆场扬尘，拌和扬尘。

2）沥青烟气对环境的影响。沥青混凝土路面施工阶段的空气污染除扬尘外，沥青烟气是主要污染源，会对附近的居民产生一定的影响。

（2）防治措施

1）运输扬尘的防治。运输道路应定时洒水，每天至少两次（上、下班）；粉状材料应罐装或袋装，粉煤灰应湿装湿运。土、水泥、石灰等材料运输时禁止超载，并应盖篷布，如有撒落，应派人立即清除。

2）沥青混凝土拌和。沥青混凝土集中拌和，合理安排沥青混凝土拌和场；沥青混凝土拌和场不得选在环境敏感点上风向，与其距离应在300m以上。

3）灰土拌和。合理安排拌和场并集中拌和，尽量减少拌和场；灰土拌和场不得选在环境敏感点上风向，与其距离应在200m以上。

4）水泥混凝土拌和。水泥混凝土集中拌和，封闭装罐运输；水泥混凝土拌和场不得选在环境敏感点上风向，与其距离应在300m以上。

5. 公路建设对社会环境的影响及防治措施

（1）公路建设对社会环境的影响

1）对社会经济的影响。公路建设对沿线区域的社会经济发展有积极的促进作用；公路建设将促进沿线区域的城镇化进程。

2）征地拆迁的影响。

3）对基础设施的影响。对水、电等基础设施的影响；对其他道路的影响。

4）对人员交往的阻隔。

5）对文物保护的影响。

（2）防治措施

1）节约用地。

①在施工招标时，应将耕地保护的条款列入招标文件。

②项目法人要增强耕地保护意识，统筹工程临时用地，加强科学指导。

③施工单位要严格控制临时用地数量。施工便道、各种料场、预制场要根据工程进度统筹考虑，尽可能设置在公路用地范围内，或利用荒坡、废弃地解决。

④进行公路绿化，对公路沿线是耕地的，要严格控制绿化带宽度。

⑤公路建设中废弃的旧路要尽可能复垦，不能复垦的要尽量绿化，避免闲置浪费。

⑥农村公路改建要贯彻因地制宜，充分利用旧路资源的原则，尽量在原有路基基础上加宽改造，尽量减少占地，保护农田。

2）减小施工对当地交通的影响。

3）做好与水、电、通信等部门的协调工作。

4）其他措施。根据沿线实际情况，增加或改移通道、天桥等，减少对人群生产、生活的影响；对临时用地进行清理、平整、恢复等。

6.2.2 公路建设项目的环境影响评价

公路建设项目环境影响评价，是指对公路建设项目实施后可能造成的环境影响进行分析、预测和评估，提出预防或者减轻不良环境影响的对策和措施，并进行跟踪监测的方法与制度。

1. 环境影响评价的依据

1）1998 年 11 月 18 日国务院第十次常务会议通过，1998 年 11 月 29 日中华人民共和国国务院令第 253 号发布，自发布之日起施行的《建设项目环境保护管理条例》。

2）1999 年 4 月 21 日国家环境保护总局环发［1999］107 号文件《关于执行建设项目环境影响评价制度有关问题的通知》。

3）2002 年 10 月 28 日第九届全国人民代表大会常务委员会第三十次会议通过，同日国家主席令第 77 号公布，自 2003 年 9 月 1 日起施行的《中华人民共和国环境影响评价法》。

4）2003 年 4 月 11 日中华人民共和国交通部第三次常务会议通过，2003 年 5 月 13 日中华人民共和国交通部令 2003 年第 5 号公布，自 2003 年 6 月 1 日起施行的《交通建设项目环境保护管理办法》。

2. 环境影响评价的目的

环境影响评价的目的是加强公路建设项目环境保护管理，预防公路建设项目对环境造成不良影响，促进公路事业可持续发展。

3. 环境影响的评价机构

公路建设项目的环境影响评价工作，由建设单位自主选择熟悉公路建设项目施工工艺、污染物排放和生态损害及其防治对策，具备公路建设项目工程分析能力，依法取得相应的资格证书，并向交通管理部门办理备案手续的机构承担。

4. 环境影响评价文件的编制方法

公路建设项目环境影响评价文件的内容和格式，应当符合国家规定及技术规范《公路建设项目环境影响评价规范》（JTG B03—2006）的要求。

5. 环境影响评价文件的内容

公路建设项目的环境影响报告书应当包括下列内容：工程概况与工程分析；环境概况；环境要素专题评价、事故污染风险分析；环境管理计划、环境监测计划与环境监理要求；环境保护措施与投资估算；环境影响经济损益分析；环境影响评价结论。

6. 报批程序

（1）审批权限　国务院环境保护行政主管部门（环境保护部）负责审批下列项目的环境影响评价文件：核设施、绝密工程等特殊性质的建设项目；跨省、自治区、直辖区行政区域的项目；由国务院审批的或由国务院授权有关部门审批的建设项目。

（2）审批时间　建设单位应当在公路建设项目可行性研究阶段报批公路建设项目环境影响评价文件。经交通主管部门审核，并经有审批权的环境保护行政主管部门同意，可在初步设计完成前报批公路建设项目环境影响评估文件。

6.2.3 公路建设项目的水土保持方案

1. 水土保持的基本规定

（1）水土保持工作的方针　根据我国的水土流失状况，确定了“预防为主，全面规划，综合防治，因地制宜，加强管理，注重效益”的水土保持工作方针，把预防保护工作摆到了首位。

（2）权利义务的规定　防治公路建设造成水土流失的总原则是“谁开发谁保护，谁造成水土流失谁负责治理”。

（3）水土保持的责任范围　根据水土保持法规规定的“谁开发谁保护，谁造成水土流失谁治理”的原则，按照国家行业标准《开发建设项目水土保持方案技术规范》（SL 204—1998）规定，公路建设水土流失防治责任范围包括项目建设区（一般指公路建设主体工程区、取土场、弃土弃渣场及临时工程占地等）和直接影响区（一般指由于公路建设行为而造成水土流失危害的直接影响区域，如项目区外的拆迁安置区、排水承纳区等）。

（4）水土流失防治实行分区防治原则　要求县级以上人民政府根据当地水土流失的具体情况，划定水土流失重点防治区，即重点预防保护区、重点监督区和重点治理区，进行分类指导，分区防治。

（5）水土保持的“三同时”制度　根据《中华人民共和国水土保持法》的规定，我国实行水土保持“三同时”制度。水土保持“三同时”制度是指建设项目中的水土保持设施，必须与主体工程同时设计、同时施工、同时投产使用。建设项目设计中要同时编制水土保持方案，并经水行政主管部门批准，施工时要同时按水土保持方案的要求建设水土保持设施，主体工程与相关水土保持设施要同时建成竣工、投入使用。

（6）建立水土保持方案报告制度　凡从事可能引起水土流失的生产建设活动的单位和个人，必须首先编制水土保持方案，经水行政主管部门批准后方可审批环境影响报告，才能申请计划部门立项。

（7）明确水土保持机构的监督职能　县级以上地方人民政府水行政主管部门及其水土保持监督管理机构，地方政府设立的水土保持机构，对水土流失的防治实施监督检查，这是贯彻实施《水土保持法》的重要保证。

2. 水土保持的原则和目标

（1）水土保持的原则　公路建设水土保持必须按照经济规律和生态规律进行，以保护生态环境为基点来建立水土保持目标，促进经济的发展。公路建设水土保持应当遵守水土保持法规、水土保持技术标准和环境保护总体要求，同时还要根据主体工程设计及施工的特点，遵守以下基本原则：

1）坚持“预防为主、防治结合”的水土保持方针。

2）水土保持与公路建设相结合。

3）因地制宜、因害设防，重点治理与一般防护相结合。

4）公路水土保持管理与地方水土保持管理相结合。

（2）水土保持的预期目标　公路施工及运营过程中，通过采取水土保持工程的生物措施，使新增水土流失和项目区原有的水土流失得到有效控制，减少水土流失造成的危害。恢复和保护公路沿线水土保持设施，加大公路绿化里程，改善生态环境。具体目标如下：

1）通过采用有效的水土保持措施，使边坡稳定，岩石、表土不裸露，为公路安全运行服务，避免水土流失对工程本身的危害。

2）取土场全部作防护处理，使开挖坡面不裸露，并覆土加以利用。

3）通过对弃土（渣）场进行综合治理，使工程施工过程中产生的弃土、石渣得到有效的拦挡或利用。

4）工程与植物措施相结合，使泥沙不进入下游河道，不影响河流正常行洪。

5）做好公路绿化工程的养护，使生态环境明显改善。

3. 水土保持方案的意义和作用

1）落实法律规定的水土流失防治义务。

2）水土保持列入开发建设项目的总体规划。

3）水土流失防治有科学规划和技术保证。

4）有利于水土保持执法部门监督实施。

4. 水土保持方案编制内容

1）方案编制总则，含编制依据、技术标准。

2）建设项目及其周边地区概况。

3）生产建设过程中水土流失预测。

4）水土流失防治措施。

5）水土保持投资概（估）算及效益分析。

6）方案实施保证措施。

5. 水土保持方案审批规定

（1）行业归口管理　各级水行政主管部门和地方政府设立的水土保持机构负责审批建设项目的水土保持方案。

（2）分级审批制度

1）国家审批立项的项目的方案由水利部审批（含各部委的项目）。

2）地方审批立项的项目的方案由相应级别的水行政主管部门审批。

3）乡镇、集体、个体项目的方案由所在地县级水行政主管部门审批。

4）跨地区项目的方案由上一级水行政主管部门审批。

（3）修改申报制度　经审批的水土保持方案，如项目性质、规模、地点等发生变化，应及时修改方案，并报原批准单位审批。

6. 水土保持方案实施规定

（1）投资责任　企事业单位在公路建设和生产过程中造成水土流失，由其负责治理。

（2）组织治理方式　项目建设单位有能力（主要是技术、人员、管理等）进行治理的，自行治理；因技术等原因无力自行治理的，可以缴纳防治费，由水行政主管部门代为组织治理。

（3）监督实施　工程所在地的水行政主管部门有权监督建设单位按批准的水土保持方案进行实施，具有法律强制性。

（4）竣工验收　根据水土保持“三同时”制度的要求，建设项目主体工程验收时，应同时验收水土保持设施。

6.2.4 公路工程竣工环境保护验收

公路建设项目竣工环境保护验收，是指公路建设项目竣工后，环境保护行政主管部门依据《建设项目竣工环境保护验收管理办法》和环境保护验收监测或调查结果，并通过现场检查等手段，考核该公路建设项目是否达到环境保护要求的活动。

1. 公路竣工环境保护验收依据

1）2001 年 12 月 11 日经国家环境保护总局第 12 次局务会议通过，2001 年 12 月 20 日国家环境保护总局令第 13 号发布，2002 年 2 月 1 日起施行的《建设项目竣工环境保护验收管理办法》。

2）2003 年 4 月 11 日经中华人民共和国交通部第 3 次部务会议通过，2003 年 5 月 13 日中华人民共和国交通部令 2003 年第 5 号公布，自 2003 年 6 月 1 日起施行的《交通建设项目环境保护管理办法》。

环境保护验收的目的是，加强公路建设项目环境保护管理，监督落实环境保护措施，防治环境污染和生态破坏。

2. 验收方法

公路建设项目竣工后，建设单位应当向有审批权的（即审批该建设项目环境影响评价文件的）环境保护行政主管部门申请环境保护设施竣工验收，同时报县级以上人民政府交通主管部门，省级以上人民政府交通主管部门按规定组织公路建设项目的竣工验收，应当有交通环境保护机构参加。

公路建设项目的建设单位、设计单位、施工单位、监理单位、环境影响报告书（表）编制单位、环境保护验收调查报告（表）编制单位应当参与验收。

对填报建设项目竣工验收登记卡的建设项目，环境保护行政主管部门经过核查后，可直接在环境保护验收登记卡上签署意见，作出批准决定。

国家对建设项目竣工环境保护验收实行公告制度，环境保护行政主管部门应定期向社会公告建设项目竣工环境保护验收结果。

3. 验收申报

建设单位最迟应在建设项目整体正式验收两个月前，按要求填写《建设项目竣工环境保护执行报告》和《建设项目竣工环境保护验收申请报告》（申请登记表、登记卡），并附环境保护验收调查报告（表），报环境保护行政主管部门审批。

4. 验收条件

1）建设前期审查、审批手续完备，技术资料和环境保护档案资料齐全。

2）环境保护设施及其他措施等已按批准的环境影响评价文件和设计文件的要求建成或者落实。

3）环境保护设施安装质量符合国家和有关部门颁发的专业工程验收规范、规程和检验评定标准。

4）具备环境保护设施正常运转的条件，包括：经培训合格的操作人员，健全的岗位操作规程和相应规章制度，原料、动力供应落实，符合交付使用的其他条件。

5）污染物排放符合环境影响评价文件中提出的标准及核定的污染物排放总量控制指标的要求。

6）各项生态保护措施按环境影响评价文件规定的要求落实，项目建设过程中受到破坏并可以恢复的环境已按规定采取了恢复措施。

7）环境监测项目、地点、机械设置及人员配备，符合环境影响评价文件和有关规定的要求。

8）环境影响评价文件提出，需对环境保护敏感点进行环境影响验证、施工期环境保护措施落实情况进行工程环境监理的，已按规定要求完成。

5. 验收范围

1）与公路建设项目有关的各项环境保护设施，包括为防治污染和保护环境所建成或配备的工程、设备、设施和监测手段，各项生态环境保护设施。

2）环境影响评价文件和有关项目设计文件规定应采取的其他各项环境保护措施。

6. 提交材料

公路建设项目竣工环境保护验收时，要提交下列材料：

（1）《建设项目竣工环境保护执行报告》 此报告由建设单位在环境保护行政主管部门进行现场检查前自行负责编写。主要包括以下内容：

1）建设项目的基本情况，包括项目立项、投资概算、环境影响评价、环保初步设计、主要经济技术指标、主要工程量、施工概况、试运行情况等。

2）建设项目主要污染物排放情况。

3）环保设施基本情况，包括环评及其批复要求的落实情况，各项环保设施是否正常、稳定、持续运转，各项环保设施的处理工艺、处理能力、处理效率及排放情况，环保设施投资及其占总投资的比例等，并附加环境保护措施及投资一览表。

4）各类污染物是否按环评及其批复的要求进行排放，环境敏感点上是否达到经批复的环评要求。

5）生态恢复、绿化及固体废弃物综合利用情况。

6）企业环境管理组织机构及环保规章制度。

7）环境保护工作存在的问题及完善计划。

（2）《建设项目竣工环境保护验收申请报告》或《建设项目竣工环境保护验收申请表》、《建设项目竣工环境保护验收登记卡》 申请报告或申请表附环境保护验收调查报告或调查表，其编制单位为建设单位委托的经环境保护行政主管单位批准，有相应资质的环境监测站或环境影响评价单位。原承担该项目环境影响评价的单位不得同时承担。《建设项目竣工环境保护验收申请报告》（申请登记表、登记卡）的内容和格式由环境保护部制定。建设项目竣工环境保护验收分类管理的办法包括：

1）对编制环境影响报告书的公路建设项目，为建设项目竣工环境保护验收申请报告，并附加环境保护验收调查报告。

2）对编制环境影响报告表的公路建设项目，为建设项目竣工环境保护验收申请表，并附环境保护验收调查表。

3）对填报环境影响登记表的公路建设项目，为建设项目竣工环境保护验收登记卡。

4）环境保护验收调查报告（表），由建设单位委托经环境保护行政主管部门批准，有相应资质的环境监测站或者具有相应资质的环境影响评价单位编制。原承担该建设项目环境影响评价工作的单位，不得同时承担该建设项目环境保护验收调查报告（表）的编制工作。

6.3 公路工程施工环境保护监理的内容

6.3.1 概述

施工环境保护监理，是指监理单位受建设单位的委托，依法对施工单位在施工过程中影响环境的活动进行监督管理，确保各项环保措施满足公路施工环境保护的要求。

1. 监理任务

公路施工环境保护监理是针对施工过程环境保护的全方位、全环节、全过程的监理，其主要任务为：

1）根据《中华人民共和国环境保护法》及相关法律法规、监理合同的有关条款、公路项目环境评价的内容及相关批复，对工程建设过程中污染环境、生态破坏防治及恢复的措施进行监督管理，如噪声、废气、污水等污染物的排放应达标，减少水土流失和生态环境破坏，也称为“环保达标监理”。

2）对建设项目配套的环保工程进行施工监理，确保“三同时”制度的实施，如对水处理设计、噪声屏障、绿化工程、自然保护区、水源保护区，以及风景名胜保护区的保护等，进行监理，也称为“环保工程监理”。

2. 监理依据

公路工程施工环境保护监理的主要依据包括：国家有关的法律、法规、条例、办法和规定，地方性法规和文件；国家标准，主要有噪声标准、空气标准、水质标准和振动标准等；项目的环境影响评价、水土保持报告及批复；项目的环境行动计划；工程设计文件；监理合同、施工合同及有关补充协议；施工工程中的会议纪要和文件。

3. 监理工作程序

公路工程施工环境保护监理一般应按照下列工作程序进行：

1）依据监理合同、设计文件、环评报告、水土保持方案，以及施工合同、施工组织设计等，编制施工环境保护监理规划。

2）按照施工环境保护监理规划、工程进度、各项环保对策措施等编制施工环境保护监理实施细则。

3）依据编制的施工环境保护监理规划和实施细则，开展施工期环境保护监理。

4）工程竣工交工后编写施工环境保护监理总结报告，整理监理档案资料，提交建设单位。

5）参与工程竣工环保验收。

施工环境保护监理工作程序如图 6-1 所示。

4. 监理工作方式

监理工程师一般应常驻工地，对施工活动的环保工作进行动态管理。工作方式以巡视为主，根据施工区污染源分布情况，监理工程师定期进行巡视。对特别关键的节点可以进行旁站监理，必要时还可以进行环境监测。巡视和旁站监理的情况，均应予以详细记录。

监理过程中如发现环境污染和生态破坏等情况，监理工程师应立即通知施工单位限期整改。一般性或操作性的问题，可以采取口头通知形式。口头通知无效或有污染隐患时，应发书面的监理通知，要求施工单位整改，并根据施工单位的书面回复检查整改结果。发现严重的环境问题，还应同时向建设单位汇报。如整改情况不理想，可以发布停工指令。

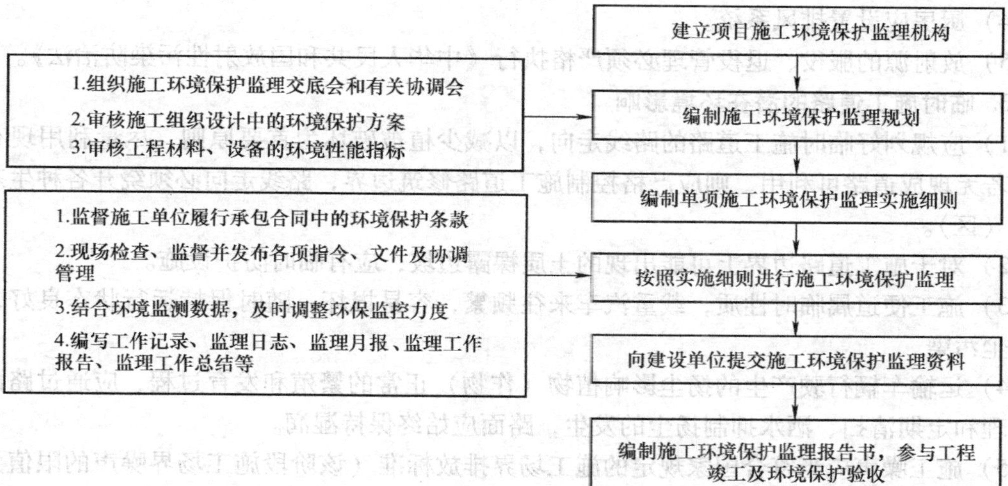

图 6-1　公路施工环境保护监理工作程序

5. 事故处理

当工程施工过程中出现重大环境污染和生态破坏事故时，按如下程序处理：

1）施工单位在发生事故后，除在规定时间口头报告监理工程师外，应尽快提出事故初步调查结果的书面报告，报告应初步反映该工程名称、部位、污染事故原因、应急环保措施等。

2）立即汇报建设单位，及时向当地环保主管部门汇报，同时书面通知施工单位暂停该工程的施工，并根据环保主管部门意见，采取有效的环保措施。

3）监理工程师和施工单位对污染事故继续深入调查，并与有关方面商讨后，提出事故处理的初步方案后报建设单位，交环保主管部门研究处理。

4）督促施工单位做好善后工作。

6.3.2　公路工程施工准备阶段的环境保护监理

公路工程施工准备阶段的环境保护监理要点如下：

1. 施工临时用地

1）为避免因选址不慎造成的生态影响，基本上应采取避让的措施。通过实地踏勘，避开各种生态敏感点，对于公路施工区域附近可能存在的生态敏感点，应加强管理，防止产生人为干扰。

2）施工区域临近城镇或农村的居民点时，应尽可能租用当地的民居作为施工生活区。若无现成的房屋可以租用，应尽可能避开农、林等生产用地。

2. 生活、办公区和试验室

1）妥善处理生活垃圾。

2）修建临时性污水处理设施。

3）施工噪声应当符合《建筑施工场界环境噪声排放标准》（GB 12523—2011）的要求。

4）厨房应设置排风系统。

5）放射源的服役、退役管理必须严格执行《中华人民共和国放射性污染防治法》。

3. 临时施工道路的潜在环境影响

1）应规划好临时施工道路的路线走向，以减少植被破坏为首要原则，尽量利用现有道路；若无现成道路可利用，则应严格控制施工道路修筑边界，路线走向必须绕开各种生态敏感点（区）。

2）对于施工道路边界上可能出现的土质裸露边坡，应有临时防护设施。

3）施工便道属临时性质，载重汽车来往频繁，容易损坏，随时保持运行状态良好，减少扬尘污染。

4）运输车辆行驶产生的扬尘影响植物（作物）正常的繁殖和发育过程，应通过路面硬化处理和定期清扫、洒水抑制扬尘的发生，路面应始终保持湿润。

5）施工噪声应当符合国家规定的施工场界排放标准（该阶段施工场界噪声的限值为昼间75dB，夜间55dB）。

6）在施工前，应对现场初始的地形地貌、地表植被等自然特征应有客观的文字描述和完整的影像记录，以作为将来进行恢复的依据和参考。施工结束后，必须恢复临时占用土地原有的土地利用功能。

4. 监理准备工作

在施工准备阶段，监理工程师应做好以下准备工作：

1）熟悉工程资料，掌握工程整体情况（包括工程环境影响区域）。

2）编制施工环境保护监理规划。

3）根据施工环境保护规划，编制各单位工程环境保护监理实施细则。

4）根据工程情况，配置必需的环境监测设备和仪器。

5）建立环保工作网络，要求施工单位建立环境保护管理体系。

6）审查施工单位编制的施工组织设计，对其中不符合工程环保要求的环节和内容提出改正要求，对遗漏的环节和内容要求增补。

7）审查取（弃）土场、采石场的选址，对生态敏感点和取（弃）土场、采石场进行必要的实地踏勘。

8）审查施工单位的临时用地方案，所有便道、便桥、便隧，必须经监理工程师审批后才能使用。

9）参加第一次工地会议，对施工单位进行环境保护监理交底。

10）对现场试验室放射源的处置，监理工程师应全过程旁站监理，保证放射源得到妥善处置。

11）施工场地和便道附近有敏感保护对象时，对施工车辆作出限速行驶的规定，并对执行情况进行巡检。

12）对营地、办公区、试验室、材料堆场、拌和场、预制场，以及取（弃）土场的环保措施执行情况、环保设施运行维护情况，进行巡检。

6.3.3 公路工程施工阶段的环境保护监理

1. 路基工程

(1) 路基工程环境保护要点　路基施工应做好临时排水，并与永久性排水系统相结合，避免积水和冲刷边坡，取土场、弃土场应采取水土保持措施，施工产生的振动、噪声、扬尘应减少到最低限度。

1）场地清理和结构物拆除环保要点。开挖施工中表层土保护是一个重点环境保护问题，表层土流失除会引起水土流失外，也可能引发一系列生态平衡失调，如植被丢失、景观破坏等。地表清理和结构物拆除的潜在环境影响见表6-2。

表6-2　地表清理和结构物拆除的潜在环境影响

序　号	活动内容	潜在影响
1	清除草丛、树木等	1. 生态破坏；2. 水土流失
2	清淤	水土流失
3	结构物拆除	1. 扬尘；2. 噪声；3. 损坏景观
4	场地内积水处理	1. 水污染；2. 传播病媒
5	废弃物处理	1. 废弃物流失；2. 传播病媒

①结构物拆除。路基用地范围内的旧桥梁、旧涵洞、旧路面和其他障碍物的拆除，若周围30m范围内有居民点的，在拆除时宜整体大部件吊装移除，减少粉尘排放。在拆除前应对被拆体充分洒水，保持湿润，并对正常排水作出妥善安排。拆除的废弃物应及时清运，以防造成二次污染。

②植被保护。在清除表层淤泥、杂草前，应明确清理对象和范围，不应仅考虑方便施工而任意破坏沿线两侧的植被。

③表土保护。清除的表土可集中堆放在弃土场内，以备将来临时用地生态恢复或造田时使用。

④文物保护。对施工中发现的文物，承包人要立即停工并保护现场，经过文物保护专家现场调查后，再采取相应的措施。

2）路基开挖环保要点。路基开挖的潜在环境影响见表6-3。

表6-3　路基开挖的潜在环境影响

序　号	活动内容	潜在影响
1	土石方开挖	1. 生态破坏；2. 水土流失；3. 噪声；4. 扬尘；5. 损坏景观
2	挖掘机、装载机等作业	1. 噪声；2. 漏油；3. 扬尘；4. 有害气体
3	土石方运输	1. 沿路撒落；2. 随意丢弃
4	运输车辆	1. 噪声；2. 尾气；3. 扬尘

路基开挖对沿线植被和动物栖息地将造成永久性的破坏。此外，土壤的开挖与剥离容易造成土壤结构的破坏和肥力的下降。

①土石方开挖。

a. 将开挖范围严格控制在施工范围内，不应仅考虑方便施工而任意破坏施工范围之外的植被和土壤；

b. 路基开挖，应有相应的土石方调配方案，尽可能利用；

c. 对于施工取土，需作到边开采、边平整、边绿化，同时要作到计划取土，及时还耕；

d. 挖、填方工程量过大的路段应避开雨期施工，以避免雨期施工带来的严重水土流失；

e. 开挖回填时应做好临时排水系统，雨期来临前将开挖回填、弃方的边坡处理完毕；

f. 在雨水地面径流汇集处开挖路基时，或在临时土堆周围，以及其他容易产生水土流失的地段，应设置沉淀池，目的是在雨水流经时减慢其流速，使泥沙下沉，防止水土流失。

②石方爆破。

a. 凡不能采用机械或人工直接开挖的石方，才可采用爆破法开挖，石方爆破作业应查明空中缆线、地下管线的位置，确定爆破作业的危险区域，并采取有效措施防止人、畜、建筑物和其他公共设施受到危害和损失；

b. 石方开挖，应充分重视挖方边坡稳定，在地形、地质、开挖断面适合时，应采取预裂、光面爆破技术开挖边坡，减少对山体的扰动，保持边坡稳定；

c. 夜间禁止开山爆破，敏感点及文物保护附近禁止开山放炮，确需放炮作业的，应先检查被保护建筑是否属于危房，如为危房应适当加固，并加以阻挡和防护，防止其被飞石破坏，并减少振动对建筑物的影响；

d. 在山地或森林等野生动物分布较集中的区域，爆破前宜采用人工手段对爆破区内可能存在的野生动物进行驱赶，避免其因爆破造成意外死亡。

③边坡修整。

a. 边坡开挖后出露的块石及植物根系应尽量予以保留，以减少开挖面土壤的散落；

b. 及时开始边坡的护坡工程和绿化植草工作，土木工程与生物工程相结合。

④噪声控制。施工机械引起的振动、噪声、扬尘，应符合国家规定的相关要求，在学校、疗养院、居住区等敏感点附近，夜间应停止作业；若确需连续施工，应报环保部门批准，并公告居民。该阶段施工场界噪声限值为昼间75dB、夜间55dB。

3）路堤填筑环保要点。路堤施工中，环境保护的重点控制对象是砂石料场、施工便道及其施工沿线的敏感点等。路堤填筑应采取有效的环保措施防止水土流失、边坡冲刷，确保路基稳定。

①砂石料场。开采之前，监理工程师应严格规定开采范围（开采深度和放坡比例），并做明显的标记。承包人应在批准的开采范围内严格按要求作业。

②施工便道。对于新开施工便道，要控制便道的范围，防止大面积破坏沿线植被；尽量利用原有道路作为施工便道，控制重点是便道扬尘和运输车辆噪声等。

路堤填筑的潜在环境影响见表6-4。

表 6-4　路堤填筑的潜在环境影响

序　号	活动内容	潜在影响
1	借方作业	1. 噪声；2. 漏油；3. 扬尘；4. 有害气体
2	土石方运输	1. 沿路撒落；2. 随意丢弃
3	运输车辆	1. 噪声；2. 尾气；3. 扬尘
4	压路机、夯实机械等	1. 噪声；2. 漏油；3. 有害气体
5	履带式设备行驶	对道路、场地造成破坏
6	施工设备、车辆等维修保养	1. 机油洒弃；2. 零配件丢弃；3. 包装物丢弃
7	土工格栅等铺设	边料丢弃

（2）路基工程环境保护监理要点

1）在路基开工前，监理工程师应审批施工单位编制的施工方案，对其环保措施提出审查意见。

2）监理工程师应根据工程情况，确定本阶段环保监理的巡视、旁站计划，对施工单位环保措施的执行效果进行检查。

3）挖除地表土，并将表土搬运到经监理工程师同意的储料场。

4）地表清理遇到古树名木或珍稀植物，采取移植等异地保护措施时，监理工程师应审查其移植方案，并对移植过程全程旁站监理。

5）监理工程师应严格控制路基开挖在用地范围内分段进行，同时配合挡土墙、边坡防护的修筑。

6）弃土弃渣的堆放地点应事先经监理工程师同意。

7）对施工过程中不符合环保要求的行为，监理工程师可以发出监理指令，责令改正。

8）施工过程中监理工程师应关注扬尘、噪声、废水的悬浮物、石油类等环境监测指标，必要时可根据需要进行现场监测。

2. 路面工程

路面施工过程中，其基层和面层对环境的潜在影响分别见表 6-5、表 6-6。

表 6-5　路面基层施工的潜在环境影响

序　号	活动内容	潜在影响
1	拌和场地准备	1. 植被破坏；2. 水土流失
2	拌和场搬运、安装	1. 噪声；2. 扬尘
3	拌和场运行	1. 噪声；2. 水土污染；3. 有害气体
4	混合料运输	沿路撒落
5	现场砂、石料堆放	扬尘
6	水泥、石灰和矿粉	1. 空气污染；2. 土壤污染
7	破碎机、振动筛等	1. 噪声；2. 扬尘；3. 振动
8	各种运输车辆	1. 噪声；2. 扬尘；3. 漏油；4. 有害气体
9	摊铺、压实设备运行	1. 噪声；2. 扬尘；3. 漏油；4. 有害气体
10	夜间拌和场强光直射	强光

表 6-6　沥青混合料面层施工的潜在环境影响

序　号	活动内容	潜在影响
1	拌和场地准备	1. 植被破坏；2. 水土流失
2	拌和场搬运、安装	1. 噪声；2. 扬尘
3	拌和场运行	1. 噪声；2. 环境污染；3. 有害气体
4	现场砂、石、矿粉等堆放	扬尘
5	沥青废料	液体废弃物
6	沥青混合料运输	沿路撒落
7	破碎机、振动筛等	1. 噪声；2. 扬尘；3. 振动
8	各种运输车辆	1. 噪声；2. 扬尘；3. 漏油；4. 有害气体
9	摊铺、压实设备运行	1. 噪声；2. 扬尘；3. 漏油；4. 有害气体
10	夜间拌和场强光直射	强光

（1）路面工程环境保护要点　路面拌和场应远离自然村落，在其常年主导风向下风处，场地应进行硬化处理。沥青路面拌和设备配料除尘装置应保持良好的除尘效果，施工过程中剩余的废弃物必须及时收集到弃料场集中处理，不得随意抛弃。路面施工应与路基、桥梁施工有合理的安排，减少交叉施工引起的环境污染。

（2）路面工程环境保护监理要点

1）在路面工程开工前，监理工程师应审批施工方案的环保措施，尤其是对沥青拌和场选址方案的审批。

2）监理工程师根据现场施工情况，确定本阶段环保监理的巡视、旁站计划，对施工单位环保措施的执行效果进行复核。

3）监理工程师应特别注意沥青拌合料废料的处置方法，并随时对执行情况进行巡检。

4）监理工程师应特别注意沥青烟气污染的防治。在靠近水源的地区施工时，还应注意水源保护问题。

5）对施工过程中不符合环保要求的行为，监理工程师可以发出监理指令，责令改正。

3. 桥涵工程

桥梁施工应充分了解设计提供的工程地质资料，根据当地的气候和周边环境，在施工组织设计中，制定相关的环境保护措施。桥涵工程施工的潜在环境影响见表 6-7。

表 6-7　桥涵工程施工的潜在环境影响

序　号	活动内容	潜在影响
1	基坑开挖	1. 生态破坏；2. 污染环境
2	钻孔机和打桩机作业	1. 噪声；2. 漏油；3. 水土污染
3	水泥混凝土拌和与浇筑	1. 噪声；2. 水土污染；3. 废配件丢弃
4	钢筋作业	1. 噪声；2. 扬尘；3. 废弃物；4. 锈水污染；5. 强光
5	钢模板	1. 噪声；2. 锈水污染
6	钻孔平台搭设	使用后的处置

（续）

序　号	活 动 内 容	潜 在 影 响
7	钢管支架作业	1. 噪声；2. 扬尘；3. 锈水污染；4. 零扣件散落
8	机械设备作业、维修保养和进出场运输	1. 漏油；2. 粉尘撒落；3. 废配件丢弃
9	各种运输车辆	1. 噪声；2. 扬尘；3. 漏油；4. 有害气体
10	夜间拌和场强光直射	强光

（1）桥涵工程环境保护要点

1）明挖基础。明挖基础施工过程中，应核对地质水文资料，若得知基础地基下有涌泉、流沙、溶洞等地质情况时，施工单位应考虑有关准备措施。

①围堰。围堰施工时应考虑流速增大河床集中冲刷、通航和导流的影响，并应清除围堰的材料。

②基坑开挖。

a. 采用先进的施工工艺，如沉井法施工，减少作业面和影响面；

b. 保护地表水体，开挖的工程弃方不能随意丢弃在河流中或岸边，应暂时堆放在距离水体较远的地带，防止其被冲刷或塌落进入水体；

c. 旱桥施工中只允许砍伐墩、台永久施工部分的植被，桥跨范围的植被不得砍伐、清除，尽可能保留桥跨部分的原生植被，减少桥梁墩、台施工对地表原生植被的破坏。

2）钻孔灌注桩基础。

①泥浆制作准备。

a. 在现场选择或开挖一处低洼地做泥浆沉淀池，用于储存使用后废弃的泥浆；

b. 当现场没有可以利用的低洼地时，应自行挖掘或砌筑泥浆池；

c. 泥浆池周围应设置良好的排水系统，以免因雨水过大而造成泥浆外溢，破坏当地环境。

②钻孔施工。

a. 钻孔桩必须设置泥浆沉淀池，不得将泥浆直接排入河水或河道中，经沉淀后上部清水排放，减小悬浮固体的排放量；

b. 废弃的钻泥浆及其他废弃物，应运至事先准备的沉淀池临时储存，吹干后，运往弃渣场，不得弃于河道或河滩，以防抬高河床、淤塞河道；

c. 在水上钻孔时，一般应采取平台施工。

③混凝土浇筑施工。灌注混凝土时，溢出的泥浆应引流至事先准备的适当地点处理，吹干后，运往弃渣场，以防止污染环境或堵塞河道和影响交通。

（2）桥涵工程环境保护监理要点

1）在桥涵工程开工前，监理工程师应审批施工方案的环境保护措施。

2）监理工程师根据工程情况，确定本阶段环保监理的巡视、旁站计划，对施工单位环保措施的执行效果进行检查。

3）基坑开挖的弃土堆放地点应事先经监理工程师同意。

4）监理工程师应经常巡视检查钻孔桩泥浆水的处理效果，对发生泄漏或任意排放的，应当场责令施工单位改正，并旁站监督整改过程。

5）需要用围堰施工的，应事先取得当地水利部门的许可，手续完备并经监理工程师审批后才能施工。

4. 隧道工程

（1）隧道工程环境保护要点　修建隧道比路基大开挖对生态环境的影响要小，但易引起水资源的严重破坏，会对隧道顶部的水利设施产生极大的影响，会使隧道范围内的田地干枯、植被枯黄，甚至引起较大区域的地表沉陷。隧道施工中产生的污水、粉尘、噪声、振动及弃渣对环境影响较大，应作为重点防治对象，采取相应措施。

1）洞口工程。

①严格控制隧道口开挖和隧道施工的影响范围，不应仅考虑方便施工而任意破坏施工场地以外的植被。

②洞门开挖前，应先在开挖面上修建截水沟，以防止水土流失，并尽可能避免在雨期进行施工。洞口尽量减少开挖面积，洞顶采取护挡结构，以保护自然坡面。

2）洞身工程。

①隧道施工时可能造成地下水变化，导致顶部生态变化和破坏当地村民的水源。隧道位置若处于潜水层时，应重视地下水渗漏的问题，一旦发现工程处于潜水层，应及时采取措施进行止水。对高切坡处出现的地下涌水，也应采取止水措施。

②凿岩施工应采取湿法钻孔，严禁干孔施钻。

（2）隧道工程环境保护监理要点

1）在隧道工程开工前，监理工程师应审批施工方案的环保措施，特别注意对当地生态环境的保护，落实好珍稀物种保护、弃渣和废水处理，以及施工现场劳动防护等措施。

2）对洞口临时堆放弃渣或就近设置轧石场的方案，应要求施工单位同时提出环境措施和环境恢复方案。

3）对爆破方案的审查，监理工程师应明确提出防治噪声和扬尘的要求。

4）监理工程师根据工程情况，确定本阶段环保监理的巡视、旁站计划，对施工单位环保措施的执行效果进行复核。

5）施工区域如果发现国家保护的珍稀物种，监理工程师应全过程参与物种保护，做好过程的监督。

5. 排水工程环境保护监理要点

1）及时沟通排水系统，为邻近的土地所有者提供灌溉和排水用的临时管道；污水不得排入农田和污染自然水源，不得引起淤积和冲刷。

2）施工过程中应当采取措施，控制扬尘、噪声、振动、废水、固体废弃物等污染，防止或者减轻施工对水源、植被、景观等自然环境的破坏，改善、恢复施工场地周围的环境。不论何种原因，在没有得到有关管理部门同意的情况下，各类施工活动不应干扰河流、渠道或排水系统中水的自然流动。

6. 取、弃土场环境保护监理要点

1）在路侧选用田地取土时，取土厚度应在当地地下水位线以上至少0.3m，防止地下水出露影响植被。

2）禁止废渣、土石等向洞口、山体、山涧随意堆弃和无序倾倒。弃渣不得倒入或侵占耕地、渠道、河道、道路等场所，必须运至指定的弃渣场。

3）弃渣应在指定范围内严格按照设计要求进行堆置。堆放应整齐、稳定，不遗留陡坡、滑坡、塌方等隐患，并且排水通畅。河道内不得弃渣。桥头弃土不得挤压桥墩、阻塞桥孔。

4）在施工结束后，应对取、弃土场进行修整、清理和生态恢复，包括复耕或绿化等，且必须有相应的水土保护措施。

7. 其他工程的环境保护监理要点

1）在各单位工程开工前，监理工程师应审查施工方案的环保措施，确定环保措施是否满足工程要求。

2）监理工程师根据工程情况确定本阶段环保监理的巡视、旁站计划，对施工单位环保措施的执行效果进行复核。

3）监理工程师应对取、弃土场的环保措施的执行情况进行巡检，特别应注意取、弃土场的排水、挡土措施。在取、弃土场生态恢复（植被绿化）阶段，监理工程师应根据工程实际情况，有重点地旁站监理。

4）在特殊生态保护地区，监理工程师应禁止施工单位将施工废料弃置在野地，并随时巡查执行情况。

6.3.4 环保工程监理

公路建设项目涉及的环保工程，包括隔声屏障工程、绿化工程、污水处理工程、护坡工程、拦渣工程等。作为公路工程的附属工程，环保工程施工监理的内容、程序和方式与主体工程的施工监理基本一致，在此不再赘述，以下主要介绍这些工程的技术要点。

1. 护坡工程监理

护坡工程是为了稳定公路开挖坡面或堆置固体废弃物形成的不稳定高陡边坡或滑坡危险地段而采取的水土保持措施。常用的护坡工程有削坡开级措施、植物护坡措施、工程护坡措施和综合护坡措施等。

（1）基本原则

1）护坡工程应根据非稳定边坡的高度、坡度、岩层构造、岩土力学性质和坡脚环境等，分别采取不同的措施。

2）不同的护坡工程防护功能不同，造价相差很大，必须进行充分的调查研究和分析论证，做到既符合实际又经济合理。

3）稳定性分析是护坡工程设计最关键的问题，大型护坡工程应进行必要勘探和试验，并采用多种分析方法比较、论证，务求稳定和技术合理。

4）护坡工程应在满足防护要求的前提下，充分考虑植被恢复和重建，特别是草、灌植物的应用，尽力把工程措施和植物措施很好地结合起来。

（2）护坡形式及要求

1）削坡开级。削坡是削掉非稳定边坡的部分岩土体，以减缓坡度，削减助滑力，从而保持坡体稳定的一种护坡措施；开级则是通过开挖边坡，修筑阶梯或平台，达到相对截短坡长，改变坡形、坡度、坡比，降低荷载重心，维持边坡稳定的目的，是又一种护坡措施。二者可以单独使用，亦可以合并使用，主要用于防止中小规模的土质滑坡和石质崩塌。

削坡开级措施应重点研究岩土的结构和力学特性，以及周边暴雨径流情况，分析论证边坡稳定性，然后确定工程的具体布设、结构形式、断面尺寸等技术要素。大型削坡开级工程还应考虑地质问题。

2）植物护坡。

①种草护坡。对坡比小于1.0∶1.5、土层较薄的沙质或土质坡面，可采取种草护坡工程。种草护坡应先将坡面进行整治，并选用生长快的低矮钢伏型草种。种草护坡应根据不同的坡面情况，采用不同的方法。一般土质坡面采用直接播种法；密实的土质边坡上，采取坑植法；在风沙坡地，应先设沙障，固定流沙，再播种草籽。种草后1~2年，进行必要的封禁和抚育。

②造林护坡。对坡度为10°~20°，南方坡面土层厚15cm以上、北方坡面土层厚40cm以上、立地条件较好的地方，可采用造林护坡。护坡造林应采用深根性与浅根性相结合的乔、灌木混交方式，同时选用适应当地条件、速生的乔木和灌木树种。在坡面的坡度、坡向和土质较复杂的地方，将造林护坡与种草护坡结合起来，实行乔、灌、草相结合的植物或藤本植物护坡。

③坡面采取植苗造林时，苗木宜带土栽植，并应适当密植。

3）工程护坡。对堆置固体废弃物或山体不稳定的地段，或坡脚易遭受水流冲刷的地方，应采取工程护坡，其具有保护边坡，防止风化、碎石崩落、崩塌、浅层小滑坡等的功能。工程护坡省工、施工速度快，但投资高。

护坡工程应重点勘察与坡体稳定性有关的各项特征，详细进行稳定分析；并根据周边防护设施的安全要求，确定合理的稳定性设计标准；坡脚易遭受洪水冲刷的应进行水文计算。然后比选护坡工程方案，明确工程布设、结构形式、断面尺寸及建筑材料。

工程护坡措施有勾缝、抹面、捶面、喷浆、锚固、干砌石、浆砌石、抛石、砌筑混凝土砌块等多种形式。

4）综合护坡。综合护坡措施是在布置有拦挡工程的坡面上或工程措施的间隙中种植植物，其不仅具有增加坡面工程强度、提高边坡稳定性的作用，而且具有绿化的功能。综合护坡措施是植物和工程有效结合的护坡措施，适宜于条件较为复杂的不稳定坡段。

综合护坡措施应在稳定性分析的基础上，比选工程与植物结合、布局的方案，确定使用工程物料的形式、质量，并选择适宜的植物种类，在特殊地段布局上还应符合美学要求。

2. 绿化工程监理

（1）质量要求

1）种植的植物材料的整形修剪应符合设计要求。中央分隔带苗木修剪后的高度应为1.4~1.6m，栽植的株、行距合理，应满足防眩功能的要求，不得影响交通安全。

2）苗木、草坪无明显病害。乔、灌木的成活率应达到95%以上，珍贵树种和孤植树应保证成活；花卉种植地应无杂草、无枯黄，各种花卉生长茂盛，种植成活率达到95%；草坪无杂草，种植覆盖率应达到95%。

3）种植用土要求是有机质含量达到一定指标的种植土。

4）绿地表面平整，排水良好。

（2）施工质量控制要点

1）施工准备阶段监理。

①工程施工前，设计单位应向施工单位进行设计交底，施工单位应按设计图进行现场核

对。如有不符之处，应及时提交设计单位作变更设计。

②正式开工前，施工单位应根据工程实际情况编写施工组织设计，并报监理工程师审查批准。

2）施工阶段监理。

①整地。即土壤改良和土壤管理，这是保证树木成活和苗壮成长的有力措施。具体任务是清理障碍物、整理现场、设置水源、客土栽培等。

②定点、放线。种植穴、槽定点放线应符合设计图要求，位置必须准确，标记明显；种植穴定点时应标明中心点位置，种植槽应标明边线；定点标志应标明树种名称（或代号）、规格；对于设计图上无固定点的绿化种植，定点时应注意植株的生态要求。

③种植穴、槽的开挖。穴、槽必须垂直下挖，上口下底相等。

④种植材料和播种材料的选择。种植材料应根系发达，生长茁壮，无病虫害，规格和形态符合设计要求。

⑤苗木种植前的修剪。

⑥树木的种植。

⑦草坪、花卉的种植。

⑧上边坡生态防护的种植。上边坡坡度大于45°时，应铺设金属网；坡度小于45°时，原则上不需铺网，但坡面非常光滑或坡面为积雪、黏性土坡面时，应铺设金属网或打止滑杆。

⑨树木养护。

3. 声屏障工程监理

声屏障工程按其组成材料不同划分为金属或合成材料声屏障、砌块体声屏障、绿化林带工程等几种形式，下面主要介绍金属或合成材料声屏障、砌块体声屏障的施工监理要点，绿化林带工程的施工监理要点参照绿化工程。

（1）质量要求

1）降噪效果符合设计要求；声屏障工程与路肩边线位置偏移、高程、竖直度允许偏差应符合有关质量标准，厚度不小于设计的要求。

2）砌块体声屏障墙体外观平整美观，无表面破损；砌筑灰缝应用砌筑砂浆填实。

3）金属或合成材料声屏障屏体颜色均匀一致、无裂纹；基础外观平整、美观，不得造成路面污染及构筑物破损；屏体与立柱、屏体之间的缝隙必须密实。

（2）施工质量控制要点

1）施工前应充分考虑在标志牌、电话亭、桥梁伸缩缝等处的声屏障安装方式。

2）基础放线应符合设计图要求，位置必须准确，标记明显。

3）由于部分声屏障基础立于路基的边坡上，因此要保证基础开挖后基坑四周土不被扰动。

4）基础钢筋规格、质量应符合设计要求，钢筋笼绑扎应符合施工规范要求；如有预埋件的，应检查预埋件的间距、摆放的角度是否准确。

5）砌块的安装。根据基底高程不同，砌体块应从底部砌起，并应由高处向低处搭砌。设计无要求时，搭接长度不应小于基础扩大部分的高度。

6）金属或合成材料的安装。金属立柱、连接件和声屏障屏体在运输时，应采取可靠措施防止构件变形或防腐处理层损坏。严禁安装变形的构件。

屏障体材料表面的平整度、有无划痕，是检查的重点。监理工程师要求供货厂家提供屏障的国家有关部门的吸、隔声检测报告或产品合格证。划痕面积超过板材面积的千分之一，不得采用。

屏障体安装时，板材之间、立柱框架与板材之间，以及屏障与基础之间的缝隙必须填灌密实，才能保证隔声效果。

6.3.5 竣工交工及缺陷责任期环境保护监理

1. 竣工交工的环境保护初步验收

（1）环境保护初步验收的程序与内容

1）工程完工，环保资料编制完成后，施工单位向监理工程师提交初验申请。

2）监理工程师审查初验申请。

3）监理工程师会同建设单位，组织施工单位、设计单位对工程现场和相关资料进行检查。

①对工程区环境质量状况进行预检，主要通过感观和利用环境监测单位监测的资料与数据进行检查，必要时进行实地监测；

②现场监督检查施工单位对遗留环境问题进行处理。

4）建设单位组织召开环保初验会议，监理工程师主持，对施工单位执行环境保护合同条款与落实各项环境保护措施的情况、效果进行综合评估，审查环保遗留问题整改措施和计划，讨论决定是否通过初验。会后，由监理工程师向建设单位提出工程环境保护初验报告。

（2）施工单位应具备的环境保护资料　施工单位在交工前应整理好关于施工期环境保护的有关资料，一般应包括以下内容：

1）工程资料。

2）环保制度与措施。

3）环保自查记录、整改措施与环境保护月报。

4）与监理单位往来文件。包括环境保护监理备忘录、环境保护监理检验报告表、环保事故报告表、环境保护监理业务联系单及回复单等。

5）环境恢复措施。

①临时设施处置计划。主要内容有：建筑物、构筑物（包括沉淀池、化粪池等）的处置计划。

②生态恢复及生态补偿措施等。主要内容有：取（弃）土场整治，道路（便道、便桥）及预制（拌和）场地、生活及建筑垃圾的处置，边坡整治、绿化等生态恢复和补偿措施。

2. 缺陷责任期的环境保护监理

缺陷责任期的环境保护监理工作主要包括：

1）监理工程师定期检查施工单位对环保遗留问题整改计划的实施，并根据工程具体情况，建议施工单位对整改计划进行调整。

2）监理工程师检查已实施的环保达标工程和环保工程，对交工验收后发生的环保问题或工程质量缺陷及时进行调查和记录，并指示施工单位进行环境恢复或工程修复。

3）监理工程师督促施工单位按合同及有关规定完成环保施工资料。

3. 协助建设单位组织竣工交工环保验收

在工程竣工环保验收阶段，环境保护监理单位应做好以下工作：

1）整理施工环境保护监理竣工资料，主要内容有：施工环境保护监理规划；施工环境保护监理实施细则；与建设单位、施工单位、设计单位来往的环保监理文件；监理通知单及回复单；因环保问题签发的停（复）工通知单；与环境保护有关的会议记录和纪要；施工环境保护监理月报。

2）编制工程环境保护监理总结报告。

3）提出工程试运行前所需的环保部门的各种批件，并予以协助办理。

4）收集、保存竣工环保验收时所需的资料。

5）完成竣工验收小组交办的工作。

6.4 公路工程环境保护与景观设计

公路工程环保的原则是公路建设与环境保护并举，须按照“保护优先，防护为主，防治结合”的方针，解决公路工程建设过程中的环境问题。

景观美或美学意义上的景观，是指视觉意义的景物及其景象，是人类对环境的一种感知，也是人类对环境的一种需求，此时，景观的含义与风景、景色一致。景观是人类的一种环境，从环境保护角度考察，景观包括自然景观和人文景观两大类别。自然景观主要指自然地理环境和生态所展示的景观形象；人文景观是指由人类生产和活动创造的一切文化所显示的景观形象，与环境保护直接相关的主要是古今建筑、园林建设，以及其他人类活动遗迹或印记等。

6.4.1 公路设计新理念

公路设计新理念是解决景观资源的影响与保护问题，依据交通运输部公路勘察设计典型示范工程的要求，公路特别是高速公路设计理念是：“以人为本”的交通安全理念；“天人合一”的景观协调理念；“师法自然”的生态恢复理念；“个性鲜明”的地域文化理念；“资源节约”的全寿命周期成本理念。

6.4.2 公路环保与景观

公路建设项目因其规模大，涉及面广，地貌改变或破坏剧烈，经常会遇到公路环境的影响与景观资源的保护问题。

公路景观包括公路本身形象的景观、沿线的自然景观和人文景观，即公路景观环境。它是公路与周围景观的综合景观体系。

1. 公路景观资源

公路景观资源主要包括公路形象景观资源、自然景观资源和人文景观资源等。

（1）形象景观　公路自身形象的景观不同于单纯的造型艺术、观景景观，而是为了满足交通运输功能具有特定的形态、性能、结构特点，同时还包含一定的社会、文化、地域和民族特点，其中地域性特点赋予公路特定的性质。公路的形象景观一般包括两个方面：

1）动态景观。乘车人在公路上高速行驶时对公路的感受和认知，如公路线形、坡度、上边坡的景观、公路标志物、隔离栅等。

2）静态景观。公路外的居民对公路景观的感受和认知，如上下坡、桥梁、路堤、空间廓线及公路背景的调和程度等。

(2) 自然景观 自然景观指公路用地范围外的自然景观客体，包括地形地貌（山峦丘陵、峭壁悬崖、沙漠荒原、沟壑峡谷、平原梯田等）；水体水面（江河湖海、崖滩沙洲、池沼溪涧、瀑布流泉等）；林木花草（森林草原、地方植物、麦田菜花、果园苗木等）；气象节令（日出日落、云霞雨雾、春花秋月、风雨虹霓等）。

(3) 人文景观 人文景观指公路沿线一切人类创造的景观事物，包括城镇、农村等。

2. 重要景观资源的识别

景观资源识别的任务是，识别具有保护意义的景观。所谓“具有保护意义的景观”，主要是指：具有美学意义和景观价值的自然景观，这些景观有可能成为旅游资源，或虽构不成一种旅游资源，但对当地人民的审美活动有贡献，也因此具有经济或文化意义。

公路对自然景观资源和人文景观资源的影响和保护要求，随景观资源的保护级别而不同。公路景观应服从这些特殊景观的保护的要求。

重要景观资源包括许多地质遗迹，如火山口、地震断裂带、各种名泉怪泉、丹霞地貌和喀斯特地貌等；地理特征物，如分水岭、河源、地理标志等；各种历史文化遗迹，如古长城、古战场、古关隘、古栈道、古名人遗迹等；现代生态学关注的珍稀植物、特殊生态系统，以及岸滩湿地等，也都是重要的景观资源。

具有标志性意义的地貌景观，包括自然景观和人文景观，这些景观或与某种历史事件相联系，或与一些历史名人活动相关联，或是地方或是民族民俗所敬重的事物等。

公路景观属于景观学的范畴，同时又是公路工程学与景观学交叉、融合所产生的新学科，因此公路景观除具备普通景观学的特点外，还有其独特的属性，包括功能性、动态性、整体性和宏观性。这是公路景观设计的根本所在。

6.4.3 公路景观设计技术

1. 景观设计的理念和原则

公路景观设计的理念和原则具体如下：

1）坚持“原景原貌原生态”的设计理念，提倡“本土文化和原生态之美”，返璞归真，采用自然的、渐进的、连续的方法来选择、利用和营造景观，体现本土特色；同时充分挖掘人文景观，使公路自然景观与人文景观交相辉映。

2）景观序列构建。公路景观随着沿线区域的自然和人文景观环境的不同而产生了明确的景观序列变化，围绕这种景观序列变化，可以建立“景观区域、景观段落和景观节点”的景观结构层次，分别有针对性地进行设计，保证景观设计的独特性、典型性和代表性。

3）景观的主题设计。确定沿线的主题鲜明的景观带，在典型地形地貌路段设置景石或景物点题，供人们观赏。

4）融入自然的景观地形设计。全线填方、挖方边坡及互通的地形设计尽可能以单面坡的地形为主，规划用地范围内外地形自然衔接，互为融合，在不增加用地的情况下，使得公路和周围环境融为一体。

5）原生态的植物景观设计。在进行沿线适生植物的调研的基础上，选择多样性、原生态的植物品种，营造自然的植物群落景观，以达到原生态的景观效果。

2. 公路线形景观设计

公路线形是公路景观的基础。公路线形的景观主要侧重于对线形要素内部的协调统一，以及对地形地貌的保护和利用上，目的是使公路形成流畅、景观多变的视觉景观廊道。

3. 边坡和排水设施景观设计

公路边坡景观设计的最终目的就是实现边坡与路线、边坡与周围环境的协调统一，尽量弱化边坡的人工痕迹，使公路边坡融入路线和周围环境中去。

路基挖方路段和低填方路段的排水方式，可采用明暗结合，将常规的地表排水沟设计为隐藏的地下排水沟，增加公路与自然的融合。

4. 桥梁景观设计

桥梁景观设计是对桥梁和桥梁景观在满足功能、技术、经济的前提下进行景观尺度、景观生态、景观文化和美学方面的综合考虑与组织设计，以最大限度地实现美学、历史文化、环保、功能、技术、经济的统一。

5. 隧道景观设计

隧道的景观设计实质上就是隧道洞口段的景观设计，它包括洞门、相关范围内的边坡、仰坡和相关的景观因素（铭牌、灯杆等），除工程构筑物本身的美感外，重点研究构筑物与周围环境的协调性、工程损伤引起的环境恢复和人们因此的认同反映。

6. 互通立交区景观绿化设计

互通立交区景观绿化设计包括互通区内地形的处理；互通区内边坡设计；绿化以自然风格为主，以原有植被组成为恢复目标；植物栽植突出重点和功能性；明确不同绿化功能区。

7. 路侧绿化带景观设计

路侧绿化带主要包括填方路基隔离栅与排水沟之间的绿地。其景观设计的目的是，防止水土流失，改善视觉效果。

8. 中央分隔带景观绿化设计

公路中央分隔带的绿化直接体现高速公路环境的美化与舒适，是高速公路景观的重要组成部分。中央分隔带的景观绿化设计，在充分保证“遮光防眩、引导视线、美化环境、隔离车道”的基础上，兼顾前期建设成本和后期养护成本。在植物选择上，结合项目路线沿线地区气候特点，以及高速公路建设的特殊性，适地适树，以乡土植物为主，乔灌花草结合运用，力求为广大司乘人员营造一种安全、舒适、自然的美感。

9. 交通工程设施景观设计

（1）交通标志　包括标志结构形式的优化、材料的优化、色彩的优化，是增加个性化的标志。

（2）护栏　遵守统一性和多样化的设计原则。

（3）隔离栅　尽可能采用刺铁丝等形式。隔离栅立柱尺寸及色彩的优化应配合绿化栽植。

（4）声屏障　公路声屏障设计应尽可能考虑与周围环境的协调，通过强化或弱化等不同的景观处理手段，实现声屏障景观设计的目标，即城镇路段的声屏障可以成为新的公路景观，自然村庄路段的声屏障应尽可能融入环境。声屏障设计包括声屏障的布设和声屏障的色彩，如生态型的声屏障、人工化的声屏障等。

10. 服务区景观设计

服务区应依据每个项目的具体情况，结合国内外较先进的服务区规划设计案例，对其进行综合环境景观设计。具体包括以下几个方面：

1）强化功能区划。

2）合理的交通流线组织。

3）提供完善突出的标志系统。

4）独具特色的信息提供功能。

5）提供宜人的休息设施。

6）设置生态型停车场。

6.5 公路施工环保监理文件与监理用表

6.5.1 监理文件

1. 公路施工环境保护监理文件的构成

（1）施工环境保护监理规划　施工环境保护监理规划是施工监理规划的组成部分，是监理工程师全面开展施工环境保护监理工作的指导性文件。监理单位在接受业务委托之后，根据委托监理合同，结合工程的实际情况，广泛收集工程环保信息和资料，制定施工环境保护监理规划。

施工环境保护监理规划应明确环境保护监理工作的范围、内容、方式和目标，一般应包含以下内容：①工程项目概况；②实行环境保护监理的依据；③环境保护监理的范围；④工作内容、工作目标和工作方式；⑤监理单位组织机构、人员安排、岗位职责；⑥人员、设施或设备的进出场计划；⑦环境保护监理程序和工作要点。

（2）施工环境保护监理实施细则　施工环境保护监理实施细则，是在监理规划的基础上，由各专业监理工程师针对建设项目各分项工程编制的操作性文件。监理实施细则应明确人员职责、监理重点、具体控制措施、工作方法、阶段控制目标等内容。

（3）施工环境保护监理总结报告　环保监理工作完成后，监理单位应及时进行施工环境保护监理工作总结，向建设单位提交施工环境保护监理工作总结，其主要内容包括：委托监理合同履行情况概述，环境保护监理任务或环保监理目标完成情况的评价，尚存的主要环境问题及建议继续监测或处理的方案。

2. 公路施工环境保护监理资料体系

环保工程监理资料体系应与主体工程施工监理是一致的。环保达标监理的资料主要有：

1）日常工作记录。

2）会议记录。

3）监理月报。

①施工环境保护监理月报。监理单位的施工环境保护监理月报应包含两大部分内容，即环保达标监理和环保工程监理。后者主要是工程内容，可以参照工程监理月报格式书写。前者应包括以下内容：a. 本月主要施工内容；b. 本月环境保护和污染防治情况，上月遗留的环保问题和处理情况；c. 环保监测的结果；d. 本月环境保护存在的问题，以及处理计划；

e. 下月施工计划，以及根据下月施工内容提出的污染防治计划。

②承包人月报。为使监理工程师及时掌握施工过程的环保情况，施工单位应在月报中增加环境保护章节，包括以下内容：

a. 施工中的环境保护情况。本月施工单位污染源统计，如废气、噪声、固体废物等，是否有增减或变化；针对以上污染源采取的防治措施，以及根据污染源的变化拟定的处置计划；本月施工单位排放污染物（打桩泥浆、罐车清洗水、碎石清洗水、生活垃圾、建筑垃圾、弃土弃料等）的种类和排放地点、排放方式、排放去向，以及生态保护情况。

b. 执行情况。施工环境保护监理检查情况，内容包括本月监理工程师现场检查情况，发现的问题，以及收到通知单或联系单后的整改措施落实情况等。

4）与建设单位、施工单位往来函件。

5）工程交、竣工文件。

6）工程建设环保文件。

7）环境监测报告。环境监测报告包括两部分，一部分是由建设单位委托有资质的环境监测单位定期进行监测后，由监测部门分期提交的监测结果报告；另一部分是监理单位根据现场情况自主进行监测的结果报告。两者都应进行归档。

8）施工单位、监理单位的竣工环保总结报告及其他资料。

9）其他资料。

6.5.2 监理用表

环境监理用表分为监理用表、监测用表和月报表三大类。监理用表又分为工程监理用表、质量检查表、环境质量控制表和环保工程质量监理表四种。其中月报表、工程质量检查表、监理用表为原项目监理的系统用表，环境质量控制表和环保工程质量监理表为新增表格。

1. 工程监理用表

工程监理用表是监理人员进行质量控制的基础，可在原监理用表的基础上，根据需要增加关于环保监理的内容，将环保工作纳入日常工作中，由路基、路面、桥梁、隧道等专业监理工程师负责填写，在进行工程质量控制的同时，进行环境质量控制。监理日志、分部工程开工申请/批复表等为工程监理用表结合环境质量检查内容的例表。

2. 工程质量检查表

工程质量检查表是项目进行质量控制的基础，可在原质量检查表的基础上，根据需要增加关于环保检测的内容，将环保工作纳入日常工作中，由路基、路面、桥梁、隧道等专业监理工程师负责填写，在进行工程质量控制的同时，进行环境质量控制。地表清理与掘除检查表、土方路基检查表等为工程质量检查表结合环境质量检查内容的例表。声屏障、污水处理设施、绿化工程等质量用表的编制同工程质量检查表，由专职和兼职环境监理工程师填写。

3. 环境质量控制表

施工环境保护方案审查批复单、施工临时用地计划审批表、施工临时用地恢复情况一览表、取（弃）土场变更审批表、重大环境污染（水土流失）事故报告单及分部/单位工程环保验收申请批复单等为环境质量控制表，由专职环境监理工程师负责填写，并进行施工过程质量控制。

4. 环境监测用表

现场环境质量抽检结果报告单等，是环境人员（或环境监理工程师）的监测用表，用以表明施工现场的环境质量情况，以便环境监理工程师进行质量控制和评价。

5. 月报表

施工期环保进度月报表、环保内容概况表等为月报表，用于资料汇总和总体质量控制。由专职环境监理工程师负责填写。

本章小结

本章介绍的内容是在公路施工过程中实行环境保护，这是对项目全过程环境保护管理不可缺少的重要环节，也完全符合国家关于环境保护必须与工程主体“同时设计、同时实施、同时交付使用”的“三同时”原则。系统介绍了我国公路环保的发展、现行的环保法律体系、公路工程环境保护监理的基本原则和主要依据，公路施工中造成的影响及防治措施；重点分析公路施工环保监理的任务、各施工阶段的工作内容及绿化工程的监理要点、公路景观设计技术等。

复习思考题

1. 公路环境保护监理的主要依据是什么？
2. 如何有效地防止公路施工中的大气污染？
3. 如何减缓公路建设对社会环境的影响？
4. 什么是公路建设项目环境影响评价？它的目的是什么？
5. 如何防治临时施工道路对环境的潜在影响？
6. 简述路基工程环境保护监理的要点。
7. 简述路面工程环境保护监理的要点。
8. 简述桥梁工程环境保护监理的要点。
9. 绿化工程监理的重点是什么？

单元七　公路工程施工合同监理

任务要求

1. 掌握合同要素、特性及基本的合同法律知识。

2. 掌握 FIDIC 合同条件的组成和内容，能应用 FIDIC 合同条件进行工程合同的签订与管理。

3. 掌握公路工程招标投标的条件、程序和工作内容。

4. 分析和描述公路工程施工合同管理的主要内容、方法和程序。

5. 应用相关法律和法规进行工程风险的管理，处理工程变更、分包、延期、索赔及合同争端等问题。

案例引入

某公路工程项目的路基填土分项工程施工，合同中的技术规范规定，路基填土的含水量最佳范围为 8% ~12%。但工程现场承包人开挖的填土的含水量高达 18%，超出规定值很多。若要满足技术规范的要求，必须对填土进行晾晒处理，以降低含水量。但是工地现场频繁下雨，处理填土有困难，承包人不愿这样做。因此，承包人向监理工程师提出要求，希望用未经处理的填土直接填压，经过多次工地会议讨论，监理工程师考虑到采取适当的施工措施也能达到设计质量要求，则表示同意承包人意见。因为填土的含水量较高，原来施工采用的碾压机械已不适用，需要重新配置机械设备。随后，承包人又要求监理工程师签发将技术规范中的填土含水量改为 18% 的变更令，监理工程师拒签，原因是监理工程师仅仅是为了帮助承包人，并不反对用含水量为 18% 的土直接做填土，并没有指示承包人要这样做。最后，经不住承包人反复多次的请求，监理工程师最终签发了变更令。然而，变更令刚发布，承包人就以变更令和《公路工程施工监理合同范本》合同通用条款第 51 条和第 52 条提出索赔。该索赔经协商未能解决，最后提交仲裁。这里是承包人钻了空子，监理工程师犯了不该签发变更令的错误，导致了不必要的索赔事件发生。

公路工程项目从招标、投标、施工到竣工验收，涉及业主、设计单位、材料设备供应商、材料生产厂家、施工单位、工程监理单位等，需要通过经济和法律相结合的方法，使工程项目所涉及的各有关单位在平等互利原则的基础上，建立起多方的权利义务关系，以保证工程项目目标的顺利实现。

我国多年的实践证明，公路工程项目质量、进度、费用三大目标的实现，十分关键的一点，就是业主、承包商、监理单位三方必须树立强烈的合同意识，按合同约定办事。作为公正、独立的第三方，监理单位要熟练运用合同管理的方法，进行工程质量、进度、费用的控制。公路工程施工合同管理涉及以下内容：工程风险与保险、工程变更、工程分包与转让、工程延期、工程索赔与反索赔、违约、争端与仲裁、合同的终止等。

7.1 合同监理概述

7.1.1 合同的概念和法律特征

1. 合同的概念

合同是平等主体的自然人、法人、其他组织之间设立、变更、终止民事权利义务关系的协议。

合同有广义和狭义之分。广义的合同是指当事人之间达成的有关民事权利义务关系的协议，既包括财产关系方面的协议，也包括身份关系、行政关系、劳动关系等方面的协议；狭义的合同仅指财产关系方面的协议，《中华人民共和国合同法》中所称的合同，指的是狭义上的合同。

2. 合同的法律特征

1）合同是一种协议，属于双方或多方当事人的民事法律行为。合同作为一种协议，其实质是一种合意，不仅要求各方当事人要有意思的表示，而且还要求各方的意思表示一致。因此，合同属于民事法律行为。同时当事人作出的意思表示必须合法，这样才具有法律约束力。

2）合同的目的是设立、变更、终止一定的民事法律关系。在当事人之间既可以通过合同设立一定的民事法律关系，如买卖合同；也可以通过协议使相互间原有的民事关系发生变更或终止，如通过协议解除原有的买卖关系。

3）合同的当事人地位平等。合同的当事人包括自然人、法人及其他组织，他们都是平等的民事主体，法律地位平等。《中华人民共和国合同法》规定："合同当事人的法律地位平等，一方不得将自己的意志强加给另一方。"

7.1.2 合同法律关系的构成要素

1. 合同法律关系的主体

合同法律关系是根据合同法律规范调整的、当事人在民事流转过程中所产生的权利义务关系。

合同法律关系由主体、客体、内容三个要素构成。缺少其中任何一个要素都不能构成合同法律关系，改变其中的任何一个要素就改变了原来设定的法律关系。

合同法律关系的主体，是指参加合同法律关系、享有民事权利、承担民事义务的当事人。

合同法律关系的主体可以是自然人、法人、其他组织。

（1）自然人　自然人是指基于出生而成为民事法律关系主体的有生命的人。作为合同法律关系主体的自然人，必须具备相应的民事权利能力和民事行为能力。

民事权利能力是民事主体依法享有民事权利和承担民事义务的资格。自然人的民事权利能力始于出生，终于死亡。民事行为能力是民事主体通过自己的行为取得民事权利和履行民事义务的资格。根据自然人的年龄和精神健康状况，可以将自然人分为完全民事行为能力人、限制民事行为能力人和无民事行为能力人。

（2）法人　法人是具有民事权利能力和民事行为能力、依法独立享有民事权利和承担民事义务的组织。法人是与自然人相对应的概念，是法律赋予社会组织具有人格的一项制度。这一制度为确立社会组织的权利义务，便于社会组织独立承担责任提供了基础。

法人应当具备以下条件：

1）依法成立。

2）有必要的财产或者经费。

3）有自己的名称、组织机构和场所。

4）能够独立承担民事责任。

法人的法定代表人是自然人，他依照法律或者法人组织章程的规定，代表法人行使职权。法人以其主要办事机构所在地为住所。

（3）其他组织　其他组织是指依法成立、有一定的组织机构和财产，但不具备法人资格的组织，主要包括：

1）法人的分支机构。

2）不具备法人资格的联营体或联营企业。

3）不具备法人资格的合伙企业。

4）不具备法人资格的集体企业或个人独资企业。

5）不具备法人资格的社会团体。

2. 合同法律关系的客体

合同法律关系的客体，是指合同法律关系主体的权利和义务共同指向的对象。如果合同主体的权利和义务没有具体的对象，就将失去依附的目标和载体，就成为无法落实、毫无意义的东西。因此，客体是合同法律关系不可缺少的要素之一。

合同法律关系客体的种类主要包括：物、行为、智力成果等。

1）物。法律意义上的物是指可为人们控制并具有经济价值的生产资料和消费资料。如建筑材料、建筑设备等，都有可能成为合同法律关系的客体。

2）行为。法律意义上的行为是指人（包括自然人、法人、其他组织）的有意识的活动，多表现为完成一定的工作，如勘察设计、工程监理、设备安装等。

3）智力成果。智力成果又称精神产品或者非物质财富，是指通过人的智力活动所创造出的精神成果，包括知识产权、技术秘密等。

3. 合同法律关系的内容

合同法律关系的内容是指合同约定和法律规定的合同主体的权利和义务。合同法律关系的内容是合同的核心和合同的具体要求，决定了合同法律关系的性质，直接体现了合同主体的利益和要求，它是连接主体的纽带。

7.1.3　合同的分类

1. 有名合同与无名合同

有名合同也称典型合同，是指法律、行政法规已经规定了具体名称，并设定了具体规则的合同。如建筑工程合同、委托合同。

无名合同也称非典型合同，是法律、行政法规尚未确定专门名称和具体规则的合同。

区分有名合同和无名合同的意义在于法律适用上的不同，有名合同适用法律上的专门规定；无名合同，依《中华人民共和国合同法》第124条规定，适用《中华人民共和国合同法》总则的规定，并可参照法律关于有名合同的最类似的规定。

2. 计划合同与非计划合同

计划合同是依据国家有关计划签订的合同。

非计划合同是当事人根据市场需求和自己的意愿订立的合同。

3. 双务合同与单务合同

双务合同是指当事人双方互相享有权利和互相负有义务的合同，即当事人双方都享有权利并承担义务的合同。如买卖合同、承揽合同等。

单务合同是指合同当事人双方并不互相享有权利、负有义务的合同，即一方只享有权利而不承担义务，另一方只承担义务而不享有权利的合同。如赠与合同等。

4. 诺成合同与实践合同

诺成合同是指当事人各方的意思表示一致即可成立的合同，又称不要物合同。如买卖合同、租赁合同等。

实践合同是指在当事人意思表示一致的基础上，还必须实际交付标的物或其他给付义务才能成立的合同。如保管合同、运输合同等。

5. 有偿合同与无偿合同

有偿合同是指合同当事人双方中的任何一方均须给予另一方相应权益方能取得自己的利益的合同。有偿合同是商品交换最典型的法律形式。在市场经济中，绝大部分合同都是有偿合同。如买卖合同、运输合同等。

无偿合同是指当事人一方无须给予另一方相应权益即可从另一方取得利益的合同。如赠与合同、借用合同等。

6. 要式合同与不要式合同

要式合同是指法律规定或当事人约定应具备一定形式和手续的合同。如建设工程合同。

不要式合同是指法律不要求或当事人没有约定应具备一定形式和手续的合同。

7. 主合同与从合同

主合同是指不需要其他合同存在而能独立存在的合同。

从合同是指必须以其他合同的存在为前提而存在的合同。

主合同的无效、终止将导致从合同的无效、终止。但从合同的无效、终止不影响主合同的效力。但是，从合同会对主合同的履行产生影响。

8. 格式合同与非格式合同

格式合同，又称为定式合同、附和合同，它是当事人一方为与不特定的多数人进行交易而预先拟定的，且不允许相对人对其内容作任何变更的合同；反之，为非格式合同。

格式条款具有《中华人民共和国合同法》规定的导致合同无效的情形的，或者提供格式条款一方免除其责任、加重对方责任、排除对方主要权利的，该条款无效。

对格式条款的理解发生争议的，应当按照通常理解予以解释。对格式条款有两种以上解释的，应当作出不利于提供格式条款一方的解释。格式条款与非格式条款不一致的，应当采用非格式条款。

9. 总价合同与单价合同

工程经济活动中，按照合同支付方式的不同，常见的合同类型有总价合同和单价合同。

总价合同指按商定的总价承包工程的合同。其特点是以图样和技术规范为依据，明确承包内容和计算包价，签约时一次包死。如果图样和技术规范不够详细，未知因素较多，或遇到材料突然涨价及恶劣的天气等意外情况时，则承包单位必须承担应变风险。为此，承包商往往加大不可预见费用，因而不利于降低造价，最终对建设单位不利。故这种承包方式通常适用于规模小、工期短、技术不太复杂的工程。

单价合同指由建设单位列出工程细目的工程量清单，然后交施工单位投标报价，从中选择一家总报价低且各方面条件比较优越的投标单位作为中标单位并签订合同。工程付款将根据所完成的工程数量和工程量清单中的单价结算。单价合同能避免工程变更给承包合同双方带来的风险，有利于降低风险报价。因此，这种方式在公路施工承包合同中应用最为普遍。

7.1.4 工程合同管理

工程合同管理，是指各级工商行政管理机关、建设行政主管部门和金融机构，以及业主、承包商、监理单位依据法律和行政法规、规章制度，采取法律的、行政的手段，对建设工程合同关系进行组织、指导、协调及监督，保护工程合同当事人的合法权益，处理工程合同纠纷，防止和制裁违法行为，保证工程合同的贯彻实施等一系列活动。

1. 工程合同管理的任务

工程合同管理从合同订立之前就已经开始，直至合同履行完毕，主要包括合同订立前的管理、合同订立阶段的管理和合同履行阶段的管理三个方面。

（1）合同订立前的管理　合同签订意味着合同生效和全面履行，所以必须采取谨慎、严肃、认真的态度，做好签订前的准备工作，具体内容包括：市场预测、资信调查和决策，以及订立合同前行为的管理。

（2）合同订立阶段的管理　合同订立阶段，意味着当事人双方经过工程招标投标活动，充分酝酿、协商一致，从而建立起建设工程合同法律关系。订立合同是一种法律行为，双方应当认真、严肃拟定合同条款，做到合同合法、公平、有效。

（3）合同履行阶段的管理　合同依法订立后，当事人应认真做好履行过程中的组织和管理工作，严格按照合同条款享有权利和承担义务。合同履行阶段，当事人之间有可能发生纠纷，当纠纷出现时，有关双方首先应从整体、全局利益的目标出发，做好有关的合同管理工作。合同资料是重要的、有效的法定证据，有助于纠纷的解决。

2. 工程合同管理的方法

1）健全建设工程合同管理法规，依法管理。

2）建立和发展有形建筑市场。

3）建立建设工程合同管理评估制度。

4）推行合同管理目标制。

5）合同管理机关严肃执法。

7.2 FIDIC《土木工程施工合同条件》简介

7.2.1 FIDIC 简介

FIDIC 是法语“Fédération Internationale Des Ingénieurs-Conseils”（国际咨询工程师联合

会）的缩写。它成立于1913年，是由法国、比利时、瑞士等国发起的。在早期，它没有完全定型，且到二战结束，它还只是一个欧洲组织，说不上是真正的国际组织。此后，英国于1949年签字参加，成为会员国。美国也在1958年签字加入。许多新兴工业化国家在20世纪70年代以后逐步加入，这样一来才使FIDIC真正成为一个国际组织。我国也在1996年正式加入。它的成员，必须一国一席。个别咨询企业或个人都不能成为会员。国际咨询工程师联合会是当今世界上最具权威性的咨询工程师组织，其办公机构总部设在瑞士洛桑。FIDIC下设五个永久性专业委员会，即业主与咨询工程师关系委员会（CCRC）、合同委员会（CC）、风险管理委员会（RMC）、质量管理委员会（QMC）和环境委员会（ENVC）。

7.2.2 FIDIC《土木工程施工合同条件》的内容构成

FIDIC合同条件是一套在国际上广泛应用的、权威的标准合同文件。在土木工程领域中最常用的是FIDIC《土木工程施工合同条件》（以下简称FIDIC条款）。FIDIC条款适用于国内外公开招标的土木工程项目承包管理，主要规定了合同履行中当事人的基本权利、基本义务、合同管理工作程序及监理工程师的职责和权力。FIDIC条款的内容构成主要分为三部分：通用条件、专用条件、一套标准格式。

1. 通用条件（或一般条件）

FIDIC条款第一部分是通用条件，共有28节72条194款，其内容包括：有关概念术语；业主和承包人的合同责任、义务和权利；监理工程师的职责、权力和办事程序；业主和承包人各自应承担的风险；违约和争端的处理办法、担保制度、强制性保险制度，以及合同履约中各种其他事务。

一般情况下，在国际土木工程项目的招标文件中，可直接将FIDIC条款的通用条件放入招标文件中，不需再从头去编合同通用条件。

2. 专用条件（或特殊应用条件）

FIDIC条款第二部分是专用条件，共有73条。除第73条其他规定外，前面72条编号和通用条件的72条相对应，是对通用条件各相应条款的补充或进一步的明确。由此可知，通用条件和专用条件是一个整体，相互补充、完善，不可分割。第二部分专用条件的各条款也给出了不同的措辞，供编写工程项目合同专用条件时参考，以适应工程项目所在国的具体情况。对某些条款，提出了应注意的事项；对于一些特殊情况，还提出补充性的条款，如保密的要求。

3. 合同的标准格式

FIDIC条款的最后一部分，还给出了土木工程承包合同文件的标准格式，以便对国际公开招标的工程项目给予指导，也便于评标比较。如承包商投标书的标准格式、业主和承包商双方的“协议书”标准格式，以及投标书的附录和附表等。

7.2.3 FIDIC条款基本模式

1）业主和承包商之间是一种互相合作又互相监督的合同法律关系，在FIDIC条款通用条件中全面明确了双方职责、权利和义务，他们之间互相合作、互相监督，构成对立统一的合同关系主体，但双方一般不发生直接的工作关系。

2）监理工程师是承包合同的监督和管理单位。

3）监理工程师的权力通过 FIDIC 条款通用条件中的施工承包合同予以明确，即由业主和承包商通过施工合同来授予，一经明确不能随意进行修改或变更。

4）监理制度不改变业主、承包商之间的权利和义务关系。

7.2.4 FIDIC 条款基本程序

1）选择监理工程师，签订业主与监理工程师之间的服务协议。

2）通过竞争性招标，确定承包商和施工合同文件。

3）承包商办理合同要求的履约担保、动员预付款担保、保险等事项，并取得业主的批准。

4）业主支付动员预付款。

5）承包商提交监理工程师所需要的施工组织设计、施工技术方案、施工进度计划和现金流量估算，监理工程师批准。

6）监理工程师召开第一次工地会议。

7）监理工程师发布开工令，业主同时移交工地占有权。

8）承包商根据合同要求进行施工或完成合同要求的设计，监理工程师进行日常管理工作。业主及时办理各项付款手续或根据合同办理授权手续等。

9）监理工程师在工程完工（竣工）时，根据承包商的申请组织交工验收，签发工程移交证书，业主接收工程。

10）在移交证书签发和承包商及时提交竣工报表（竣工结算）后，监理工程师及时进行审查并签发付款证书，业主根据付款证书按时办理手续并退还部分保留金。

11）缺陷责任期内，承包商完成剩余工作并修补所有缺陷，按合同承担缺陷责任。

12）监理工程师签发缺陷责任终止证书。

13）业主归还履约保证金和剩余保留金。

14）承包商提出最终（结算）报表。

15）监理工程师签发支付证书，业主与承包商结清余款。

7.3 公路工程招标与投标

公路工程实行招标投标制度，是我国公路建设事业改革的需要，也是提高公路建设和管理水平的需要。招标投标是一种法律行为，是当事人双方合同法律关系产生的过程，当事人双方均须受法律的约束。

7.3.1 工程招标的方式

公路工程施工招标可分为公开招标和邀请招标两种法定方式。

1. 公开招标

公开招标也称无限竞争招标，是指招标人通过国家指定的报刊、信息网络或者其他媒体发布招标公告，邀请具备相应资格的不特定的法人投标。

采用公开招标，凡是具备相应资质、符合招标条件的法人，不受地域和行业的限制，均可申请投标。

公开招标的特点是：投标人数量不受限制，投标竞争激烈，可促使施工单位提高管理水平；招标人可在较大范围内选择中标人，以获得有竞争性的报价；透明度高，有利于贯彻公开、公平、公正的原则，保证平等竞争；有利于防止地方或部门（行业）保护，建立良好的竞争环境，但招标周期长、工作量大、费用高。

2. 邀请招标

邀请招标也称有限竞争招标，是指招标人以发送投标邀请书的方式，邀请三家以上具备相应资格的特定的法人投标。

采用邀请招标的，招标人应当向三家以上具备承担招标项目的能力、资信良好的特定的法人发出邀请。投标邀请书应当载明招标人的名称和地址，招标项目的性质、数量、实施地点和时间，以及获取招标文件的办法等事项。

邀请招标的特点是：不需要发布招标公告和设置资格预审程序，节约招标费用和时间；由于对投标人的业绩和履约能力比较了解，减少了合同履行过程中承包方违约的风险。但由于邀请范围较小，选择面较窄，可能排除了某些在技术或报价上有竞争力的潜在投标人，竞争性较差。

符合以下条件之一情形的不适宜公开招标，依法履行审批手续后，可以进行邀请招标：

1）项目技术复杂或有特殊技术要求的，且符合条件的潜在投标人数量有限的。

2）受自然地域环境限制的。

3）公开招标的费用与工程费用相比，所占比例过大的。

7.3.2 工程招标的类别

根据公路工程标的的不同，工程招标的类别主要有以下几种：

1. 公路工程监理招标投标

公路工程监理招标投标是指工程建设单位（业主）就拟委托服务工作的内容、范围、要求等有关条件作为标底，公开或非公开地邀请投标人报出完成服务的技术方案和费用方案，从而择优选定监理单位的过程。

2. 公路工程施工招标投标

公路工程施工招标投标是业主通过招标方式选择施工单位的过程。施工招标的目的是在保证施工质量和工期的前提下降低施工成本和工程造价，因此，投标报价的高低是施工评标中应予以重点考虑的因素。

3. 物资设备采购招标投标

公路工程建设过程的材料设备招标主要是对一些特种材料和机械设备（依赖进口）进行招标。在招标过程中，由业主提出所需材料、设备的品种、规格及数量要求，供应商或制造商据此提供自已的材料、设备性能和报价，业主择优选择材料或设备的供应单位。在材料设备招标过程中，价廉物美是选择供应商或制造商的基本原则。

7.4 公路工程合同

在公路工程建设中，常涉及的合同有工程勘察设计合同、工程施工承包合同和工程施工监理合同。

7.4.1 工程勘察设计合同的订立与管理

工程勘察设计合同是业主与勘察设计法人之间为完成一定的勘察设计任务而签订的明确相互权利和义务关系的协议。

1. 合同订立

1）勘察设计合同应由建设单位和设计单位或有关单位提出委托。勘察设计合同需具有上级机关批准的可行性研究报告方能签订。如果独立委托施工图设计任务，只有同时具有上级有关部门批准的初步设计文件方能签订。

2）根据《中华人民共和国招标投标法》和住建部的有关规定，通过招标投标授予（取得）设计合同。

3）住建部颁布的招标文件范本是编制招标、投标文件的依据，也是合同文件的范本，项目法人与中标设计单位经过平等协商解决招标、投标文件之间的差异，订立勘察设计合同。

4）合同的订立要符合基本建设程序，以国家批准的项目建议书或可行性研究报告为基础，进度安排要符合基本建设程序和设计内在客观规律的要求。

5）勘察设计合同生效后，委托方一般应向承包方支付20%的定金，合同履行后抵作设计费，如果委托方不履行合同，无权要求返还定金。如果承包方不履行合同，应双倍返还定金。

2. 合同履行

（1）合同内容　工程勘察设计合同应具有以下各项条款：

1）建设工程名称、规模、投资额和建设地点。

2）业主提供资料的内容、技术要求和期限，承包方勘察的范围、进度和质量，设计的阶段、进度、质量和设计文件份数。

3）勘察设计取费的依据，取费标准和拨付办法。

4）违约责任。

（2）履行要求　设计合同在履行中要注意处理好下面几个关系：

1）根据设计内在客观规律，委托方要及时提供基础资料，但设计单位也要主动协助。

2）当委托方要求更改初步设计已审定的原则时，设计单位要认真进行科学的论证，对于不合理的要求要耐心进行说服教育，并要求按照规定办理必要的审批手续。

3）主体设计单位要起到设计总体归口管理的作用。其主要工作包括：协助项目法人与单项设计单位签订合同；在技术条件与设计范围等方面做好必要的协调工作；在概预算管理方面，要做到该统一的统一（如“三材”价格），项目划分上不重不漏。

3. 合同管理

（1）合同管理准备　监理工程师在进行工程勘察设计合同管理前，应做好以下准备工作：

1）熟悉合同，了解合同的主要内容、合同双方的责任和义务。

2）了解勘察设计单位履行合同的计划和人力安排。

3）了解依据合同由项目业主为勘察设计单位提供的文件、资料内容和提供时间。

4）了解依据合同，勘察设计单位提供给项目业主的勘察设计成品内容和提供时间。

5）熟悉工程前期资料，了解合同规定的勘察设计成品的质量标准。

6）明确合同管理的监理工程师。

（2）勘察设计进度管理

1）项目业主提供给勘察设计单位的文件、资料是否按合同规定时间提供。

2）勘察设计单位阶段性的计划是否满足项目业主计划的要求。实际进度是否符合勘察设计计划大纲规定的计划进度。

3）勘察设计成品是否按合同要求时间交付。

4）项目业主按期支付合同价款，逾期不支付，按合同约定支付滞纳金。

（3）勘察设计质量管理

1）勘察单位应按合同规定和国家现行规范、规程和技术规定，进行工程地质、水文地质的勘察，按合同要求提供成果。

2）设计单位应根据项目业主提供的工程审批文件和有关技术协议书，以及合同规定的设计标准、规范，进行设计。

3）设计单位提供的设计成品应符合国家规定的设计内容、深度要求。

4）设计修改应满足审批文件要求和现场施工要求。

5）设计的总体水平应满足安全生产、经济运行和满负荷工作的要求。

6）设计成品和图样组织应满足行业标准规定，成品签证应完整。

（4）勘察设计投资管理

1）在严格控制一次性投资的同时，注重各项技术经济指标的综合应用。

2）监理工程师应督促检查限额设计开展的情况。

3）设计合同中奖罚条款要具体，监理工程师应监督兑现。

4）参与概、预算编制原则的讨论、确定，使之符合合同和行业规定。

（5）违反勘察设计合同的责任

1）当监理工程师发现勘察设计合同的双方发生违约的先兆时，应根据合同规定及时提醒有关方面注意，当因条件无法改变时，监理工程师应及早进行协调。

2）当项目业主因变更计划或提供资料、文件不准确，造成勘察、设计的延误或返工时，勘察设计单位应按合同规定提出工期索赔或费用索赔，此时监理工程师应进行协调并公正地提出监理意见。

3）当勘察设计单位所提供的设计成品出现质量低劣或不符合规定时，监理工程师通知其整改或返工，但效果不佳或无效的，应及时报项目业主，由项目业主处理。

4）当勘察设计单位因自身原因不能按期提交设计成品时，应按合同规定承担违约责任。

5）当项目业主没有按合同规定按期支付勘察设计费用或没有及时提供条件而影响勘察、设计工作正常进行时，项目业主应承担违约责任。

7.4.2 工程监理委托合同的订立与管理

公路工程施工监理委托合同是业主与工程监理公司之间签订的明确双方权利和义务的协议。

1. 合同主体资格

1）监理委托合同中，业主应具有建设工程的法人资格；监理方必须具有法人资格和营业执照，并且必须具备交通基本建设工程监理资质证书或临时资质证书。监理工程师应持有国务院或省级交通行政主管部门颁发的监理工程师证书上岗。

2）监理方不得与被监理方及材料、设备供应方有隶属关系或发生经营性业务关系，不得营私舞弊，损害业主或施工方的利益。

2. 合同的订立

（1）合同的主要内容

1）合同双方的确认。在委托合同中，首项内容为合同所涉及项目的工程概况和双方的自身说明。主要是说明工程名称、地点、规模、总投资、监理范围，建设单位和监理单位的名称、地址及银行账号等。

2）合同中词语定义、适用语言和法规。

3）监理单位的义务和权利。

4）业主的义务和权利。

5）合同生效、变更和终止。

6）监理酬金。

7）其他问题的说明。

8）争议的解决。

（2）合同的签订与执行　工程监理委托合同应按法定程序签订。合同签订后，就意味着委托关系的形成，委托方与被委托方的关系也将受到合同的约束。

1）签订合同必须是双方法人代表或经其授权的代表签署并监督执行。

2）在合同签署过程中，应查验代表对方签字的人的授权委托书，要认真注意合同签订的有关法律问题，对于这些问题，一般是由通晓法律的专家或聘请法律顾问指导和协助完成，避免合同失效或不必要的合同纠纷。

3）监理委托合同签署后，建设单位应当将委托给监理工程师的权限体现在与承包单位签订的工程承包合同中，为监理工程师的工作创造条件。

4）合同文字、措辞力求简洁、清晰、严密，以保证双方对工作范围、采取的工作方法，以及双方对相互间的权利和义务准确理解。

5）在合同开始执行时，建设单位应当将自己的授权执行人及其所授予的权利以书面形式通知监理单位，监理单位也应将拟派往该项目工作的总监理工程师及该项目监理组织的人员情况告知建设单位。

（3）往来函件的保存　在合同洽商过程中，合同双方通常会用一些函件来确认双方达成某些口头协议，尽管它们不是具有约束力的正规合同文件，但是有利于确认双方的关系，以及双方对项目的理解，以免将来因分歧而否定口头协议。这种将口头协议形成文字保证其生效的信件，包括了建设单位提出的要求和承诺，它也是监理单位承担责任、履行义务的书面证据。所以说，这是一个不可忽视的资料。

3. 合同的管理

工程监理委托合同一经签订就具有法律效力。合同双方为维护自身的合法权利，保证合同的顺利实施，都必须加强对合同的管理工作。

（1）合同管理的任务

1）监理单位通过对监理委托合同的管理，可以对参与工程监理的人员在合同关系上给予帮助，并通过对合同的解释给予工作上的指导，以及对信函和纪要进行合同的法律审查。

2）签约双方通过对监理委托合同的管理，可以对合同实施进行有效的控制，以确保双方正确履行合同，增强双方在合同实施中的协作配合。

3）通过双方加强对监理委托合同的管理，可以减少或防止合同争执，并避免因合同争执造成的损失。

4）通过对监理委托合同的管理，可以向签约双方通报合同执行情况，便于双方制定合同实施的行动方案或对策。

（2）合同管理的内容

1）监理单位应建立合同实施的保证体系，包括：建立有效的项目监理组织机构；配备得力的项目监理负责人及配套的专业监理人员；落实合同责任制，建立和健全以责任制为中心的合同管理工作程序和工作制度；建立对合同目标实行动态跟踪的目标管理模式等。

2）签约双方都必须做好合同实施的监督工作，包括：审查监理单位的合同保证体系；业主协助监理单位建设合同保证体系；审查合同实施的要求、监理方式和监理程序；审查监理单位与业主往来的各种函件、报告和批复、签证和记录等材料；双方应对监理工作计划执行情况定期检查；对合同实施中出现的新情况、新问题应尽快协商，制定必要的措施加以解决，以及对合同更改进行事务性处理。

3）如果合同双方在执行合同过程中产生了争执，应本着互利互惠的原则妥善地协商解决。若协商失败，任何一方可以向合同管理仲裁机构提出仲裁申请，经仲裁机构调解作出仲裁决定；任何一方对仲裁决定持有异议，都可以向人民法院提出诉讼，由人民法院依法作出判决。

4）提出索赔与反索赔报告，是合同双方进行合同管理的日常工作。

（3）合同变更的管理

1）合同变更应由合同双方经过会谈，对变更问题达成一致意见，签署会议纪要、备忘录、修正案等变更协议。对于合同规定范围内的变更，不需要经过双方会谈，可由业主直接下达变更指令。

2）合同变更的原因有很多，概括起来主要有以下几方面：

①业主提出新的要求或补充要求；

②合同执行环境的变化，已超出了原有合同委托任务的预期范围，经双方协商达成合同更改协议；

③国家经济或政策对新建项目提出新的要求，业主要求对合同应作相应变更。

3）合同变更对签约双方都会有一定的影响，主要有以下两个方面：

①合同变更会引起双方责任的变化，在合同变更中应予以确认；

②合同变更会引起双方利益的变化，特别是当监理任务的变化会引起监理服务费用的变化，在合同变更中对新增服务费计算的方法、金额、支付方式、支付时间等均应作出规定。

4）合同变更协议与合同文本具有同等的法律约束力，其法律效力优于合同文本。

7.4.3 工程施工合同的订立与管理

1. 合同管理的内容

监理工程师在施工阶段监理过程中实施合同管理的主要目的是，约束合同的各方遵守合同规定，避免各方责任的分歧，以及不严格执行合同而出现的合同纠纷和违约现象，保证工程建设项目质量、进度、投资三大目标的实现。

合同管理的基本工作内容如下：

1）签订监理委托合同。

2）参与施工承包合同的签订。

3）监理委托合同分析。

4）施工承包合同分析。

5）合同的文档管理。

6）监理实施细则编制：质量控制、进度控制、投资控制。

7）索赔处理。

8）信息管理。

9）项目协调。

10）验收决算。

2. 合同签订阶段的管理

1）监理工程师全面了解招标文件对施工承包单位的资质条件、承包工程范围、工程规模、工程特征、工程技术等情况的要求。

2）全面了解中标单位的资质、业绩，担负本工程主要负责人的基本素质情况，投标书中对本工程的承诺，中标单位的投入能力、质量保证措施、投标价格和组成、工程进度安排等。

3）进行合同分析。主要分析：采用的合同文本是否正确、有效，标准条件是否符合本工程特征，投标书中提出的专用条件包括工期顺延、价款变动、质量要求、现场条件等是否有隐含转嫁风险的因素。

4）审查合同订立是否遵守国家法律和法规，是否遵循平等、自愿和公平的原则，是否执行诚实、信用的原则。

5）当监理工程师认为投标书中的阐述不明确或措施不得力时，应进一步询问和落实，避免引起扯皮或发生索赔。

6）合同签订必须保证双方责任明确、承担的工程项目和范围明确、质量检验标准明确、工程进度目标明确、费用范围和支付方式明确、违约处罚条件明确、安全保证目标明确、工程验收和移交明确、设备材料采购范围明确、合同双方法人代表明确、合同签章手续完备。

7）进行合同交底时应将合同目标向全体监理人员交底，明确合同工作范围、合同条款的交叉点以合同风险，并做好准备。

8）建立合同数据档案，利用计算机进行合同管理。

9）形成合同网络系统，建立合同计划表。

3. 合同实施阶段的管理

1）监理工程师在施工合同履行过程中，做好合同监督工作。主要是做好工期管理、质量管理、结算管理和安全管理。同时，建立合同数据档案，利用计算机进行合同管理，形成合同网络系统，建立合同计划表。

2）由于施工工期一般较长，通常采用按进度付款的方式。项目法人及监理单位要做好付款控制工作。

7.5 工程变更

由于公路工程沿线地质条件复杂，发生合同变更较为常见，几乎每一个公路工程项目都会发生工程变更。工程合同文件、技术规范或设计图，以及施工方法发生变更，总是发生在工程施工过程中，有时事先不可预见，无法事先约定，作为监理工程师，在处理工程变更问题时，应及时与业主和承包商协商，正确处理工程的变更。若处理不当，即使是正常的工程变更也会影响工程进展，所以必须予以高度重视。

7.5.1 工程变更的定义、分类和内容

1. 工程变更的定义

工程变更也就是合同变更，是指对合同中的工作内容作出修改，追加或取消某一项工作。工程变更只能在原合同规定的工程范围内变动，不能涉及对工程进行重大的改造，不能改变工程的使用功能。工程变更的内容只能是合同中的技术规范、设计图、施工方法的变更，不能对合同条件、履约担保、保险、合同争端处理条款进行变更。

2. 工程变更的分类

工程变更按引发的原因不同，一般可分为以下几类：

1）因设计不合理而引起的工程变更。

2）业主想扩大工程规模、提高设计标准或加快施工进度而出现的工程变更。

3）为满足地方政府的要求而不得不进行的工程变更。

4）为优化设计方案而出现的工程变更。

5）因业主风险或监理工程师责任等原因而引起的工程变更。

6）因承包商的施工质量事故而引起的工程变更。

3. 工程变更的内容

依据 FIDIC 条款第 51.1 款规定，如果工程师认为有必要对工程或其任何部分的形式、质量或数量作出任何变更，为此目的或出于他认为适当的任何其他理由，他应有权指令承包商进行而承包商也应进行下述任何工作：

1）增加或减少合同中所包括的任何工作的数量。

2）取消任何工程。

3）改变合同中任何工作的性质、质量或类型。

4）改变工程任何部分的标高、基线、位置和尺寸。

5）为完成本工程所必需的任何种类的附加工作。

6）改变工程任何部分的，任何规定的施工顺序或时间安排。

7.5.2 工程变更的估价

1. 一般情况下变更后的工程估价

1）如果合同中已有可以使用的单价或价格，而且监理工程师认为这一单价或价格合适，则应依合同中规定的单价和价格予以估算。

2）如果合同中未包括可适用于变更后工程的单价或价格，只要合同中相应的近似项目所规定的单价或价格合理，也可以作为估价的基础。

3）如果合同中没有可以适用的单价，则由监理工程师和承包人共同协商后，商定一个合适的单价或价格。如果协商不成，监理工程师有最终确定单价的权力，这时则由监理工程师决定一个他认为合适的单价或价格，通知承包人并抄报业主。

4）在变更单价或价格未能取得一致意见或决定之前，监理工程师可以先决定一个暂定单价或价格，以“暂付款”的名义列入监理工程师将要签发的临时支付证书内。

5）如果合同价格是以两种以上的货币进行支付的，且合同中已有可以使用的单价、价格，则应以投标书附录中规定的币种及其支付比例支付。

6）如果合同价格是以两种以上的货币进行支付的，但合同中没有适用的单价，而是由监理工程师和承包人共同商定一个合适的单价或价格，则应同时商定各种货币的支付比例。

2. 因工程变更使其单价变得不恰当或不合理时的工程估价

FIDIC 条款规定了以下两种承包人对工程变更承担风险的极限范围：

1）超过25%。工程量清单中某单独计算其价值的细目实际施工的工程量超过或减少了原报价工程量的25%时，且影响到合同价的2%时，应对超过或减少原报价细目工程量25%的部分进行单价调价。但是“包括在计日工费率表中的单价和价格及工程量清单中的其他任何细目的单价和价格均不得作任何变更”。

2）超过15%。如果在签发整个工程接受证书时，发现由于工程各项变化使得增加或减少了的价格额度的总和比工程中标的有效合同价格额度（此处的有效价格是指扣除计日工、暂定金、凭单据报销的部分及因物价影响的或其他原因调价部分后的合同价）多15%时，监理工程师与业主和承包商协商后，将合同价增加或减少一笔协商后的调整金额。

7.5.3 工程变更的提出和审批程序

1. 工程变更的提出

1）业主提出的工程变更。

2）监理工程师提出的工程变更。

3）承包人提出的工程变更。

4）工程相邻地段的第三方提出工程变更。

2. 工程变更的审批

工程变更的受理程序一般分为五个步骤，即意向通知、资料收集、费用评估、协商价格和签发工程变更令。

7.5.4 工程变更的管理

1. 工程变更审批的原则

监理工程师在审批工程变更时应注意的原则是：

1）考虑工程变更对工程进展是否有利。

2）考虑工程变更是否可以降低工程成本。

3）考虑工程变更是否兼顾业主、承包商或工程项目之外第三方的利益，不能因工程变更而损害任何一方的正当权益。

4）必须保证变更工程符合本工程的技术标准。

5）工程受阻，如遇到特殊风险、人为阻碍、合同一方当事人违约等，不得不变更工程。

2. 工程变更的管理原则

合同变更，不仅会使变更工作本身产生额外成本并使工期延长，而且会产生连锁反应，影响与之相关的其他工作。作为监理工程师，在处理工程变更时一般应注意以下原则：

1）工程变更的范围不能随意扩大。

2）工程变更的内容不能随意扩大或缩小。

3）工程变更通常伴随工程数量的改变，但工程数量的改变并不意味着一定有工程变更的发生。

4）承包商在执行工程变更前，必须以监理工程师的书面变更令为依据，即使紧急情况下执行监理工程师口头令的工程变更，也应在执行过程中要求监理工程师尽快予以书面确认，否则这样的变更视为无效变更。无监理工程师书面确认的工程变更，即使对业主有利，也不一定能得到认可或补偿。

5）尽管工程变更的情况很多，但变更后的工程一般应该是原合同中已有的同类型工程，否则承包商的施工质量（或履行能力）无法保证，而且可能引起复杂的施工索赔。

7.6 工程风险与保险

7.6.1 工程风险

工程项目的质量、进度、费用三大目标的实现，是工程监理的核心内容。工程建设项目的特点，决定了在项目实施过程中存在着大量的不确定因素。这些不确定因素无疑会给项目的目标实现带来影响，其中有些影响甚至是灾难性的。

工程项目的风险就是指那些在项目实施过程中可能出现的灾难性事件或不满意的结果。任何风险都包括两个基本要素：一是引发风险的因素；二是风险发生带来的损失。

风险事件发生的不确定性，是由于外部环境千变万化，也因为项目本身的复杂性和人们预测能力的局限性。风险事件是一种潜在的可能事件，风险的大小可用风险量表示：

$$R = f(pq) \tag{7-1}$$

式中 R——风险量；

p——风险事件可能发生的概率；

q——风险的损失值；

f——风险函数。

确定了风险量，可为风险处理方式的选择提供有用信息。风险概率大，风险损失量也大。

公路工程项目在实施过程中存在风险是必然的、不可避免的，监理工程师必须有强烈的、正确的风险意识。

风险管理，是指社会经济单位通过对风险的认识、鉴定和分析，以最小的风险成本取得最大的安全保障的一种科学的管理活动。风险管理是一个识别和度量项目风险，制定、选择和管理风险处理方案的系列过程。

风险管理的目标是，减少风险的危害程度，使工程质量、进度、费用等目标得到控制和实现。

1. 风险的预测和识别

风险管理各步骤中最重要的步骤是预测和识别出项目目标实现过程中可能存在的风险事件，并予以分类。

风险预测和识别的过程主要立足于数据收集、分析和预测，要重视经验在预测中的特殊作用（即定性预测）。为了使风险识别准确、完整和有系统性，应从项目风险管理的目标出发，通过采取风险调查、信息分析、专家咨询和试验论证等手段，对项目风险进行多维分解，从而全面认识风险，形成风险清单。

2. 风险的分析和评价

这一过程将风险的不确定性进行量化，评价其潜在的影响。它包括的内容有：确定风险事件发生的概率和对项目目标影响的严重程度，如经济损失量、工期迟延量等；评价所有风险的潜在影响，得到项目的风险决策变量值。

3. 风险控制对策的规划

风险控制对策规划的目的是减小风险的潜在损失，基本对策有风险控制处理、风险自留和风险转移3种形式。

（1）风险控制处理对策　风险控制处理，是指为了防止风险事故的发生或使发生的风险事故所造成的损失降至最低程度所采取的各种技术手段。风险控制处理对策有风险回避、损失控制、风险分散3种形式。

风险回避是指通过放弃和变更某种活动来回避与该活动相关的风险，从而避免可能出现的风险损失。损失控制是指通过减少损失发生的机会，或通过降低损失的严重性来处理项目风险。

损失控制方案的内容包括：制订安全计划，评估、监控有关系统和安全装置，重复检查工程建设计划，制订灾难计划，制订应急计划等。

风险分散是指把可能遭受同样损失的风险单位分开设置，或者通过扩大规模来分散风险，把固定的风险分散到更多的单位。例如，将不同易燃易爆物品分开放置于不同的仓库，运输高价值货物时不放在同一条船上等。

（2）风险自留对策　风险自留是一种重要的财务性管理技术，即由企业自己承担风险所造成的损失。风险自留对策有计划性风险自留和非计划性风险自留两种。

计划性风险自留，是指风险管理人员事先估计出有某种风险存在或可能发生，有意识地采取各种措施不断地降低风险的潜在损失，主动地承担风险。

非计划性风险自留，是指风险管理人员事先没有认识到项目风险的存在或可能发生，因而没有处理项目风险的准备，等到风险发生时，被动地承担风险，此时的风险自留是一种非计划风险自留。

风险管理人员通过减少风险识别失误和风险分析失误，从而避免这种非计划风险自留。风险自留的资金安排可以采用专用账户，设立损失后备基金，建立自保基金，成立自保保险公司等形式。

（3）风险转移对策　合同转移是指用合同规定双方风险责任，从而将风险转移给对方以减少自身的损失。例如，通过工程分包合同转移施工中的某些风险。因此，合同中应包含责任和风险两大要素。

保险转移是指企业支付一定的保险费，把自己的风险转嫁给保险公司，当企业发生保险合同约定的风险损失时，由保险公司给予赔偿，以弥补企业损失的一种财务安排。

保险转移是项目风险管理计划中的最重要的转移技术，目的在于把项目进行中发生的大部分风险作为保险对策，以减轻与项目实施有关方的损失负担和可能由此产生的纠纷。付出了保险费，在工程受到意外损失后能得到补偿。

工程保险的目标是最优的工程保险费和最理想的保障。

（4）规划决策过程　规划决策就是选择对策，应根据工程项目的特点，从系统的观点出发，考虑风险管理的思路和步骤，制订与项目目标一致的风险管理原则，以指导风险管理人员决策。

4. 风险控制对策的实施

实施对策的内容是制订安全计划、损失控制计划、应急计划，确定保险内容、保险额、保险费、免赔额和赔偿限额等，并签订保险合同等。

计划性风险自留，是指风险管理人员事先估计出有某种风险存在或可能发生，有意识地采取各种措施，不断地降低风险的潜在损失，主动地承担风险。

非计划性风险自留，是指风险管理人员事先没有认识到项目风险的存在或可能发生，因而没有处理项目风险的准备，等到风险发生时，被动地承担风险，此时的风险自留是一种非计划风险自留。

风险管理人员通过减少风险识别失误和风险分析失误，从而避免非计划风险自留。风险自留的资金安排可以采用专用账户，设立损失后备基金，建立自保基金，成立自保保险公司等形式。

5. 检查与监控

检查与监控是指在项目实施过程中，不断检查与监控以上四个步骤的实施情况，包括计划执行情况及保险合同执行情况，以实践效果评价决策效果。同时，还要确定在条件变化时的风险处理方案，检查是否有被遗漏的风险项目，对新发现的风险项目应及时提出对策。

7.6.2　工程保险的定义和分类

1. 工程保险的定义

保险也是一种契约。保险契约的当事人有：保险人，即保险公司；投保人，即和保险人订立契约并缴付保险费的人；被保险人，是指根据保险合同，其财产利益或人身受保险合同保障，在保险事故发生后，享有保险金请求权的人；受益人，是在人身保险的被保险人死亡之后享受保险契约规定的利益的人。

2. 工程保险的分类

保险一般分为：工程和装备的保险；人员伤亡或伤残事故的保险；第三方的责任险。

（1）工程和装备的保险　工程和装备的保险是指对该项投保工程从工程开始到竣工移交整个期间的已完工程、在建工程、到达现场的材料、施工机具设备和物品、临时工程、现场的其他财产等的任何损失进行保险，有时还包括缺陷责任期由于施工原因造成的已完工程损失的保险。

（2）人员伤亡或伤残事故的保险　业主一般要求承包商对其施工人员进行人身意外事故保险，要求承包人保证，不因这类事故而使业主遭到索赔、诉讼和其他损失。即业主对承包商的雇员所受伤亡不负责任，除非该损伤是由业主的行动或失误所造成的。

（3）第三方的责任险　第三方的责任险是指承包人应当以承包商和业主的联合名义进行"第三方责任保险"，而此保险金额至少应为投标书附件中所规定的数额，其赔偿限额由双方商定，费率为0.25%～0.35%。在我国第三方责任险也可作为工程一切险的附加保险，随同工程一切险一并投保。

7.6.3　监理工程师对工程保险的检查和处理

1. 检查保险

监理工程师应根据合同有关规定，从以下几个方面对承包商的保险进行检查：

1）保险的数额应与实际价值相符。

2）保险的有效期应不少于合同工期或修订的合同工期。

3）保险单及保险费收据。确认承包商已在合同规定的时间内提交给业主，并保留复印件备查。

2. 落实保险

当监理工程师确认承包商未在合同规定的时间内，按合同规定的内容向业主提交合格的保险单时，则应指示承包商尽快补充办理保险；承包商拒绝办理时，监理工程师应通知并建议业主办理并签发扣除承包人的相应费用的证明；如业主和承包商双方均未办理，则应书面告知双方由此带来的危害，督促双方尽快办理保险。

7.7　工程分包与转让

7.7.1　工程分包

FIDIC 条款规定，获得整个工程或某一区段的承包人，可以将某一部分工程按专业性质或工程范围，分包给若干专业性强的分包人去施工。在 FIDIC 条款中将分包分为"一般分包"和"指定分包"两种，无论哪种形式的分包，都不能解除承包人对分包工程的责任和义务，承包人仍然对分包工程承担合同义务、承担违约责任，要对分包人的施工进行协调、督促，并照管整个工程。

1. 一般分包

一般分包合同，是指在执行工程承包合同过程中，承包人由于某些原因，将自己所承担的一部分工程，在经监理工程师批准后，分包给另外的分包人施工，在承包人和分包人之间签订的工程分包合同。

经监理工程师批准，从承包商那里分包一部分工程，并与承包商签订明确规定相互责任、权利和义务的分包合同的人或实体，被称为一般分包人。

（1）一般分包的规定

1）监理工程师应严禁承包人把大部分工程分包出去或层层分包。

2）经监理工程师批准，并按规定办理分包工程手续，承包人才能将部分工程分包出去。

3）监理工程师对分包的批准，不解除承包人根据合同规定所应承担的任何责任和义务。

FIDIC 条款允许分包，是基于工程承包中某些专业工程公司更有专长，经验更丰富，比承包商能更好地胜任某部分工程或服务。但若放任分包现象，容易造成工程质量问题。因此 FIDIC 条款对工程分包作出了严格规定。通常要求承包商应在其标书中就说明准备将哪些分项工程或服务项目分包出去。若有可能，还要说明承包商准备选用的分包商的名称。

（2）一般分包审批程序

1）承包商选择分包商，制定工程分包合同，上报监理工程师。

2）承包商将选定的分包商的机械设备、技术力量、财务状况，以及所承担过的工程情况等详细资料，报监理工程师审查。

3）监理工程师审查分包申请报告。

4）经监理工程师书面批准后，承包商可同分包商正式签订工程分包合同，并将副本报送监理工程师一份，分包商进入工地施工。

（3）一般分包工程的管理　监理工程师应通过承包人对分包工程进行管理，也可以直接到分包工程去检查，发现涉及分包工程的各类问题，应要求承包人负责处理；监理工程师也可以通过《中间支付证书》，由承包人对分包工程进行支付。

2. 指定分包

（1）指定分包的定义　根据 FIDIC 条款通用条件第 59.1 款规定，由业主或监理工程师所指定、选定，并要求承包人将其承包的部分工程施工或货物、材料、工程设备供应等，分包给指定分包人的合同，称为指定分包合同。指定分包人与一般分包人负相同的责任。指定分包的金额在招标时列入暂定金额中。

指定的分包人一旦被任命，分包人和承包人的关系就应在承包人和分包人签订的分包合同中作出规定。做这样安排的一个重要原因是，业主希望承包商统一负责分包合同的管理和协调，并只向承包商支付这些服务费。另外，由业主指定分包的原因还很多。例如，业主对整个工程按专业性质的顺序进行招标，特别是专业性较强的项目（如高速公路的收费系统，电力设施的安装等）已另行招标，但业主还是希望搞土建项目的承包商进行总承包，以便统一协调整个工程的施工管理，因此要求承包商接受其他专业项目的承包商为指定承包商。

（2）指定分包的审批　指定分包合同一般应在业主同承包商签订承包合同后进行。最好在指定分包合同招标之前，受邀请投标的公司能得到业主和承包商的共同批准。

（3）监理工程师对指定分包的管理　指定分包的工程，通常均有其特殊性，而且指定分包多是由业主决定的。现行《公路工程施工监理规范》（JTG G10—2006）中对监理工程师的工作有以下规定：

1）监理工程师宜设专人对指定分包工程进行管理。

2）监理工程师应要求指定分包人提交一份证明其资格情况的资料，并要求指定分包人保护和保障承包人免于承担由于指定分包人的疏忽、违约造成的一切损失。

3）监理工程师应清楚指定分包工程所使用的技术规范与验收标准。

4）监理工程师应审查承包人反对指定分包人的理由。确认反对合理时，建议业主对承包人的反对予以考虑，反之则应帮助说服承包人接受指定分包人。

5）监理工程师对指定分包人的支付应按下述规定办理：

①监理工程师应通过承包人对指定分包人进行支付；

②监理工程师可要求承包人出示指定分包人得到承包人付款的证明；

③承包人无正当理由拒绝向指定分包人付款，监理工程师必须帮助业主从中期支付证书中扣留指定分包人应得到的款项，直接向指定分包人支付。

3. 工程违法分包的几种情形

1）总承包人将建设工程分包给不具有相应资质条件的单位。

2）建设工程总承包合同中未有约定，又未经发包方的同意，承包人将其承包的部分建设工程交由其他单位完成。

3）施工总承包单位将工程主体结构的施工发包给其他单位。

4）分包单位将其承包的建设工程再分包。

7.7.2 工程转让

依据FIDIC条款，工程转让包括合同转让和分包商义务转让两部分。合同转让是承包合同的主体变更，转让后，原合同主体之间的法律关系全部消失或部分消失。

合同转让强调无业主同意，承包商不得将合同及合同名下的利益随意转让他人。原因是承包商在通过资格预审、评标、定标并被授予了承包商合同后，承包商已被认定具有相应的合法资格和履约能力，但受让人并不一定具有相应的履约能力。因此，在承包履行合同中，合同转让应有严格的限制，若承包商擅自转让合同，不管是全部转让，还是部分转让，也不管承包商是否从中获取了任何利益或好处，都将被视为是一种严重的违约行为，业主有权终止与承包商的合同法律关系。

在工程承包中，若出现了以下几种特殊情况，经业主同意，承包商可以将合同全部或者部分进行转让：

1）承包商濒临破产，无力经营，继续承包可能给业主造成很大损失。

2）承包方的工程质量太差，无法满足工程技术上的需求。

3）业主修改工程竣工时间，要求加快工程进度，提前完工，而承包商此时在技术和人力、物力资源上无法达到要求，双方协商达成一致意见。

无论什么原因引起合同的转让或部分转让，都会给合同管理工作增加难度，如引起额外费用的增加、拖延工程工期或增加施工干扰等。因此，业主在处理转让的问题上应持慎重态度，审批权由业主掌握，一般不授权给监理工程师。

7.8 工程延期

7.8.1 工程延期的概念和工程延误的类型

1. 工程延期

工程延期，是指由于发包人、承包商自身的原因所引起的工程延误，使工程已无法按期完成，按合同规定经监理工程师审核并报业主批准而决定的合同工期的延长。

2. 工程延误

工程延误，是指由于各种原因造成工程施工不能按原计划进行，即由于各种原因造成的实际进度滞后于计划进度，或实际完成的工程量少于计划应该完成的工程量。

工程延误实际上包括时间损失和经济损失两个方面，延误是否可以由业主给予延长工期和经济补偿，这取决于引起该延误的原因是否可以预见、承包人或业主是否有过错，以及合同中的相关规定。

3. 延误的分类

通常可以把延误分为：可原谅延误与不可原谅延误；可补偿延误与不可补偿延误；共同延误与非共同延误；关键延误与非关键延误等。

（1）可原谅延误与不可原谅延误　当工期延误是由于非承包商原因所造成的，则属于可原谅延误。对于可原谅延误，承包商有权得到延长工期，虽然不一定能得到经济补偿。在承包商按合同规定提交延期申请后，监理工程师应调查、分析、核实延误的原因和影响，确定满足合同条件后，作出延期决定。

可原谅延误的种类主要有：

1）不可抗力引起的延误，不可抗力是当事人所无法控制的。

2）不利自然条件或客观障碍引起的延误。

3）特别恶劣的气候条件引起的延误。

4）特殊风险引起的延误。

5）罢工及其他经济风险引起的延误。

6）业主或业主代表原因引起的延误。

（2）可补偿延误与不可补偿延误

1）可补偿延误。可补偿延误是承包商有权同时要求延长工期和经济补偿的延误。一般因业主或其代理人的错误或疏忽而引起的施工延误都是可补偿的。判断延误是否是可补偿的决定性因素是，业主或其代理人是否应对造成该延误的情况负责。如果是，则是可以补偿的，否则是不可以补偿的。例如，监理工程师未能在规定时间内提供图样或指示；业主未能及时提供场地，业主拖延付款等。

2）不可补偿延误。不可补偿延误是指可给予延长工期，但不能相应给予经济补偿的可原谅延误。这种延误一般不是因双方当事人的错误或疏忽造成的，而是由于双方都无法控制的原因造成的，如不可抗力、特别恶劣的气候条件、特殊风险、其他第三方原因等。

（3）共同延误与非共同延误

共同延误是指两项或两项以上的单独延误同时发生。主要有两种情况：在同一项工作上同时发生两项或两项以上延误，在不同的工作上同时发生两项或两项以上延误。

第一种情况比较简单，只要每一项延误的时间相同，它们对整个工程所产生的影响就是相同的。共同延误主要有以下几种基本组合：

1）可补偿延误与不可原谅延误同时存在。在这种情况下，承包商不能要求工期延长及经济补偿，因为即使是没有可补偿延误，不可原谅延误也已造成工程延误。

2）不可补偿延误与不可原谅延误同时存在。在这种情况节，承包商无权要求延长工期，因为即使是没有不可补偿延误，不可原谅延误也已导致工程延误。

3）不可补偿延误与可补偿延误同时存在。在这种情况下，承包商可以获得工期延长，但不能得到经济补偿，因为即使是没有可补偿延误，不可补偿延误也已造成工程延误。

4）两项可补偿延误同时存在。在这种情况下，承包商只能得到一项工期延长或经济补偿。

（4）关键延误与非关键延误　关键延误是指在网络计划关键线路上的活动的延误。关键延误肯定会导致整个工程的延误，如果是可原谅的，则承包商可以获得工期延长。

非关键延误是指非关键线路上的活动延误。由于非关键线路上的活动都有一定的机动时间可以利用，具有一定的灵活性，所以在该机动时间范围内的非关键延误不会导致整个工程的延误，承包商不能获得工期延长。当然，一旦机动时间用完，则原来的非关键延误也就变成了关键延误。

7.8.2　工程延期的管理

1. 工程延期的受理条件

《公路工程施工监理规范》（JTG G10—2006）中对工程延期的“有关规定”明确了监理工程师必须在确认下述条件满足后，方可受理工程延期：

1）由于非承包人的责任，工程不能按原定工期完工。

2）延期情况发生后，承包人在合同规定期限内向监理工程师提交工程延期意向。

3）承包人承诺继续按合同规定向监理工程师提交有关延期的详细资料，并根据监理工程师需求随时提供有关证明。

4）延期事件终止后，承包人在合同规定的期限内，向监理工程师提交正式的延期申请报告。

2. 工程延期审批的依据

承包商延期申请能够成立并获得监理工程师批准的依据如下：

1）工程延期事件是否属实，强调实事求是。

2）是否符合本工程合同规定及 FIDIC 条款第 44 条的规定。

3）延期事件是否发生在工期网络计划图的关键线路上，即延期是否有效合理。

4）延期天数的计算是否正确，证据资料是否充足。

3. 工程延期的计算方法

在国际工程承包中，对延期天数的计算一般可以采用以下几种方法：

（1）工期分析法　即依据合同工期的网络进度计划图，考查承包商按监理工程师的指示，完成各种原因增加的工程量所需要的工时，以及工序改变的影响，算出进度损失，以确定延期的天数。

（2）实测法　承包商按监理工程师的书面工程变更指令，完成变更工程所用的实际工时。

（3）类推法　按照合同文件中规定的同类工作进度计算工期延长。

（4）工时分析法　某一工种的分项工程项目延误事件发生后，按实际施工的程序统计出所用的工时总量，然后按延误期间承担该分项工程工种的全部人员投入来计算要延长的工期。

（5）造价比较法　若施工中出现了很多大小不等的工期索赔事由，较难准确地单独计算且又麻烦时，可经双方协商，采用造价比较法确定工期补偿天数。

（6）折合法　当计算出某一分部分项工程的工期延长后，还要把局部工期转变为整个工期。这可用局部工程的工作量占整个工程工作量的比例来折算。

7.9 工程索赔

7.9.1 工程索赔的定义和分类

1. 工程索赔的定义

索赔是当事人在合同实施过程中，根据法律、合同规定及惯例，对并非自己的过错，而是由于应由合同对方承担责任的情况造成的，且实际发生了损失，向对方提出给予补偿要求。对施工合同的双方来说，索赔是维护双方合法利益的权利。广义的索赔包括承包商向业主的索赔和业主向承包商的索赔（又称为反索赔），FIDIC 条款第 53 条规定的索赔专指承包商向业主的索赔。

2. 工程索赔的分类

（1）按引发原因分类　按引发的原因不同可分为四大类型。第一类是业主过错引起的索赔；第二类是监理过错或责任引起的索赔；第三类合同变更特别是工程变更引起的索赔；第四类是不可预见因素引起的索赔。

（2）按索赔有关当事人分类

1）承包商同业主之间的索赔。

2）承包商同分包商之间的索赔。

3）承包商同供应商之间的索赔。

4）承包商和业主共同向保险公司索赔。

5）其他索赔。承包商或业主在履约过程中与其他方面往来业务中发生的索赔。

（3）按索赔的指向分类

1）索赔。一般指承包商在受了经济损失或额外经济支出时，依据施工承包合同向业主方提出的索赔要求，并希望从业主处得到经济补偿。

2）反索赔。经常被用于工程项目的业主方，向承包商提出索赔要求；或者是业主针对承包商提出的索赔报告予以反驳、论证，阻挡承包商的索赔要求；或者是以此为据反过来向承包商要求索赔。在国际惯例中，统称业主的索赔与反驳为反索赔。

7.9.2 索赔的程序

索赔包括承包商向业主提出的索赔和业主向承包商提出的索赔（反索赔），在此我们重点讨论承包商向业主提出索赔的程序和监理工程师受理索赔的程序。

1. 承包商申请索赔的程序

（1）承包商提出索赔意向通知　当引起索赔的事件发生时，承包商应在索赔事件第一次发生之后的28d内，将有关索赔的情况和索赔意向书面通知监理工程师，并同时抄送业主。它标志着一项索赔事件的开始，也提醒监理工程师和业主注意正在发生导致额外费用或延长工期的情况，使业主和监理工程师有时间采取必要的措施和行动，以减少或尽量避免额外费用的发生或缩短延误工程的时间。

（2）承包商提交索赔证据资料和账单　当承包商发出索赔意向通知书后，应认真准备和记录索赔的论证资料。承包商准备和提交的索赔账单和证据资料一般包括：工程进度计划、施工日志、工程所在国的政治经济的基本资料、来往文件和信函、会议纪要和备忘录、投标报价时的基础资料、技术规范和工程图样、工程报告和工程照片、工程财务报告等。

（3）编写索赔报告　索赔报告是承包商向监理工程师提交的要求业主给予一定经济补偿和延长工期的正式书面报告，索赔报告的水平与质量如何，直接关系到索赔的成败。索赔报告必须有力地证明自己正当合理的索赔资格、受损失的时间和金钱，以及有关事项与损失之间的因果关系。

（4）编写索赔报告注意事项　承包人提出索赔除了应注意动因、依据、损害事实、时效在不在关键线路上以外，还必须注意使用合同中规定的语言和书面形式。

2. 监理工程师审核索赔的原则和程序

（1）监理工程师受理索赔的一般条件　监理工程师在确认满足下述条件时，才能受理费用索赔：

1）承包人必须依据合同有关规定索取额外的费用。

2）承包人在出现引起索赔的事件后，按合同规定的期限向监理工程师提交索赔意向通知，并同时抄送业主。

3）承包人承诺继续按规定向监理工程师提交说明索赔数额和索赔依据等详情材料，并根据监理工程师需求随时提供有关证明。

4）承包人在索赔事件终止后，按合同规定的期限，向监理工程师提交正式的索赔申请。

（2）监理工程师处理索赔的一般原则

1）要有合同依据。

2）要有损害事实。

3）应在规定期限内提出索赔。

4）索赔的审批应公平合理。

（3）监理工程师处理索赔的程序

1）收集资料、做好记录。

2）审查承包人的索赔申请。

3）索赔评估。

①承包人提交的索赔申请资料必须真实、齐全，满足评审的需要；

②申请索赔的合同依据必须正确；

③申请索赔的理由和原因必须正确、充分；

④申请索赔数额的计算原则和方法应恰当，数量应与监理工程师掌握的一致，价格和取费的来源能被业主接受，否则应修订承包人的计算方法和索赔数额，并与业主和承包人进行协商。

4）审查报告。

5）确定索赔。

7.9.3 索赔费用的计算

1. 停工费计算

合同有规定的，按合同规定的计算方法进行计算，如果合同中未规定计算方法的，可根据计日工单价、人工费预算单价和当前的人工工资水平，在此基础上确定停工或窝工费的工日单价，并根据实际的停工和窝工时间计算，但应根据工程的不同性质，扣除雨雪天气所占用的时间。

2. 材料积压损失费计算

1）合同中已支付材料预付款的，原则上不考虑材料积压损失费。

2）合同中未支付材料预付款的，可根据材料费价格和积压材料的费用总额计算利息。

3）对于有龄期材料，当材料积压时间太长时，应根据实际情况考虑材料超过龄期后报废的损失。

3. 机械设备停置费计算

如果合同中规定了计算方法的，原则上按照合同规定的计算方法进行计算；如果合同中未规定计算方法的，可参考以下公式计算：

机械停置费台班单价 =（折旧费 + 大修理费）×50% + 机上人员工资 + 养路费和车船使用费

式中，折旧费、大修理费是指机械台班费用定额中每台班的折旧费和大修理费，由于机械设备的使用率为50%左右，所以在计费时按50%考虑；机上人员工资按停工、窝工费的计算方法确定；养路费和车船使用费按有关定额或规定计算。

4. 停工期间的管理费计算

按辅助资料表的单价分析表中的管理费比例，测算管理费占合同总价的比例，确定合同总价中的管理费总额，再根据项目合同工期测算承包商每天的现场管理费总额，最后根据停工时间确定停工期间所发生的管理费总额。

5. 延长工期后的费用计算

1）工程保险费追加可根据保险单或调查所得的保险费率来确定。

2）承包商临时设施维护费，如已包含在现场管理费中，则不另行计算，否则可根据延长时间由业主、承包商监理工程师协商确定其维护费用。

3）延长期间的临时租地费可根据租地合同或参考其他票据确定。

4）临时工程的维护费可根据临时工程的性质和实际情况，由业主、承包商、监理工程师协商确定。

6. 延期付款利息

延期付款利息根据投标书附件中规定的延期付款利率和延期付款时间，按单利法或复利法进行计算。

7. 赶工费

为抢工期而增加的周转性材料增加费、工效和机械效率降低费、职工的加班费、不经济地使用材料等赶工费，由业主、承包商、监理工程师根据赶工的工程性质，以及当时当地的实际情况协商确定。

8. 其他费用

根据实际情况，由业主、承包商、监理工程师协商确定。

7.9.4 避免工程索赔的措施

1. 由意外风险和不可预见的地下条件引起的索赔

业主和监理工程师要加强工程的风险意识，及早了解自然界和社会的风险来源，尽早采取措施，防患于未然。

2. 由工程变更引起的索赔

若监理工程师本身不是设计者，应尽量避免设计变更。作为业主若提出变更，尽可能使监理工程师发出变更指令时，向承包商说明支付方式，取得一致意见，并在申报月进度工程款时予以支付，避免工程变更的价格调整款变成索赔款。

3. 不要随意下达工程停工令

有的业主随意要求增减工程或改变作业顺序，或不及时提供工程材料和必要的施工条件，从而引起工程延误。业主应该采取措施，改善施工环境和条件，尽量避免工程延误而引起索赔。

4. 避免由业主违约引起的索赔

监理工程师要为业主做好参谋，及时提醒业主，搞好征地拆迁，让设计单位按合同规定准时交图，及时支付工程款，以免给承包商造成工程流动资金不足的困难。

5. 严格控制工程范围

工程范围的变化，可能会引起工程费用失控，也会引起设计图、施工工期等一系列的变化，这些都有可能引起索赔。

6. 应迅速及时处理好合同争端

在工程进展过程中，若业主和承包商之间发生合同争端，业主首先要心平气和地和监理工程师一起与承包商协商解决争端。争端的和平处理和解决，有助于工程的顺利进行，也避免了许多不必要的索赔事件的发生。

7. 避免由于监理工程师失误和其他原因引起的索赔

如果发生监理工程师的指令错误而使工程受阻或损失，会非常严重地影响监理工程师的威信。因此，监理工程师必须严守职业道德，加强自身业务能力，严格把关，谨慎处事，切不可粗心大意，使业主的利益受到影响，并在预防和避免索赔事件发生方面起到积极作用。

7.10 工程违约

7.10.1 承包人的违约及对策

1. 承包人的违约

根据《公路工程施工监理规范》（JTG G10—2006）中有关规定，当承包人有下列事实时，监理工程师应确认承包人一般违约：

1）给公共利益带来伤害、妨碍和不良影响。

2）未严格遵守和执行国家及有关部门的政策与法规。

3）由于承包人的责任，使业主的利益受到损害。

4）不严格执行监理工程师的指示。

5）未按合同规定照管好工程。

当承包人存在有下列事实时，监理工程师应确认承包人构成了应被驱逐出场的严重违约：拒不拆除或拒不返工不合格工程；拒不运走、替换不合格材料、设备；承包人破产；涉及欺诈；违约分包；违约转让；拒不执行开工通知令；施工进度过慢；不按投标文件的要约及时配备称职的关键管理人员和技术人员；不按投标文件的要约配备关键的施工装备；无视监理工程师的事先警告，固执地或公然地忽视履行合同所规定的义务等。

2. 承包人违约处理

当监理工程师确认承包人属一般违约后，应采取以下措施进行处理：

1）书面通知承包人在尽可能短的时间内，予以弥补与纠正。

2）提醒承包人一般违约有可能导致严重违约。

3）上述措施无效时，书面通知业主。

4）确定因承包人违约对业主造成的费用影响，办理扣除相应费用的证明。

当监理工程师确认承包人的违约属于严重违约时，业主已部分或全部中止合同后，应采取以下措施：

1）指示承包人将其为履行合同而签订的任何协议的利益转让给业主。

2）认真调查并充分考虑业主因此受到的直接和间接的费用影响后，办理并签发部分或全部中止合同的支付证明。

3. 承包商违约后业主的对策

为了不影响工程的进展，保证工程竣工并投入生产运营，当发生上述承包商违约事件并终止了对承包商的雇用后，业主在进驻工程现场后，可以自己去完成该工程，也可雇用其他承包商去完成该工程。业主或其他承包商为完成该工程，可以使用合适数量的承包商的装备、材料或临时工程。同时，业主需对已完工程和使用承包人的装备、材料等进行计算估价，对合同终止后的付款进行清算，以及协议利益进行转让等。

7.10.2 业主的违约及对策

1. 业主的违约

根据 FIDIC 条款，凡业主出现下述情况时，则认为属于业主违约：

1）在不影响业主有权根据合同规定扣除承包人欠款的条件下，如果业主根据 FIDIC 条款第 60.10 款所确定的支付到期时限之后的 28d，还没有将应支付给承包人的款项支付给承包人，则属于业主违约。

2）业主干涉、阻挠和拒绝监理工程师签发任何支付证书。

3）业主宣告破产，或作为一家公司宣告停业清理。

4）业主通知承包人由于不可预见的原因，或由于经济混乱，无法继续履行义务。

5）暂停工程持续时间超过合同条件规定的极限时间，监理工程师仍未发出复工的许可，经承包人向监理工程师发出书面要求准许该已经暂停的工程继续施工的通知后 28d，承包人仍未得到监理工程师的准许，且暂时停工的部分如果不能复工，其余部分将无法进行施工的，则承包人可以将此项停工视为业主违约。

6）使用世界银行贷款的项目，如果世界银行通知中华人民共和国政府，世界银行将停止支付对本工程应给予的贷款。

2. 业主违约后承包商的对策

当业主违约事件发生后，承包商有权采取下列措施进行处理和补救：

1）承包商终止合同。

2）承包商装备撤离。

3）承包商有权暂停工程。

4）复工。如果业主收到承包商的暂停工程或减缓工程进度的通知后，恢复向承包商支付应付的款项，并包括延期付款利息。这时，若终止合同的通知尚未发出，承包商暂停工程的权利应予终止，并应尽快恢复正常施工程序。

5）合同提前终止时的付款。业主除了向承包商支付应付的款项外，还应支付对承包商的利润损失的补偿。

7.11 工程争端与仲裁

7.11.1 工程争端

1. 争端

业主、承包人、监理工程师之间因合同或工程施工出现分歧，并且对监理工程师的决定不接受而产生的争议，即为争端。

国际上多年土木工程承包合同的实践证明，许多技术、施工工艺、工程变更、经营管理上的争端案例，最终都集中在业主与承包商之间的经济利益方面。常见的争端有以下几种：

1）业主根据监理工程师的证明，对承包商的严重施工缺陷或不合格材料、设备要求赔偿、折价或更换；承包商则认为缺陷已改正或性能试验方法错误等，不属于承包商的责任，不能达成一致意见。

2）业主提出对承包商的原因引起的拖延工期，除要从承包商应得的款项中扣除施工期的违约损失偿金外，还要求对由于工期延误造成业主利益的损害进行赔偿；承包商则引用困难条款和免责条款提出反索赔，由此产生严重分歧。

3）承包商依据 FIDIC 条款中的一些条款，向业主提出费用索赔，经监理工程师审查，上报业主后，业主不予承认，或者业主同意支付的额外付款与承包商索赔的金额差距较大，双方达不成一致意见。

4）承包商提出的延长竣工期限的索赔申请，业主不予承认，双方对工期延误的责任持较大的分歧意见。例如，承包商认为工期延误是业主方延迟交付现场、延迟交图，监理工程师拖延现场的工序检验等造成的，而业主则认为是承包商开工延误、劳动力不足延误等造成的。

5）关于合同中止或终止的争议，业主与承包商互相推卸责任等。

6）关于工程变更、分包、合同转让等方面的争端。

7）出现特殊风险和不可抗力后，善后处理方面所发生的争端等。

2. 争端处理

无论是在工程实施期间还是在工程完工后，也无论是在合同废弃或终止前还是在合同废弃或终止后，如果业主和承包人之间，对有关合同或起因于合同或因工程实施发生任何争端，包括对监理工程师的任何意见、指令、决定的争端，首先应将有关争端的事实，用书面形式提交给监理工程师，并给另一方一份复印件。上述提交件应说明是按通用条件的规定作出的。监理工程师收到这个提交件以后，在规定时间内，应将他自己的裁定通知业主和承包人。这个裁定也应说明是按上述条款规定作出的。

无论是业主还是承包人，如果不满意监理工程师的任何裁定，或者监理工程师在收到提交件后，未能在规定的时间内发出他的裁定通知，则业主或承包人任何一方都可视情况就有关争端事实向另一方发出仲裁的意向通知书，并给监理工程师一份复制件，该通知将确定提出仲裁该争端的一方按规定开始的权力。

如果监理工程师已就争端的事实向业主和承包人发出了他的裁定通知书，无论是业主还是承包人，收到监理工程师的通知书后，在规定时间内，任何一方均未就此争端发出要求仲裁的意向通知，则上述裁定将作为最终的裁定，对于业主和承包人均具有约束力。

7.11.2 仲裁

仲裁就是合同当事人双方，在签订合同时约定的，或在争端发生以后达成的书面仲裁协议，自愿地将他们的争端交由双方一致同意的仲裁机构，并按双方一致同意的仲裁程序由仲裁员进行裁决，且双方要在仲裁协议中明确表示仲裁的裁决对双方都有约束力。

在合同规定的仲裁机构进行仲裁调查时，监理工程师应以公正的态度提供证据并作证。

同时，监理工程师应在仲裁后执行裁决。一般而言，仲裁人的裁决是最终裁决，对双方均有约束力，任何一方不得再诉诸法院或其他权力机构，以改变此裁决。

本章小结

合同管理主要是监理工程师依据合同所组织的各项管理工作，重点是在合同变更过程中的合同管理工作。本章以合同法律知识为基础，以我国公路工程施工合同条件《公路工程国内招标文件范本》为重点，全面介绍了公路工程施工承包合同在订立、履行过程中的规定、基本程序和基本要求，当事人的权利和义务，以及监理工程师的职责和权限等。本章主要从工程合同相关法律体系与法律知识、土木工程施工合同条件简介、公路工程招标与投标、公路工程合同、施工合同管理五个方面来分别阐述。

1. 工程合同相关法律体系与法律知识。主要介绍了国内工程建设合同都必须遵照的法律体系，从八个方面简单介绍了合同管理相关的法律、法规；阐述了合同订立的基本原则，订立程序，履行过程中的规定、基本程序和基本要求；阐述了合同的变更、转让、解除及终止，分析了合同的鉴证与公证的区别；详细说明了工程合同管理的任务和方法。

2. 土木工程施工合同条件简介。简述了 FIDIC 合同条件的发展，采用 FIDIC 合同条件的优点；介绍了 FIDIC《土木工程施工合同条件》的内容构成及其通用条件中的相关条款；对监理工程师在进行监理工作时的职责和权限作了详细介绍；重点介绍了 FIDIC 合同条件的基本特点、适用范围，以及采用 FIDIC 合同条件管理项目的基本程序；阐述了工程施工阶段、竣工验收阶段、缺陷责任期阶段的合同管理。

3. 公路工程招标与投标。根据公路工程建设行业中招标投标对象的区别，分别从建设工程监理招标投标和建设工程施工招标投标两方面，阐述了招标投标的准备工作、招标投标的工作程序、文件编制，以及评标的一些基本原则和要求；对工程建设中涉及的物资设备采购招标投标中的概念、原则、资格预审及评标作了详细介绍。

4. 公路工程合同。介绍了公路工程合同的特点和法律规定，并对勘察设计合同、施工承包合同的特点、主要条款、争议的解决作了详细的阐述。同时也阐述了公路工程的其他相关合同，如借贷合同、采购合同、担保与保险合同。

5. 施工合同管理的主要内容。主要从工程风险与保险、工程变更、工程分包与转让、工程延期与索赔、违约、争端与仲裁、合同的终止等方面介绍了相关概念与分类、工程变更的处理程序、分包申请程序，以及工程延期的申请与审批程序、索赔申报与审批程序。

在土木工程项目建设中，承包人与业主之间经常会发生一些违约与争端事件，为了使违约与争端得到妥善处理，对承包人、业主及监理单位的违约处理措施和应对对策作了详细介绍。阐述了合同争议的处理方式。最后对物资计划的作用、种类，以及计划的制订作了详细介绍。

复习思考题

1. 合同的定义是什么？什么是合同的三要素？三要素分别指的是什么？
2. 工程合同管理的主要任务是什么？
3. 常见工程合同有哪些？各种合同包含什么内容？
4. 简述 FIDIC《土木工程施工合同条件》的主要内容构成。
5. 工程招标投标的方式有哪些？特点是什么？
6. 常见工程招标投标合同有哪些？
7. 工程变更的定义是什么？工程变更的分类和内容主要有哪些？
8. 工程变更估价的一般处理方法是什么？
9. 工程保险可分为哪几类？
10. 简述工程延期的定义和工程延期的分类。
11. 监理工程师受理工程延期的条件和审批依据有哪些？
12. 简述工程索赔的定义和分类。
13. 监理工程师受理索赔的原则和程序是什么？业主和监理工程师如何避免索赔？

14. 工程分包的分类有哪些？监理工程师如何进行分包管理？

15. 工程转让的条件是什么？

16. 工程违约的定义是什么？承包商和业主分别有哪些违约情况？监理工程师应该如何处理违约？

17. 什么是争端？什么是仲裁？

案例题1

某市建筑工程公司（需方）与市水泥厂（供方）签订了两份水泥购销合同，其中一份是300t水泥的现货合同，每吨单价为109.5元，总金额为32850元，约定5月10日交货；另一份是400t水泥的期货合同，初步议定每吨109.5元。但合同上又注明："所定价格若需调整，供方应及时通知需方，征得需方同意即按协商价执行；如需方不同意，则合同停止。"两份合同还规定，如供方不能按时交货，应承担需方的经济损失，按未交货货款总额的5%偿付违约金。300t现货合同，经工商行政管理部门鉴证后，需方按合同规定交预付款16425元。供方单位在供给需方100t水泥后，由于当时是5月份，正是建筑旺季，市场对水泥大量需求，供方认为有利可图，便以高价私自将水泥卖给其他单位，以致不能按照合同向需方如期如数交货，造成需方直接经济损失2000万元。同年10月，需方向法院起诉，提出如下诉讼请求：

（1）将预付款16425元双倍返还。

（2）赔偿全部经济损失。

（3）按两份合同的总金额的5%偿付违约金。

（4）继续履行合同。

问题：分析此案，并提出处理意见。

案例题2

某路面工程项目，当基层施工完成后，测量时发现比设计标高高了10cm。原因是一初级监理人员所指定的临时水准点高了10cm，但是，当时承包商并没有临时水准点的正式资料经工程师批准，而工程师书面提供的正式基准点都是正确的。承包商对此事项提出变更要求。

问题：依据FIDIC合同条件，监理工程师应如何处理？

案例题3

某隧道工程在一煤矿附近，施工中承包商指出，因业主提供的参考资料有误，瓦斯提前出现，并据此擅自停工，要求业主赔偿因停工造成的损失。

问题：承包商提出的索赔成立否？为什么？

案例题4

某高速公路项目利用世界银行贷款修建，施工合同采用FIDIC合同条件，业主委托监理单位进行施工阶段监理。该工程在施工过程中，陆续发生了如下索赔事件（索赔工期和费用数据均符合实际）：

（1）施工期间，承包方发现施工图有误，需设计单位修改，由于图样修改造成停工20d。承包方提出工期延期20d与费用补偿2万元的要求。

（2）施工期间下雨，为保证路基工程填筑质量，总监理工程师下达了暂时停工令，共停工10d，其中连续4d出现低于工程所在地雨期平均降雨量的雨天气候和连续6d出现50

年一遇特大暴雨。承包方提出工期延期10d与费用补偿2万元的要求。

(3) 施工过程中，现场周围居民称承包方施工噪声对他们造成干扰，阻止承包方的混凝土浇筑工作。承包方提出工期延期5d与费用补偿1万元的要求。

问题：针对承包方提出的上述索赔要求，监理工程师应如何签署意见?

案例题5

杜某为某钢厂辞退的业务员，为报复钢厂，杜某利用过去该厂交给他的一张盖有公章的空白合同书，与某路桥公司签订了提供钢材的合同，成交价为50万元，违约金比例是10%，同时，杜某收定金5万元。路桥公司提货时，钢厂发现了此事。开始钢厂想以未订此合同为由拒绝履行，后考虑有利可图，就口头要求宽限一个月交货，该公司同意。一个月之后，钢厂未能按时交货，使路桥公司施工受到影响。路桥公司要求钢厂承担责任，赔偿10%的违约金，双倍返还定金，钢厂以杜某无权订立合同，合同无效为理由，拒不承担责任。路桥公司请监理工程师评判。

问题：监理工程师应如何处理?

单元八 公路工程施工信息监理

任务要求

1. 掌握信息管理的概念，分析信息特征、信息管理环节；识别信息系统和类型，能进行监理信息分类。

2. 明确监理信息管理的基本任务和流程。

3. 分析公路工程施工监理信息管理程序，能够配合监理工程师做好监理信息管理工作。

4. 进行监理文档的收集、整理、归档等管理工作，编制竣工文件。

案例引入

在某大桥施工过程中，遇有下列原因使费用增加：①施工方由于信息闭塞，不知道钢材价格大涨，导致成本增加；②施工方不注意天气预报，结果土方开挖后即下连续大雨，影响施工；③施工方、分包方因结算问题产生纠纷，工人意见较大，由于不注意信息收集，发生打架伤人事故。

因此，在公路工程施工过程中应随时了解、掌握各种影响因素和信息，采取有效措施减少不必要的损失。

8.1 信息监理概述

随着我国工程建设管理体制改革的不断深化，工程管理已从过去的行政管理过渡到合同管理，实行项目法人责任制、工程招标投标制、工程监理制和合同管理制已成为工程项目管理的重要措施。信息管理作为工程建设监理中“控制、管理、协调”工作的组成部分，受到越来越多的重视。

8.1.1 信息的概念和特征

1. 信息的概念

在公路工程施工监理的过程中，监理工程师应随时向总监及业主提供“消息”，而这些消息因经过处理，已不是先前那种简单的消息，可称之为“信息”。一般认为，消息与信息是有区别的。消息只是关于人和事物情况的报道。若将已知的情况提供给被告知者，即为报告消息，但如将消息加以处理，再提供给被告知者，则应视为信息。

所谓信息，是指可以用语言、文字、数据、图表、音像或其他可以让使用者识别的信号表示的，并可以进行传递、处理和应用的，能帮助人们作出正确决策的依据。

一般情况下，收集到的资料、数据等通过某种加工处理并赋予一定意义后，均可以变为信息。

2. 信息的特征

信息是帮助人们作出正确决策的知识。因此，了解信息的特征，将有助于充分利用信息资源，更好地为决策服务。信息的特征，概括起来有下列几点：

1）可扩充性。随着时代的变迁，大部分信息将不断扩充。

2）可压缩性。人们对信息进行加工、整理、概括、归纳之后，就可使其更为精炼。

3）可替代性。信息是一种资源，当其被利用后，亦可替代资本、劳动和物质资料。

4）可传输性。可传输性是信息的本质特征。人类的信息传输方式经过了口头、书信的低级阶段后，随着科技的进步，目前已可采用微波、光纤、卫星等现代化通信方式传输，使信息可被传送到地球的任何地方。

5）可识别性。信息是可以识别的，通过人体感官或通过各种测试手段，人们可直接或间接地对信息加以识别。不同的信息资源可采用不同的方法加以识别。

6）可转换性。通过相应的技术手段，信息可以由一种形态转换成另一种形态。如物质信息可转换成语言、文字、图表等信息形式，也可转换成代码和光电信号等形式。

7）可存储性。信息是可以通过各种方式存储的。如人的大脑、书刊杂志、计算机等。

8.1.2 信息系统及其类型

信息系统是指信息的流通，即信息被输入和被处理，最后被输送出来的系统。其流程如图 8-1 所示。

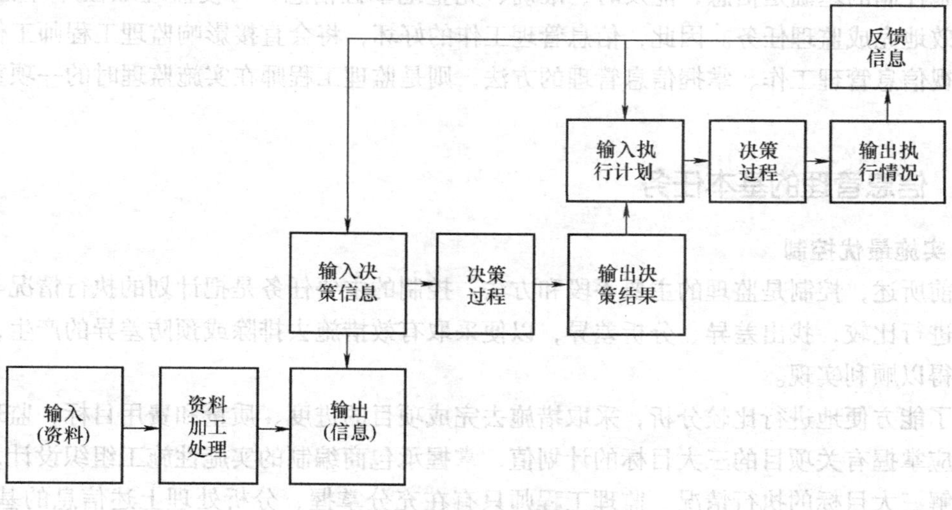

图 8-1　信息系统

一般认为，系统是由若干个具有独立功能的元素所组成的集合，这些元素之间相互支持、互相制约，共同完成系统的总目标。从图 8-1 可以看到，一个系统由输入、处理、输出、控制、反馈五个基本要素组成。

信息系统的种类很多，功能也各不相同。其中，为管理决策者提供所需要的各种信息的系统称为管理信息系统（简称 MIS，即 Management Information System）。MIS 有许多类型，按其面向的管理工作的级别，可分为高层管理、中层管理和操作管理三种；按其数据组织和存储方式，又可分为文件系统和数据库应用系统两种；按其处理作业方式，还可分为批处理和实时处理两种。

8.1.3 信息管理的概念与基本环节

信息管理是对信息进行收集整理、分析、处理、储存、检索、传递和应用等一系列工作的总称，是业主、承包人和监理工程师在工程实施日常管理工作中的一个重要组成部分，具有全方位、全过程的特征。信息管理应达到的目的是，通过有组织的信息流通，使决策者能及时、准确地获得相应的信息，从而正确决策，以避免失误。为达到信息管理的目的，工作在第一线的管理人员有必要了解并把握信息管理的各个环节。这些环节包括：

1）了解和掌握信息的来源，并对信息进行分类。

2）掌握和正确应用信息管理的各种手段。

3）掌握信息流中的各个环节，如信息的收集、分析、处理、储存、检索、传递和应用等，并建立相应的信息管理系统。

8.2 施工监理的信息管理

公路工程施工监理的主要方法是控制，控制是监理工程师在施工阶段实施监理的主要手段。实施控制的基础是信息，能及时、准确、完整地掌握信息，可使监理工程师耳聪目明，卓有成效地完成监理任务。因此，信息管理工作的好坏，将会直接影响监理工程师工作的成败。重视信息管理工作、掌握信息管理的方法，则是监理工程师在实施监理时的一项重要任务。

8.2.1 信息管理的基本任务

1. 实施最优控制

如前所述，控制是监理的主要手段和方法。控制的主要任务是把计划的执行情况与计划的目标进行比较，找出差异、分析差异，以便采取有效措施去排除或预防差异的产生，使总体目标得以顺利实现。

为了能方便地进行比较分析，采取措施去完成项目的进度、质量和费用目标，监理工程师首先应掌握有关项目的三大目标的计划值，掌握承包商编制的实施性施工组织设计，还应及时了解三大目标的执行情况。监理工程师只有在充分掌握、分析处理上述信息的基础上，方能实施最优控制。

2. 进行合理决策

工程监理决策的正确与否，将直接影响公路工程项目建设总目标的实现，以及监理单位（监理公司）和监理工程师个人的信誉。监理决策的正确与否，虽然取决于各种因素，但其中最重要的因素之一就是信息。为此，在工程的设计、施工招标、施工等各个阶段，监理工程师都必须充分地收集、分析整理各种信息。只有这样，方能作出科学的、合理的监理决策。

3. 妥善协调工程项目建设各有关方面之间的关系

公路工程建设项目，尤其是高速公路项目的建设，涉及众多方面和单位，如地方政府部门，建设、设计、施工单位，材料设备供应单位，资金供应单位，外围工程单位，比邻单位，运输、保险、税收单位，以及沿线居民等。上述各方面都会对项目目标的实现带来一定的影响，为了与这些方面及单位有机地联系，支持工程顺利进行，就需要加强信息管理，妥善协调好各部门、各单位（特别是业主、监理工程师和承包商三方）之间的关系。

4. 向业主和总监理工程师提供决策信息

根据监理工作进展情况，监理工程师应随时和及时向业主、总监理工程师提供有参考价值的信息，以便业主和总监理工程师综合考虑，进行正确决策。此项任务也是监理工程师（驻地高级监理工程师）在监理工作中应重视的且应努力完成的任务。

8.2.2 监理信息的构成和分类

1. 监理信息的构成

（1）文字信息　包括合同、图样和书、工作条例和规定、实施性施工组织设计、情况报告、原始记录、报表、信件等。

（2）语言信息　包括口头分配任务、作指示、汇报、工作检查、介绍情况、谈判交涉、建议、批评、工作讨论和研究、会议等。

（3）其他信息　包括电报、电话、电传、电视录像、录音、磁盘等。

鉴于监理工作涉及的部门多，环节多、渠道多、形成监理信息量大，信息来源广泛，且形式多样的特点，监理工程师除应适应这些特点之外，还应能捕捉各种信息并进行加工处理，然后加以运用。

2. 监理信息的分类

在公路工程建设监理的过程中，会涉及大量的信息，这些信息可根据不同的标准进行分类。

（1）按照工程监理的目标划分

1）投资控制方面的信息。它是指与投资控制直接相关的信息。如工程造价、物价指数、概（预）算定额、设计概（预）算、工程项目投资估算、合同价、施工阶段的支付凭证、原材料价格、机械设备台班费、人工费、运杂费、外汇汇率、保险费和保险费率、离岸价、到岸价、成本加运费价、汽车上交货价等。

2）质量控制方面的信息。如国家、部、省（市）有关的质量政策和质量标准、项目建设标准（项目技术标准）、质量目标的分解结果、质量控制工作流程、质量控制的工作进度、质量控制的风险分析、质量自检和抽样检查的数据资料等。

3）进度控制方面的信息。如劳动定额、施工定额、项目总进度计划、承包商每月工作计划、承包商每周工作计划、关键工程进度计划、进度目标分解、进度控制的工作流程、进度控制的工作制度、进度控制的风险分析、进度计划的监测和调整等。

（2）按照工程监理信息的来源划分

1）项目内部信息。项目内部信息来自工程建设项目本身。如工程概况、设计文件、合同、合同管理制度、会议制度、监理机构及监理人员的构成、项目的投资控制目标、项目的质量目标、项目的进度目标等。

2）项目外部信息。从项目外部环境中所获取的信息称为外部信息。如国家、部、省（市）有关的政策及法规、国内外市场上原材料及机电设备的价格、外汇汇率、物价指数、类似工程造价、类似工程进度、投标单位的实力、投标单位的信誉、工程沿线各单位情况、工程沿线的民风民俗等。

（3）按照工程监理信息的稳定程度划分

1）固定信息。它是指在一定时间范围内相对稳定不变的信息，包括标准信息、计划信息和查询信息。其中，标准信息主要是指施工定额、原材料消耗定额等定额和标准，以及生产作业计划标准、设备和工具的耗损程度；计划信息是指在工程建设计划期内已规定的各项任务和指标的情况；查询信息是指国家、部颁的技术标准、建筑原材料和机电设备的市场价格，监理工作制度，监理机构情况，监理工程师的人事卡片资料等。

2）流动信息。它是指随时间和地点不断变化着的信息。如项目实施阶段的施工进度、施工质量控制、费用支付情况的统计资料信息，以及项目施工阶段中原材料消耗数量、机械台班数量、施工作业人员人工工日数量等。

（4）按照工程监理信息的层次划分

1）战略性信息。它是指在工程项目建设过程中，提供给高层领导和单位负责人的具有战略决策作用的信息。如工程规模、资金来源渠道、投资总额、建设总工期、承包商的合格条件、合同授予的条件、合同价的确定等信息。

2）策略性信息。如项目年度计划、财务计划、现金流动计划等提供给业主、承包商单位中层领导和部门负责人的作中短期决策用的信息。

3）业务性信息。它是指供各基层业务部门日常工作安排所需的信息。如承包商每周工作计划、日进度、月支付额等。这类信息很具体，且精度较高。

（5）按照工程监理信息的性质划分

1）生产信息。它是指施工生产过程中产生的信息。如施工进度、材料消耗、库存储备情况等。

2）技术信息。它是指由技术部门提供的信息。如技术规范、工程变更、设计变更、施工方案等。

3）经济信息。它是指项目投资、融资、资金耗用等信息。

4）资源信息。如资料来源，原材料、半成品、机电设备供货等信息。

（6）按其他标准划分

1）按照信息提供的范围的不同，可以把工程监理信息划分为精细的信息和摘要的信息两大类。

2）按照信息产生的时间的不同，可以把工程监理信息划分为历史性的信息和预测性的信息两大类。

3）按照监理阶段的不同，可以把工程监理信息划分为计划的、作业的、核算的和报告的信息。在监理开始阶段，需要有计划的信息；在监理的实施过程中，需要有作业的和核算的信息；在某一项目的监理工作结束时，需要有报告的信息。

4）按照信息发生性质的不同，可以把工程监理信息划分为预知的和突发的两类信息。其中，预知的信息产生在正常情况下，且是监理工程师能够估计到的；突发的信息则是在特殊情况下发生，且是监理工程师难以预计的。

综上所述，不同的监理范畴需要不同的监理信息。按照一定的标准将工程监理信息予以分类，并根据监理工作的不同要求，提供合适的信息，对完成工程监理信息管理的基本任务，具有举足轻重的作用。

日常的监理业务，虽属于高效率执行特定业务的范畴，但因其业务内容、目标、资源、环境等都是明确规定好了的，执行中需要预测判断的情况并不多，所需要的常常是历史性的信息（经验），其结果也是可以预测的，且绝大多数是项目内部的信息。

8.3 公路工程施工监理信息管理的程序和方法

8.3.1 监理信息管理程序

1. 监理信息的收集

在公路工程施工监理过程中，信息管理工作质量的好坏，很大程度上取决于收集到的原始资料的全面性和可靠性。因此，建立一套完善的信息收集制度是非常必要的。

（1）工程建设前期的信息收集　公路工程建设项目，尤其是高速公路建设项目，大多是一些工程规模宏大、投资巨大、技术复杂的工程项目，在其正式开工前，需进行大量的准备工作，而在工程进行中将产生大量的、包含着丰富内容的文件。承担该工程项目的监理单位和监理工程师应当了解和掌握这些内容，即需事先收集到这些文件。

1）收集设计任务书及其有关资料。设计任务书是确定拟建工程项目建设方案（包括建设规模、建设布局、建设周期等原则问题）的重要文件，也是编制工程设计文件的重要依据。

设计任务书一般包括：该公路工程建设的目的和依据；工程的建设规模和技术标准；工程沿线的工程地质条件、建筑材料供应情况、交通运输条件等；工程建设总工期；投资（融资）渠道和控制造价；工程建设地点和占地估算；工程的经济效益分析；生态、环境保护方面的要求；存在的问题和对策。

2）收集设计文件及有关资料。拟建的公路工程项目的设计任务书经主管部门审批后，即委托设计单位编制设计文件。依照项目规模大小，虽有一阶段、二阶段、三阶段设计之分，即设计深度和广度不一，但其主要内容包括：社会情况调查、工程技术勘察情况的调查、技术经济勘察情况的调查、生态环境情况调查。

3）收集招标投标合同文件及有关资料。公路工程建设项目在招标投标过程中形成的合同文件，是该工程项目在建设中进行管理的依据，其主要内容包括：投标邀请书、投标须知、合同双方签署的合同协议书、履约保函、合同条件（合同通用条件和合同专用条件）、投标书及其附件、工程量清单及其附件、技术规范、招标图样；发包单位在招标期间发生的所有补充通知；承包商在投标期间内补充的所有书面文件及随投标书一起报送的资料与附图；发包单位发布的中标通知书；承、发包双方在商议合同时双方共同签署的补充文件等。

（2）工程施工过程中的信息收集　在公路工程施工阶段，每天都会产生各种各样的情况，其中必然包含着各种信息，这些信息需要监理工程师及时收集和处理。

1）收集业主提供的信息。业主作为工程建设项目的组织者，在我国往往以工程建设指挥部的形式出现。业主在施工中间须按照合同文件的规定向承包商提供相应的施工条件，并要随时表达对工程实施中各方面的意见和看法，下达某些指令，尤其是业主在施工过程中对施工进度、质量、费用支付、合同管理等方面的意见和看法，业主上级单位对工程建设实施中的各种意见、看法和指令，业主定期提供的气象预报、洪水汛情预报，以及由业主负责提供的某些建材的品种、数量、质量、价格、提货地点、提货方式、材质证明、试验检测资料、运距等信息。

2）收集承包商提供的信息。承包商在施工过程中所提供的信息包括两个方面：一是，施工现场所发生的各种情形，如形象进度、施工质量缺陷、隐蔽工程状况、质量事故、施工现场管理状况等有形的信息；二是，施工中承包商经常向其上级主管部门、业主、设计代表、监理工程师（驻地监理组）及其他方面报送的各种文件。如向监理组报送的是实施性施工组织计划、每周工作计划、每月工作计划、开工申请报告、分项工程施工方案和措施、各种工程项目自检报告、质量事故报告、有关问题的处理意见、月支付申请表、工程变更申请和工程变更令、清量变更表等。

以上两方面的信息，承包商自身必须收集和掌握，监理工程师在现场管理中也必须收集和掌握，并将收集到的信息加以整理，汇集成丰富的信息资料。

3）收集监理方的信息。监理方的信息包括驻地监理工程师的记录和工地会议信息。驻地监理工程师的记录，包括工程施工历史记录、工程质量抽查记录、工程质量计量记录、工程款支付记录、开工记录、隐蔽工程检测记录、竣工验收记录等内容。

①现场监理人员的日报表。主要内容包括：当天承包商的施工记录；承包商当天参加施工的人员（工种、数量等）；承包商当天施工用的机械、设备（名称、数量、工作时间等）；当天发现的施工质量问题；当天的施工进度及其与计划的施工进度的比较（若发生施工进度拖延，应记录原因及影响的范围和程度，承包商是否会提出延期或索赔等）；当天的综合评语；其他说明（应注意的事项等）。

现场监理的日报表，即监理日志采用的表格，应简明扼要，并要求每日填写。

②工地日记。主要内容包括：现场每日的天气情况记录（当天是晴、阴或雨雪，当天的最高、最低气温，当天的降雨（雪）量；当天的风力，当天因气候原因而损失的工作时间等），现场监理人员日报表；监理工作纪要；其他有关情况和应说明的问题等。

③驻地高级监理工程师日记。主要内容包括：当天所作的重要决定；当天对承包商所作的主要指示；当天发生的纠纷及协调解决方法；当天对驻合同段现场的监理工程师（监理人员）的指示；当天与其他人达成的任何主要协议，或对其他人的主要指示等。驻地高级监理工程师的日记应每日记录，但该日记仅为驻地高级监理工程师的个人记录。

④驻地高级监理工程师月报。驻地高级监理工程师每月应以月报形式向总监理工程师和业主书面汇报下列情况：所管辖合同段（承包商）的简介；各合同段的施工进度状况（按指挥部生产调度会议要求及施工组织设计中的进度计划进行比较）；工程进度拖延的原因及其分析；工程质量情况和问题；工程进度中的主要困难和问题，如施工中的重大质量事故、重大索赔事故、材料和设备供货困难、组织和协调方面的困难、异常恶劣的天气情况；工程变更、设计变更；工程款支付情况等。

⑤驻地高级监理工程师对承包商的指令。主要内容包括：监理通知单、工地会议纪要、日常指示（工地协调会上发出的指示）、在施工现场发出的指示等。

⑥驻地高级监理工程师发给承包商的补充图样。

⑦工程施工质量记录。主要内容包括：工程材料试验、土工试验、混凝土配合比试验等试验样本送检及试验结果记录；隐蔽工程检查、结构构件检测、几何尺寸检查、外观质量检查等检测记录；构件、结构破坏试验，结构静载试验等检测记录等。

⑧收集工地会议信息。工地会议信息是监理工程师进行监理工作的重要方法，且是监理工程师行政管理的一部分。工地会议中包含着大量的监理信息，监理工程师须重视之，并应建立一套完善的会议制度，以便于会议信息的收集。

（3）工程竣工阶段的信息收集　公路工程竣工按合同、技术规范要求进行竣工验收时，需要大量的与竣工验收有关的信息资料。这些信息资料由两部分组成：一部分是在整个施工过程中长期积累形成的，另一部分则是在竣工验收期间根据施工期间积累的资料整理分析而形成的。完整的竣工资料由承包商在监理工程师的监督指导下，以及工程项目建设指挥部（业主代表）和中心试验室积极配合下，编制完成并归档。

2. 监理信息的加工整理

在公路工程建设中，监理工程师除应注意对原始资料加以收集外，还须将收集到的各种资料进行加工整理，并同时对施工过程中出现的各种问题进行妥善处理。当对收集的原始资料进行加工处理时，按其加工整理的深浅程度可将信息分为三类：第一类为对资料和数据进行简单的整理和过滤，加工整理出的信息，称为二次信息；第二类是对信息进行分析，概括综合成能产生辅助决策的信息；第三类是采用数学模型，通过统计推断获得可产生决策的信息。监理工程师在具体的施工过程中，根据当时收集的信息而作出的决策（或决定）大致有：对工程施工进度状况的意见和批示；对工程质量情况的意见和指示；对工程计量与支付情况的意见和指示；对工程索赔的处理意见。

3. 监理信息的储存

将监理信息加以储存，其目的是将来加以应用。对有价值的原始数据、资料和经过加工处理的信息须长期积累、储存，以备查阅和使用。20 世纪 50 年代以后，人类的信息数量大增，其储存方式也由传统的纸质储存变革为纸张、音像和计算机储存等多种形式。用纸张储存信息的主要优点是永久保存性好，不易涂改，存储数据、文字和图表均相当容易；其缺点是传送信息慢，检索起来不方便。采用音像存储信息资料使人有亲临现场的感觉，记录的信息也全面而完整，但其母材随时间的推移会使记录的信息失真。使用计算机存储信息资料，可存储的信息量大，检索很方便，通过计算机网络传递信息也方便快捷。

4. 监理信息的检索

无论是存入档案库还是存入计算机的信息、资料，为了便于查找，事前都要拟订科学的查找方法和手段，做好编目分类工作，即建立起科学的检索系统。实践证明，科学而健全的检索系统可以使报表、文件、资料、档案等信息既保存完好，又方便查找。

5. 监理信息的传递

信息的传递是指借助于一定的载体将其在需要的范围内的传送。信息通过传递，形成各种信息流。监理工作中的信息流，利用纸张、磁盘、磁带、录像等载体，将图样、报表、文件、记录通过电信、各种收发设备、会议等传递手段，不断地输送到监理工程师手中，成为他们工作的依据；不断地输送到上级有关部门，作为他们决策的根据。

6. 监理信息的使用

监理信息管理的目的，是为了更好地使用信息为决策服务。大中型公路工程建设项目管理工作，涉及的信息类项复杂，信息量大。如项目的投资控制、施工进度控制、施工质量控制、合同管理等方面的信息，种类繁多，内容丰富。大中型公路工程项目如此巨大的信息量，要实现高效快捷的信息管理，使监理工作程序化、监理记录标准化、监理报告系统化，可利用电脑储量大的特点，将工程项目有关的信息资料，高速准确地处理成所需要的各种信息成果，尤其是利用建设项目监理软件包，可以让监理工程师更方便地进行进度控制、质量监理、投资费用控制及合同管理等监理工作。

8.3.2 信息管理的工作程序

公路工程施工监理信息管理工作的主要内容如下：

1）制定信息管理程序、制度，明确人员岗位职责。

2）建立文档清单及编码系统。

3）建立文档管理的计算机管理系统。

4）建立文件流管理系统。

5）建立文件资料归档系统。

6）提出现场记录的内容、职责和审核要求。

7）规定现场指令、报告内容和相应程序。

公路工程施工监理信息管理工作流程图，如图 8-2 所示。

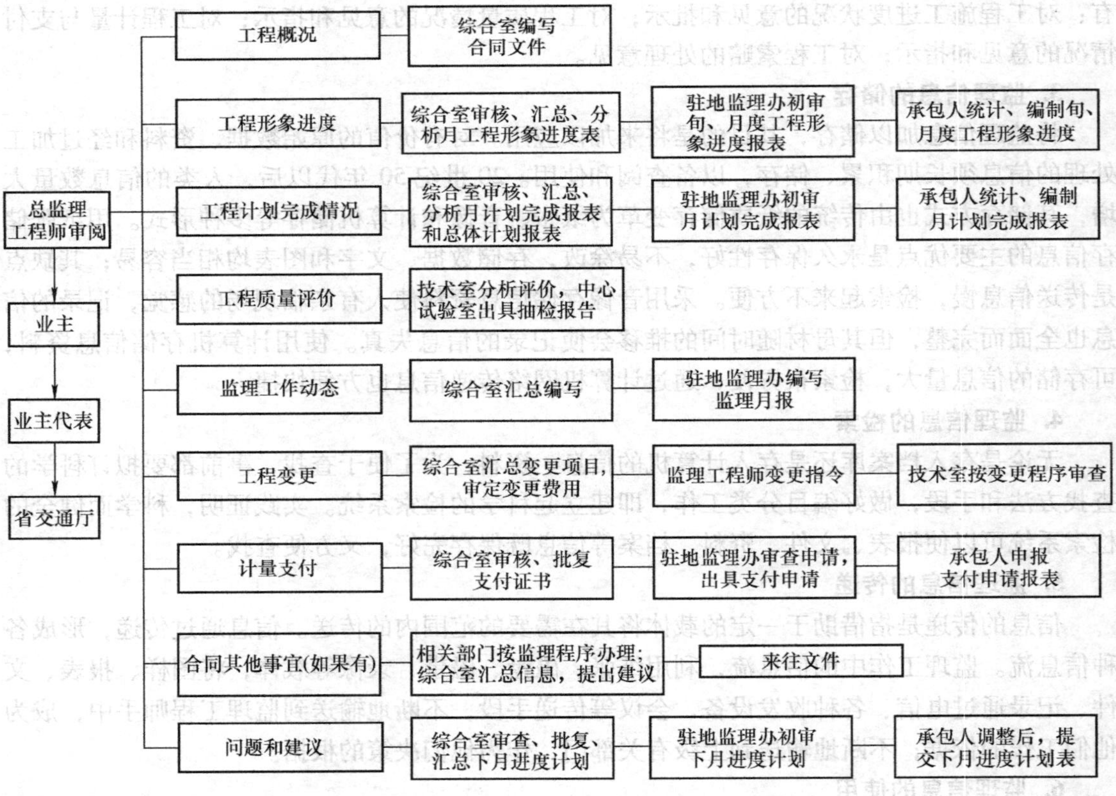

图 8-2 公路工程施工监理信息管理工作流程图

8.3.3 监理信息的管理方法

信息管理的基本方法是建立信息的编码系统，明确信息的管理流程，制定相应的信息采集制度，利用高效的信息处理手段，确定合理的监理程序，为监理工程师的决定提供有力可靠的依据。

信息的管理流程已作论述，下面重点介绍建立信息的编码系统的内容。

代码是指代表事物的名称、属性和状态的符号数字。代码有两个作用：一是为所记的事物提供一个精确简练而不含混的记号，二是可提高数据处理的效率。由于代码比数据全称要短得多，能大大节省存储空间和处理时间，同时也便于查询、运算、排序等。对监理信息实施编码，就是为其设计代码。

1. 编码的原则

1）每一代码均须保证其代表的实体（或属性）是唯一的，换言之，每一个所描述的实体都必须有一个确定的代码。

2）代码设计应尽量标准化，以便与全国的编码保持一致，便于系统的衔接开拓；代码设计应等长，以利于计算机处理；代码设计应留出足够的可供扩充的位置，以适应新情况的变化。

3）代码应在逻辑上适合应用的需要。

4）代码要便于记忆，当代码长于 5 个字符时，最好分成几个小段，如将 A272143 分成 A27 – 2143 两段，就比原先易于记忆，且大大减少了出错的机会。

5）编码要有系统的观点，且应照顾到各部门的需要。例如，工程投资控制会涉及规划、设计、施工、采购、材料、库存、财务、银行等众多部门的工作，在进行编码时一定要为这些部门考虑周到，以免给他们带来不便。

6）代码系统要有一定的稳定性，并能适应环境的变化，其目的是让代码能使用一段较长的时间，不至于要经常修改代码系统。

2. 编码的方法

编码的方法有顺序编码、成批编码、多面码、十进制码、文字数字码五种。这五种编码方法各有优劣，应根据实际工作情况的具体需要加以选用。

1）顺序编码。即从 001（或 0001、00001 等）开始依次编下去，直至最后。此种编码，方法简单且代码较短，是一种常用的编码方法。但这种编码缺乏逻辑基础，本身并不说明任何特征。在编码序列中，新数据只能追加到最后面，倘若删除数据，又会形成空码。因此，顺序编码一般用做其他分类编码后进行细分类的一种手段。

2）成批编码。本法也是从 001 开始，依次编号。但在每批同类型数据之后留有一定余量，用以添加新的数据。成批编码实际上是顺序编码略作改动而已，未从根本上解决顺序编码缺乏逻辑基础的问题。

3）多面码。每一个事物都可能具有多个属性，在编码结构中为这些属性相应地规定一个位置而形成的编码，我们称之为多面码。现以按金属材料的某些属性进行编码的表 8-1 为例，来说明多面码的具体编制方法。

从表 8-1 中可知，“11202” 这个代码代表了 “国产热轧平板，规格为 1 / 4″×20′” 的钢板。多面码的优点是逻辑性好，便于扩充。但此代码位数较长，会出现较多的空码。

表 8-1　金属材料编码举例

来　源	生产方法	种　类	规　格
1—国产	1—热轧	1—角铁	00—1/16″×20′
		2—平板	01—1/18″×20′
2—进口	2—冷拉	3—铁丝	02—1/4″×20′
		4—管子	

4）十进制码。十进制码的编码方法是，先把被编对象分成十大类，以 0～9 为序进行编码；然后，再将每一大类又分成十小类，以第二个 0～9 的号码进行编码；还可依次再编下去。按十进制编码，可以无限扩充下去，直观性也很好。

5）文字数字码。这种编码方法是用文字来表明对象的属性。其中文字一般采用英文缩写或采用汉语拼音的开头。采用文字数字码，其优点是直观性好，记忆和使用都很方便；其缺点是，当数据过多时，单靠字头来加以区别很容易使含义模糊而造成误解。

3. 监理编码实例

现以民用建筑投资控制为例，对监理编码的方法加以说明。如果把一个民用建筑项目的总投资当做一个整体，应先对这个整体进行切块，即进行编码分类。本例先将其切成 8 块：A 建筑基地费；B 建筑基地外围（红线外）开拓费；C 建筑物造价；D 设备费；E 建筑物外围（红线内）设施费；F 附加设施费；G 业主管理费；H 业主专项预留费。以上 8 块可称为投资的子系统，如图 8-3 所示。

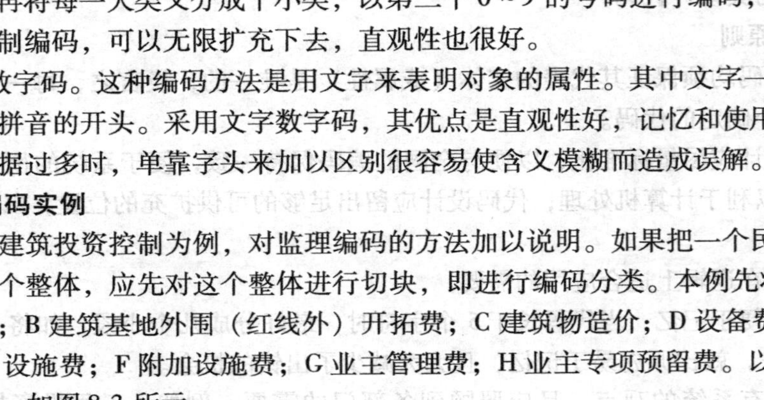

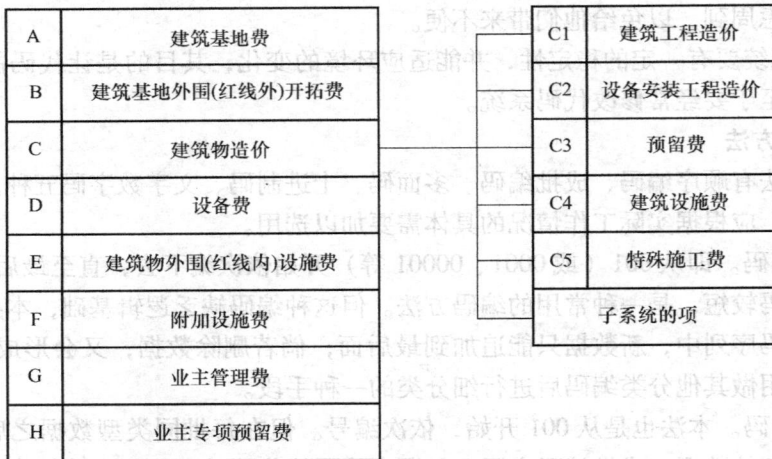

图 8-3　民用建筑投资项目分类编码

对子系统组成的每一块再进行切片，即再细分类。以 C 建筑物造价为例，可切成 5 片：C1 建筑工程造价；C2 设备安装工程造价；C3 预留费；C4 建筑设施费；C5 特殊施工费。这 5 片称为投资子系统的组成项，如图 8-3 所示。

若对子系统组成项的每一片再继续往下切，即可切成条。如将 C1 建筑工程造价切成条，可切成 C11 土方工程等 8 条；C2 设备安装工程造价则可切成 C21 排水工程等 9 条。这 8 条和 9 条可称为投资的大类项，如图 8-4 所示。

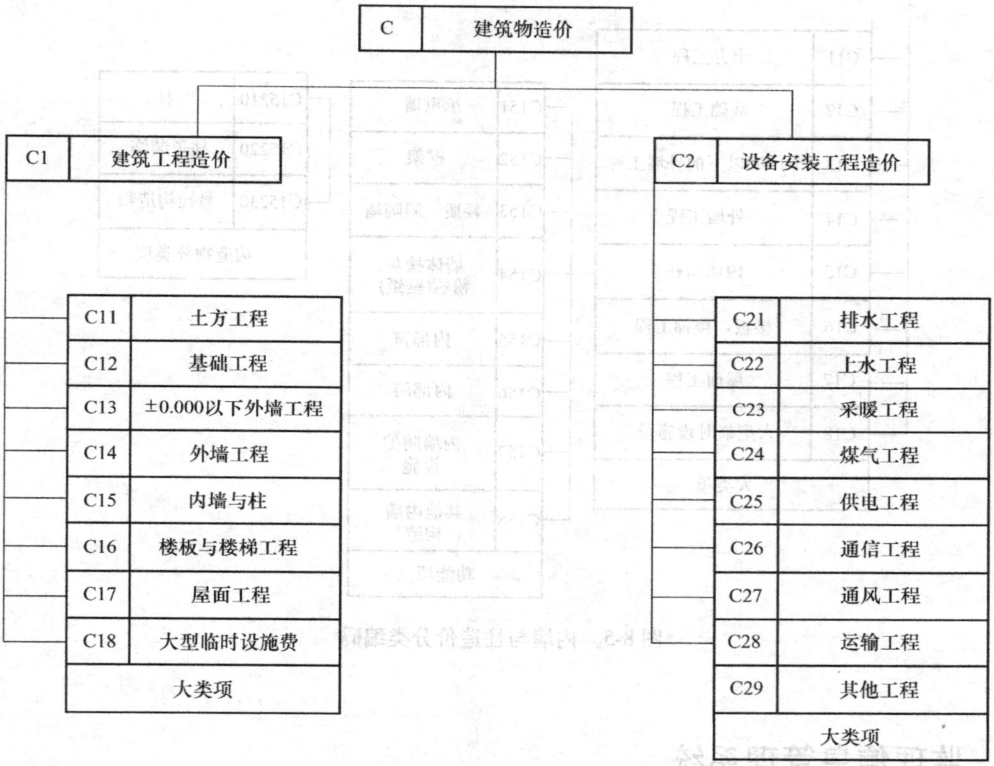

图 8-4　建筑、设备安装工程造价分类编码

对大类项还可继续往下切。现以 C15 内墙与柱为例，可切成 C151 承重墙等 8 个功能项。功能项再往下切，如 C152 框架亦可切成 C15210 柱等 3 个构造物分类项，如图 8-5 所示。

以上民用建筑投资结构的编码体系，原则上应用的是每一个层次使用一种相同编码的方法。

应当指出，公路工程工程项目的监理工作，是一项多专业、多层次的，而且是由具有广阔知识面和丰富工程实践经验的工程技术人员和管理人员共同完成的工作。在这里，人的因素（尤其是人的智能活动）是至关重要的，工程建设中的各种信息，均需经过监理工程师的提炼、归纳，方可形成计算机能够接受的规范化的标准信息，即使是经过计算机处理后输出的信息，也必须再经过监理工程师的分析、综合、判断后，才能成为决策的依据。

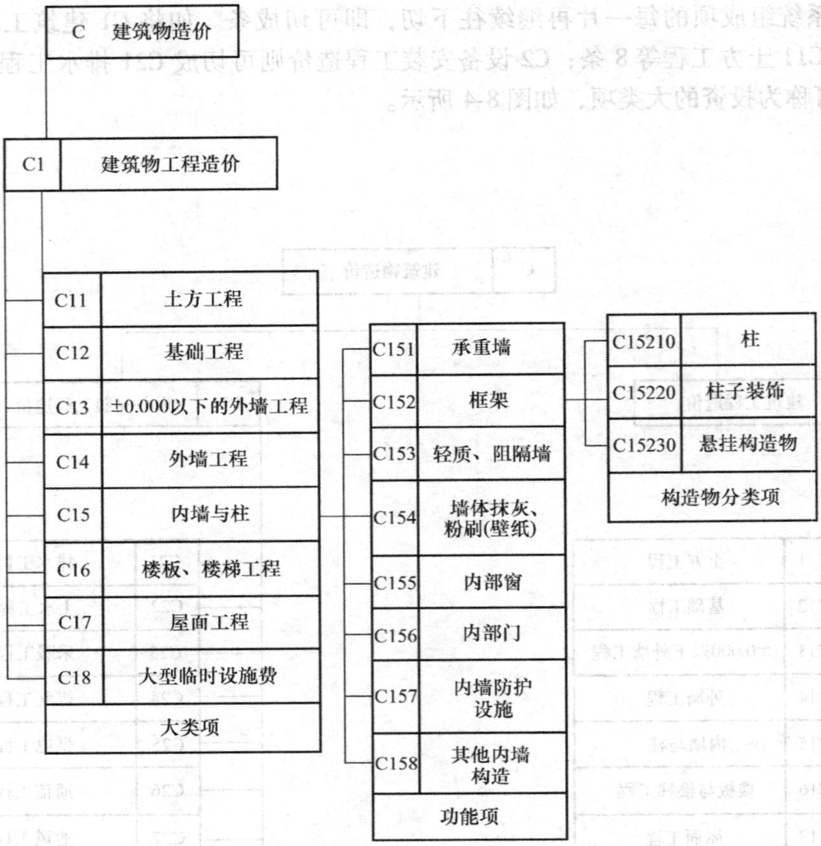

图 8-5　内墙与柱造价分类编码

8.4　监理信息管理系统

8.4.1　监理信息管理系统的概念和作用

监理信息管理系统是以电子计算机为工具，运用系统科学的技术手段，对监理工作中的信息进行管理的计算机辅助系统。它由质量、进度、费用等多个管理模块组成，协助监理工程师完成全面的监理工作。监理信息管理系统的主要作用有：跟踪工程进展，服务动态监控；资源共享，数据保护；信息文档管理。

8.4.2　监理信息管理系统的构成

监理信息系统围绕着完成监理工作任务设置，应包括质量控制、进度控制、费用控制、安全控制、环保控制、合同管理及行政管理等子系统。子系统的划分与监理组织机构匹配，主要模块与实际工作内容一致。

1）质量控制子系统。提供各主要分项工程和施工工序的质量控制子程序，包括路基工程、路面工程、桥涵工程、隧道工程等。各子程序通过对专业监理工程师的材料检测数据和工程质量检测数据的分析，判断各主要分项工程是否合格，最终判断各主要分部工程、单位工程质量，为监理工程师提供准确的判断依据。

2）进度控制子系统。提供工程进度计划网络图的绘制系统，包括对时间参数的计算，进度计划的调整，进度计划变化趋势的预测分析等，有助于监理工程师作出决策。

3）费用控制子系统。可按工程合同段或分项工程两种情况进行分块，实现工程量支付的计算机管理。系统程序包括价格调整、费用索赔和工程最终结算等子程序。可对人工、材料价格调整进行计算，对变更设计及额外工程引起的合同价格调整进行计算，并打印相应的结论表格。

8.4.3 监理信息网络管理系统

1. 建立监理信息网络管理系统的原则

信息网络管理系统投资较大，在建网时一定要根据实际情况，在满足标准化、实用性、可扩展性、可管理性等条件下进行合理规划。

（1）标准化　在一个复杂的大型网络系统里，涉及多个厂商的硬件和软件，为了保证软硬件的协调工作，应建立一个开放式的、遵循国际工业标准的网络系统。

（2）实用性　建立网络应充分考虑工程的特点和实际需求，甚至包括工地的地理位置等细节问题，注重实际可用性。操作系统应力求成熟稳定，安全可靠，易于安装、规划、管理和使用，通信功能强大，甚至能提供最全面的Internet支持。

（3）可扩展性　信息网络设计必须为今后的扩充留有余地，选择结构化、可扩充、可替换的多用途网络产品，适应升级与扩充。要使网络能向更新一代的技术平稳过渡，以便分期实施，边建设、边投资、边出效益。

（4）可管理性　网络管理是整个网络的一个重要组成部分，它应包括配置管理、出错管理、性能管理、软件管理等功能。网络建设的实际成本，包括购买网络产品的费用、升级费用、管理费用和维护费用。要注意选择那些高可靠性、高质量及便于维护和管理的网络设备。

2. 信息管理系统软件

筹建信息管理系统时，在选择性能价格比最好的操作系统软件的同时，要注意应用软件的开发和选择。与软件开发商联合开发和购买商品化的软件，再结合工程实际进行二次开发，是大多数监理信息管理系统的首选。软件必须满足实用性、稳定性、便于掌握等要求。

目前，国内外许多以合同管理、项目进度控制、质量控制等为主要目标的商品化软件已经逐步发展、完善起来。较著名的项目进度软件有美国Primavera公司的P3（Primavera Project Planner）和Expedition系列、微软公司的Project和Schedule，以及国内同济大学的建设监理软件包PMIS、同望科技股份有限公司的WCOST系统等。

8.4.4 信息管理系统的应用

1. 配备信息系统维护工程师

由于信息管理系统的使用者多为工程技术人员，计算机应用水平和网络知识参差不齐，同时，信息管理系统建立后经过一段时间的运行，有可能出现不尽如人意的缺陷和不足，应及时完善、修整或改进。有必要配备一名计算机维护工程师，提供技术服务，及时解决出现的问题，务必使软件系统满足工程实际需要。具备专业技能和计算机高级应用水平的复合型专家是信息管理部门的最佳人选。

2. 注意数据备份和病毒防护

计算机病毒往往会对系统带来灾难性的破坏，使数据丢失、系统瘫痪。建网时必须考虑数据的保护（如配备查毒、杀毒的软件和硬盘备份等）。应用人员应具备一定的病毒防护知识，杜绝一切可能带来病毒隐患的不正当操作。在日常工作中应注意数据及时备份，避免损坏和丢失，以及预防系统破坏等突发事件对工作的不利影响。

3. 人工分析与计算机分析相结合

以计算机硬件设备、操作系统软件和应用软件为构架的信息管理系统是辅助系统，不能完全替代人脑的分析和判断，尤其在应用软件开发尚不完善或工作人员未能熟练掌握应用软件的情况下，更需要依靠人工分析和计算机分析相结合的方式处理信息数据。计算机信息处理的结果输出后，有必要对重要数据进行人工分析和出错审核，如有重大疑问，还需要考虑信息本身的准确性，剔除不正确的和干扰的信息，或到工地现场调查，取得符合实际状况的信息重新处理。

4. 监理信息系统与业主、承包人信息系统的配合

更大效能地发挥监理信息系统的作用，除完善本系统的设置和应用外，还应当与业主和承包人的信息系统形成有机的联系。统一子系统结构、统一操作系统、统一应用软件，便于系统识别和接受信息，以及共享资源。三方信息系统的配合宜在系统建立之初规划，经调试成功后运行。目前国内的大型工程项目中，一般都在合同文本中明确要求监理工程师和承包人建立与业主一致的信息管理系统，以满足合同各方信息顺利沟通的需要。

8.5 监理档案管理

8.5.1 监理文档构成

公路工程实施过程中的监理文档主要由三个方面构成。

1. 文件

（1）各级政府机关的公文　如行政法规和规章、决议、决定、指示、布告、通告、公告、通知、通报、会议纪要等。

（2）上级主管部门的文件、信函等　如业主和承包商的信件，采用的标准、法规，项目负责人（指挥长）的报告，总监理工程师签发的开工令和竣工验收鉴定书等。

（3）工程内部文件　如招标广告、招标文件、投标书、信件和合同文件、施工日志、施工图、竣工图、工程变更合同、工程付款单据、工程事故调查报告、设备运行和保养文件、工地会议纪要、现场人员给上级主管部门的报告、信件和文件等。

2. 监理日常资料

按工程监理控制目标，监理日常资料可分为以下五类：质量控制资料、进度控制资料、费用控制资料、合同管理资料、监理内部管理资料。

3. 竣工资料

（1）工程监理报告　包括：监理工作月报、试验工作月报、工程进度快报、监理工作季度报告、监理工作年度总结报告、工程监理报告。

(2) 常用施工监理表　包括：施工放样报验单、分项工程开工申请批复单、承包人每周工作计划、监理日报、检验申请批复单、工作指令、工程变更令、索赔申请单、索赔时间、金额审批表、工地会议记录、中间交工证书、分包申请报告单、工程暂时停工指令、复工指令、工程质量事故处理报告单、工程交工证书、工程缺陷责任期终止证书等。

(3) 常用工程质量检验表　包括：路基工程检验表，排水工程检验表，挡土墙、防护及其砌石工程检验表，路面工程检验表，桥梁工程检验表，隧道工程检验表，交通工程设施检验表等。

(4) 常用费用支付表　包括：工程进度表、中期支付证书、清单支付报表、计日工支付表、工程变更一览表、价格调整汇总表、价格调整表、单价变更一览表、永久性材料价差金额一览表、永久性工程材料到达现场计量表、扣回材料设备预付款一览表、扣回开工预付款一览表、中间计量表、中间计量支付汇总表等。

8.5.2　竣工文件编制监理

1. 监理工程师在竣工文件编制中的监理工作

(1) 审查承包人的工程结算表　竣工结算是竣工文件的重要组成部分，包括工程结算。监理工程师的主要职责是审查承包人的工程结算。监理工程师审查的重点应放在最终支付证书、工程变更及费用增加一览表、工程索赔一览表上。最终支付证书是由总监理工程师签发并经业主批准的最后支付证书，应与工程竣工结算单和清账书中所列的工程项一致。工程变更和索赔一览表中的项目应有相应的批准文件，数量和项额计算正确，附有相关依据或证明，无漏项和重复列支，并有确认再无任何追加项目的说明。

(2) 审查承包人的竣工图表　监理工程师审查竣工图表时应重点审查以下几个方面：

1) 竣工图表应完整、准确，全面反映工程竣工的实际情况。各项数据，如长度、宽度、厚度、高程、坡度、角度、地质情况等，要与竣工部位的实际情况完全一致。

2) 凡竣工项目均须有竣工图。竣工图要求图面清晰，线条、字迹、图表等工整、清楚、干净。竣工图应逐张加盖竣工图章。

3) 依据竣工数据绘制竣工图，应遵循以下原则，并重点审查变更工程项目的图表。

①如果某项工程完全按照原设计图施工没有变化时，可利用原设计图，加盖竣工图章；

②在施工中如设计图无变更，仅有工程数量的变化，则仅制作竣工工程数量表装入竣工图内；

③若实际工程与原设计图不符，则必须重新绘制竣工图。

(3) 编写监理工作报告　监理工作报告是本工程施工监理工作的全面总结，说明监理工程师对监理合同的履行情况、实施监控的措施和达到的效果，以及对工程运营和养护提出建议。其内容包括：工程基本概况；监理组织机构及工作起、止时间；工程质量、进度、费用监理和合同管理的执行情况；分项、分部、单位工程质量评估（包括缺陷责任期中发现的质量问题及处理措施）；工程费用分析；对工程建设中存在的问题的处理意见和建议；照片或录像。

2. 竣工文件编制的监理要点

在工程竣工交工验收前，监理工程师应尽早制定竣工文件的编制办法和统一规定，对竣工图的质量提出统一的标准和要求，并及时掌握和处理竣工文件编制的进度情况和出现的问题。竣工文件编制的监理要点包括：制定竣工文件编制的有关规定和要求；督促承包人及早开始竣工图的绘制工作；确定竣工文件的编制分工和职责范围；汇总、反映、研究解决编制过程中遇到的问题；审查文件编制成果；验收竣工文件资料；完成工程监理部分的竣工文件的编制。

8.5.3 监理表式管理

监理表式是监理档案的组成部分，它的规范化、标准化是监理工作有序进行的基础，是监理信息科学化管理的一项重要内容。

1. 监理表式构成

监理表式分为五大部分：监表、支表、检表、试表和评表。

1）监表。监表是监理工程师履行监理职责、进行工程监控时使用的表格。

2）支表。支表是进行工程计量和支付申请、审批的用表。

3）检表和试表。检表和试表主要是承包单位自检使用的表格，监理工程师也可以此做旁站监理记录和抽检使用。

4）评表。评表是工程项目中间和全部交工后，将检表和试表的结果汇总，并对分项、分部、单位工程和整个工程质量进行评定的用表。

2. 监理表式的制定和修订程序

1）在工程准备阶段，监理机构应组织编制监理表式。表式应规范、标准、齐全，以信息管理部门为主，其他技术、试验部门协助共同编制，最迟于工程开工前完成。

2）在第一次工地会议上监理工程师向承包人印发监理表式，说明编制要求和提交程序、份数、范围、时限等。

3）施工过程中，监理工程师应针对使用监理表式不符合规定的情况向监理人员或承包人作进一步的解释，并听取对表式的反馈意见，适时对监理表式进行修订或补充。

4）对于因情况变化已不适用于实际情况的表式，应及时修订和补充，进一步完善表式系统。

8.5.4 监理档案管理

1. 监理档案管理的主要任务

1）对各种监理文件资料，应根据其特点、相互联系和保存价值分类归纳、整理，并按文件的作者、内容等特征组卷。立卷归档的文件一定要保证齐全、完整，便于保管、查找和利用，并能满足上级档案室的要求，顺利归档。

2）对于某些没有存档价值的文件，通过鉴别或有关领导的批准，可定期销毁。对秘密文件、内部文件、刊物和资料的销毁，事前要进行登记，并设专人监销，以确保不丢失、不漏销、不泄密。

3）为了做好文件档案的管理工作，使管理方法更加合理化，各种数据更加科学化、规范化和标准化，应采取计算机辅助管理的方法。

2. 监理档案管理的注意事项

1）明确职责，协调配合。监理组织机构应建立资料、文件管理制度，明确档案管理要求，设资料、文件管理岗位，配备专职或兼职人员，承担全部工程监理资料档案管理工作，定期督促检查承包人的内业管理，完善监理机构内部文件资料的管理，组织审查承包人提交的竣工文件。各级监理人员应管理职责范围内的资料，独立存档。部门之间建立资料借阅记录。

2）加强督促检查，规范档案管理。通过检查、考核、交流等办法，加强监理内业管理和监督。定期按照监理资料、文件管理的统一要求，对文件资料内容的准确性、及时性和外观质量等方面进行检查评价，发现问题及时提示和整改，不断规范管理。

3）重视业务学习，提高管理水平。监理档案管理是一门专业技术。要组织人员学习档案管理知识，特别应向档案管理部门学习或咨询，提高管理水平。

本章小结

公路工程施工监理的工作内容可概括为“五控、两管、一协调”，信息管理工作涉及监理工作的方方面面。信息管理是对信息进行收集、整理、分析、处理、储存、检索、传递与应用等一系列工作的总称。建立一个科学、先进、流畅、规范的信息管理系统，对提高监理工作质量和效率具有重要作用。本章结合工程实际，主要阐述：工程信息管理体制的基本任务；工程信息的分类、处理；监理信息管理系统、网络系统的构成和实现；监理文档构成和管理。

复习思考题

1. 什么是信息？什么是信息管理？
2. 工程信息管理的基本任务是什么？
3. 按监理目标划分，工程信息可以分为哪几类？
4. 监理信息处理包括哪些过程？
5. 监理表式由哪几部分构成？
6. 工程竣工文件由哪几部分构成？
7. 监理工程师在竣工文件编制中的工作内容有哪些？

单元九　公路工程施工组织协调

任务要求

1. 分析监理方案、监理计划、监理细则的作用。
2. 明确项目监理组织协调的原则。
3. 掌握工程项目组织协调的工作内容和主要方法，能开展现场组织协调工作。

案例引入

由于某段路基基底是淤泥，根据设计文件的要求，需进行换填，在招标文件中已提供了地质情况的技术资料。承包方原计划使用隧道出渣作为填料换填，但施工中发现隧道出渣级配不符合设计要求，需要进一步破碎以达到级配要求，承包方认为施工费用高出合同单价，如仍按原价支付不合理，需另外给予延期20d和费用补偿20万元的要求。针对承包方提出的上述索赔要求，监理工程师应如何协调？

9.1　组织协调概述

在工程建设项目施工阶段，监理单位所进行的组织协调工作，是围绕建设监理三大目标的控制而进行的。在监理单位现场工作过程中，组织协调工作既是比较经常又是比较关键和困难的工作，而且也是日常监理工作必不可少的重要内容。监理单位在现场实施的组织协调工作的好坏，直接影响监理目标控制的成效和监理单位的声誉。如果不把这项工作开展好，就不能有效地开展监理单位的“五控、两管、一协调”工作，就创不出监理单位的威信，就无法更好地完成委托方委托给监理单位的各项工作。

公路工程建设需要一支具有高超协调能力的监理队伍，唯有此才能有效地控制项目的工程质量、工程进度和工程费用，提高投资效益及施工管理和合同管理水平，使施工监理工作达到法制化、标准化、规范化、程序化的要求。协调能力是总监、总监代表、驻地高级监理工程师领导才能和监理工程师（人员）个人素质的重要标志。在公路建设项目开展过程中，各级监理领导必须能够联合所有力量，协调好项目内部、外部的种种关系，共同实现建设项目的控制目标。多年的工程监理实践经验表明，对监理工程师来说，专业知识易学，协调能力难得。

在工程项目建设过程中，组织与协调工作是十分重要的。所谓组织，是指“按照一定的目的、任务和形式加以编制，安排事物，使有系统或构成整体”。所谓协调，即协商与调解，指“为了取得一致意见而共同商量以便使双方和解”。由此可见，组织与协调就是围绕实现项目的各项目标，以合同管理为基础，组织协调各参建单位、相邻单位、政府部门全力配合项目的实施，以形成高效的建设团队，共同努力实现工程建设目标的过程。在工程监理的基本职能“五控、两管、一协调”中，“五控、两管”有明确的工作内容、具体的工作要求，而协调却是贯穿于“五控、两管”之中。可以说，协调是控制的润滑剂，协调是控制的推进器。

监理管理文件是公路工程施工组织协调的依据，监理管理文件一般应包括监理方案、监理计划、监理细则等。

9.1.1 监理方案及作用

监理方案又称监理大纲，它是监理单位为获得监理任务在施工监理投标阶段编制的项目监理方案性文件。监理方案是监理投标书的重要组成部分，也是监理合同的组成部分。监理方案的作用包括：

1）监理投标人通过监理方案，使业主认识到该监理单位能胜任该项目的监理工作，以及采用监理单位制定的监理方案能满足业主委托的监理工作的要求，进而在竞争中取胜，承担到监理业务。所以，监理方案是监理单位经营目标服务的依据，对承接监理任务起着重要的作用。

2）在监理合同签订后，监理方案可作为编制监理计划的基础。

3）在监理合同签订后，监理方案可作为业主审核监理计划的基本依据。

为使监理方案的内容和监理实施过程紧密结合，监理方案的编制人员应当是监理单位经营部门或技术管理部门的人员，也应包括拟定的项目总监理工程师。项目总监理工程师参与编制监理方案，有利于监理计划的编制。

9.1.2 监理计划及作用

监理计划，是监理单位接受业主委托并签订监理合同之后，在项目总监理工程师的主持下，根据监理合同，在监理方案的基础上，结合具体情况，并在广泛收集工程信息和资料的情况下制订的，经监理单位技术负责人审核并报业主批准，用来指导项目监理机构全面开展监理工作的指导性文件。

监理计划的内容，是随着工程的进程需要逐步完善、调整和补充的。监理计划的形成过程，真实地反映了一个工程项目监理的全貌。因此，它是监理单位的重要存档材料。

监理计划是监理单位根据监理合同确定的监理范围，并根据该项目的特点而编写的、实施监理的工作计划。它是指导项目监理机构全面开展监理工作的纲领性文件，可以使监理工作规范化、标准化。其作用如下：

1）指导项目监理机构全面开展监理工作。对项目监理机构全面开展监理工作进行指导，是监理计划的基本作用。工程项目实施监理是一个系统的过程，它需要制订计划，建立机构，配备监理人员，进行有效的领导，并实施目标控制。因此，事先须对各项工作作出全面的、系统的、科学的组织和安排，即确定监理目标，制订监理计划，安排目标控制、合同管理、信息管理、组织协调等各项工作，并确定各项工作的方法和手段。

2）监理计划是主管机构对监理单位实施监督管理的重要依据。工程监理主管机构对监理单位要实施监督、管理和指导，对其管理水平、人员素质、专业配套和监理业绩要进行核查和考评，以确认它的资质和资质等级，使我国整个工程监理行业能够具有较高的水平。要做到这一点，除了进行一般性的资质管理工作外，更为重要的是通过监理单位的实际监理工作来认定其水平。而监理单位的实际水平可从监理计划及其实施中充分地表现出来。因此，工程监理主管机构对监理单位进行考核时，应当十分重视对监理计划的检查。监理计划是工程监理主管机构监督、管理和指导监理单位开展工程监理活动的重要依据。

3）监理计划是业主确认监理单位是否全面、认真履行监理合同的主要依据。监理单位如何履行工程监理合同，如何落实业主委托监理单位所承担的各项监理服务工作，作为监理的委托方，业主不但需要而且应当加以了解和确认，同时，业主有权监督监理单位执行监理合同。监理计划正是业主了解和确认这些问题的最好资料，是业主确认监理单位是否履行监理合同的主要说明性文件。监理计划应当能够全面而详细地为业主监督监理合同的履行提供依据。

4）监理计划是监理单位重要的存档资料。项目监理计划的内容随着工程的进展而逐步调整、补充和完善，在一定程度上真实地反映了一个工程项目监理的全貌，是最好的监理过程记录。因此，它是监理单位的重要存档资料。

监理计划与监理大纲的主要区别是：一方面，由于监理计划起着更具体地指导监理单位内部自身业务工作的功能性作用，它是在明确的监理委托关系，在更详细的有关资料的基础上编制而成的，所以其包括的内容要比监理大纲更为具体和详细；另一方面，经业主同意的监理计划将成为监理单位实施监理的方案性文件，对监理单位更具有约束力和指导作用。

9.1.3 监理细则及作用

监理细则是在监理计划指导下，在落实了监理机构各部门的监理职责分工后，由专业监理工程师针对公路工程中某一个专业或某一方面的具体情况编制的，并经总监理工程师批准实施的操作性业务文件。

监理细则是进行监理工作的“施工图设计”，是在监理计划的基础上对监理工作“做什么”、“如何做”的具体化和补充，它起着具体指导监理工作实施的作用。

监理方案、监理计划、监理细则是相互关联的，都是工程监理工作文件的组成部分，它们之间存在着明显的依据性关系。在编写监理计划时，要根据监理方案的有关内容进行；在编制监理细则时，一定要在监理计划的指导下进行。

9.1.4 监理大纲、监理计划和监理细则的区别和联系

监理大纲（亦称监理方案）、监理计划和监理细则都是社会监理单位分别在投标阶段和实施监理的准备阶段编制的监理文件。监理大纲、监理计划和监理细则三者之间的区别和联系如下：

1. 区别

（1）意义和性质不同

监理大纲：监理大纲是社会监理单位为了获得监理任务，在投标阶段编制的项目监理方案性文件，亦称监理方案。

监理计划：监理规划是在监理委托合同签订后，在项目总监理工程师的主持下，按合同要求，结合项目的具体情况编制的指导监理工作开展的纲领性文件。

监理细则：监理细则是在监理计划指导下，项目监理组织的各专业监理的责任落实后，由专业监理工程师针对项目具体情况编制的具有实施性和可操作性的业务文件。

（2）编制对象不同

监理大纲：以项目整体监理工作为对象。

监理计划：以项目整体监理工作为对象。

监理细则：以某项专业具体监理工作为对象。

（3）编制阶段不同

监理大纲：在监理招标阶段编制。

监理计划：在监理委托合同签订后编制。

监理细则：在监理计划编制后编制。

（4）目的和作用不同

监理大纲：目的是使业主信服并采用本监理单位制定的监理大纲，能够实现业主的投资目标和建设意图，从而在竞争中获得监理任务。其作用是为社会监理单位经营目标服务的。

监理计划：目的是指导监理工作顺利开展，起着指导项目监理班子内部自身业务工作的作用。

监理细则：目的是使各项监理工作能够具体实施，起到具体指导监理实务作业的作用。

2. 联系

项目监理大纲、监理计划、监理细则又是相互关联的，它们都是构成项目监理计划系列文件的组成部分，它们之间存在着明显的依据性关系：在编制项目监理计划时，一定要严格根据监理大纲的有关内容来编写；在编制项目监理细则时，一定要在监理计划的指导下进行。

通常，监理单位开展监理活动应当编制以上系列监理计划文件，但这也不是一成不变的，就像工程设计一样。在简单的监理活动中，编制监理细则就可以了，而有些项目也可以制定较详细的监理计划，而不再编制监理细则。

原交通部2006年11月2日发布的《公路工程施工监理规范》（JTG G10—2006）中，已经没有“监理规划”的说法，统一称作“监理计划”，即由总监理工程师主持编制、监理合同期内开展监理工作的指导性文件；而监理细则是根据监理计划，针对技术复杂、专业性较强的分项、分部工程或监理工作的某一方面，由驻地监理工程师主持编写、经总监理工程师批准的操作性文件。

9.2 施工监理组织协调

9.2.1 组织协调的原则

建设工程项目主要包含三个组织系统，即项目业主、承包商和监理单位，而整个建设项目又处于社会的大环境中，项目的组织与协调工作包括系统的内部协调，即项目业主、承包商和监理单位之间的协调，也包括系统的外部协调，即政府部门、金融组织、社会团体、服务单位、新闻媒体和周边群众等之间的协调。项目内外各种关系的协调均应遵守以下原则：

1）守法是组织与协调工作的第一原则。必须在国家和省（部）有关工程建设的法律法规的许可范围内去协调、去工作。对于业主项目部，更应该严格遵守法律法规，只有这样，才能做好组织与协调工作。

2）组织协调要坚持公正原则。要公平地处理每一个纠纷，一切以项目利益最大化为原则。做好组织与协调工作，就必须按照合同的规定，维护合同双方的利益。这样，才能最终维护好业主的利益。

3）协调与控制目标一致原则。在工程建设中，应该注意质量、工期、投资、环境、安全的统一，不能有所偏废。协调与控制的目标是一致的，不能脱离建设目标去协调，同时要把工程的质量、工期、投资、环境、安全统一考虑，不能强调某一目标而忽视其他目标。

9.2.2 组织协调的范围和层次

一般认为，协调的范围可以分为对系统的内部协调和对系统的外层协调。对于项目监理组织来说，系统内部的协调包括项目监理组织内部协调、项目监理组织与监理企业的协调；从项目监理组织与外部世界的联系程度看，项目监理组织外层协调又可以分为近外层协调和远外层协调。近外层和远外层的主要区别是，项目监理组织与近外层关联单位一般有合同关系，包括直接的和间接的合同关系，如与业主、设计单位、总包单位、分包单位等的关系；与远外层协调关联单位一般没有合同关系，但却受法律法规和社会公德等的约束，如与政府，项目周边居民社区组织，环保、交通、环卫、绿化、文物、消防、公安等单位的关系。项目监理组织协调的范围和层次如图 9-1 所示。

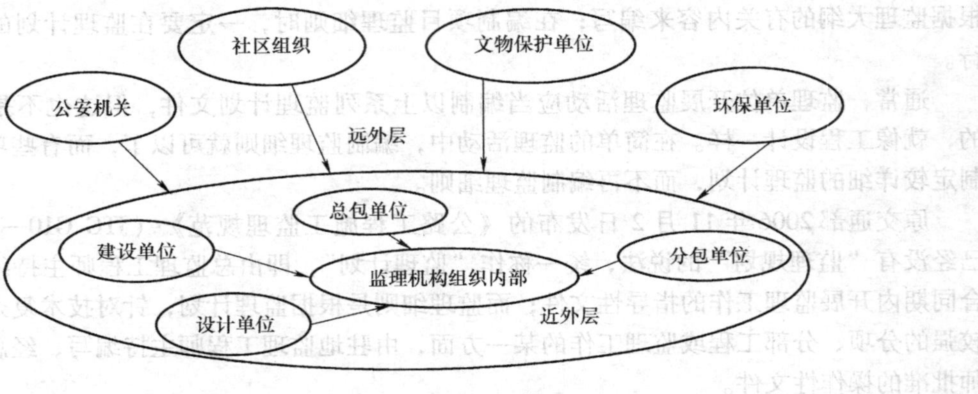

图 9-1　项目监理组织协调的范围和层次

9.2.3 组织协调的主要任务

公路工程施工监理的核心任务是根据合同对工程项目进度、质量、费用三大目标进行控制，但三大目标间的对立统一关系及公路工程项目的复杂性，给按合同实施公路工程施工监理带来了一些困难和问题。通过工地会议等方法协调各方关系，使影响监理目标实现的各个方面处于统一体中，使项目系统结构均衡，使监理工作实施和运行过程顺利。

组织协调的工作任务主要包括：

1）监理工程师组织协调各方对技术规范、质量标准的统一认识，使之符合设计文件要求。

2）监理工程师组织协调各方统一计量支付的方法和原则，使其按合同规定进行各期工程计量、工程款支付。

3）组织协调各方的进度安排，保证按期完工。

4）对工程施工安全、环保措施等予以高度重视，协调工程施工各方，安全施工，文明施工，保护环境。

5）组织协调、落实施工活动按计划进行。对发现的施工质量问题及时予以纠正，对重大问题另行召开专门会议或在工地会议上进行研究处理。

6）监理工程师就施工进度和施工质量予以充分关注，对不符合合同文件要求的工程质量、进度、计划问题及时指示承包人采取措施纠正，保证工程按计划顺利进行。

9.2.4 组织协调的工作内容

项目组织协调工作包括人际关系的协调、组织关系的协调、供求关系的协调、配合关系的协调、约束关系的协调。

项目组织协调的具体工作内容如下：

1）协调好项目内部人际关系，共同实现项目的控制目标。协调的内容主要是人员安排上的量才录用，配置上的能力与性格互补，制度上确立明确的岗位职责，责权相应人员管理职能既不重复也不遗漏，实行对人员的评价与激励机制。

2）协调好项目内部组织关系。协调的内容主要是明确组织内各机构、监理人员的责权及相互关系，强化内部组织的严密性和管理的科学性。

3）协调好项目内部的关系。协调关系是发挥计划的指导作用，解决人、财、物供求平衡，合理配置及交替衔接人员的需求。

4）协调好项目外部的关系。由于外部关系是非合同关系，其单位又以政府部门、财政金融机构、社会服务单位为主，因此协调可运用请示、报告、汇报、送审、取证、说明等行之有效的办法。

5）监理工程师协调各方关系，使之紧密协作，配合业主做好“五控、两管、一协调”工作，共同执行合同条款，履行合同义务，处理合同纠纷。

6）组织协调好高级驻地办的工作和各施工合同段的施工活动，重点检查各标段合同管理、计量与支付及安全事故的处理等，并按规定职权上报。

7）组织管理中心试验室的工作，督促各标段承包人建立和完善质量保证体系，保证工程质量目标的实现。

8）组织编写并提交监理工作月报、季报和年报，以及有关工程监理的各种汇报和请示报告等。

9）监理工程师应成为业主的顾问，在处理业主与承包人的矛盾和纠纷时，要依据国家有关经济政策、法律、法规和合同条款，公正、客观地促成问题的妥善解决。

10）协调与业主的关系。监理工程师与业主签订了施工监理服务协议书，二者是被委托与委托的合同关系。因此，监理工程师有其受委托性，在任何时候均有受托人的合法权益，行使其监督管理的职责，并公正、公平地进行监理服务。同时，双方应做到各负其责，相互尊重，密切合作。

11）协调与承包人的关系。监理工程师对承包人在本工程项目中的施工活动进行监理（监督与管理），这是业主给予监理工程师的权力。因此，监理工程师与承包人的关系是监理与被监理的关系。监理工程师应相对地独立于承包人，承包人应按施工合同规定自觉接受监理工程师的监督和管理。监理工程师必须做到“公正、科学、守法、诚信”，并按照“严格监理、热情服务、秉公办事、一丝不苟”的原则，努力做好监理工作。

12）组织召开第一次工地会议、工地例行会议、专题性工地会议和现场协调会议等。工地会议是监理工程师与业主对工程建设项目进行全面管理的重要手段和方法，旨在检查、监督承包人对承包工程施工的执行情况和施工中存在的问题，协调有关各方的关系，促进各方认真履行合同文件所规定的职责、权利和义务等。

9.2.5 组织协调的方法

组织协调工作千头万绪，涉及面广，受主观和客观因素影响较大。为保证监理工作的顺利进行，要求监理工程师具有较强的工作能力和组织协调能力，因地制宜、因时制宜地处理问题。监理工程师组织协调可采用以下方法：

1. 会议协调法

工程项目监理实践中，会议协调法是最常用的一种协调方法。一般包括第一次工地会议、工地例行会议、专题性工地会议和现场协调会议等。

（1）第一次工地会议　第一次工地会议是在建设工程尚未全面展开前，由总监理工程师主持、工程建设参与各方出席的见面会，是业主、承包人、监理单位建立良好合作关系的一次机会，也是检查开工前各项准备工作是否就绪，并明确监理程序的会议。第一次工地会议应邀请质量监督部门参加。

（2）工地例行会议　工地例行会议是监理工程师和业主对施工进行监督、协调的有效方式，是对工程进度、质量、费用的执行情况进行全面检查和有效控制的方法，并起到沟通信息、共同研讨、消除分歧的作用，为正确决策提供依据。工地会议中如涉及延期、索赔、工程变更及工程事故等重大议题，可另行召开专门会议协商处理。一般情况下，工地会议均应由监理工程师主持、记录并形成工地会议的会议纪要。

（3）专题性工地会议　专题性工地会议是根据承包人或监理工程师或业主的建议召开的有关工地重大技术问题、管理问题并聘请专家进行专题研讨的会议。其目的是通过专题研讨对问题的解决取得积极成果。

（4）现场协调会议　现场协调会议有助于承包人或监理工程师对日常或经常性的施工活动进行检查、协调和落实，使施工监理工作和施工生产活动密切配合。

2. 交谈协调法

并不是所有问题都需要开会来解决，有时可采用“交谈”的方式。交谈包括当面交谈和电话交谈两种形式。由于交谈本身没有合同效力，加上其方便性和及时性，所以建设工程参与各方之间及监理机构内部都愿意采用这一方法进行协调。实践证明，交谈是寻求协作和帮助的最好方法，因为在寻求别人协作和帮助时，往往要及时了解对方的反应和意见，以便采取相应的对策。采用交谈的方式寻求协作和帮助，比采用书面方法实现的可能性要大。因为人们更难以拒绝当面的请求，所以，无论是内部协调还是外部协调，这种方法使用频率相当高。

3. 书面协调法

当其他协调方法效果不好或需要准确地表达自己的意见时，可以采用书面协调的方法。书面协调法的最大特点是具有合同效力，须严肃对待。如监理指令、监理通知、信函、会议记录和纪要等书面文件。

4. 访问协调法

访问协调法有走访和邀访两种形式。走访是指协调者在建设工程施工前或施工过程中，对与工程施工有关的各政府部门、公共事业机构、新闻媒体或工程比邻单位等进行访问，向他们解释工程的情况，了解他们的意见。邀访是指协调者邀请相关单位代表到施工现场对工程进行巡视，了解现场情况。因为在多数情况下，这些有关方面并不了解工程，不清楚现场的实际情况，如果他们进行一些不适当的干预，会对工程产生不利影响，此时采用访问法可能是一个相当有效的协调方法。

总之，组织协调是一种管理艺术和技巧，监理工程师尤其是项目总监理工程师需要掌握领导科学、心理学、行为科学方面的知识和技能，如交际、激励、表扬和批评的艺术，开会的艺术，谈话的艺术，谈判的技巧等。这些知识和能力只有在工作实践中不断积累、总结才能获得，是一个长期的过程。

9.2.6 工地会议

1. 工地会议的意义及作用

公路工程施工监理中制定并实施的工地会议制度，是工程建设三方的工作协调会议，通过工地会议检查合同执行情况和存在的问题，为工程施工全过程的监理工作提供了大量的反馈信息，是监理工程师对工程项目进行全面管理的一种重要方法，也是合同管理项目中普遍采用的一种手段。工地会议旨在检查、督促合同各方，特别是承包人对工程项目承包合同的执行情况，协调各方关系，促进工程项目的顺利进行。工地会议可根据会议召开时间、内容及参加人员的不同，分为第一次工地会议、工地例行会议（简称工地例会）和专题工地会议三种形式。其目的是：

1）第一次工地会议的目的是，监理工程师对工程开工前的各项准备工作进行全面的检查，确保工程实施有一个良好的开端。

2）工地例会的目的是，监理工程师对工程实施过程中的进度、质量、费用、安全、环保等方面的情况进行全面检查，为正确决策提供依据，确保工程顺利进行。

3）专题工地会议的目的是，监理工程师对日常或经常性的施工活动中的专门问题进行研究、协商和落实，使监理工作和施工活动密切配合。

工地会议在施工监理过程中起着重要作用。通过工地会议，便于监理工程师对工程施工的进度与质量的矛盾进行协调，同时方便各种信息迅速在业主、承包人之间传递，有利于工程的顺利进行；工地会议可用来协调解决业主、监理单位、承包人三方之间的矛盾，也可以协调解决工程施工中的一些矛盾，使矛盾和问题及时得到解决，避免对工程项目三大目标产生不利影响；工地会议是监理工程师对工程施工进度、质量、费用情况的经常性检查，通过对合同的执行情况和施工技术问题的讨论，可以发现问题，为监理工程师决策提供依据；工地会议还可以集思广益，对施工过程中出现的各种问题提出建设性意见和措施。因此，工地会议是监理工程师开展监理工作的一项重要的工作内容和方法。

2. 工地会议的形式与内容

（1）第一次工地会议　第一次工地会议是承包人、监理工程师进入工地后召开的第一次会议，是业主、承包人、监理单位建立良好合作关系的一次机会。第一次工地会议应在工程正式开工前召开。会议的组织由总监办负责，监理单位应事前将会议议程及有关事项通知业主、承包人及有关方面，必要时可先召开一次预备会议，使参加会议的各方准备好资料。在会议举行中，如果某些重大问题暂时无法解决，可以暂时休会，待条件具备时再行复会。

1）会议参与者。第一次工地会议应由总监理工程师主持，业主、承包人的法定代表人或授权代表必须出席会议。各方将要在工程项目中担任主要职务的人员及分包单位负责人也应参加会议。第一次工地会议应邀请质量监督部门参加。

2）会议的主要内容。第一次工地会议上，各方应介绍各自的人员、组织机构、职责范围及联系方式。

①介绍人员及组织机构。业主或业主代表应就其实施工程项目期间的职能机构、职责范围及主要人员名单提出书面文件，就有关细节作出说明。同时，业主应宣布对监理工程师的授权。

总监理工程师应宣布对驻地监理工程师的授权，并申明自己仍保留哪些权利；以书面形式将授权书、组织机构框图、职责范围，以及全体监理人员名单和联系方式提交承包人并报业主备案。承包人应书面提出工地代表（项目经理）授权书、主要人员名单、组织机构、职责范围及有关人员的资质材料，以取得监理工程师的批准；监理工程师应在本次会议中进行审查并口头予以批准（或有保留的批准），会后正式予以书面确认。

②承包人介绍施工准备情况。承包人应就施工准备情况按以下内容提出陈述报告，监理工程师应逐项予以澄清、检查和评述：

a. 主要施工人员（含项目负责人、主要技术人员及主要机械手）是否进场或将于何日进场，并应提交进场人员计划及名单；

b. 用于工程的材料、机械、设备和设施是否进场或将于何日进场，是否会影响施工，并应提交进场计划和清单；

c. 用于工程的本地材料来源是否落实，并应提交料源分布图和供料计划清单；

d. 施工驻地和临时工程建设进展情况如何，并应提交驻地及临时工程建设计划分布和布置图；

e. 工地试验室、流动试验室和设备是否准备就绪或将于何日安装就绪，并应提交试验室布置图、流动试验室分布图和仪器设备清单；

f. 施工测量的基础资料是否已经落实并经过复核，施工测量是否进行或将于何日完成，并应提交施工测量计划及有关资料；

g. 履约保函和动员预付款保函及各种保险是否已办理或将于何日办理完毕，并应提交有关办理手续的副本；

h. 为监理工程师提供的住房、交通、通信、办公等设备及服务设施是否具备或将于何日具备，并应提交有关计划安排和清单；

i. 其他与开工条件有关的内容和事项。

③业主说明开工条件。业主代表应就工地占地、临时用地、临时道路、拆迁、工程支付担保情况及其他与开工条件有关的问题进行说明；监理工程师应根据批准或将要批准的施工进度计划的安排，对上述事项提出建议和要求。

④监理单位说明监理工作准备情况和监理程序。监理单位应就监理工作准备情况和有关

事项作出说明，同时明确监理工作例行程序并提出有关表格和说明，其一般应包括：

a. 质量控制的主要程序、报表及说明；

b. 计量支付的主要程序、报表及说明；

c. 延期与索赔的主要程序、报表及说明；

d. 工程变更的主要程序、图表及说明；

e. 工程质量事故和安全事故的报告程序、报表及说明；

f. 函件的往来交接程序、报表及说明；

g. 确定施工过程中工地会议举行的时间、地点及程序。

⑤会议小结。总监理工程师应进行会议小结，明确施工准备工作还存在的主要问题，并明确解决措施。

（2）工地例会　工地例会属于开工后举行的一种例行会议，用于解决施工存在的问题。工地例会一般由总监理工程师或驻地监理工程师主持，宜每月召开一次，具体时间间隔可根据施工中存在的问题由监理工程师决定，工地例会应在开工后的整个活动期内定期举行。

1）会议参与者。会议参加者包括驻地监理工程师、专业监理工程师及总监理工程师办公室的有关人员；承包人的授权代表、特殊分包单位及有关人员；业主代表及有关人员。

2）会议的主要内容。会议按既定的例行议程进行，一般应由承包人逐项进行陈述并提出问题和建议；监理工程师逐项组织讨论并作出决定或决议的意向。会议一般应按以下议程进行讨论和研究：

①检查上次会议议定事项的落实情况。

②审查工程进度。主要是关键线路上的施工进展情况及影响施工进度的因素和对策。

③审查现场情况。主要是审查现场机械、材料、劳力的数额，以及对进度和质量的适应情况，并提出解决措施。

④审查工程质量。主要针对工程缺陷和质量事故，就执行标准控制、施工工艺、检查验收等方面提出问题及其解决措施。

⑤审查工程费用事项。主要是材料设备预付款、价格调整、额外的暂定金额等发生或将发生的问题及初步的处理意见或意向。

⑥审查安全事项。主要是对发生的安全事故或隐藏的不安全因素，以及对交通和民众的干扰提出问题及其解决措施。

⑦审查环保事项。主要是对施工中出现违反环保规定，未按合同要求落实环保措施的情况进行讨论，并提出解决措施。

⑧讨论施工环境。主要是承包人无力防范的外部施工阻挠或不可预见的施工障碍等方面的问题及其解决措施。

⑨讨论延期与索赔等合同其他事项。主要是对承包人提出延期或索赔的意向进行初步的澄清和讨论，另按程序申报并约定专门会议的时间和地点。

⑩审议工程分包。主要是对承包人提出的工程分包的意向进行初步审议和澄清，确定进行正式审查的程序和安排，并解决监理工程师已批准（或批准进场）分包项目中管理方面的问题。

⑪其他事项会议中若出现延期、索赔及工程事故等重大问题，可另行召开专门会议协调处理。

(3) 专题工地会议　由于工地例会需研究和讨论的问题较多，施工过程中出现的某些重点、难点问题在工地例会上有时不能被深入讨论，为此就要召开专题工地会议进行专题讨论。

1）专题工地会议由监理工程师主持，根据工程需要及时召开，业主代表和承包人代表及其他有关人员参加，必要时应邀请有关专家参加。

2）会议对施工期间出现的工程质量、安全、环保、进度、费用，以及合同管理等方面的重点、难点问题和需要协调的问题进行研讨，并提出明确的解决方案和落实措施。

工地会议应由监理单位做好记录，并应根据记录形成会议纪要。纪要中包括三方协商一致的意见及各方有保留的意见。会议纪要由参加单位确认，即可成为合同文件的一部分，作为监理文件下达。

(4) 监理交底会　为了做好事前控制，让承包人明确监理程序，合同工程开工前，总监理工程师应主持召开由承包人项目经理、技术负责人及相关人员、监理单位主要的监理人员参加的监理交底会，介绍监理计划的有关内容。多年的实践证明，这对于监理工作的顺利开展和监理目标的实现起到了事半功倍的作用。监理交底会可以在开工前单独举行，也可以与第一次工地会议一起举行。交底会的内容可归纳如下：

1）业主委托监理的范围和内容。监理单位的工作范围和内容由委托监理合同确定。目前在我国的公路监理行业中，多数以施工阶段监理为主，若要增加设计阶段和工程保修阶段的监理，在交底会上要进一步明确。监理的内容一般为质量、投资、进度控制，合同管理和组织协调。根据目前公路建设市场的发展，在部分地区已将安全监理和环保监理列入地方法规。因此，根据工程实际加以说明，并对委托监理合同中的专用条款和补充协议向承包人进行介绍。

2）监理的工作依据。公路工程施工监理是一项有法可依、有章可循的建设监督管理行为。因此，项目开工前，必须将监理的工作依据向承包人介绍，依据有：①《中华人民共和国公路法》；②国务院《建设工程质量管理条例》；③《公路工程施工监理规范》（JTG G10—2006）；④国家有关公路建设的文件规定；⑤省市地方交通行政主管部门有关工程建设的标准规范；⑥工程设计文件；⑦监理合同和承包合同；⑧其他法律、法规、规章和规定性文件。

3）项目监理组织机构情况。根据《公路工程施工监理规范》（JTG G10—2006）的规定，将项目监理组织机构中的总监理工程师、驻地监理工程师、专业监理工程师的职责范围和权限作明确介绍，并对人员分工情况进行说明。特别注意的是，一个项目监理机构中的人员是一个整体，工作分工不同，工作重点不同，但是分工不分家，避免条块分割，分工过细也会影响监理工作的开展。

4）监理计划和监理细则的主要内容。围绕着监理目标，对每一目标的关键工序、重点部位、重要时段的控制内容和方法进行介绍，特别是对具有特殊使用功能，以及使用新材料、新技术、新工艺方面的监理方案进行详细的交底。

5）监理工作制度。监理工作制度包括：设计文件、图样会审制度；施工组织设计（方案）审批制度；施工进度计划申报制度；工程开工报告审批制度；建筑材料、构配件、半成品报验制度；工程设计变更签认制度；分项（隐蔽）工程报验制度；监理例会制度；监理月报制度；工程款支付签审制度。

本 章 小 结

在工程项目建设过程中，组织协调工作是十分重要的。其主要作用就是组织协调各参建单位、相邻单位、政府部门全力配合项目的实施。项目组织协调工作包括人际关系的协调、组织关系的协调、供求关系的协调、配合关系的协调、约束关系的协调。各种关系的协调均应遵守相应的原则。监理管理文件是公路工程施工组织协调的依据，监理管理文件包括监理方案、监理计划、监理细则等。通过学习应明确项目组织协调的范围、层次、任务、工作内容和方法等。

复习思考题

1. 简述监理方案的作用。
2. 简述监理计划的作用。
3. 简述监理细则的作用。
4. 组织协调的原则是什么？
5. 组织协调的工作内容是什么？
6. 组织协调的方法有哪几种？
7. 简述工地会议的形式和内容。

参 考 文 献

[1] 中交第一公路工程局有限公司. JTG/T F50—2011 公路桥涵施工技术规范 [S]. 北京：人民交通出版社，2011.

[2] 中交第一公路工程局有限公司. JTG F10—2006 公路路基施工技术规范 [S]. 北京：人民交通出版社，2006.

[3] 陈晓明. 公路工程施工监理 [M]. 郑州：黄河水利出版社，2008.

[4] 仇益梅. 公路施工监理基础 [M]. 北京：高等教育出版社，2009.

[5] 涂平晖，赵挺生，周健，等. 公路工程建设安全管理 [M]. 北京：中国建筑工业出版社，2010.

[6] 胡昌炳，庄勇. 公路跨海大桥工程监理实务 [M]. 北京：人民交通出版社，2007.

[7] 中国交通建设监理协会. 交通建设工程安全监理 [M]. 北京：人民交通出版社，2007.

[8] 郑大勇. 公路工程监理员一本通 [M]. 武汉：华中科技大学出版社，2008.

[9] 廖品槐，刘武. 公路工程监理 [M]. 北京：机械工业出版社，2005.

[10] 周传林. 桥梁上部施工技术 [M]. 北京：人民交通出版社，2011.

[11] 张辉. 桥梁下部施工技术 [M]. 北京：人民交通出版社，2011.

教材使用调查问卷

尊敬的老师：

您好！欢迎您使用机械工业出版社出版的“土建类高职高专国家级精品课系列规划教材”，为了进一步提高我社教材的出版质量，更好地为我国教育发展服务，欢迎您对我社的教材多提宝贵的意见和建议。敬请您留下您的联系方式，我们将向您提供周到的服务，向您赠阅我们最新出版的教学用书、电子教案及相关图书资料。

本调查问卷复印有效，请您通过以下方式返回：

邮寄：北京市西城区百万庄大街22号机械工业出版社建筑分社（100037）
张荣荣（收）

传真：010-68994437（张荣荣收）　　Email:21214777@qq.com

一、基本信息

姓名：__________ 职称：__________ 职务：__________

所在单位：__________

任教课程：__________

邮编：__________ 地址：__________

电话：__________ 电子邮件：__________

二、关于教材

1. 贵校开设土建类哪些专业？

□建筑工程技术　□建筑装饰工程技术　□工程监理　□工程造价

□房地产经营与估价　□物业管理　□市政工程　□园林景观

2. 您使用的教学手段：□传统板书　□多媒体教学　□网络教学

3. 您认为还应开发哪些教材或教辅用书？__________

4. 您是否愿意参与教材编写？希望参与哪些教材的编写？

课程名称：__________

形式：　□纸质教材　□实训教材（习题集）　□多媒体课件

5. 您选用教材比较看重以下哪些内容？

□作者背景　□教材内容及形式　□有案例教学　□配有多媒体课件

□其他__________

三、您对本书的意见和建议（欢迎您指出本书的疏误之处）__________

四、您对我们的其他意见和建议__________

请与我们联系：

100037　北京百万庄大街22号

机械工业出版社·建筑分社　张荣荣　收

Tel:010-88379777(O),68994437(Fax)

E-mail:streettour@163.com

http://www.cmpedu.com(机械工业出版社·教材服务网)

http://www.cmpbook.com(机械工业出版社·门户网)

http://www.golden-book.com(中国科技金书网·机械工业出版社旗下网站)